本书获中国—东盟海洋人文合作与交流平台资助（项目号：外财函〔2017〕513 号），并获海南省重点培育智库海南热带海洋学院海上丝绸之路研究院支持。

再會南洋

黄田园　林秋雅　李尧庆　主编

南侨机工后人千里寻亲路

人民出版社

本书编委会

马来西亚：

主　编：林秋雅　李尧庆

编　委：李坚城　黎曼云　陈雪文　蔡小丁　庄锦和
　　　　郑翔鹏　张田玉

中　国：

主　编：黄田园

编　委：叶　军　黄良妹　罗长英　陈　锐　廖民生
　　　　张国臣　黎小长　符昌昭　符　聪　郭乐庭
　　　　陈　卓　相嘉珩　王长仁　刘湘洪　邓颖颖
　　　　古小松　方礼刚　牛　健

再會吧南洋

林軍題

南僑機工後人
重尋親跡

庚子夏

林軍題

＊林军，中华全国归国华侨联合会（中国侨联）原主席。中共十六大、十七大代表，中共第十七届中央委员会候补委员，第十八届中央委员。

　　海外最后一位南侨机工李亚留于 2018 年 5 月 3 日晚在马来西亚沙捞越古晋的家中逝世，享年 100 岁。抗日战争期间，功果桥被日本侵略者炸断后，李亚留等南侨机工们用空汽油桶并排铺以木板架设浮桥，让车队顺利过江。

　　中国驻马来西亚大使欧阳玉靖（左五）赴柔佛古来富贵山庄出席 2022 年 8 月 12 日举行的"第十届抗日南侨机工暨罹难同胞纪念碑公祭仪式"，左一是拿督林秋雅，左四是陈嘉庚长孙陈立人，右四是侯韦美。

中国驻马来西亚大使欧阳玉靖（左四）和公使衔参赞马翠宏（左一）出席 2022 年 8 月 15 日举行的"纪念马来亚二战蒙难人民公祭"活动，图中左二是侯韦美，右四是拿督林秋雅。

中国驻马来西亚大使馆公使唐锐（左四）出席 2022 年 7 月 7 日举行的"吉隆坡南侨机工纪念碑七七公祭典礼"并为本书题字留念。图中左一是马来西亚华社研究中心义务总秘书陈松青，左二是侯韦美，左三是马来西亚海南会馆联合会总会长拿督林秋雅，右一是马来西亚中华大会堂总会（华总）署理总会长拿督翁清玉，右二是马来西亚吉隆坡暨雪兰莪中华大会堂会长颜登逸。

2012 年 8 月，云南省侨联南侨机工暨眷属联谊会组织"亲情中华 寻踪南洋"访演团，到马来西亚演出和寻亲，在马来西亚槟城孙中山协会会长拿督林秋雅的安排下，在槟城海南会馆与南侨机工李亚留、许海星、黄铁魂三位老先生合影留念。

为纪念 80 年前的除夕（1939 年 2 月 18 日）南洋华侨机工回国服务团第一批"八十先锋"踏上回国抗战的征程，南侨机工张智源、张金炳的二代、三代、四代后人于 2019 年除夕重走滇缅公路。

　　2022年12月11日，海口市南侨机工眷属联谊会会长罗长英在海南自贸港侨海创新创业园主讲南侨机工回国抗战史，前排左四是海南省海外留学归国人员协会会长管月晖，左五是南侨机工符国壁的女婿叶军，左六是黄田园博士，左七是南侨机工罗杰的长孙罗长英，左八是南侨机工黎科顺之女黎亚妹。

　　马来西亚南侨机工抗战史料搜研工作者刘道南先生于2019年8月28日因病过世，他和妻子卢观英合著的《搜研路上：马来西亚南侨机工历史记录》一书于2022年出版后，在雪兰莪华侨机工回国抗战殉难纪念碑前，卢观英（右）将此书赠送给林秋雅会长（中）和侯西反的孙女侯韦美（左）。

厦门华侨博物院名誉院长陈毅明教授（中）与本书主编黄田园博士（左）、马来西亚海南会馆联合会总会长拿督林秋雅（右）

琉球大学名誉教授高嶋伸欣（右）与黄田园博士

目　录

推荐语

会吧 南洋！你海波

的血汗洒遍了这几万

蔻香 你受着自然的丰

被压迫者都闹着饥荒

着黑龙江 这是中华

们要去争取一线光明

推荐语一

白　天

欣闻马来西亚海南联会、槟城孙中山协会、海南热带海洋学院合作编著《再会南洋——南侨机工后人千里寻亲路》，我谨表示热烈祝贺，相信此著作对缅怀南侨机工先烈、传承南侨机工精神有着积极重要意义。

第二次世界大战时期，3200 多名来自马来亚和新加坡的南洋华侨机工抛妻弃子、离家舍业回到中国，在 1100 多公里的滇缅公路上冒着枪林弹雨抢运抗战物资。他们前赴后继，为国捐躯，谱写了中国抗日战争和反法西斯战争史上的一段传奇。中国政府和人民将永远铭记南侨机工英烈为民族独立与解放所作出的巨大牺牲和卓越贡献。

"千秋浩气，万古英名"。南侨机工血浓于水的深厚家国情怀、舍生取义的感人英勇壮举，深受后代世人敬仰。在中国、马来西亚各地建有多座南侨机工纪念碑，纪念这些舍身卫国的平民英雄。马来西亚海南会馆联合会积极促成南侨机工后代千里寻亲，追忆先人，令南侨机工英勇事迹和崇高精神再度深入人心，成为中马友好交流的一段佳话。

世界反法西斯战争胜利已经 70 余年，但天下并非太平，战争、疾病、贫穷、灾荒仍然肆虐，威胁着全人类。2020 年以来，一场突如其来的新冠疫情笼罩全球，病毒没有国界，疫情不分种族。正如中国国家主席习近平多次呼吁，人类是一个休戚与共的命运共同体，团结合作才是战胜疫情最有力的武器。

山川异域，风月同天。面对这场没有硝烟的战争，中国与世界各国共同战疫，提供紧急物资援助，分享防控经验与救治方案，谱写了携手构建人类命运共同体的新篇章。疫情也再次将中马两国紧密联结在一起，患难见真情。我们欣慰地看到"南侨机工"精神再现，两国人民相互支持扶助，"遇山一起爬、遇沟一起跨"，努力共克时艰。

面对战争，人类是渺小的；面对病毒，人类是脆弱的。但是纵观世界发展史，人类正是在与大灾大难的一次次抗争中获得发展和进步。后疫情时代，人与人之间更需要守望相助，国与国之间更需要紧密相连。跨越地域种族、历史文化的藩篱，全人类携起手来构建命运共同体，我们就一定能够战胜任何磨难，最终迎来胜利和光明。让我们以史为鉴，珍爱和平，让我们携手并肩，共创未来！

白天

时任中国驻马来西亚特命全权大使

2020 年 6 月

推荐语二

吴添泉

热烈祝贺马来西亚海南会馆联合会总会长拿督①林秋雅，多年来本着令人钦佩的热忱和热血，凭着锲而不舍和排除万难的精神，与多方协作，终于编成《再会南洋——南侨机工后人千里寻亲路》这本匠心之作。

拿督林秋雅是马来西亚华人社团中表现非常积极活跃的女性之一，为人不拘小节，充满正义感，重乡情重义气。凭着她的热忱，再加上这本书广泛承载着动人的情节、真实的故事、浓浓的亲情、战争的阴霾，还有围绕着生离死别的家国情怀等元素，我不得不在这里，向大家推荐这本内容扎实丰富，值得阅读和珍藏的好书。

祖籍海南省的拿督林秋雅策划这本书的缘起，始于十多年前开始积极接触和参与南侨机工活动，包括在中国出席了许多南侨机工抗日周年纪念日，也安排了当时尚健在的南侨机工及其后代前往马来西亚寻根探访，进行交流等活动后，出自内心的启发。

在她的努力安排与策划下，于2015年9月邀请云南滇西抗战历史文化研究会南侨机工协会的60多位代表，于9月到马来西亚演出《南侨

---

① 拿督，马来西亚一些有功人士得到的一种荣誉勋衔。

颂——纪念抗战胜利 70 周年交响组歌》，获得极热烈响应，好评如潮，也唤起了年青一代对南侨机工历史的认知。

岁月悠悠，2022 年是中国人民抗日战争暨世界反法西斯战争胜利 77 周年。日本当年发动了太平洋战争，造成生灵涂炭，包括马来亚在内的东南亚地区、中国等都受到日军的侵略导致家破人亡，这段惨烈的历史，是不容歪曲和篡改的。

1937 年 7 月 7 日，日本发动全面侵华战争，抗战期间南侨机工谱写了可歌可泣的重要历史篇章。

南侨机工，是南洋华侨汽车司机及汽车修理技工回（中）国服务团的简称，在战争全面爆发后，散居在马来亚、新加坡、泰国、印尼、菲律宾和越南等地的 3200 多名南侨机工，于 1939 年 2 月到 9 月间，响应当时著名侨领陈嘉庚领导的南洋华侨筹赈祖国难民总会（简称"南侨总会"）在新加坡发出的参加"南洋华侨机工回国服务团"的号召，毅然舍生忘死，奋不顾身投入中国的"抗日大后方"——云南昆明，支援抗战前线。

英勇的南侨机工们在枪林弹雨下穿过崎岖的 24 道拐，架起简易浮桥，在滇缅公路上参与国际援华战略与军需物资的运输任务，被誉为滇缅公路上的"神行太保"，在此过程中 1000 多名南侨机工壮烈牺牲，以宝贵的生命和鲜血写下壮丽篇章，为抗战胜利立下不可磨灭的功勋。

1945 年 8 月 15 日，日本无条件投降后，1000 余名南侨机工返回南洋各国家乡，另有 1000 余名选择留在中国。多年来，中国和包括马来西亚在内的南洋各国多区，都分别设立了"南洋华侨机工抗日纪念碑"或"华侨机工抗战殉难纪念碑"，纪念与颂扬南侨机工们以生命换取自由与和平的丰功伟绩。

但让人深感遗憾的是，多年来日本仍然不愿意为二战罪行作出真诚与具体道歉，并反其道而逆行，一些政客和右翼势力公然否认侵略历史，篡改历史教科书，误导新生代，参拜靖国神社，美化军国主义，扩充"自卫队"军备等，不断引起国际社会，尤其是爱好和平者强烈谴责和抗议！

事过境迁，世人必须铭记历史，与此同时，人类也应该以史为鉴，珍惜与维护得来不易，甚至必须付出生命、血泪换回的和平，并确保战争不再重演。

2022年是南侨机工参加抗战第83周年。我谨以至诚，向南侨机工们致以最崇高的敬意：

赤子功勋，永垂不朽！

丹斯里拿督斯里邦里玛 **吴添泉** 局绅博士
马来西亚中华大会堂总会（华总）总会长

2022年5月

推荐语三

古润金

　　品读《再会南洋——南侨机工后人千里寻亲路》是一种百感交集的心情。这是一部感动人心的作品，一段段南侨机工后人寻亲的感人肺腑的故事背后，蕴含了数不尽的血与泪，激起我心中的层层涟漪。

　　由马来西亚、新加坡两地3200余名华人子弟组成的"南洋华侨机工回国服务团"，义无反顾奔赴中国抗日前线，1000多名南侨机工更因此英勇捐躯，为抗日胜利作出无可磨灭的贡献。这份赤子热血报祖国的丹心，是我中华民族的骄傲，值得我们敬仰与歌颂。南侨机工后代千里寻亲，不仅是为了追寻先人的足迹，更继承了先人对祖国那份可歌可泣的情怀。

　　多年前，我有幸赞助位于中国云南省昆明市西山的南洋华侨机工事迹陈列室，把南侨机工回祖国抗日这段轰轰烈烈的光辉事迹，永远记录和保存了下来。我还记得，那一年是2005年，我以团长身份率马来西亚代表团参加在香港举办的海外华人纪念抗战胜利60周年活动后，来到昆明把捐款转交给昆明市政协，向南侨机工英雄致敬。

　　时隔多年，看到《再会南洋——南侨机工后人千里寻亲路》的出版，以文字表达对南侨机工的缅怀，把这些感人肺腑、可歌可泣的故事千古流传下去，将南侨机工们为祖国奉献的精神延续下去，我倍感欣慰。这部作品值得品读，更值得珍藏。

丹斯里皇室拿督古润金太平绅士
马来西亚—中国文化艺术协会会长
马来西亚—中和平统一促进会会长
第十五届马来西亚七大乡团协调委员会主席
马来西亚广东会馆联合会总会长

2020 年 5 月

推荐语四

邱财加

马来西亚海南会馆联合会总会长拿督林秋雅是我敬佩的华人社团领导者，数十年来如一日，为促进马来西亚与中国历史文化交流，乃至经贸往来，倾注浓厚心血。承传大中华民族源远流长的乡情，是她愿意付出最多，竭力维系的瑰宝。

这次她为加深纪念南侨机工感人事迹的历史价值，深度探索这段历史对现今世界格局的警惕作用，亦为祈求国家间能树立长治久安，永垂不朽的人文价值，毅然策划合作编著《再会南洋——南侨机工后人千里寻亲路》，此举意义非凡。收悉她提议本人为新书附加推荐语，盛情在即，我为能参与史实再现的伟业，献上拙文，实乃本人殊荣。

历史既是对过去事件的记录，亦是一面反映人类行事的镜子，它是今人了解过去，警戒未来的参考依据。回看18世纪末到19世纪中期，经济全球化大发展，工业革命推动西方国家贪婪争夺殖民地，以抢夺原料供应，马来亚也因此曾沦为几个欧洲国家的殖民地。

1914年第一次世界大战，造成超过1600万人因战乱丧生，世界的安宁遭到严重破坏。1931年，日本入侵中国，1937年更进行了长达6周惨绝人寰的南京大屠杀。

自 1931 年至 1945 年的 14 年抗日期间，中国军民伤亡超过 3500 万人，9500 万人成为难民。接着，日本挑起的太平洋战争（1941 年 12 月 7 日至 1945 年 8 月 15 日），使马来亚、印尼、缅甸和菲律宾等东南亚地区，相继惨遭强暴侵略。

抗日战争期间，中国境内卡车司机严重不足，为保障千里滇缅公路的军火物资国际运输线，3200 余名南侨机工（主要为华侨的卡车驾驶员和汽车修理技术工人），毅然参加由著名商人陈嘉庚领导的南侨总会所组织的"南洋华侨机工回国服务团"，支援祖国抗战，反击法西斯的侵略，南侨机工需在迂回 1000 多公里崎岖山路上，冒着激烈烽火，抢运抗战物资，还得保送 10 万中国远征军入缅。经历炮火连天的抗战，共千余名南侨机工壮烈牺牲。南侨机工一夫当关，捐躯赴国难，视死忽如归，让人闻之长久热泪盈眶，百感交集。南侨机工崇高的爱国主义精神，英勇壮士的风范，让后人永远为之肃然起敬。

1989 年，陈嘉庚先生的侄儿陈共存先生，在滇缅公路的始源地，即位于云南昆明的西山脚下，建立了瞩目壮观的"南洋华侨机工抗日纪念碑"，以让后人关注和缅怀南侨机工的壮烈事迹。

2013 年，中国国家主席习近平提出"一带一路"倡议，是为解决全球性的发展问题。"一带一路"倡议提倡"开放包容"和"平等互利"等理念，以实现共商共建共享，构建人类命运共同体。

回想那横跨万里，延续千年的"古丝绸之路"，其深厚奠定的历史人文价值，莫过于以"和平合作、开放包容、互学互鉴、互利共赢"为核心的"丝路精神"。

今天，我们重温"丝路精神"，歌颂南侨机工的万丈雄心，义无反顾的大爱精神，意义在于强调培养全球视野观、博大的全球胸怀。丝绸之路为沿线各国留下可共享的历史文化遗产。孔子曰"己欲立而立人,己欲达而达人"。中国推动构建人类命运共同体,彰显大国担当。南侨机工则为后代树立坚定不移、敢于反抗世界霸权主义的坚强榜样。

《再会南洋——南侨机工后人千里寻亲路》的出版,将为南侨机工壮举的历史事迹,注入新的活力和生命。犹记我们过去昂首面对那艰苦的岁月,曾迎战克服暴力侵略。"前事不忘,后事之师",我们不能让惨痛的历史重演,需时刻提醒人们,记住过去的惨痛教训,以史为鉴。

最后,谨以肃穆数语,祝愿南侨机工的英魂,保卫世界和平,守护每一个心灵!

祝福南侨机工的后代,世代吉祥安康!

并向为这本书的出版,奔波劳心的所有马来西亚和中国的各界人士及合作伙伴,致以最崇高的敬意!

丹斯里拿督邱财加
马来西亚福建总商会总会长

第十四届马来西亚七大乡团协调委员会主席

2020 年 6 月

推荐语五

张润安

历史，是由"说"与"听"练就出来的作品，能够成就历史的，都离不开"说"故事的人。

把历史"说"成故事的人，都是从记忆岩层中挖掘生命经验的人。历史中所遇到的难题，如何逆转，得到什么启示，都是透过整理与表达，最终找到自己的生命意义。

"聆听"，是成就历史的第二部分。透过访谈、倾听，了解当事人的故事，站在当时的情景去思考与诠释，解读历史脉络，才懂得如何跟上一代联结，产生同理心。回顾与展望，都是人类文明进步的一个过程，从一来一回之间，我们可以透过历史获得启迪。

本人代表七大乡团协调委员会，有幸为拿督林秋雅所投入的南侨机工研究成果提笔。据我所了解，这本书能够出版，并非一蹴而就，她耗费了多年的时间与心血，收集了40多位曾经来过马来西亚寻亲的南侨机工第二代、第三代，甚至第四代后人撰写的文稿。

这些沉淀在墨笔中的故事，能够在中国出版，而南侨机工的后人透过陈述与感想，把南侨机工的事迹，以生动描绘及感人的方式呈现，阅读这些文稿，仿如看到3200余名南侨机工走在崎岖惊险的滇缅公路上，惊心动魄，但生命关头，却又无所畏惧。

回顾历史，由当时的"南洋华侨筹赈祖国难民总会"主席陈嘉庚号召的南洋华侨机工回国服务团，在滇缅公路上修路，日军派出大批飞机猛炸滇缅公路，数百人被炸死。然而南侨机工毫不畏缩，他们仅花了10个小时就把被炸断的桥重建，确保这条全长1000余公里的公路通行无阻。

尽管如此，这场单单在滇缅公路上的战争却牺牲了1000余条性命，他们用自己的生命捍卫祖国，而遗留下来的，却是正面影响下一代的生命。我相信，这40多位南侨机工的后代，从此过着不一样的人生，因为南侨机工们的无私奉献，已换来后人今日生命的丰富意义。

这些点点滴滴的故事，背后承载着南侨机工们的爱国情操、顽强生命力与牺牲精神，值得后辈考究并加以推崇。

我们不只要理解现在，更要回顾过去，因为历史就像一面镜子，各种偶然都是在长远的历史发展中，所集合与演进的。

在此非常感谢拿督林秋雅等编委，把南侨机工及后代寻亲的心路历程记载下来，也感谢寻亲的后代愿意着墨为历史说话。此书值得推荐，让所有后代都能够从故事中有所感悟。

拿督张润安

第二十届马来西亚七大乡团协调委员会主席

马来西亚客家公会联合总会长

2020年5月

推荐语六

王　敏

我很荣幸为《再会南洋——南侨机工后人千里寻亲路》一书致推荐语。

我曾经多次造访南洋，因为那里有我从小就在电影中看到的与中国大陆不同的风光，还有勤劳智慧勇敢的华人同胞们打造的美丽家园，那时是我接触到"华人""华侨"形象的最初时刻。自小我就立下了长大后一定前往南洋探访的愿望。无疑，《再会南洋——南侨机工后人千里寻亲路》一书是加深我认识南洋和华侨华人的一条途径。同时，该书的出版也是我反思我的自身处境，即旅居日本多年的意义与定位的启迪时机。书中所涉及的内容，其实也是所有海外华人所共有的背景之缩影；书中的所思所感，其实亦是全球华人共有的认知。

所以，我为此书的问世所鼓舞，为所有参与者的奉献而叫好！

借此机会，我也想介绍一下在国际儒学联合会的领导与支持之下的一些有关中日和平友好的文化交流工作，这恰好与《再会南洋——南侨机工后人千里寻亲路》一书的编写出版工作遥相呼应。

2014年，习近平主席出席了在北京人民大会堂举行的纪念孔子诞辰2565周年国际学术研讨会暨国际儒学联合会第五届会员大会，并发表了重要讲话。2019年，在北京人民大会堂召开的纪念孔子诞辰2570周年国际学术研讨会暨国际儒学联合会第六届会员大会上，王岐山副主席出席大会开幕式致辞，来自世界各地的 800 余位代表出席。会上国务院原副总理刘延东当选国际儒学联合会第六届会长，日本前首相福田康夫先生当选国际儒学联合会第六届理事长。

福田康夫先生是第一位赴山东曲阜祭孔的日本首相，曾多次在国际舞台强调孔子"己所不欲，勿施于人"的思想，他也是博鳌亚洲论坛的理事长。在刘延东会长的讲话中也提到当年她曾随邓小平等领导人会见福田康夫的父亲福田赳夫首相。1978 年 8 月，在中日双方的努力下，《中日和平友好条约》签订，这个条约不仅巩固了中日关系的政治基础，而且对两国关系的发展具有深远的历史意义和重要的现实意义。卸任后福田纠夫与德国前总理施密特联合创建了"前政要俱乐部"，也被叫作"前政要首脑峰会"，旨在为世界和平作出贡献。显然，这个俱乐部成为世界范围内治国治世的一个智库。在冷战时期，难能可贵。

福田康夫卸任日本首相之后，接替父亲福田纠夫开创的事业，与施密特共同主持这个俱乐部。他们的目标是要构建"人类共同伦理"，特别是强调儒家的"己所不欲，勿施于人"。倡导共同伦理，并非要取代不同文明、不同宗教信仰，而是要和而不同，把不同文明、不同宗教之正义光辉，集中在一起，形成普遍共识，以便消除各种冲突、战争和对自然生态的污染，让人类走向更加辉煌的未来。

2014 年春天，习近平主席出访欧洲并在巴黎举行的联合国教科文组织会议上发表演讲，提出"各国人民形成了你中有我、我中有你的命运共同体"。与此同时，前政要俱乐部也在维也纳举行年度会议，出席的各国前政要提出了构建人类共同伦理这一建议，与习近平主席提出的人类命运共同体不约而同、遥相呼应。在国际儒学联合会的支持下，由福田康夫主编的论文集《十国前政要论"全球公共伦理"》，于2017年由人民出版社在中国出版发行。

难忘2007年12月30日，日本前首相福田康夫携夫人福田贵代子专程抵达山东曲阜孔庙祭拜孔子。这是日本首相第一次到访儒学胜地。参观过程中，福田表现出对中国历史和儒家文化的浓厚兴趣，并挥毫写下"温故创新"四个字，这是从《论语》"温故而知新"变化而来，蕴含着"以史为鉴，面向未来"的深刻意义。福田在接受媒体专访时表示，《论语》热的兴起，表明日中两国在文化有共同点。今后不仅是日中两国，全世界的人都要好好学习孔子的思想，因为如果孔子的思想若能成为人们的共识，世界也会变得和平。

2018年6月24日，日本前首相福田康夫造访了侵华日军南京大屠杀遇难同胞纪念馆，为遇难者献上花圈并默哀，亲笔题词"和平东亚"之后，接连三次在日本举办了中日学者参加的践行和平论坛。2019年4月论坛内容由我编辑成书，以《"己所不欲勿施于人"黄金定律的和平实践》为名，在日本出版。

2019年10月，日本前首相福田康夫创立了日本亚洲共同体文化合作机构，旨在开启对新一轮中日文明的探求。尽管之后疫情蔓延、交流受阻，但他仍然积极主动地通过电话、线上会议、书面交流等多种形式，增强与中国政要的沟通，有时一周之内出席四次会议也在所不辞。2020年12月4日，由日本亚洲共同体文化合作机构与国际儒学联合会共同举办的视频会议"新日中文明论坛"，就是一次探索新文明进程的尝试。中方的会议名称为"中日和合文明论坛"，副题为"为构建人类命运共同体提供东方智慧"。

我认为，在这样相向而行的好形势下，《再会南洋——南侨机工后人千里寻亲路》的问世必将向人们展现出另一个区域的朝气蓬勃，值得学习、借鉴和展开互动，此书将为亚洲乃至世界文化交流、文明互鉴提供宝贵资源！我将积极向日本各界推介此书。

王　敏

国际儒学联合会副理事长

日本法政大学名誉教授

日本亚洲共同体文化合作机构顾问

日本首相恳谈会（文化外交）委员、

内阁推进国际文化交流恳谈会委员

2021 年 7 月

会吧　南洋！你海波

的血汗洒遍了这几百

蕊香　你受着自然的

极压迫者都闹着饥荒

着黑龙江　这是中华

前要去争取一线光明

序一

硝烟远去　精神永存

林明江*

南洋华侨机工回国服务团（以下简称"南侨机工"）是一个特殊的华侨华人群体。在华侨华人史上，南侨机工回国服务是一次组织最为有序、人数最为集中、经历最为悲壮、影响最为深远的抗战爱国行动。南侨机工可歌可泣的英雄壮举，展现其"国家有难，匹夫有责，爱国爱民，我死国生"的伟大精神。

在海南热带海洋学院、马来西亚海南会馆联合会、槟城孙中山协会联合编辑的《再会南洋——南侨机工后人千里寻亲路》一书中，南侨机工后人们通过寻亲、记忆、采访、追思、怀念、颂扬等文章，不断挖掘父辈回国抗战的史实，继续讴歌他们的豪情壮志和丰功伟绩，激发和平时期的人们缅怀先烈、铭记历史、珍爱和平的理念与自觉。该书的编辑出版，意义十分重大。硝烟已远去，南侨机工精神永存！

笔者在中国侨联和全国政协服务较长时间，曾为南侨机工的落实政策、身份认定、表彰抚恤、遗属救济慰问、出版南侨机工史书等方面做了一些工作。因而对南侨机工回国抗战的历史以及对其英勇事迹宣传、弘扬

---

* 林明江，第十届全国政协委员、第十一届全国政协常委，中华全国归国华侨联合会（中国侨联）第六届、第七届副主席。

的历程有一定的了解。

1938 年 10 月至 1939 年初，包括广州在内的中国沿海港口相继被日军占领或封锁，对外的重要物资供应线——滇越铁路也因日军占领越南海防港而被切断。而在 1938 年 8 月，为了打通新的国际通道，云南省 10 个民族 20 万父老乡亲用血肉抢筑的滇缅公路全线通车，大批由华侨华人、国际救援组织捐赠和政府采购的枪械、汽车、汽油等急需的物资源源不断地从缅甸运往中国各个抗战战场。由于当时的汽车司机与修理工十分缺乏，民国政府军委会西南运输总处致函南洋华侨总会陈嘉庚主席，宋庆龄主席二弟、时任运输总处主任的宋子良先生还亲赴新加坡面谈，要求南侨总会代为招募所需的华侨机工。

陈嘉庚先生 1910 年加入孙中山组织的同盟会，被推举为新加坡中华总商会协理及道南学堂总理，是著名的爱国华侨领袖、企业家、教育家、慈善家、社会活动家。他接受此重托后，义无反顾，积极组织南侨机工回国服务。1939 年 2 月至 9 月，南侨总会在南洋 9 个国家和地区招募 15 批共 3192 名青年华侨回国抗战(包括先前回国服务的南侨机工共 3260 人)①。他们满腔热情，有的瞒着家人，有的惜别新婚妻子，有的放弃继承遗产，有的辞去良好职业，有的虚报年龄，有的突击练车，有的女扮男装……他们高唱着："……你不见尸横着长白山，血流着黑龙江。这是中华民族的存亡。再会吧南洋"的悲壮歌曲，回到了战火燃烧的祖国。

全长 1146 公里的滇缅公路蜿蜒在横断山脉纵谷区，沿途悬崖、峭壁、陡坡、急弯、险谷、深流、泥泞，稍有不慎，便车毁人亡。该地段又是世界上有名的"烟瘴之地"，瘴疟流行，加上日军飞机的轮番轰炸，险象丛生。南侨机工们视死如归，日夜奋斗在战场上，有 1800 多名南侨机工为

---

① 关于南侨机工回国抗战的批次、总人数、牺牲人数等数据，由于目前尚未有完全统一的统计标准，因此将不同的记述予以保留。

国捐躯。他们为祖国的抗战胜利和世界反法西斯战争的胜利作出了不朽的贡献！

陈嘉庚先生一生极其关心南侨机工。早在 1940 年 3 月，他得悉南侨机工工作条件差，生活待遇恶劣，立即组织慰问团回国到滇缅进行了解，并向政府提出意见。1944 年，他又在印尼避难地撰写《南侨回忆录》，记述南侨机工回国服务的史实。1945 年 10 月，陈嘉庚先生安全回到新加坡，得悉南侨机工遣散后的悲惨处境，非常激愤，挺身而出，据理力争，终使南侨机工的复员和返回南洋居住国的问题得到了解决。1949 年陈嘉庚先生返国后，于 1955 年在归侨领袖庄明理、张楚琨的陪同下，专程到云南、贵州等地慰问南侨机工。1956 年担任全国侨联首届主席后，陈嘉庚先生多次对南侨机工遗留问题的解决作出指示。陈嘉庚先生逝世后，其七子陈元济、侄子陈共存、长孙陈立人等遵照先生的遗愿，经常回国慰问健在的南侨机工，并为南侨机工争取权益、建立纪念碑陈列馆、编写南侨机工史书、开展系列纪念活动捐资出力。

中国共产党和人民政府以及侨界部门团体也十分关心南侨机工。早在 1942 年 12 月 15 日，《新华日报》就发表了《救济回国华侨机工》的社论。1986 年，时任全国侨联副主席庄明理、肖岗率领调研组赴云南、贵州、四川三省，对南侨机工的落实政策问题进行专题调研，促进其冤假错案的平反。1989 年，云南省人民政府在昆明西山建立"南洋华侨机工纪念碑"；2013 年，海南省人民政府在海口市青少年科技活动中心修建"南洋华侨机工回国服务团纪念塑像"。南侨机工后代林晓昌先生也在云南畹町建立南侨机工纪念园与纪念碑。1995 年，全国侨联为每位健在的南侨机工颁发荣誉证书和纪念章。2001 年，国务院侨办代表政府向健在的南侨机工发放生活补贴，以后又增加数额。2007 年，全国政协侨联界委员赴云南视察调研，提出对南侨机工遗孀生活困难进行补贴的提案和报告。2008 年国务院侨办下发了《关于对生活困难的南侨机工遗孀给予专项补助的通知》等等。

随着南侨机工后代的长大成才，他们对其先辈的特殊人生与丰功伟绩深感光荣和自豪。他们以各种方式表达对先辈的怀念之情，并表示要继承其遗志，弘扬其精神。2006 年底，南侨机工陈昭藻的女儿陈达娅、陈邦兴的儿子陈勇将其编著的《再会吧南洋——海南南洋华侨机工回国抗战回忆》书稿专程送到笔者手中，笔者怀着钦佩的心情，含着热泪一页一页地阅读，深为南侨机工的赤子情怀、英勇壮举而感动、震撼，因而确定将此书列为《中国华侨历史学会文库之六》，资助其出版发行。该书在中国华侨出版社出版后引起海内外社会的强烈反响。时任全国人大常委会副委员长、缅甸归侨、当年在缅甸参加过抗战的王汉斌同志，专门召见编著者，表示勉励，并亲笔题写"赤子功勋"条幅。中央电视台、新华社、中新社，《人民日报》《中国国防报》和地方报刊，以及新加坡《联合早报》《海峡时报》，马来西亚《星洲日报》《南洋商报》《光华日报》等媒体对该书的出版和南侨机工的历史进行大量的报道。陈勇再接再厉，于 2011 年又在中国华侨出版社出版《南洋 1939》。陈达娅为宣传父辈的革命精神不遗余力，她经常深入南侨机工家庭调研求证，深入档案馆、图书馆查找资料，编写了许多南侨机工著作。尤其是她还担任《南侨颂——纪念抗战胜利 70 周年交响组歌》总撰稿人，气势磅礴的《南侨颂》在海内外的演出好评如潮。

南侨机工符国璧的女婿叶军、女儿符永芳在《再会吧南洋——海南南洋华侨机工回国抗战回忆》一书中看到了父亲的相片后四处寻亲，撰写了《寻找父亲当年的足迹》的文章。叶军夫妇视所有南侨机工为他们的亲人而呕心沥血地寻找散居各地的南侨机工及其眷属。2009 年 6 月 27 日在《南国都市报》发出《南侨机工亲属，你们现在还好吗?》的文章，与许多南侨老机工及其眷属建立了联系，并为机工与遗属的正当权益而奔走呼号。他们同时还搜集到 47 位琼籍南侨机工的资料，2012 年 6 月，他们将手中有关琼籍南侨机工的资料编写成《琼崖赤子心》一书。为了弘扬先辈的优良传统，让"南侨机工"精神代代相传，叶军还组织"海口市南侨机工眷属联谊会"，并任首届会长，出版刊物《南侨之光》。

女扮男装回国参加抗战，被侨界领袖何香凝誉为"巾帼英雄"的李月美与其南侨机工夫婿杨维铨的儿子杨善中，远在瑞士担任瑞中友好协会会长，他继承父母遗志，为瑞中友谊作出贡献，还在百忙之中多次回国参加寻亲活动，大力宣传父母的爱国精神。海南文昌重兴甘村一家南侨机工三叔侄罗杰（罗豫川）、罗开瑚、罗豫江的传奇事迹激励罗杰长孙罗长英撰文宣传。罗长英还积极参与雕塑家陈学博，海南省侨联副主席、海口市侨联主席陈文培组织的"南侨机工回国抗战 80 周年图片、雕塑巡回展"等活动。海南省华侨文学艺术家协会会长、海口市南侨机工眷属联谊会现任会长黄良妹（父亲黄迎风是南侨机工）云南省南侨机工回国抗战史研究会副会长张云鹏（父亲张智源、叔父张金炳都是南侨机工）亲自在巡回展中担任讲解员，讲述父辈的光荣事迹，并表示父辈舍身为国赤子情怀毕生难忘。由于篇幅有限，不能一一列举，读者可以在这本《再会南洋——南侨机工后人千里寻亲路》中领略南侨机工后人的风采和对父辈的挚爱之情。

《再会南洋——南侨机工后人千里寻亲路》的主编之一林秋雅女士，祖籍海南文昌会文镇宝石村，是马来西亚第二代华人。她曾在马来西亚任槟城海南会馆主席，现任马来西亚海南会馆联合会总会长、马来西亚海南总商会总会长、马来西亚槟城孙中山协会会长、马来西亚太极拳总会总会长、中国民族卫生协会顾问、中国海南热带海洋学院马来西亚研究中心顾问等社会职务。秋雅女士秉承先父林璧山先贤的传统美德，积德行善，济世为民，多次资助和参与槟城与故乡海南中小学校建设，救灾扶贫，近期还为中马两国抗击新冠疫情作出贡献。秋雅女士还为中马两国人文、经济交流，弘扬世纪伟人孙中山的博爱思想，推广妈祖民俗文化、中华茶文化、太极文化、海南饮食文化与语言文化竭尽了全力。

　　林秋雅女士对于南侨机工抗战史迹的宣传费尽了心血，对南侨机工及其遗属的生活关怀备至。2009 年 4 月，她回家乡海南参加纪念海南南侨机工回国抗日 70 周年大会；同年 9 月 3 日，她在云南参加昆明市举行的二战胜利纪念活动；10 月下旬，她组织与陪同南侨机工后裔陈达娅、陈勇，在新加坡和马来西亚作 8 场巡回演讲。2011 年 11 月，秋雅女士组织中国南侨机工第二代、第三代共 35 名后人越洋赴马来西亚作 5 场访问交流、举办表演和图片展，同时举办了寻找父辈居住地的历史踪迹活动，拜访在马来西亚当时健在的南侨机工许海星、李亚留、黄铁魂、王诗伟、黄明安和冯增标等人。2013 年 3 月，她不遗余力地配合中国中央电视台及昆明电视台等，在马来西亚拍摄南侨机工历史纪录片。2015 年 9 月，邀请云南省《南侨颂——纪念抗战胜利 70 周年交响组歌》到马来西亚举办两场演出，等等。10 余年来，秋雅女士多次到新加坡、西马、东马及中国云南、海南、山西、广东等地探望慰问健在的南侨机工；多次资助支持专家学者与南侨机工后代编辑出版关于南侨机工史料的书籍与纪录片。林秋雅女士对中华文化和南侨机工的项项义举，彰显了她的拳拳爱心和社会使命感！

　　有了林秋雅女士和南侨机工后代及热心人士的共同努力，有了专家学者黄田园博士、李尧庆博士等社会热心人士，以及人民出版社的大力支持，南侨机工的抗战史迹永载史册，南侨机工的伟大精神代代传扬！

林明江

2020 年 4 月

于中国北京

序二

"莫让战火重燃"　让明天更美好

林秋雅*

"莫让战火重燃"

2015 年 9 月 3 日，为纪念中国人民抗战胜利 70 周年，香港新马研究社特别编纂《莫让战火重燃》图册，展现新加坡、马来亚华侨当年积极支持中国抗战，为捍卫家园而并肩作战的历程。著名国学泰斗饶宗颐教授为此图册题写书名。铿锵有力的行书"莫让战火重燃"，使人立刻联想到硝烟弥漫的战场，联想到 14 年抗战胜利的来之不易，它是中华民族用 3500 多万人的生命，用 5600 多亿美元的代价换来的胜利；它是中华民族用身家性命，流血流汗、不怕牺牲、前赴后继、冲锋陷阵的豪情换来的胜利。

"莫让战火重燃"这六个字深深地打动了我，它提醒我们铭记历史，提醒我们牢牢地记住古训"居安思危"的道理。

日本侵华战争虽然已成历史，然而战争的阴魂仍存，当今世界，霸权主义横行，小国要想生存，不得不依附在大国的保护圈里；一些大国之间，也时而为本国的自身利益而相互较劲；一次一次的全球危机、一阵一阵的难民

---

*　拿督林秋雅，马来西亚海南会馆联合会总会长、马来西亚槟城孙中山协会会长。

潮、令人惊恐万状的恐怖事件，在世界许多地方相继发生；新冠疫情暴发，威胁着人类的生命安全，然而和平发展、互通往来、友好互助、社会进步仍然是世界人民的美好愿望。回想这些年来，我们做的许多事情，无不围绕着"莫让战火重燃"这几个字啊！

南侨机工精神永垂不朽

抗日战争胜利已经过去了75年，14年抗战中许多大大小小的战役数不胜数，正面战场的拼杀，敌后战场的成果，都已经有许许多多的描述与肯定。南侨机工的壮举，他们在抗战中的功绩，也不应被历史所遗忘。围绕南侨机工这一个群体，有许多可歌可泣的英雄故事，"国家有难，匹夫有责，爱国爱民，我死国生"的南侨机工精神，永垂不朽！

至2020年，在世南侨老机工已经屈指可数，唯3位健在的即是罗开瑚、张修隆和蒋印生老先生。记得2015年，103岁的翁家贵老先生不顾年迈，积极参加各种纪念抗战的活动。翁老先生在参加完纪念抗日战争胜利70周年活动后，没几天便安然离世。这件事再一次激励我们，要积极行动起来，让南侨机工精神世代相传。

现在，其中两位琼籍南侨机工，即居住在海南的张修隆和云南的罗开瑚老先生也相继离世。我在马来西亚，由于疫情的原因，无法到中国追悼，只能通过网络传递哀思，并在马来西亚华文报纸报道两位老人去世的信息，让马来西亚华人也不忘这段历史。张修隆和罗开瑚乡贤都是在当时的马来亚报名的南侨机工（服务团成员）。响应当年的侨领陈嘉庚先生号召的3200多名南侨机工中，有800多名是海南籍的。陈嘉庚先生曾说："海南地方不大嘛，但参加的人数多，这说明海南华侨是对祖国最关心的，是最爱国的，是最革命的。"这句话让作为海南人的我一直引以为傲。

南侨机工义无反顾，共赴国难，运输军需物资，他们忘我的救国精

2019 年 7 月，林秋雅女士看望南侨机工罗开瑚（从左至右依次为侯韦美、林秋雅、罗开瑚、邢葵阳）。

林秋雅女士赠予罗开瑚的纪念牌

神，体现着当年华侨的爱国自觉，显示着中华民族的觉醒，彰显出一方有难，多方支援的巨大力量，这是中国人民抗日战争暨世界反法西斯战争取得最终胜利的力量源泉！

2020年10月29日，在海南省最后一位102岁的南侨机工张修隆老先生走了。2020年11月12日，在云南最后一位102岁的琼籍南侨机工罗开瑚也离开我们了。但是，南侨机工的丰功伟绩永垂千古，南侨机工的精神永流传！南侨机工的事迹，值得海内外中华儿女了解。他们的精神也应该继续被歌颂！

最后一位琼籍南侨机工罗开瑚老人的辞世，绝不是南侨机工历史的曲终人散。海南作为八百多位南侨机工的家乡，我衷心祈愿在抗战中牺牲或

又一南侨机工逝世
海南省102岁张修隆走了

（吉隆坡31日讯）马来西亚海南联会昨天收到海南省侨联的通报，海南省唯一健在的琼籍南侨机工张修隆，于前天（29日）下午在海南省文昌市逝世，享年102岁。

张修隆老先生祖籍海南省文昌市抱罗镇里隆村。1939年，年仅21岁的张修隆报名参加第九批南洋华侨机工回国抗战。抗日战争结束后，张修隆回到新加坡。1949年新中国成立后，张修隆回到家乡文昌居住至今。

马来西亚海南联会总会长林秋雅说，当年侨居在东南亚的3000千多名南洋华侨机工，响应当时的华侨领袖陈嘉庚的号召，赴中国参加抗战，在千里滇缅路上为运送抗战物资做出了不可磨灭的贡献，南侨机工为和平付出，应该永远铭记于心。

目前在中国国内健在的南侨机工是居住在云南省的罗开瑚老先生和四川省的蒋印生老先生。林秋雅代表马来西亚海南会馆联合会、马来西亚海南总商会委托海口市南侨机工眷属联谊会，代为向张修隆贤的家属致以诚挚的慰问。

海南省最后一位南侨机工张修隆。

陈嘉庚基金悼念张修隆

马来西亚陈嘉庚基金也向张修隆致敬致哀，赞扬其在1939年英勇参加第九批南洋华侨机工服务团，爱国奉献的精神。

另外，该基金在2019年8月15日举办"先贤交辉"特展系列四"烽火天·南侨情：南侨机工赴华抗战80周年纪念展"获得很大的回响，但考虑到今年疫情的关系，很多有兴趣的民众无法前来陈嘉庚纪念馆观展，故展出日期将延至2021年3月份。

13. 11. 2020 星期五 星洲日报

最後一位瓊籍南僑機工
羅開瑚在雲南去世

（吉隆坡12日讯）马来西亚海南会馆联合会总会长及槟城孙中山协会会长拿督林秋雅于今日接到中国云南省南洋华侨机工暨眷属联谊会及云南省南洋华侨机工回国抗战历史研究会传来讣告，南侨机工罗开瑚老先生于当天逝世，享寿积闰104岁。

罗开瑚老先生1918年7月15日生于海南文昌市重兴镇甘村乡鲤塘村。1934年为了家庭生计和偿还债务，到马来亚谋生；1939年7月参加第八批南侨机工回国抗战；1942年机工被遣散后在昆明开小饭店、咖啡馆维持生活；1949年，新中国成立后分配到昆明市五金公司工作，直到1978年退休；1985年开始联系、寻找南侨机工战友，1986年9月3日任南侨机工云南联谊会理事。

林秋雅介绍，罗开瑚是最后一位祖籍海南，也是最后一位生活在中国云南省的南侨机工。当年马来亚侨领陈嘉庚先生号召三千多位东南亚各国的华侨子弟，组成"南洋华侨机工回国服务团"到中国支援抗日战争。

"南侨机工为世界反法西斯战争胜利做出了独特的重要贡献，缅怀这段历史，也提醒我们珍惜今日来之不易的和平环境。"

罗开瑚老先生是最后一位祖籍海南，也是最后一位生活在中国云南省的南侨机工。

马来西亚华文报纸对两位南侨机工逝世的报道

在各地逝世的琼籍南侨机工魂归故里，我们要永远缅怀他们的事迹和精神。我们海内外琼籍子女、全体炎黄子孙都以他们为骄傲！

缅怀抗战历史，让我们知道今日的和平来之不易，我们应居安思危，珍惜和维护好现在的和平生活！

促进中马友谊　传播南侨机工事迹

我非常钦佩来自南洋的爱国者——南侨机工群体，后因机缘认识了许多南侨机工的后代，从南侨机工后人那里进一步认识和了解了他们先辈的历史，深为他们先辈那种不惧牺牲、忘我奉献的精神而感动。南侨机工谱写了海外华侨华人爱国史上一部伟大的历史篇章。南侨机工后人都为先辈的事迹感到骄傲与自豪，他们积极为先辈挖掘和弥补历史的缺漏，传承和弘扬先辈英烈的浩然正气、丰功伟绩，让南侨机工的爱国精神代代相传，发挥正能量。南侨机工后人，到马来西亚探望健在的南侨机工老先生并寻找亲人，以完成先辈的遗愿，在精神上延续南侨机工对当代中华儿女的影响，对促进中国与马来西亚两国之间的民间友好交流，发挥了"侨搭桥"的作用！

此外，我十分钦佩海南热带海洋学院马来西亚研究中心负责人黄田园博士，他以诚待人，与我们海外华人交流与合作，不辞辛劳多次往返于中国和马来西亚之间调研，长期搜集整理有关南侨机工的资料，克服重重困难联络协调各界同仁，花费大量时间精心地修改、编辑、校对书稿，落实经费并与中国最好的出版社之一人民出版社取得合作，使本书得以出版。

我十分感谢海南热带海洋学院的有关领导和同仁对于东盟研究、马来西亚研究，特别是对于此书编著的长期重视与大力支持。

"华之光、族之魂" 弘扬陈嘉庚精神

　　陈嘉庚是马来亚重要的华人领袖，是一位跨越时空的人物，他曾奔走中国与南洋，是连接、沟通世界各地华人的纽带。他的传奇人生与伟大精神，是华人社会永恒的记忆。1939 年，当年的侨领陈嘉庚团结华侨全力支援抗日战争，发出号召，组织有 3200 多名的"南洋华侨机工回国服务团"支持抗战，同时支持印度民族解放运动，等等，为世界反法西斯战争胜利作出了不可磨灭的贡献。陈嘉庚一生为教育事业鞠躬尽瘁，倾资兴学数十年的沧桑历程，体现了他无私奉献，一生为社会服务的牺牲精神，为后人钦敬崇仰。

　　陈嘉庚对马来亚社会各领域贡献良多，为了缅怀陈嘉庚一生的丰功伟绩与高风亮节，激励后人，2011 年 6 月，马来西亚华商与文教推手——马

陈嘉庚先生在抗日战争时期担任南洋华侨筹赈总会主席，上图为在新加坡号召华侨支持祖国抗日的情形。

中友好协会秘书长陈凯希、隆雪华堂会长陈友信发起成立马来西亚陈嘉庚基金会，终于该会于 2013 年正式成立，之后又设立了陈嘉庚精神文化中心——一个兼具文物馆、展览厅与活动中心功能的陈嘉庚纪念馆。

陈嘉庚先生集政治、经济、文化教育、社会活动等诸方面的成就于一身，终其一生全力支援中国的革命、抗战、复兴活动，亦被称为"南侨机工之父"。

2020 年 1 月 8 日，海南省侨联副主席陈文培（前排右一），陈嘉庚先生的长孙陈立人（前排左三），马来西亚海南会馆联合会总会长林秋雅（前排左二），集美学校委员会副主任张志方（前排左一）、联络处处长陈励雄（后排右一），厦门华侨博物院院长刘晓斌（后排左四），海口市南侨机工眷属联谊会会长黄良妹（后排左五）、名誉会长叶军（后排左三）、副会长何瑞良（后排右三）以及海南雕塑家协会会长陈学博（后排右五）等人赴海南文昌慰问海南当时唯一健在的南侨机工张修隆（前排左四）。

传递爱心 相信明天会更好

南侨机工无私忘我付出的精神，值得我辈学习。我们应该把爱传给更多的人，传播正能量。一个人有爱心，生活就会充满阳光；一群人有爱心，就能团结一致，克服困难；一个民族有爱心，社会就会和谐稳定；一个国家、一个执政党有爱心，国运便能昌盛，国家就能长治久安；整个人类有爱心，世界和平必将永久。

新冠疫情在全世界的扩散让我深深地体会到，全人类是一个命运共同体，只有一方有难、八方支援、大爱无疆、世界同心，才能实现全球防控抗疫的通力合作，战胜史无前例的新型冠状病毒。希望世界有疫情的国家，疫情早日平息，早日渡过难关！这次的新冠疫情发生后，马来西亚的华人社团纷纷向祖籍地捐助医疗物资和捐款，帮助家乡渡过难关。今天的中国正积极参与全球治理、支持其他国家共同抗疫，从某种意义上说，这都与南侨机工精神形成深刻的共鸣。谨以此书向每一位坚守岗位与病毒战斗的医护人员及在各领域作出抗疫贡献的人民致敬！盼望春回大地，万物复苏！只要世界各地人民齐心协力，世上的灾难就会终结！

马来西亚华人社团向祖籍地捐助医疗物资。

和平来之不易　以天下为己任

马来西亚槟城孙中山协会成立并运行了 11 年。2010 年 11 月，本会与槟州华人大会堂、槟威华校董事联合会及槟城阅书报社—孙中山纪念馆联合，在槟城阅书报社—孙中山纪念馆隆重举办了纪念孙中山庇能① 会议 100 周年的系列活动，包括庆典、展示历史文物、主办学术交流会等，宣传和弘扬孙中山民主革命思想和优秀传统文化、孙中山与马来西亚革命先贤的百年历史事迹。2011 年 11 月 12 日，为纪念孙中山先生 145 周年冥诞，由槟城孙中山协会主办，马来西亚佛教总会、槟城阅书报社—孙中山纪念馆、槟州华校校友会联合会、槟榔屿南洋大学校友会、槟城公民学校信理会纪念碑管委会、槟城海南会馆、槟城菩提校会联合举办了"孙中山辛亥革命百年路"的一系列活动，在马来西亚佛总礼堂滚动播放由本协会制作的《孙中山庇能会议 100 周年历史事迹》纪录片、系列图片展、《百年革命千古文心》文学论坛、"辛亥革命百年展望未来"讲座会、南侨机工图片展以及交流会，回顾历史、展望未来，以此缅怀分享孙中山先生的革命思想和实践经验，分析对现代中国产生的深远影响，同时肯定海外华侨华人对中国民主革命、社会进步和国家团结统一所发挥的作用。

槟城阅书报社—孙中山纪念馆

---

① 庇能，马来西亚槟城的旧称，亦称槟榔屿。

　　孙中山先生是世纪伟人，他博爱行仁、天下为公的思想，为开创和平共存及世界大同而不屈不挠努力奋斗的革命精神深深地影响了马来西亚华人。孙中山先生曾称"华侨乃革命之母"，而谈起当年的革命，今天的槟城人仍感慨良多。如果说辛亥革命在中国近代史上谱写了光辉的一页，那么南侨机工在中国抗日战争取得伟大胜利的历史进程中扮演着不可或缺的角色，也是孙中山的民主思想、民族独立自强精神的传承与延续。

　　孙中山与马来西亚的渊源拉近了今天马来西亚和中国的关系。孙中山也是海峡两岸共同的伟人，尽管统一的道路曲折，但是通过加强相关的学术文化交流活动，两岸人民可以拉近彼此间心的距离，期待两岸统一的伟大事业尽早取得成功！

　　作为孙中山学会的会长，我参与编辑此书，把书中的内容介绍给读者，目的是要激发人们铭记历史、缅怀先烈、珍爱和平，牢记和平来之不易，宣扬唯有本着和平、平等、协商、互助、互利的原则，各国才能实现和谐共赢与持续发展的国际关系理念！中国提出的"构建人类命运共同体"就是基于这样一个认知：每个民族、每个国家的前途命运是紧紧联系在一起的，应该风雨同舟，荣辱与共，努力把我们这个星球建成一个和睦的大家庭，把世界各国人民对美好生活的向往变成现实。这同时也是对孙中山先生"天下为公、世界大同"思想的最生动诠释。

林秋雅

2022 年 2 月

于马来西亚吉隆坡

序三
英雄无限

黄田园*

　　"九一八"事变以后，南洋 800 多万、海外 1000 多万华侨华人纷纷以财力、物力、人力、舆论支持，在世界范围内开辟了中华民族的抗日救国反法西斯战线，但凡有华侨居住的地方，皆有抵制日货、为国捐输的浪潮。1934 年底，词作家田汉和曲作家聂耳共同创作了一首名叫《再会吧南洋》（又名《告别南洋》）的歌曲。这首歌在 20 世纪 30 年代风靡南洋，当时南洋广大的华侨华人青年，尤其为这首歌的旋律，以及乐曲的精神力量所感奋，踏上波澜壮阔、激情豪迈的抗日征程。当日本法西斯侵略铁蹄横行无忌的时候，在中华民族最危难的时刻，一批风华正茂的年轻人没有袖手旁观、置身事外，而是心怀乡土、家国、天下，在华侨领袖陈嘉庚先生的号召下一往无前、义无反顾地放弃南洋优渥的生活，毅然加入抗战的洪流。他们侠肝义胆、艰苦卓绝、浴血奋战，闯过险路关、雨季关、疾病关、空袭关、饥饿关等种种难关；他们技术精湛、粉碎封锁、创造奇迹，为中华民族的独立自由、世界的和平与人类的进步事业作出卓越的贡献。滇缅公路是一条诞生于抗战烽火中的国际通道（仰光—曼德勒—腊戍—畹

---

　　* 黄田园，国际儒学联合会理事、顾问联络委员会委员，海南热带海洋学院马来西亚研究中心负责人。

y

019

町—保山—昆明—贵阳—重庆—成都），南侨机工在这条国际大通道上演绎了惊心动魄、波澜壮阔的抗战运输故事；有数百名机工跟随盟军赴印度服务，协助盟军军运后勤，并为军用机场、中印公路和中印输油管的修建奉献了力量；有的后来参加中国远征军，继续奋斗在抗日战场上。在这支队伍里，不但有吴秀芬、李月美、白雪娇、陈侨珍等巾帼英雄，而且还有一百多人是印度人、马来人、印尼人、越南人、缅甸人、菲律宾人、泰国人等，这支来自五湖四海的国际纵队不论国籍、族群、肤色、宗教信仰等差异，同甘共苦，同生共死，只为伸张正义，维护生命！

2020 年新冠疫情蔓延，在这场特殊的战役中，一批又一批中国各地的医护工作者在祖国危急的时刻主动担当，请缨驰援抗疫一线，他们明知前方极其危险，却义无反顾，勇往直前，这和当年南侨机工们舍小家为大家、舍小我成大我的奉献精神异曲同工，也注定是中华民族历经沧桑，却又生生不息的民族精神的重要构成部分；而中国与世界多国全面展开合作抗疫，协调物资、人员、资金、经验、方案、疫苗，更是谱写了携手构建人类命运共同体的新篇章，其中中马两国人民守望相助、共克时艰，尤其引人注目。我们看到马来西亚海南会馆联合会等华人社团和南侨机工后人的种种义举，使"南侨机工"精神在新时代得以再现，这不由引发了我的深入思索。

1986 年美国哲学家詹姆斯·卡斯（James P. Carse）教授在 *Finite and Infinite Games : A Vision of Life as Play and Possibility* 一书中第一次从哲学维度对社会运行提出"有限游戏"和"无限游戏"的划分："有限游戏"是对个人主义、自由主义、民族主义（乃至侵略主义、霸权主义）的普遍崇拜，是单独个体行为者追求短期自身利益最大化的竞争文化模式。有限游戏就像下象棋或者打扑克，在有限的时间里，依据有限的规则，最终决出赢家，这是一个短期的零和博弈。在一个以个人主义意识形态为主的时代中，金融投机、商业贸易、体育赛事、学术教育、医疗卫生、外交事务中的个人、公司、民族国家普遍遵循"有限游戏"的潜规则。而"无限游戏"着眼于强化唇齿相依的关系，让游戏永远延续下去，大家可通过持续开展游戏享受到愉悦，"既要让自己过得好，也要让别人过得好"，而不是一决胜负，也就是说，"无限游戏"着眼于在更广阔的时空中寻找个体的意义。我的老师美国汉学家安乐哲（Roger T.Ames）认为中华优秀传统文化恰恰具有"无限游戏"的本质特征，儒家哲学天下世界观所展现的正是一种基于一荣俱荣、一损俱损的家庭伦理关系为本的认识。天下是息息相关、浑然如一的天下，世界是一个互相依赖的、延续的有机整体；人，是相互依存的五伦关系中的人；人的存在价值体现在子子孙孙、绵延不绝的历史书写之中。

诚如钱理群教授指出，"全世界的文明历史就是各地区、各民族、各时代，人在不断寻找合理价值观和幸福观的过程"。身处百年大变局之中，面对一个日益相互依赖的世界和越来越多棘手的全球性问题，人类不得不走出单独个体追求私利的"有限游戏"的阴影，转变到"无限游戏"上来。也就是说，当我们寻求应对全球困境所需的文化资源时，其中最首要的是找到能够加强协调与合作的文化模式，来代替人们所熟悉的个体行为者"有限人"追求自身利益最大化的有限游戏文化模式。儒家传统给予当今世界的礼物，就是个人主义意识形态之外的另类选择。近年来，"人类命运共同体"与"××利益第一"两个口号已经形成鲜明对照，分属两种哲学、两种文化，分别是"生生"为贵哲学[①]与破坏生命和谐关系、不利于生命延续、否定共同命运、不可持续发展的害生哲学，昭示着两条道路、两个前途。事实表明：个人主义极端化不会带来"再次伟大"，甚至连新冠肺炎都难以招架；解决全球困境亟须构建人类命运共同体，同舟共济方为"生生不已"的可持续发展之道。

---

① 《易经》赞颂"天地之大德曰生"，将宇宙人类整体视为一个有机、和合、共生的大生命体系与和谐化过程，人要发扬天地精神，维护天地宇宙之间的生生不息、周流不止。

主编《再会南洋——南侨机工后人千里寻亲路》的一个深层目的，就在于以文载道、以文化人、以文育人，要使中华文明的精华、智慧以及道德精神，有一个新时代的表达，以新理念、新思维，超越陈旧的国际政治逻辑，推动生成新文化秩序，为人类命运共同体的构建添砖加瓦。有限与无限游戏所带来的哲学思考、有限与无限思维所产生的实践分野，首先对于当今的中国教育科研工作者来说，是一个警示。教育科研工作者是游戏模式的设计者、选择者，很多时候成了有限思维的助长者、熏陶者，不自觉地影响着下一代人、下一代组织、未来的社会和人类的明天。教育出什么样的人？做什么样的学术？这样的疑问在高校已不绝于耳。"好人要联合起来做好事"，我们绝不能让校园里充满年龄虽小却已"老于世故"的"有限人"，或者是钱理群教授所批判的"精致的利己主义者"。所幸的

马来西亚海南会馆联合会总会长拿督林秋雅（左二），马来西亚中华大会堂总会（华总）署理总会长、吉隆坡暨雪兰莪中华大会堂时任会长拿督翁清玉（左三），黄田园博士（左四）。

是，"在这个物质享乐消费的社会里边，也有一群人尝试着物质简单、精神丰富的生活方式；当许多人奉行极端利己主义，拒绝承担任何社会责任和社会道义的时候，也有一群人，尝试着利己利他；当许多人奉行将他人视为敌人，坚持丛林法则，进行残酷的你死我活的斗争的时候，也有一群人，不把别人当敌人，或者是可兹利用工具，而当成兄弟姐妹，大家一起合作"①。我的老师成中英教授曾经深刻指出，要有自己的文明观！我认为"南侨机工"与"再会南洋"都是具有"无限"意义的中华文化符号。南侨机工的壮行义举属于"生生不息"的中华文化中，最为波澜壮阔的一部分，故而笔者乐于主编这本书，学习、解读、宣扬之，以传承先贤之志，砥砺后世之行。

《再会南洋——南侨机工后人千里寻亲路》记载了南侨机工后人千里寻亲、缅怀先辈走过的足迹，以及林秋雅女士等社会贤达推动的相关民间外交的感人事迹。书名由我草拟，并和尊敬的马来西亚海南会馆联合会总会长拿督林秋雅商议确定。南洋是一个历史概念，但又意味着一种文明精神的延续和传承。南洋，是文化，是情感，是历史，更是现实。南洋精神首先是《易经·乾卦》中体现的自强不息、奋斗不止，正是中华民族从苦难到复兴的象征。在下南洋的历史过程中，华人在南洋作出了重要贡献。今天，漫步一些东盟国家的街头，几乎都可以看到当年华人下南洋时留下的奋斗足迹，如新加坡的牛车水、马来西亚的大山脚等等，现在仍然是那里最繁华的商贸之地，可以找到中华民族细腻的文化特征。广大华侨华人虽身居异国他乡，却不忘中华文化，不忘儒学风范，不忘故国文明，以忠孝仁义为本，念根敬祖、崇文重教、精诚团结，特别重视亲情、乡情、族情和同胞之情，抱团结社，在异国他乡不屈不挠，既是拓荒者，又是建设者，立己达人，变他乡为故乡。在中国与东南亚的交往合作中，华人商

---

① 钱理群：《读书是通向文明的最好途径》，《北京青年报》2014年4月10日。

会、社团等起着不可替代的作用，为促进民心相通作出巨大贡献，中国—东盟自贸区建设以来，中国与东南亚的经贸合作取得了突破性进展。

对于海南来说，下南洋还有更深的含义。海南与南洋的交往源远流长，同广东、福建、广西等一样，海南是历史上下南洋华人的主要来源省区。在当年的3200多名南侨机工中，就有海南籍800多名，牺牲或失踪400多名。而今，海南处于中国—东盟自贸区建设的前沿，随着海南自由贸易港建设的推进，海南与东盟的经济交往范围越来越广，文化交流越来越深入，围绕南侨机工回国抗战这段历史的国际研究与文艺创作也受到越来越多的关注和支持。

南侨机工是一个鲜明的历史标识。80多年来，南侨机工的精神代代相传，已成为海内外华侨华人的重要精神纽带之一。《再会南洋——南侨机工后人千里寻亲路》的书名展现了一连串的意蕴：机工后人重返南洋，重聚南洋；寻亲跨越时空，心路历程"道阻且长"，然而行而不辍，行则将至，而且未来可期，"我会再来"。南洋是南侨机工后人永远的精神家园；今天，南侨机工精神将机工后人，将全世界华人的心重聚在一起；南洋和南侨机工，是中华民族生生不息的精神符号。根据陈毅明教授的统计，参与战后登记的南侨机工人数为1748人，估计牺牲和失散人数为1452人；幸存复员返回海外侨居地的有936人，留居中国国内的有812人。根据海口市南侨机工眷属联谊会会长罗长英的统计，该会自2017年成立至今已经在海南、广东、广西、云南等地寻得70余位海南籍南侨机工的后人，若包括南侨机工孙辈则联谊会成员已超过500人。根据汤耶碧教授的统计，云南省德宏州有南侨机工后人580人左右。这本书提示我们：南侨机工回国抗日的历史研究、文艺创作与机工后人跨国千里寻亲的民间交往、民间外交，是促进中外民心相通的重要文化纽带。南侨机工不仅对应一件往事，而且可以是活的历史，是正在发生在我们身边的历史。英雄的故事需要延续，还在延续！英雄的精神需要传承，还在传承！英雄之后，还有

黄田园博士在马来西亚陈嘉庚纪念馆。

黄田园博士在新加坡晚晴园内的南侨机工纪念雕塑前。

黄田园博士在马来西亚槟城乔治市的槟榔屿华侨抗战殉职机工暨罹难同胞纪念碑前。

更多精彩的传奇。这就是"英雄之后"这个哲学命题的无限意义。只有真正把许许多多的英雄事迹，特别是他们当年一往无前，义无反顾地冲破封锁，创造奇迹的精神，化为我们民族集体记忆当中最重要的部分，民族才有充沛的凝聚力和继续向前的内在动力，才能够顶住压力，迎难而上，打破遏制，冲破封锁，克服各种风险和挑战，实现持续发展。国家有难，匹夫有责；爱国爱民，我死国生；博爱行仁，促进大同的南侨机工精神永垂不朽，光照后世。中国人是讲仁爱、和平精神的，要《乾卦》的"自强不息"，更要《坤卦》的"厚德载物"，用自己的卓越去影响他人，实现"天下为公，世界大同"，而不是争强争霸、强权霸凌。今天的社会需要英雄的理想，中华民族的伟大复兴需要英雄的信念，维护世界的和平更需要提醒世人铭记英雄的故事。

黄田园

2022 年 2 月

于中国海南三亚

序四
槟城孙中山协会与南侨机工

李尧庆*

马来西亚槟城孙中山协会(以下简称"协会")是在马来西亚政府注册的非营利民间华人社团,于 2009 年成立。协会会长是拿督林秋雅(以下简称"林会长"),会员都是义务的工作者。协会的主要宗旨是提升社会对孙中山及其追随者在马来西亚的历史事迹的认识,支持和推动有关研究和纪念活动,协助保存相关历史遗迹等。协会与南侨机工后人的联系可以追溯到 2009 年。当年南侨机工陈邦兴之子陈勇和南侨机工陈昭藻之女陈达娅出席在新加坡历史档案馆举办的南侨机工图片展并作历史口述记录。在场的林会长对他们的口述印象深刻,当即邀请他们以后到马来西亚与新加坡两国作 8 场巡回讲座。协会虽只有十余年的历史,但却取得了令会员引以为荣、足以自豪的成绩。在林会长的积极推动下,协会举办,亦与其他文教机构及华人社团联办了一系列有关孙中山革命及南侨机工回国抗战的纪念活动,林会长亦代表协会积极参与海内外各种相关活动。

2009 年 4 月 6 日,林会长受邀赴海南参加"纪念海南南侨机工回国抗日 70 周年大会",大会主持人是海南大学王春煜教授。大会主席、时任海南省委宣传部副部长张作荣致辞,时任中国侨联副主席林明江、时任海

---

* 拿督斯里李尧庆博士,马来西亚槟城孙中山协会副会长。

南省政协副主席史贻云教授、陈嘉庚长孙陈立人讲话，林会长、老干部王学萍、厦门华侨博物院名誉院长陈毅明教授、南侨机工子女代表陈达娅、时任云南省侨联主席钟侨光等发言。三位当时年过九旬的琼籍南侨机工吴惠民、谢章农、翁家贵应邀出席大会，吴惠民和翁家贵两位老机工讲述了当年在滇缅战场上抗日救亡的英勇事迹，96 岁高龄的翁家贵还唱起了《大刀进行曲》。研究南侨机工历史的专家、南侨机工亲属代表，以及来自新加坡、马来西亚、加拿大等国的海南同乡会代表，海内外南侨机工后代、南侨机工历史研究人员，以及云南、广西、海南的侨务工作者 200 余人参加了大会。

2009 年 12 月 3 日，为配合南侨机工回国抗战 70 周年纪念活动，中国云南省昆明市政府组织南侨机工摄制组，由陈毅明教授率领纪录片《南侨机工》导演欧阳斌、摄影师祁云、槟城南侨机工汤耀荣之女汤晓梅等访问马来西亚，并在林会长的安排下，前往槟榔屿华侨抗战殉职机工暨罹难同胞纪念碑献花公祭。随后，林会长陪同摄制组搜集史料、收集口述历史、征集文物，首先到《光华日报》收集当年槟城有关赴华抗战的报道和图片，然后北上吉打采访南侨机工邝金源后人邝华霖，再走访东马尚健在的南侨机工冯增标、许海星、李亚留和已经移居加拿大的南侨机工廖平的胞弟廖荪喜，之后走访西马尚健在的南侨机工黄铁魂、黄明安、机工遗孀陈秋波，最难得的是拍摄和采访到了印度锡克族人南侨机工王亚能（原名达拉星）的女儿。

2010 年 3 月 27 日至 28 日，协会举办了意义重大的纪念孙中山庇能会议 100 周年系列活动。主要活动为"孙中山与黄花岗之役——庇能会议与海外华人国际学术研讨会"。孙中山于 1910 年 11 月 13 日在槟城召开历史上著名的庇能会议，以策划 1911 年 4 月 27 日的第二次广州起义，亦称"黄花岗起义"。这次起义虽然功败垂成，却揭开了辛亥革命的序幕，改变了中国的命运。协会这次的活动让人进一步了解了庇能会议在中国近代革命史上所扮演的角色以及当年马来亚尤其是槟城的华人对黄花岗之役，甚至对后来辛亥革命的成功所作的贡献。这项活动获得国内外专家学者的支持与参与，南侨机工后人陈达娅也受邀出席并在一项有关南侨机工的座谈会上发言，获得好评。

2010年8月15日，林会长参加吉隆坡广东义山雪兰莪华侨机工回国抗战殉难纪念碑集体公祭仪式。大会主席为拿督翁清玉，菲律宾大使馆总领事雷纳多波维拉侃俪、日本大使馆彦田参赞、中国海南华侨机工回国抗战历史研究会代表（12人）、中国广东南洋归侨联谊会代表（7人）、日本民间组织学者（20人）、高嶋伸欣（TAKASHIMA Nobuyoshi）教授夫妇及侯西反①孙女侯韦美等受邀出席。

2011年7月30日，林会长出席在槟榔屿华侨抗战殉职机工暨罹难同胞纪念碑前隆重举行的"重走南侨机工抗日滇缅路四驱万里行"车队公祭暨颁赠表彰南侨机工赤子功勋奖状仪式。获赠赤子功勋表彰奖状的马来西亚华侨机工有吴明、王海南、谢允和、刘桂华、萧瑞兴、吴家香、杨境南、邝金源、余德、杨大胜、苏凤舞等11名。由于他们均已去世，赤子功勋表彰奖状由他们的嫡系亲属接领。仪式主持为林会长（林会长也是中国云南省南侨机工回国抗战历史研究会名誉会长）和刘道南（马来西亚南侨机工史料搜集研究者、华侨回国抗战历史研究会名誉理事）。颁赠团体为中国昆明华侨机工回国抗战历史研究会。

2011年11月3日至13日，协会邀请中国云南省南侨机工回国抗战历史研究会及云南省侨联南侨机工暨眷属联谊会组成的"珍惜历史、关爱老兵"慰问团，在马来西亚寻访健在的南侨机工并参加各地各项活动。慰问团于11月10日至12日参加由协会联合6个团体举办的"纪念孙中山先生145周年冥诞"，开展"孙中山辛亥革命百年录——记取历史展望未

---

① 侯西反（1883—1944），新加坡华侨社会活动家，陈嘉庚在南侨总会的得力助手。

来"及南侨机工事迹交流会的一系列活动。厦门集美学校委员会、厦门陈嘉庚纪念馆馆长陈呈，中国云南省南侨机工回国抗战历史研究会会长林晓昌，副会长汤晓梅，中国云南省侨联南侨机工暨眷属联谊会会长徐宏基和秘书长张云鹏等受邀出席上述活动，并分别发言。

2011年12月3日至13日，林会长陪同中国云南省南侨机工回国抗战历史研究会副会长汤晓梅等，厦门集美学校委员会、厦门陈嘉庚纪念馆代表组成的访问团，慰问复员回马来西亚健在的南侨机工黄铁魂、冯增标、许海星、李亚留，向他们发放抗战胜利纪念章及慰问金。此外，林会长又陪同云南省侨联南侨机工暨眷属联谊会会长徐宏基和秘书长张云鹏一起访问马六甲两位健在的南侨机工王诗伟和黄明安，向他们表示慰问并颁发抗战胜利纪念章。

2012年8月12日至26日，在林会长的总协调及安排下，应协会和槟城海南会馆、马来亚二战历史研究会、柔佛州河婆同乡会、麻坡中华公会、霹雳州华人文化协会、怡保中国精武体育会等团体的邀请，由著名的爱国华侨领袖陈嘉庚的长孙陈立人担任名誉团长、徐宏基担任团长的中国云南省侨联南侨机工暨眷属联谊会"亲情中华 寻踪南洋"访问团一行39人，到马来西亚访问。中国中央电视台、昆明电视台等媒体记者随团采访。访问团此行以"以宣传和弘扬南侨机工爱国主义精神为主题，以传播中华文化艺术为纽带，以促进海内外文化教育交流为抓手"，在吉隆坡、槟城、古来、麻坡、怡保、太平等6个城市，举行反映南侨机工抗日爱国英雄事迹的文艺演出、图片展览、交流报告会。访问团还举办了中国少数民族舞蹈讲座，促成了昆明侨光小学与马来西亚怡保育才学校校际间的教育合作交流。南侨机工许海星、李亚留、黄铁魂，也受邀到槟城与南侨机工后人见面。上述访问与表演团举行的文艺演出、图片展览、交流报告会等内容丰富，别开生面，多姿多彩，极受欢迎，被本地媒体广泛报道。这是南侨机工后人第一次组团来马来西亚，开创了先河，促使以后更多南侨机工后人南来探亲，具有特别的历史意义。

2013年8月12日，林会长参加古来28个华人社团举行纪念古来"南侨二战抗日机工暨罹难同胞纪念碑"竣工谢土公祭大典活动。纪念碑的土地为富贵集团创办人兼董事长拿督邝汉光捐献，碑名为时任中国侨联主席林军所题。柔佛州河婆同乡会会长拿督黄福庭主祭，代表古来28个华人社团致辞，陈嘉庚长孙陈立人、琉球大学高嶋伸欣教授及林会长等受邀发言。日本和平访问团在高嶋伸欣教授夫妇、日本横滨亚洲论坛吉池俊子率领下一行10多人及本地党团学生代表参与公祭仪式。

2014年11月14日，协会与槟城海南会馆联办马中建交40周年暨纪念南侨机工回国抗日75周年在槟州华人大会堂举行。代表槟州首长林冠英的首长政治秘书兼州议员黄汉伟、槟州华人大会堂拿督斯里许廷炎、中国云南省外事侨务办公室副处长杨东林、昆明市外侨副处长李鹏等受邀出席致辞。当晚由槟城海南会馆副主席林日檫移交马币27万3千元给槟城益华小学迁建委员会主席拿督林秋雅（亦为协会会长）作为迁建校基金。

2015年7月26日，林会长出席砂拉越华人学术研究会举办的"世界反法西斯胜利70周年纪念晚宴暨庆祝抗日机工英雄百岁"活动。研究会会长林韶华博士致欢迎词，中国驻古晋总领馆刘东源副总领事代表总领事出席并致辞。南侨机工许海星、冯增标和李亚留，陈嘉庚长孙陈立人，云南省华侨机工研究会副会长汤晓梅，以及沙捞越华人社团总会会长刘金荣等当地华侨华人共300余人出席。

2015年8月15日，林会长受邀出席在吉隆坡广东义山举行的马来西亚二战人民蒙难纪念总碑暨和平公园奠基开工仪式。当地华人在仪式上呼吁日本正视历史，真诚地向受侵略国家人民道歉。中国领事参赞龚春森代表时任驻马大使黄惠康出席并致辞。其他致辞者有吉隆坡广东义山主席兼纪念总碑筹建工委会主席杜汉光、马来亚二战历史研究会主席拿督翁清玉、马来西亚中华大会堂总会总会长方天兴。参加此次活动的日本琉球大学名誉教授高嶋伸欣对记者说，日本应该向中国、韩国等遭受侵略的国家真诚道歉。

2015年8月26日，为纪念中国人民抗战胜利70周年，中国首次由民政部副部长顾朝曦率领13人代表团，在吉隆坡广东义山"华侨机工回国抗战殉难同胞纪念碑"前举行集体公祭仪式。马来西亚华人总会总会长丹斯里方天兴和马来西亚妇女、家庭及社会发展部副部长拿汀斯里巴杜卡周美芬在仪式上致辞，中国民政部副部长顾朝曦宣读祭文与敬献花圈。中国驻马大使馆领事参赞龚春森、丹斯里林玉唐、丹斯里林锦胜、丹斯里吴德芳、拿督翁清玉、陈凯希、李振光及林会长等嘉宾受邀出席。

2015年9月29日，为配合抗战胜利70周年纪念，马来西亚槟城州政府主办，协会与槟州歌乐协会承办，邀请云南滇西抗战历史文化研究会、南侨机工学会创作的大型交响组歌《南侨颂》剧组一行60人联同槟州歌乐协会合唱团组成近百人合唱团队，由槟城交响乐团伴奏，于槟州大会堂隆重演出。当晚主要嘉宾、中国驻槟城总领事吴骏，向赞助《南侨颂》演出的马来西亚七大乡团（福联会、广联会、客联会、潮联会、海南联会、广西总会与三江总会）协调委员会主席暨马来西亚福建社团联合会总会长丹斯里邱财加颁发证书。

2015年12月13日，林会长以马来西亚海南会馆联合会总会长与协会会长身份主持由马来西亚归侨杨国贤（已故）与姚盈丽夫人合编的《南侨机工英名录》（上、下册）推介会。林会长致辞并捐购百套著作，全国凤凰友好联谊会顾问符昌和致辞，南侨机工亲人接领著作。

2016年8月13日，林会长应邀出席第四届古来南侨二战抗日机工暨罹难同胞公祭仪式。柔佛州河婆同乡会会长拿督黄福庭担任主祭，带领古来28个华人社团组织代表等出席公祭。出席公祭仪式代表发言者有：陈嘉庚长孙陈立人，士乃①侨领黄子松后人黄绍民，驻马来西亚的台北经济文化办事处人员林渭德，林秋雅（同时代表中国云南省侨联南侨机工暨眷属联谊会），二战历史研究会代表陈松青，南侨机工演出工委会主席兼笨珍培群独立中学董事长林青赋，日本亚洲论坛横滨会长吉池俊子与翻译员渡边洋介（Yosuke Watanabe），公正党武吉峇都州议员潘伟斯等。除此之外，培群独立中学学生共33人在校方带领下，亦参加此次公祭仪式。

2016年8月20日，林会长受邀出席砂拉越南侨机工纪念碑揭幕。中国驻古晋总领事付吉军阁下在揭幕典礼上代表中国政府和人民，向所有参加抗战的南侨机工表示诚挚感谢和崇高敬意。砂拉越华人学术研究会署理会长陈应桐代表会长林韶华博士发表讲话。纪念碑建碑赞助人拿督鄞应城，历史工作者黄文明、刘道南夫妇，南侨机工许海星、冯增标和李亚留以及南侨机工眷属等出席揭幕仪式。

2018年12月8日，马来亚二战人民蒙难纪念总碑暨和平公园落成仪式在吉隆坡广东义山举行。吉隆坡广东义山主席李振光致辞时强调这座由广东义山出资兴建的纪念碑是马来西亚首座以纪念马来西亚各族人民团结抗日、反对战争为主题的纪念碑。受邀出席致辞者有马来西亚对华特使暨蕉赖区国会议员陈国伟、中国驻马来西亚大使馆公使衔参赞陈辰。武吉免登区国会议员方贵伦、隆雪华堂会长拿督翁清玉、马来西亚华校董事联合总会主席陈大锦及林秋雅等逾百位华人社团领袖和社团代表亦受邀出席。

2019年8月15日，林会长参加为配合太平洋战争结束74周年、南侨机工赴华参战80周年，吉隆坡暨雪兰莪中华大会堂、马来西亚中华大会堂总会、吉隆坡广东义山联同全国华人社团组织，在吉隆坡广东义山之马来亚二战人民蒙难纪念总碑，举办纪念马来亚二战人民蒙难系列活动。

---

① "士乃"（Senai），士乃镇位于马来西亚柔佛州新山市，为边境城镇。

其他联办单位包括雪隆广肇会馆、雪隆海南会馆、雪隆茶阳会馆、雪隆潮州会馆、雪隆惠州会馆、雪隆嘉应会馆、马来西亚陈嘉庚基金及马来亚二战历史研究会。这项活动吸引了全国华人社团领袖及数百名海内外各族民众前来献花悼念在二战中无辜蒙难的百姓。大会联合主席兼隆雪华堂会长拿督翁清玉在公祭仪式上致辞。

马来西亚对华特使暨蕉赖区国会议员陈国伟及中国驻马来西亚大使馆公使衔参赞陈辰，随后也在大会主席拿督翁清玉、吉隆坡广东义山主席李振光及马来西亚中华大会堂总会署理会长拿督钟来福等工委的陪同下，在马来亚二战人民蒙难纪念总碑、雪兰莪华侨回国抗战殉难纪念碑及中国男女侨胞惨死坟前，献花默哀悼念。

2019 年 11 月 11 日，林会长与广西南侨机工后裔殷红和丈夫梁学明、郑威廉一家，云南文化工作者贺智泉及历史学者高德敏等一行 10 人出席"槟榔屿华侨抗战殉职机工暨罹难同胞纪念碑一年一度的公祭仪式。槟州首席部长曹观友、马来西亚财政部部长林冠英、中国驻槟城总领事鲁世巍、槟榔屿华侨抗战殉职机工暨罹难同胞纪念碑管委会主席拿督庄耿康及广西南宁市侨联顾问殷虹均受邀致辞。槟州华人大会堂主席拿督斯里许廷炎及 50 多个主要政党、社团、华侨组织及媒体代表近 500 多人亦参与集体公祭仪式。

以上记述难免挂一漏万，然而一系列活动加深了人们对南侨机工事迹的了解，加强了海内外对南侨机工后人寻亲的关注。南侨机工的贡献令人钦佩，必须广为传扬。林会长身兼协会以及马来西亚海南会馆联合会的会长，同时也是海南热带海洋学院马来西亚研究中心顾问，与海南热带海洋学院马来西亚研究中心负责人黄田园博士相识。黄博士曾经来访马来西亚多次，海南热带海洋学院与马来西亚海南会馆联合会有多项合作项目。海南热带海洋学院有关领导对编著出版这本有关南侨机工的书十分支持。本书由海南热带海洋学院、马来西亚海南会馆联合会与马来西亚槟城孙中山协会合作编著，由中国—东盟海洋人文合作与交流平台资助，由人民出版社出版发行。这样本书的内容将更为丰富，传播更广，影响也更大。在此向海南热带海洋学院、马来西亚海南会馆联合会，以及所有支持和参与本书出版的团体与个人深表谢意。

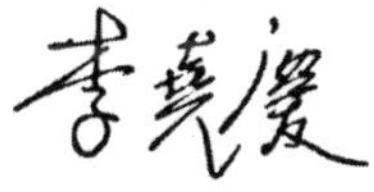

2020 年 5 月

于马来西亚槟城

会吧！你南洋！你海波

的血汗洒遍了这几百

芳香　你受着自然的

被压迫者都闹着饥荒

看黑龙江　这是中华

们要去争取一线光明

铭记南侨机工历史是侨胞们的责任[①]

——马来西亚侨领林秋雅及南侨机工后代奔赴云南祭奠南侨机工回国抗日纪念碑

2015年8月27日，在原滇缅公路中国段终点的云南畹町，30多位来自云南、贵州和广东的南侨机工后代冒着细雨，来到白菊环绕的南洋华侨机工回国抗日纪念碑。他们在黑色大理石上的名单中寻找着，"在这里！这是我父亲！"……此起彼伏的呼声悲喜交加。云南省侨联南侨机工暨眷属联谊会会长徐宏基，指着上面的一个名字说："这是我父亲徐新准，祖籍广东陆丰。他从马来亚回来，运送汽油、药品到延安，还在延安为周恩来和董必武开过车。"

随后，南侨机工后人们踏上滇缅公路的一段旅程。在云南省瑞丽与芒市之间的三台山，几乎已经废弃的公路狭窄而崎岖。望着窗外层层叠叠的青山，有人感慨地说："我们在这段路上，体验到了父亲们当年的艰辛。"

直到黄昏，车才在一处崭新的墓碑旁停下，大家肃穆地来到这座南侨机工无名英烈碑前致敬。马来西亚海南会馆联合会总会长林秋雅女士在致辞中说道："70多年前，3000多位回来参加抗战的南洋侨胞，其中有的就牺牲在这里。你们如今把墓碑修缮好，把这些牺牲的南侨机工当作父亲来祭拜，我们侨胞感到欣慰，也希望这些牺牲者得以安息。"她随后捐款作

---

① 原载于《今日广东·侨报》2015年9月12日，作者林亚茗、张艳玲，文章略有改动。

为墓碑的维护费用。

这位在马来西亚颇有影响力的女侨领，专程从吉隆坡赶到云南畹町，参加纪念抗战胜利暨纪念南侨机工的活动，然后又奔波在南侨机工战斗过的遗址。于是，我们对她进行了专访。

南侨机工后代因英雄父辈走到一起

记者：(以下简称"记")：我见到您与南侨机工后代们亲如家人，对其父亲的情况也非常了解。

林秋雅(以下简称"林")：这些南侨机工后人因父辈的英雄历史走到一起，彼此间和睦相处，团结友爱，真让我们这些海外华人感到欣慰。

记：您兼任了云南南侨机工联谊会名誉会长，为什么对这个群体这么了解？

林：我过去实际上不了解南侨机工历史，后来看了有关的历史书籍。2012年8月，由马来西亚槟城孙中山协会及六个团体，邀请中国的35位南侨机工后人来马来西亚，参加"亲情中华 寻踪南洋"的演出和演讲活动，我陪同他们走访各地，和大家的缘分从此开始。马来西亚三位健在的南侨机工黄铁魂、李亚留和许海星，在槟城海南会馆与南侨机工后人会面时，那种激动的情景令人潜然泪下。

记：我从南侨机工后代们了解到，他们都有过历史的创伤。特别是义务守护畹町南侨机工纪念碑的叶晓东老人。他爸爸陈团圆是广东潮州人，参加南侨机工回国服务团从马来亚回来抗战，后来在畹町附近被日军活埋。当时他才两个月。

林：我比较熟悉他们好多位的情况，比如云南民族大学汤耶碧教授的遭遇也是悲惨的，其父亲的祖籍是广东梅县。她在几个月大时就与父亲失散，从此没有见面。

我当时与马来西亚侨团领袖、华侨历史研究者一起，陪同他们在新加坡、马来西亚两国巡回演讲和演出。在这个过程中，见证了他们因父亲的遭遇和家人失散的痛苦，还有为国家作出过贡献的自豪，自己越了解就越受感动，也就越觉得该为他们做点什么。铭记南侨机工历史是侨胞们的责任。

记：听说他们认亲很不容易的，你们为此做了许多工作。

林：许多南侨机工当年回到南洋，遭受过一些社会或家庭的压力，有的不曾与子女谈过这些经历。所以怎么才能寻亲呢？我们发动社团打听，联系当地的华文媒体跟团报道，扩大南侨机工历史的宣传，也方便他们寻亲。不过即使有了线索，也还有一些不顺利。比如，我陪汤教授去与弟妹相认时，起初对方不是很愿意接受的。

（汤耶碧：的确。因为，他们完全不知道去世的父亲有过另外的家庭，一时之间很难相信和接受。经过林主席和侨史研究者刘道南先生的解释，才能令他们渐渐地相信。我庆幸在自己 66 岁时终于找到了父亲的归宿，拿到他的骨灰和各种证明文件。我和四位弟弟、妹妹拉着手，父亲在九泉之下一定会感到欣慰。）

林：他们兄弟姐妹的眼泪，终于流到了一起。还有的南侨机工后代为没有找到亲人而难过，我安慰他们："这是时代造成的悲剧。你们要振作，才能不辜负英雄的父亲。我们的根在中国，而你们父亲曾经的家在南洋，所以我们就是你们的亲人。"

记：在中国，知道南侨机工事迹的人不多。在新加坡、马来西亚也是吧？

林：是的。所以，华人社团都组织了相关的图片展和纪念仪式。就在 8 月 26 日——我出发来中国前两小时，中国民政部副部长顾朝曦率代表团，在马来西亚华侨机工回国抗战殉难纪念碑前，举行纪念抗战华侨英烈活动，这是由马来西亚中华大会堂总会主持的。

记：2015 年是二战胜利 70 周年，而东南亚侨胞当年为中国抗日战争作出了不可磨灭的贡献。你们今年也有许多纪念活动吧?

林:是的。马来西亚各个华人社团有许多关于纪念抗战和南侨机工的活动,比如图片展、演讲等。不久前,砂拉越华人学术研究会等社团为当地三位南侨老机工举办百岁寿宴,陈嘉庚长孙陈立人先生和中国大使馆驻古晋的副总领事也出席了。我们大家送了三个大货车形状的生日蛋糕表示祝贺。

我们与日本友人一起揭露战争真相

林:2014年8月15日,槟城孙中山协会邀请由日本著名反战学者高嶋伸欣教授率领的17位代表组成的和平访问团,在15日上午到槟榔屿华侨抗战殉职机工暨罹难同胞纪念碑前与多个团体集体献花悼念英魂,传达世人热爱和平的信息。在现场,槟城孙中山协会特邀请马来西亚槟城华人大会堂总会永久名誉会长丹斯里林玉唐代表组委会颁赠“和平使者”荣誉证书给予高嶋伸欣教授和吉池俊子老师,由 YB[①] 黄汉伟行政议员、拿督[②] 庄耿康和我陪同。

15日下午代表团访问槟城韩江学院,我与韩院名誉院长拿督谢诗坚博士、院长王云霞博士及副院长马国辉博士等进行交流,并于韩院礼堂举行讲座交流会:由槟州华人大会堂主办,槟城孙中山协会和韩江学院承办“血泪交织三年零八个月,你对二战知多少”二战反思和纪念活动。

8月16日,槟城孙中山协会在槟城海南会馆礼堂举行“居安思危,日本军国主义是否复活”互动交流会。出席者有联办团体,如韩江校友会总会、槟威董联会、槟州华校校友会联合会、槟榔屿南洋大学校友会、槟州客家公会、槟城嘉应会馆、槟城海南会馆、槟州老友联谊会、槟州歌乐协会,以及菩提校友会的代表和专家学者等出席。两场讲座交流会由我致欢迎词,主持人为拿督斯里[③] 李尧庆博士,主讲人分别是高嶋伸欣教授

---

①②③　见本书附录四中对马来西亚封衔制度的介绍。

及吉池俊子老师。活动结束时，日本和平访问团拉起横幅"居安思危、有思则备、有备无患"，寓意活在和平的当下，也要为明日的和平未雨绸缪：警惕战祸、珍惜和平。我呼吁警惕日本极右势力误导年轻人。我儿子后来问我，为什么要不断地揭示70多年前的历史，不是会延续仇恨吗？

我说，不是延续仇恨，而是首先要厘清历史，才能走向未来。如今，安倍政府不仅没有承认和反思历史的错误，还要通过军队又可以出兵海外的决议，那侵略行为有重演的可能。所以我告诫年轻人要居安思危。

记：日本侵略造成各国人民的痛苦仍然还在影响当今的人们。

林：是的，如果没有日本侵略，就不会有南侨机工的艰辛和牺牲，以及他们后代所遭受的种种悲惨。他们不少人现在还未找到亲人。

在马来亚，华侨华人成千上万地被日军杀害。我父亲当年也被日本人抓走，遭受灌水等等人身折磨。他的身体从此毁了，不到50岁就逝世了。我的一些追求正义、爱好和平的日本朋友，做着许多揭露日本当年侵略罪行的工作，包括在日本举行演讲会。

记：这个很有意义。

林：琉球大学退休教授高嶋伸欣已经年过七旬，曾进行过心脏手术，但积极从事反战工作。他不仅参加反对安倍晋三的游行，还到马来西亚和中国等地，实地调研日军的暴行事实，去档案馆翻阅当时的老兵日记，在日本发表研究文章，出版了《让我们到东南亚去访问，以了解战争遗留下来的创伤》一书；还有一部《老鼠和黑死病——一个年轻人的战争经历》，揭露了日军在马来亚柔佛开设细菌武器实验所的真相。8月15日是马来西亚的和平纪念日，高嶋先生从1975年开始，每年这个时候都率领"和平访问团"，带领师生及关注历史的日本人，来了解日本在二战中犯下的罪行，让年轻人警惕战祸，珍惜和平所带来的安乐。他送给我们的赠言是："居安思危，有思则备，有备无患"。

记：他们在日本宣传反战，估计会受到右派分子的攻击吧？

林：是的。但更加令他担忧的是，由于该国在中学历史教科书中歪曲历史，年轻人甚至中年人都不知道真相。因此，吉池俊子女士就收集了关于慰安妇的资料和证据。她与一些民间人士每年 12 月举办"横滨亚洲论坛"，请战争受害者来讲述历史，已经举办了 20 届。我曾经陪同广东客家籍的郑来先生出席。老先生是马来亚"郎园屠杀案"幸存者，他一家七口人有五人惨遭日军枪杀，仅存活下来的 4 岁弟弟和 6 岁的他也被刺伤。老人身上至今还留有四处明显的刀痕。这些是活生生的历史人证。

记：您本人也接触了那些日本青年吗？

林：是的。我和华人历史研究者刘道南等与日本青年参观这起惨案的乱葬岗，也介绍了南侨机工的历史。他们认真地做笔记，表示感到万分愧疚，向南侨机工的英魂烧香祭奠，也跟我们一样对日本掩藏历史真相非常不满。近年，会中文的学者渡边洋介先生也和他们一起，成为这些历史的义务研究人员。

记：您自己已经当奶奶了，这样的奔波非常辛苦。

林：所以，我也需要年轻一辈加入这个工作啊。这次一起来的侯韦美是爱国侨领侯西反先生的孙女。而侯先生当时与陈嘉庚先生一起从事抗日救亡运动，并且协调南侨机工的工作，不幸于 1944 年因飞机失事而去世。她过去也不了解爷爷的事迹，在最近三四年才通过这些纪念活动，渐渐知道那段历史。我相信，他们会很好地接过我们的班。

本书主编与日本大阪大学渡边洋介博士（中）

南侨机工的意义

——在"二战与南洋华人抗战座谈会"上的发言

陈毅明*

当年，南洋华侨筹赈祖国难民总会（以下简称"南侨总会"）主席陈嘉庚关于征募驶机、修机人员回国服务的通告一发表，南洋华侨青年立即响应，踊跃报名，在 7 个月的时间里就有 3000 多人应募，组成了抗日战争时期一个响当当的群体：南侨机工，分 15 批奔赴战火纷飞的中国。

南侨总会的陈嘉庚为什么有那么大的号召力？那些风华正茂的华侨青年为什么那么热衷于回国为抗战服务，有家长不同意的甚至以跳海表示回国的决心？刘贝锦放下了正大展宏图的事业，王文松舍弃了何其难得的高薪酬待遇，而其他忍心抛家别亲的感人事例就更多了。

他们在国与家、忠与孝、利与义之间的选择，为什么是那样果断？

南侨机工出发时，为什么总是人潮似海，欢声雷动？

槟城司机公会有一位姓洪的老人告诉我，有一次南侨机工回国服务团团员们从姓周桥码头下船出发，要去新加坡集合，因为欢送的人太多，结果桥断了，而人们的热情不减，口琴声、歌声、锣鼓声、欢呼声和着声声的祝福，响彻云霄。

---

* 陈毅明，1935 年 12 月 17 日出生于新加坡，祖籍海南琼海，厦门华侨博物院名誉院长、厦门市华侨历史学会常务副会长。

洪老先生那时 16 岁，他说，福建、广东许多地方也被日本人占了，或者派飞机轰炸，音讯已断，也不知道家乡亲人怎样，许多人都想去救国，有国才有家，看到南侨机工雄赳赳出发回中国去打日本，令人羡慕，感到他们真有福气，无上荣光。

旧中国虽然积贫积弱，但华侨认这个娘，爱这个娘，在乎这个娘的安全与尊荣。华侨谋生海外，切身感受到弱国无外交而成为"海外孤儿"备受凌辱的悲怆，切身感受到祖国的兴衰荣辱和自己的命运息息相关。近代以来，南洋华侨一直警惕着日本灭亡中国的图谋，"勿忘五·九国耻"六个字，镌刻在厦门大学校舍的奠基石上，镌刻在陈嘉庚胞弟陈敬贤家里的筷子上，也深深地烙在了我这代华侨小学生的心坎上。

1931 年"九一八"事变，日本开始直接大举武力侵略中国。

可是大敌当前，我泱泱大中国，四万万同胞，竟然还在进行着军阀混战，国民党的军队首要任务还是剿灭共产党，只有个别将领率部抵抗，但毕竟寡不敌众！

南洋华侨痛心疾首，函电交加，吁请国内各方停止内战，团结对外。

荷印（印度尼西亚）三宝垄的华侨社团联名发出这样一封电报：

> 南京国民政府钧鉴：
> 东北沦陷，久未恢复，侨民痛切，
> 近伪国且变本加厉，万难再忍，恳请出师收复，
> 并望领袖诸公，暨武装同志，
> 化除私见，当轴共济，以慰侨望。

中国内战，日本得利。日军仅以 2 万余兵力，从 1931 年 9 月 18 日到 1932 年 2 月 5 日的 4 个月又 18 天，就一口气吞下面积三倍于其本土的中国东北三省。接着不断向南进犯，竟于 1937 年 12 月占领了首都南京，到

1939 年 11 月，日本已占领了中国共 1/3 的领土，控制了 75% 的现代交通线，封锁了全部港口和海岸线，并频频出动飞机轰炸陪都重庆。

祖国陷于劫难，无数同胞被残杀，城市村社被摧毁，田园荒芜，几千万难民饥民在绝望中挣扎！国将亡，族将灭，华侨将沦为亡国奴！

终于，在海内外中华儿女备受亡国、亡族的危机感和耻辱感的煎熬逼迫、忍无可忍的关头，1936 年发生了张学良、杨虎城兵谏蒋介石的"西安事变"，促成了国共两党携手相谋，团结各路武装和爱国党派，把海内外的中国人最大程度地动员起来组织起来，以国家至上、民族至上，意志集中、力量集中，有钱出钱、有力出力的精神，激发起义无反顾、共赴国难的高昂斗志。

中国的抗日战争转入了持久的全国人民的抗战。

这是中华民族反抗日寇侵略的民族战争，直至彻底打败中华民族的敌人日本法西斯强盗。

正是在这前后，唯一的滇缅公路建成、西南国际交通运输线开通了，汽车也有了，只是缺少汽车驾驶员和组装、修配人员。

也是在这前后，国民政府行政院根据菲律宾侨领李清泉、印尼侨领庄西言的建议，通知陈嘉庚组建南洋华侨抗日救国的总机关，建议他"筹备一切"。陈嘉庚接受了国民政府的这项建议，于 1938 年 10 月，在新加坡召开南洋各属华侨代表大会。

于是，唯一通过这种渠道、以慈善社团为形式的"南洋各属华侨筹赈祖国难民总会"（简称"南侨总会"）成立了，将 1200 多个救国团体、800 万侨胞团结在麾下，以财力、物力、人力、抵制日货和反对侵略、捍卫和平的国际舆论支援祖国抗战。

为什么是陈嘉庚而不是别人？陈嘉庚历经数十年打拼，逐渐成长为南洋华人社团的杰出领袖。虽然他 1934 年生意失败了，但他没有气馁、没有沉沦，"尽国民天职"是他的事业，也是他的生活。

当年南洋华侨是这样评价的，他"公忠谋国，一生如一日，其在教育上贡献，古之所无，其以人民地位协助政府抗战，今所仅见，而识足以辨奸，才足以服众，德望足为群伦钦式"[①]。

他有深厚的社会基础。陈嘉庚公司和集美学校培育出来的众多弟子、工商巨子，既是他的追随者，又是他团队的智囊和骨干，连海峡殖民地总督[②]珊顿·汤姆斯都认为"他是唯一可以团结中国居民各帮派的人"。

南侨机工正是在陈嘉庚急国家之所急，遵照国民政府中央军事委员会西南运输处的指令的情况下，按照规定条件组建，被分批派遣回国，为抗战后勤保障建奇功的。

每一批南侨机工，都在侨胞们万人空巷的簇拥下，高唱《再会吧南洋》的歌，抒发着满腔的悲愤和为定倾扶危而破釜沉舟的豪迈，踏上漫漫征程：

> 你不见尸横着长白山，血流着黑龙江。
>
> 这是中华民族的存亡！
>
> 再会吧，南洋！……
>
> 我们要去争取一线光明的希望！

侨胞们期待着他们消灭敌人，胜利归来。有的给他们写了这样的临别赠言：

> "头可断，血可流，誓死不做亡国奴！"
>
> "莫惊慌，莫彷徨，莫逗留，
>
> 　　准备我们锐利的刀枪，

---

① 陈嘉庚：《南侨回忆录》，岳麓书社 1998 年版，第 370 页。

② 早在 1926 年，英国东印度公司将新加坡、槟城和马六甲三个辖地合并成海峡殖民地，并置海峡殖民地总督一职。

总有一天，不杀到东京，也要血染辽宁！"

"拿您的血和肉去收回祖国的失地，

争取民族真正的解放和自由……"

南侨机工背负着侨胞们沉甸甸的嘱托，背负着"矢忠矢勇，埋头苦干，为800万华侨争体面，为国家民族争生路"的信约。

他们忠于职守，以车为家，遇到敌机空袭或桥被炸断，困在路上断粮断水几天，

在马来西亚吉隆坡广东义山亭的雪兰莪华侨机工回国抗战殉难纪念碑前（左四为陈毅明教授，左二为高嶋伸欣教授）。

甚至十几天，都始终与车及车上的物资同生死共命运。

南侨机工老人苏荣禄告诉我，有一次他从昆明载一车汽油去南宁，在回程途中遭遇日本飞机扫射，不幸，同行的三位战友牺牲了，自己活着，能做什么呢？他只能向死难的战友敬个礼，抑制住伤悲，跳上一辆塌了顶的车，躬着腰开回昆明。

南侨机工的意义，不仅仅是不避艰苦不畏凶险不怕牺牲，尽职尽责，用超过半数年轻生命保障滇缅公路"输血管"的畅通；也不仅仅是运送了几十万吨的物资，或获取了多少日寇情报帮助盟军准确摧毁敌军基地。他们的贡献和牺牲可歌可泣，展现出伟大的爱国主义精神和反对侵略捍卫和平与国际道义精神的耀眼光辉。

南侨机工的意义，还在于它是一个鲜明的历史标志。它是海内外中华

陈毅明教授在马来西亚中华大会堂讲话。

儿女精诚团结、坚忍抗敌的产物；是中华民族空前觉醒和华侨国民自觉精神空前振奋的体现，也就是中华魂强大内聚力的体现。

中华魂的强力凝聚，彰显出面对强敌竖起脊梁，誓与作殊死战，振起堂堂正正的中国人的阳刚之气，这是中国全民族持久抗战的力量源泉，也是中华民族伟大复兴勇往直前的力量源泉。

人，一般都有族群认同的天性。按肤色、血统、语言文字、习俗信仰等区分你我，这种现象还将长久存在。一个人、一个民族，如果不认同自己，认不清自己的爹娘和祖宗，就失了根，没有了魂，其生存和发展的空间随时会被剥夺，会丢失。

我想，这也是南侨机工这个历史标志的现实意义。

在马来西亚，中华民族魂的强力凝聚，终于匡危扶倾，捍卫了自身母语和文化运用与传承的权益，是例证。

千山一脉　万水同源

——林晓昌率团赴马来西亚千里寻亲记

林晓昌 *

本人原名黄晓昌，出生于福建晋江，18 岁时，离开福建到缅甸经商，32 岁时回国创业，曾担任政协委员 23 年之久。我在 1983 年认识南侨老机工林福来，通过林福来，了解了南侨机工可歌可泣的事迹。因为林福来无儿无女，我主动提出当这位老人的养子，并改姓林。为照顾老人，我 1992 年从缅甸回国，定居畹町。在 1995 年老人重病缠身之时，我精心侍候，直到老人故去。自从认识这位老人后，常听他讲述当年回国抗战的事情。养父的胸襟、赤子报国的精神让我敬佩。我不仅赡养林福来一位老人，在为南洋华侨机工落实政策的一段时间里，我家一度成为南侨机工之家，最多的时候收留照顾过 13 位老人。同时发挥政协委员的职责帮助这个群体，曾提交的《提高南洋华侨机工遗孀生活补助》的提案得到有关部门的高度重视。

2011 年 7 月，由马来亚二战历史研究会、柔佛州河婆同乡会青年团联办"重走南侨机工抗日滇缅路四驱万里行"活动，马来西亚、新加坡一批热心华人自驾车参加。这次活动如同一次强烈的地震，在马来半岛、中

---

*　林晓昌，原名黄晓昌，南侨机工林福来义子。云南省南洋华侨机工回国抗战历史研究会会长，第十一届、第十二届全国政协委员，中国侨联第八届、第九届常委。

国大地余震不断，并促成马来西亚柔佛州古来 28 个华人社团筹建南侨二战抗日机工暨罹难同胞纪念碑。正如柔佛州河婆同乡会会长黄福庭所述："古来华人社团这次重新挖掘历史，通过纪念碑的竖立，宣扬机工悲壮史，让华人社团民众，特别是年轻一代知晓，从而认识抗战史中东南亚华人对抗日战争的奉献，提醒世人战争的可恨。"

黄福庭会长又挑起主席重担，倡导、带领古来 28 个华人社团，成立"古来探缅南侨机工史实筹委会"，为筹建纪念碑紧锣密鼓地申报、设计、征地、筹款、施工……

2012 年 8 月 12 日至 26 日，由槟城孙中山协会、槟城海南会馆会长林秋雅牵头，在她的总协调以及她与马来西亚数十家华人社团的热情邀请下，云南 35 位南侨机工后裔组成"亲情中华 寻踪南洋"访问团，赴古来、麻坡、吉隆坡、槟城、太平和怡保六地进行演出、交流、寻亲寻访。中央电视台纪录频道（CCTV9）和云南电视台两个摄制组全程跟踪拍摄、报道。

2012 年 8 月 13 日，在南侨机工后裔"亲情中华 寻踪南洋"访问团和摄制组到古来之际，古来"南侨二战抗日机工暨罹难同胞纪念碑"动工破土仪式隆重启动。在古来纪念碑建设期间，我受黄福庭委托，赴北京获得中国侨联主席林军为古来纪念碑书写"南侨二战抗日机工暨罹难同胞纪念碑"碑文，第一时间从北京传至古来，使古来南侨机工暨罹难同胞纪念碑更加熠熠生辉。

2013 年 8 月 12 日，古来南侨二战抗日机工暨罹难同胞纪念碑顺利竣工。此后，每年 8 月 12 日"全世界革命青年反帝国主义、反军国主义、反世界大战纪念日"，古来 28 个华人社团雷打不动地举行"南侨二战抗日机工暨罹难同胞纪念碑公祭大典"。

2013 年 7 月 7 日，黄福庭主席代表古来 28 个华人社团发函，诚邀中国侨联、云南省侨联、集美学校委员会、陈嘉庚纪念馆、华侨博物院和我南侨机工历史研究会等部门、社团组织赴古来，参加 8 月 12 日纪念碑竣工谢土公祭大典。但因各种原因，受邀各部门、社团组织和本人均未能出席，贺信均由出席公祭大典的南侨机工后裔张云鹏代为转交。

20 世纪 80 年代，本人在畹町偶遇十余位南侨机工老人。和老人朝夕相处中，我开始认识南侨机工这一特殊的抗日英雄群体。为完成养父林福来老人思念、缅怀牺牲在滇缅公路和缅甸机工战友的遗愿，2005 年 12 月，我个人捐资在畹町建立起面向滇缅公路和缅甸的"南洋华侨机工回国抗日纪念碑"，召唤流落异乡的忠魂归国。我也为畹町南侨机工纪念碑碑座题词："华之魂，侨之光"。此后每逢清明节，我都带领家人及南侨机工后裔，到畹町南侨机工纪念碑，举行庄严肃穆的祭奠仪式，风雨无阻。

作为南侨机工后裔、畹町南侨机工纪念碑建碑人，我对南侨机工纪念碑有着特殊的情怀。亲临、拜谒各地南侨机工纪念碑，成了本人多年的夙愿。

2011 年 11 月 3 日，以华侨机工回国抗战历史研究会终身名誉会长陈立人先生为团长，以华侨机工回国抗战历史研究会海外名誉会长林秋雅为领队，由厦门集美学校委员会、厦门陈嘉庚纪念馆和南侨机工抗战历史研究会（林晓昌、汤晓梅、王水林、林素玮）组成的"珍惜历史，关爱老兵"慰问团，飞赴马来西亚进行慰问寻访。

次日上午，慰问团一行出席由槟城孙中山协会主办，马六甲 20 家华人社团联办的纪念"辛亥革命 100 年讲座会暨图片展"。

11 月 10 日至 13 日，应槟城孙中山协会、槟城海南会馆会长林秋雅盛情邀请，慰问团和来自云南的南侨机工眷属联谊会代表张云鹏等赶赴槟城。11 月 11 日 11 时 11 分，林秋雅会长带领慰问团和联谊会代表，出席"槟榔屿华侨抗战殉职机工及罹难同胞纪念"仪式，仪式由槟城政府首席部长林冠英主持，向二战殉职南侨机工及罹难同胞献花致祭。下午慰问团和联谊会代表出席由槟城孙中山协会主办，在马来西亚佛教总会礼堂举行纪念

"辛亥革命百年路"系列活动开幕礼。由刘道南老师主持南侨机工事迹交流会，汤晓梅、张云鹏等代表南侨机工后人发言，讲述南侨机工回国抗战的悲壮事迹，他们由衷地感谢马来西亚华人、华人社团为南侨机工树碑、祭奠和宣传……12日上午，林秋雅主席陪同慰问团和联谊会代表参观槟城孙中山纪念馆，拿督庄耿康馆长亲自讲解。下午慰问团和联谊会代表继续在全马佛教总会礼堂，出席"辛亥百年，展望未来"讲座，参观《孙中山与本国革命先贤》图片展。会后在林秋雅主席的引荐下，慰问团一行和联谊会代表非常荣幸地受到槟城政府首席部长林冠英接见并合影留念。晚上，在诗歌朗诵、亮灯、传灯纪念"孙中山先生145周年冥诞"的欢快气氛中，槟城孙中山协会精心策划、主办的纪念"辛亥革命百年路"系列活动圆满落下帷幕。

在马来西亚寻访期间，慰问团马不停蹄奔赴马六甲、怡保、砂拉越古晋、达岛埠、伦乐等地拜望、慰问王诗伟、黄铁魂、黄明安、冯增标、许海星、李亚留等六位健在的九旬南侨机工老人和数十位南侨机工家人，向南侨机工老人颁发抗战胜利纪念章、慰问金等。在慰问交流中，南侨机工老人都流露出几十年来的一个共同心愿：殷切期盼在有生之年能回到中国、回到云南，重返滇缅路，看看付出青春和血汗的故地。我默默地记在心里。

2013年9月3日抗战胜利纪念日，马来西亚九旬南侨机工许海星在家人陪同下，终于飞回祖国，回到离别70多年的云南昆明，见到阔别70多年的战友：苏荣禄（山西）、蒋印生（重庆）和罗开瑚、翁家贵（云南），并一同参加在"南洋华侨机工抗日纪念碑"的纪念活动，出席《战争与和平》论坛和《永远的怀念》专题演出。

2014年9月3日抗战胜利纪念日，马来西亚九旬南侨机工李亚留在家人陪同下，也终于飞回祖国，回到离别70多年的云南昆明，见到阔别70多年的战友：苏荣禄（山西）、吴惠民（海南）和罗开瑚、翁家贵（云南），并一同参加在"南洋华侨机工抗日纪念碑"前的纪念活动。出席盛大的"南侨机工百岁生日"宴会暨专题演出。

然而，短短三年多的时间，马来西亚四位九旬南侨机工老人王诗伟、黄铁魂、黄明安、冯增标，远居加拿大的南侨机工老人廖平，国内南侨机工老人苏荣禄、吴惠民、翁家贵、唐国常和几位南侨机工遗孀相继离世……拜望、慰问最后几位百岁南侨机工老人，亦成了我近几年的牵挂和迫切的心愿。

2017年，古来南侨机工纪念碑建碑五周年。黄福庭主席年初就代表古来28个华人社团再次发函，盛情邀请中国侨联、云南省侨联等涉侨部门和我南侨机工历史研究会等社团，组团赴古来参加8月12日"古来28个华人社团举办第五届南侨二战抗日机工暨罹难同胞纪念碑公祭大典"。

2017年8月11日上午，我率领由云南省南洋华侨机工回国抗战历史研究会秘书长朱一丹，副会长张云鹏、李莉萍，南侨机工第三代江雨辕、林儒涛和第四代一行9人，组成"探缅南侨机工，传承爱国精神"访问团，从昆明长水国际机场启程，飞赴马来西亚，开始为期10余天的千里寻亲之旅。

访问团一行得到柔佛州河婆同乡会精心的安排和盛情的款待。访问团一行还见到了日本和平团高嶋教授一行，好心人刘道南老师夫妇等老朋友。百忙中的会长兼主席黄福庭，安排好各项工作后，连夜专门赶到访问团下榻的酒店看望大家。

2017年8月12日上午，在位于古来富贵山庄的"南侨二战抗日机工暨罹难同胞纪念碑"前，"古来28个华人社团举办第五届南侨二战抗日机工暨罹难同胞纪念碑公祭大典"仪式隆重举行。古来28个华人社团主席黄福庭、富贵山庄董事长陈善玲、日本和平团代表吉池幸子、马来亚二战历史研究会秘书陈松青、本人作为云南南侨机工后裔访问团团长、中国驻马来西亚大使馆参赞刘源东依次致辞。大家在致辞中充分肯定、赞誉当年南洋侨胞、南侨机工为中国抗战作出的巨大贡献，深情缅怀为国捐躯和已故的南侨机工，深情缅怀罹难同胞。

本人致辞后，率领访问团团员首先向古来 28 个华人社团转交中国侨联主席林军的亲笔贺信，赠送由已故南侨机工张智源生前撰文、101 岁南侨机工罗开瑚老人书写的"抗倭寇侨工洒热血，报中华赤子表丹心"书法条幅和由云南南侨机工历史研究会编辑、设计制作的《永恒的丰碑——南侨机工抗战纪念碑集锦》纪念画册、纪念衫等，代表全体南侨机工及其家人，真诚感谢黄福庭主席和古来 28 个华人社团为南侨机工建碑、公祭。分别向中国驻马来西亚大使馆、日本和平团和陈嘉庚先生长孙陈立人赠送纪念画册和纪念衫等，并代表全体南侨机工和机工家人表示衷心感谢。

在献花致祭仪式中，由南侨机工第三代、第四代小朋友朗诵南侨机工光祥创作于 1940 年的诗《民族英雄墓前》：

> 采一些新鲜的花朵放在这里，安慰这些可赞美的民族英雄的灵魂，你们的噩耗传来，我们怎能不哀痛呢？
>
> 毫无疑义，你们的牺牲，是国家民族的损失，也可以说，是抗战建国的损失，更可以说，是抗战建国胜利的成功。你们生前的奋斗精神，死后足可以其灿烂辉煌彪炳史册……
>
> 如今，躺在这里，可以永恒地安息了！采一些新鲜的花朵放在这里，安慰这可赞美的民族英雄的魂灵！

小朋友用心、动情的朗诵，让所有与会者热泪盈眶，感慨万千，赞赏有加："传承南侨机工爱国精神，你们从娃娃开始引导！"陈立人先生感慨道："我原来以为宣传南侨机工的事做到我们这代就到此为止了，今天压在我心头多年的石头终于落地了，宣传、弘扬南侨机工精神后继有人！"

坐落于吉隆坡广东义山"雪兰莪华侨机工回国抗战殉难纪念碑"，由雪兰莪华侨筹赈祖国难民委员会于1947年建立，2017年恰逢建碑70周年。70年来，马来西亚华人、华人社团每年在这里组织献花公祭，缅怀先烈，风雨无阻。

2017年8月15日上午，"雪兰莪华侨机工回国抗战殉难纪念碑"前，向殉难华侨机工献花公祭活动准时举行。出席公祭活动的有中国驻马来西亚大使馆、日本和平团、马来西亚各地华人社团侨领、华人社团代表：陈凯希、翁清玉、刘道南夫妇、著名侨领侯西反孙女侯韦美和"缅怀南侨机工传承爱国精神"访问团……还有吉隆坡华文学校百名学生。组织者安排我代表南侨机工及后裔致辞，并与三位机工后裔小朋友朗诵南侨机工原创诗《民族英雄墓前》。

我在致辞中感言：南侨机工回国抗战的英雄事迹、爱国奉献的精神需要代代传承、弘扬光大。迄今为止在祖国大地、马来半岛已为南侨机工建立了整整十座永恒的丰碑。我谨代表全体南侨机工及后裔，感谢祖国和人民没有忘记南侨机工！感谢马来西亚华人社团和华人为南侨机工所做的一切！

8月17日，访问团一行飞赴砂拉越。南侨机工后裔黄文明、贝朝贵开车接机，并陪同拜访中国驻古晋总领事馆，访问团一行得到总领事付吉军和副总领事张扬、领事蒋盈的亲切会见和热情款待。次日访问团一行先后赴伦乐、达岛埠，拜望、慰问李亚留、许海星两位百岁南侨机工老父亲。李亚留老人身挂"抗战胜利70周年纪念章"和"砂拉越抗日英雄"绶带，头戴船形帽，神采奕奕。许海星老人硬从病床上撑起，披挂上"抗战胜利70周年纪念章"和"砂拉越抗日英雄"绶带，静候孩孙们的到来。本人分别向两位南侨机工老人转交中国侨联主席林军的亲笔慰问信，送上慰问金、纪念画册和纪念衫等慰问品，带领来自云南的南侨机工后代向先辈鞠躬，致以最亲切的问候和祝福。南侨机工后代见到南侨机工老人倍感亲切，纷纷争着和百岁老前辈及家人合影留念，天下机工一家亲，气氛其乐融融。由于两位老人年事已高，大家只能与百岁老前辈及家人依依惜别……

在访马期间，访问团还拜访了马来西亚林氏宗亲总会、马六甲林氏宗亲会、太平林氏宗亲会、马来西亚海南会馆联合会、马来亚二战历史研究会，并分别进行座谈交流、互赠纪念品和资料。在访问中团员们注意到，各华人社团会馆都挂有"敦睦宗谊""宣德绍宗""世泽延绵""忠孝传家""千山一脉万水同源"等牌匾和中国山水画、捐款芳名榜等。在林氏宗亲会，大家有幸目睹九旬老华人，珍藏18年前报道留居中国南侨机工老人访问马来西亚的华文报纸。在南侨机工林福来的第二故乡——太平，太平林氏宗亲会特意安排认祖归宗，植"福来树"仪式。当林儒涛种下"福来树"，多年的夙愿，都一一画上了圆满的句号。

2017年10月4日中秋节凌晨，108岁的南侨机工许海星老英雄逝世。本人和南侨机工历史研究会第一时间发唁电表示沉痛哀悼。中国厦门陈嘉庚纪念馆、华侨博物院、云南省档案馆、昆明市博物馆等部门、社团及个人，纷纷致电表示沉痛哀悼。马来西亚各华文报纸整版报道。中国驻古晋总领事付吉军在唁电中称许海星是中马两国人民传统友好历史的参与者和见证人，强调中国人民将永远不会忘记南侨机工们的无私奉献，谨代表中国驻古晋总领事馆及其个人就许海星的离世表示沉痛哀悼。这天离本人率领访问团拜望许老仅83天。

2018年5月3日，海外最后一位106岁南侨机工李亚留老英雄在家中安息。本人和南侨机工历史研究会第一时间发唁电表示沉痛哀悼。陈立人先生、中国厦门陈嘉庚纪念馆、华侨博物院、厦门集美学校委员会纷纷致电表示沉痛哀悼，马来西亚各华文报纸整版报道。中国驻古晋总领事馆敬挽：深深哀悼李亚留老先生千古，一腔热血赤子忠魂永不灭，情系中华英雄浩气传千古。时任中国驻马来西亚大使白天在唁电中说："李老先生和众多南侨机工舍身卫国的奉献精神将被中国政府和中国人民永远铭记、世代流传。"并誉李亚留为"民族忠魂"。这天离本人率领访问团拜望李老仅 8 个月零 17 天。

许海星老英雄、李亚留老英雄、南侨机工的英灵们：

安息吧，老父亲们。

中国永远是你们的家！

不能被遗忘的卫国者

——纪录片《南侨机工——被遗忘的卫国者》总导演手记

张　兵*

受　命

一位历史学家说："关注未来不能视同愿意忘却。决不应该认为忘却是通向社会和平的通行证。记忆是和平的组成部分。"因为有记忆，个人和集体才会不断积累自己的行为经验，社会才能不断向更高的文明程度前进。

有这样一群人，历史的记忆曾不经意地将他们放在了角落。70 年前，他们因为一场战争相逢在一起，也因为一场战争各奔东西。而"南侨机工"这个名字，让他们在鲐背之年再一次出现在今天人们的视线中。

2012 年 7 月，中国中央电视台纪录频道在将纪录片《南侨机工——被遗忘的卫国者》（以下简称《南侨机工》）拍摄任务交给我之后，我首先进行了历史资料、档案的梳理。虽然制作过多部二战、抗战题材的纪录片，但是，南侨机工们那一段段鲜为人知的战争经历、一张张饱经沧桑的面容，让我迫不及待地想去走近他们，试图去触摸他们的人生。

＊　张兵，中国中央电视台纪录片《南侨机工——被遗忘的卫国者》总导演。

寻 亲

2012 年 8 月，《南侨机工》摄制组接到了云南南侨机工联谊会的通知，他们在马来西亚华侨组织的支持下，即将开启一场重返马来西亚的寻亲之旅。

云南省侨联南侨机工暨眷属联谊会"亲情中华 寻踪南洋"访问团

无疑，这将是一次近距离接触、了解南侨机工故事的绝佳机会。我随即安排导演董治、摄影师胡丹、录音师孙华光三人，组成了一个精悍的前方小组，跟随南侨机工后人前往马来西亚。

8 月 20 日，在马来西亚的槟城，这里的行政长官以及华侨组织详细介绍了当地南侨机工的情况，并祭拜了槟榔屿华侨抗战殉职机工暨罹难同胞纪念碑。在吉隆坡、在马六甲、在怡保、在古晋……南侨机工后人举着父辈的照片，沿着父辈的足迹，一路寻找着他们的血亲。在这里，他们见到了尚健在的南侨机工许海星、黄铁魂、李亚留等人。

南侨机工后代代表

在槟城，一场"和平之旅光辉乐章"的活动让南侨机工后代们深受感染，这是由槟城孙中山协会、槟城华人大会堂、槟城海南会馆等单位组织的。一个个感人的演出，让南侨机工的后代们感受到了血浓于水的亲情。

模　样

1939 年，3200 多名南洋华侨青年响应祖国的召唤，应征入伍，回国参战。

在中国大陆正值烽火连天的时候，南洋一带尚未有战争的袭扰，这里的华人本来可以享受安宁的生活，成为银行家、商人、橡胶园主、工厂老板。但是，当陈嘉庚先生发布《告南洋同胞书》的那一刻开始，南洋华人放弃自己的学业、产业、美好的生活和前途，告别妻儿老小，义无反顾地踏上了回国的轮船。在那一刻，他们心里都清清楚楚地知道，这一次出发，自己即将面对的是什么？是炮火、是子弹、是危险、是牺牲……但，

当年的南侨机工

他们依旧齐唱着那首《再会吧南洋》出发了……

100 岁的南侨机工翁家贵老人，在回国之前已经是马来亚吉隆坡的一位厨师，收入不菲。当祖国需要他的时候，他放弃了自己的工作，回国参战。

新加坡工程师王文松放弃每月 200 元的高薪，带领十几名同伴以及一整套维修机器报名；林福来把相依为命的弟弟托付友人，独自报了名；马来亚华侨李月美女扮男装，和弟弟李锦荣一起报了名；刘瑞齐瞒着新婚的妻子偷偷报了名；泰国华侨蔡汉良放弃了四个锡矿的继承权报了名……

马来亚槟城协和学校任教的女教师白雪娇，出生在一个商人家庭。她为了瞒过父母和家庭，特地化名施夏圭，临行前，她给父母亲写了一封告别信："家是我所恋的，双亲和弟妹是我所爱的，但破碎的祖国，更是我所怀念热爱的。所以虽然几次犹疑踌躇，到底我是怀着悲伤的情绪，含着辛酸的眼泪踏上征途了。虽然我的力简直够不上沧海一粟，可是集天下的水滴汇成大洋。我希望我能在救亡的洪流中，竭我一滴之微力。"

命　运

从此，这一群人的人生轨迹发生了变化，一个自己难以把握的变化。

许海星，马来西亚古晋华人，我们拍摄的时候，他97岁。70多年前，血气方刚的青年许海星跟东马的青年朋友一道，组成了一个"沙捞越车队"。他们从缅甸上岸，接收美国援助的汽车、军火等物资，然后，沿着滇缅公路，开回国内。

很长一段时间，许海星他们就与这条道路息息相关着。豪气的许海星曾经给我们说，他年轻的时候，能喝下两瓶茅台。还有一次，一位美国教官瞧不起中国人，许海星便与他干了一架，结果，许海星获胜。

许海星负过伤，断了一个胳膊，我们见到他的时候，一只袖子里是空的。只是，这次负伤，不是在抗日的前线，而是在中国东北战场。

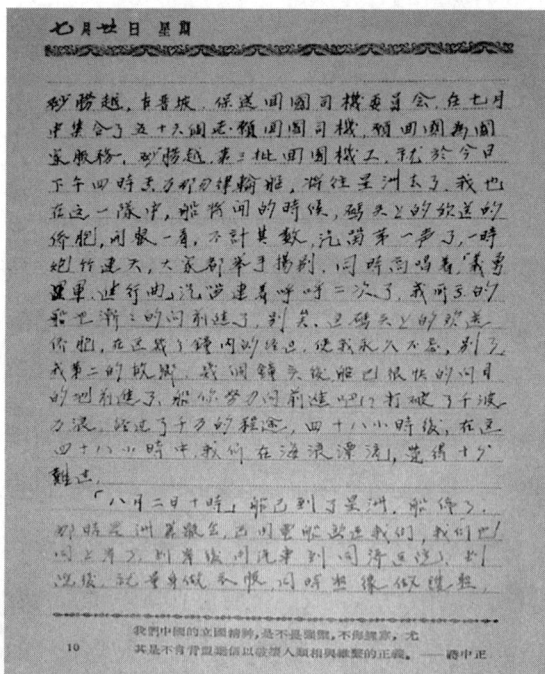

许海星日记

滇缅公路蜿蜒在横断山脉纵谷区，海拔500米至3000多米，沿途悬崖、峭壁、陡坡、急弯、险谷、深流，稍一不慎，便车毁人亡，甚至尸体难寻。

南侨机工陈正伟回国的时候刚刚新婚三个月，太太还怀着孩子，在滇缅公路上遭日机空袭时连人带车翻进怒江，尸首难寻；第五批南侨机工领队蔡世隆，回国后即染上疟疾，高烧不止，几天后病死，年仅 26 岁……

滇西至缅北一带是世界上有名的"烟瘴之地"，毒蚊猖獗、恶疟流行。据《新华日报》1941 年 1 月 27 日报道："当此路通车之始，华侨司机就做了开路先锋。他们驾车驰至芒市、遮放一带，每天遭遇流行的恶性疟疾，平均死亡率每日约计七八人。"

历史，就这样给他们打下了深深的烙印。如同一颗颗微小的尘埃，他们不是大英雄，他们的故事曾经无人知晓，他们更无法左右历史的方向。但是，当他们的祖国母亲在危难中向他们发出召唤时，这些海外的游子，一句怨言、一点点的要求都没有，就走上了战场，完全不顾自己还能否从战场上活着回来……

赛　跑

截至 2013 年，生活在全世界的这些卫国者，加起来尚不足 15 个人。这些曾经英姿飒爽的年轻人，如今已是一群垂暮之年的老者，生命像是进入了另一个阶段，他们的糊涂与睿智、沉默与激情、倔强与温顺，竟以一种难以言述的方式杂糅在一起，让你感叹时光流逝，人生无常，而他们回馈给你的是经历了岁月后的平和心境。

了解得越多，就越是被吸引，应该如何将他们的故事饱含血肉地展现出来？这成了从拍摄初期一直到最后都围绕着我的问题。

从开始筹备到第一次拍摄，经历了半年多的时间。在这段时间里，搜集来的各种资料充斥着我们的生活。当终于能将这段历史事实完整地叙述，然而发现只是列举事实显然不是一个好的文学脚本应该有的模样。于是，经过反复讨论、精练，文学脚本的一再更改、完善，拍摄有了一个相对完整的保障。

拍摄一开始便是与时间的赛跑，当摄制组真正踏上了云南山间的滇缅

摄制组在滇缅公路上拍摄。

公路，脚下踩着他们当年无数次碾压过的土地，那蜿蜒曲折的山路、坑洼颠簸的石子路面还有紧贴公路的陡峭崖壁，都让我们无法收回感慨。因为车子在滇缅公路上根本无法快速行驶，每天的路程很有限，沿途还要拍摄素材，时间很难把控。最后只有提早出发时间，才能保证在白天光线好的时候保证拍摄进度。

接近两个月的时间，几乎每天都是在这样的状态下进行：赶路、拍摄、再重新出发。就在我们拍摄期间，有一位南侨机工老人去世了，我们摄制组都不约而同地没有过多去讨论这件事，因为这让我们没有勇气再去拖延一分一秒的拍摄时间，而对于节目组而言，要对这群老人过往历史的讲述担负起应有的责任，更是丝毫不敢怠慢。

就这样一边拍摄，一边修改着文学脚本，一直到拍摄的后期，手上的脚本已经变得面目全非，你不断地从他们的采访中发现亮点，不断纠正着自己片面的认识，完全推翻了自己最初的所有构想。他们的形象在你的脑

为真实、生动还原南侨机工的英雄事迹，剧组邀请专业演员进行情景再现。

剧组从缅甸租用了尚在使用的二战时期美式卡车，作为纪录片真实再现的道具。

海中从一群华侨浩浩荡荡归国抗战的群像图，逐渐细化为一个个具体鲜明的形象，而正是这些鲜明的人物，让这 3200 多名南侨机工的群像图突然就有了情感，也饱含了血肉。这种将自己推入故事中，又完全抽离、改变的过程虽然痛苦，但却是值得的。

生命的意义

前面说过，南侨机工们就像一个个微小的力量，在支援着祖国的抗战，当战争胜利时，他们中的很多人消失在乱糟糟的世界，没有鲜花，也没有掌声，他们默默无闻地走到自己想去的地方。

冯增标，回到沙捞越①，做了一名汽车修理工，他的手艺高超，在当地是最受欢迎的人。

黄铁魂，回到怡保，办过橡胶园，天天最爱的就是骑着他们的摩托车，显得格外惬意。

李亚留，回到古晋，买了一辆巴士，跑起了生意，他的车名叫："昆明"。

……

可以说，每个南侨机工的归宿，都是平凡得不能再平凡了。没有做高官，没有巨款，他们默默无闻、与世无争。他们既没有向祖国提出过任何的物质补偿要求，也没有向所在国提出就业、养老等等方面的要求。

但是，当我们把他们在抗战中的贡献与他们战后的格外低调来作对比的时候，我相信每一个人都会震惊得合不拢嘴。

让我们记下这些数字吧——

3200 多名南侨机工中，有 1000 多人为国捐躯，1000 多人复员返回南洋，近 1000 人居留国内，至今健在的仅寥寥数人。1939 年至 1942 年的

---

① 沙捞越，马来西亚砂拉越州旧称。

三年时间，滇缅公路一共抢运了 50 多万吨军需物资、15000 多辆汽车还有那些无法统计的其他物资及用品，根据统计，抗战中中国军队的物资和装备几乎有一半是通过滇缅公路运进来的，而运输着这些物资的汽车，正是由南侨机工们和其他司机一起驾驶的。他们常年行驶的那条道也被叫作"抗战的生命线"。

他们为抗战作出的贡献，正如南侨机工抗日纪念碑底座上书写的三个大字"华之魂"。南侨机工回国参加抗战的壮举，是近百年来华侨史上一次最集中、最有组织、影响最为深远的爱国主义行动，凝聚着东南亚、南亚乃至世界其他地方华侨华人热爱祖国、向往中华的亲情。

2014 年 9 月 3 日，习近平总书记在纪念中国人民抗日战争暨世界反法西斯战争胜利 69 周年座谈会上的讲话中指出了抗战精神的深刻内涵："中国人民向世界展示了天下兴亡、匹夫有责的爱国情怀，视死如归、宁死不屈的民族气节，不畏强暴、血战到底的英雄气概，百折不挠、坚忍不

南侨机工抗日纪念碑底座上书写的"华之魂"

拔的必胜信念。伟大的抗战精神，是中国人民弥足珍贵的精神财富，永远是激励中国人民克服一切艰难险阻、为实现中华民族伟大复兴而奋斗的强大精神动力。"

我想，南侨机工身上所传递的，正是习近平总书记所倡导的抗战精神。

曾经有人问博尔赫斯为什么要写小说，他回答说："为了能够使我对流逝的时间感到安宁。"而如今，拍这样一部影片，则是为了给这群鲐背之年的老人一个详细的记录，给这段历史一个客观的记述，让未来能够记住这些曾经为中华民族独立而默默奉献出自己青春与热血的平凡人……

尾　声

六集纪录片《南侨机工——被遗忘的卫国者》于 2014 年 7 月 7 日在中国中央电视台首播，迄今为止，已被重播了几十次。这部纪录片的播出，不仅在纪录片业界先后斩获多个中国、国际电视大奖，更在海内外社

纪录片《南侨机工——被遗忘的卫国者》片头画面

会引起了强烈的反响，中国亿万观众中的很多人，第一次听到了南侨机工的名字，第一次被他们的故事所打动，第一次被他们的爱国精神深深震撼……

归去来兮

——纪录片《归去来兮》创作手记

欧阳斌 *

    2019年7月7日，中国全民族抗日战争爆发82周年纪念日，纪录片《归去来兮》在中国最大的视频网站之一爱奇艺播出，不到一个星期，就有4万多观众点击观看了这部纪录片，对于一部历史题材的严肃的纪录片来说，这样的点击量不低。一位观众观看后给本片主人公发来信息：太感人，泪流满面，太不容易了！南侨机工们为了赶走侵略者，舍小家为大家

纪录片《归去来兮》片头

---

* 欧阳斌，昆明电视台编导。

的无私奉献精神，南侨机工的故事可歌可泣，给我们留下了无比珍贵的精神遗产。

南侨机工的故事在今天感动着许许多多人，然而 10 年前，我刚开始接触这个题材的时候，即使是在当年南侨机工流血牺牲的滇缅公路沿线，了解这段历史的人也不多。

当时，国内的学者林少川先生、汤晓梅女士等已在系统搜集整理南侨机工相关史料，马来西亚、新加坡等地也有学者研究这段历史，但对于普通民众而言，这是一段完全陌生的历史。更不幸的是，这段历史的亲历者正在陆续离我们而去。2009 年，在昆明市人民政府外事侨务办公室出资支持下，纪录片《南侨机工》正式开拍，此时，生活在昆明市的南侨机工还有 5 人，而在全世界范围内，为人所知的在世南侨机工也不过 20 余人，他们均年事已高，如果不在来得及的时候用摄影机为后人留下一份事件亲历者的影像资料，那将是一个巨大的遗憾。

为了拍摄纪录片《南侨机工》，摄制组追寻着当年南侨机工的脚步，多次往返于当年的老滇缅公路，先后到福建、海南、广东、重庆、贵州、云南等地拍摄外景，到马来西亚、新加坡、缅甸等地采访在世的南侨机工。特别值得一提的是，摄制组在马来西亚和新加坡拍摄时，得到了当地华裔的大力支持与帮助，尤其是林秋雅女士，她亲自开车带着摄制组从马来西亚的最北边到最南边，提供了巨大的支持与帮助，可以这样说，没有像林女士这样热心人士的无私帮忙，《南侨机工》纪录片根本不可能拍摄完成。

2010 年底，历时两年的艰苦摄制，纪录片《南侨机工》80 分钟版完成，这部纪录片留下了当时还在世的 17 位南侨机工的音容笑貌，获得各界广泛好评。之后，我与中国中央电视台纪录频道（CCTV9）合作拍摄完成了四集大型纪录片《南侨机工》央视播出版，2015 年，我出任纪念中国人民抗日战争暨世界反法西斯战争胜利 70 周年中国国家献礼片《东方主战场》第七集的导演，该片于 2015 年 9 月 1 日在中国中央电视台综合频道（CCTV1）晚八点黄金时段播出，之后又在中国中央电视台英语频道、法语频道、西班牙语频道等多个外语频道向全世界播出，片中详细介绍了南侨机工以及滇缅公路沿线各族人民对中国抗战及世界反法西斯战争所作出的巨大贡献。

这些在主流媒体播出的纪录片让更多的人知道了南侨机工，了解了那段历史。

这些纪录片都是从宏观角度介绍南侨机工的历史，其实，我一直想从一个不一样的角度来讲述南侨机工的故事。

早在 10 年前为拍摄纪录片而搜集有关南侨机工的线索资料时，很多骨肉分离的故事就深深打动了我，而且这种分离与思念持续了几十年，并不因为战争结束而终结，反而随着时光的流逝越发让人痛入骨髓。

在中国云南省德宏州，我认识了一些特殊的人，从外表看，他们是纯粹的傣族，无论从生活习惯还是所说的语言，都和周围的傣族没有任何区别，然而，他们的父亲，却是来自万里之外的南洋。

当时的滇缅公路绵延 1000 多公里，穿越了中国西南诸多民族的聚居区，南侨机工大多是青春帅气的小伙子，驾驶汽车在当时属于很体面的职业，收入高，见识广，很多当地女孩子愿意以身相许也是很正常的事。

战后，有的南侨机工留在了中国大陆，有的回了南洋，由于历史原因，在长达几十年的时间里骨肉分离，音讯渺茫，个中痛楚，非亲身经历不能尽述。

在一个叫遮放的傣族寨子里，当南侨机工的后人们讲到父亲去世时嘴里还在念诵着"马来亚，马来亚"而失声痛哭，那场面让我也潸然泪下。

类似的故事并不仅仅只是云南才有，在其他地方也发生过。但是要用纪录片的形式把这样的故事讲好却并不容易。骨肉分离几十年的巨大煎熬，写文章可以娓娓道来，纪录片却是要用看得见、听得着的画面与声音来表现的。我必须找到一个载体，一个凄婉而动人的故事，这个故事还必须是正在发生着的。

机会来自于等待。2012年，一个偶然的机会，我认识了汤耶碧老师。

汤老师是傣族有名的舞蹈艺术家，原来在大学里任教，退休后被广州一家舞蹈学校聘请教授傣族舞蹈，大部分时间生活在广州。我认识她的时候，她正专程回到云南，搜集父亲的相关资料，以便到马来西亚寻找父亲，这件事她已经断断续续做了几十年。

汤耶碧的父亲名叫汤仁文，作为南侨机工的一员回国抗战，在芒市认识了傣族少女方香玉，结婚生下了汤耶碧。抗战胜利后，汤仁文返回马来西亚，当时约定，回到马来西亚生活稳定之后就接妻子女儿过去团聚，然而芒市一别，竟然成为永诀。

一直到71岁去世，方香玉没有再见到过丈夫，也没有丈夫的任何音讯，她也一直没有再结婚，就这么等待了一辈子。临终前，方香玉对女儿的嘱托是："一定要找到你爸爸。"父亲回国时，汤耶碧只有几个月大，对于父亲的音容笑貌没有任何印象。

采访中，汤耶碧几次哽咽失声，我们能想象得出，在超过半个多世纪的时间里，母女俩忍受了怎样的艰难。采访中，汤耶碧对于父亲的态度是很矛盾的，既盼望着能打听到父亲的下落，也不乏一丝隐隐的怨恨，毕竟父亲一去之后音讯全无，丢下一对母女艰难求生，谁遇到这种事恐怕都是难以释怀的。

也是在2012年，中国大陆的南侨机工后裔组织了一个寻亲团，到马来西亚寻访父辈的亲人或后裔，这是几十年来中国大陆的南侨机工后人第一次有组织地到当年父辈出发之地去寻访，是一次寻根之旅，也是一场与先辈跨越时空的心灵对话。

汤耶碧参加了这个寻亲团，寻亲团得到了马来西亚当地华人社团的大力支持。寻访的过程漫长而曲折，最后在当地华裔学者刘道南先生的帮助

纪录片《归去来兮》片段

下，汤耶碧终于找到了父亲的下落。

我们用摄影机记录下了汤耶碧寻找父亲的全过程。

后来我们才了解到，其实汤仁文当年回到马来亚后一直没有忘记汤耶碧母女，当他生活终于稳定下来，准备将妻子女儿接来团聚时，国际形势和政治风云已经发生了巨大变化，至亲骨肉最终天各一方，至死未能再见。

由于妻子女儿不能接来马来亚团聚，汤仁文在马来亚再次结婚，有了儿女。1987年，汤仁文去世。

汤耶碧的突然到访，让汤仁文在马来西亚的后人颇感意外，之前他们没有任何思想准备，但他们还是以一种友善的态度接纳了汤耶碧，允许她带一部分父亲的骨灰回中国大陆与母亲合葬。

中华文化对于亲情的重视与认同在这件事上得到充分体现。

汤耶碧回到云南后将父亲的骨灰与母亲合葬在一起，生前备受分离之苦，死后终于永不分离。

这组镜头拍摄下来是非常感人的，很多观众看到片子的这一段时热泪盈眶。

其实这个故事在 2012 年时，也就是 7 年前我们就已经拍摄完成，但一直没有剪辑，我始终觉得，记录人生的悲欢离合，是需要时间的沉淀才能更厚重的。

虽然这部纪录片讲述的是一个家庭的悲欢离合，但背后却是许许多多南侨机工的缩影，汤耶碧母女的遭遇是很多南侨机工的家人及后代都经历过的。

2019 年，在南侨机工回国抗战 80 周年纪念日到来之际，我们最终完成了这部纪录片，取名《归去来兮》。80 年前，他们从遥远的南洋来到这里，今天，他们再次魂归这里，因为这里永远流承着他们的血脉。

我万水千山 了却了母亲的心愿
I crossed numerous rivers and mountains to fulfill my mother's wish

纪录片《归去来兮》片段

万水千山只为你

——纪录片《寻亲》导演手记

邢葵阳 *

缘　起

2015 年 9 月，纪念中国人民抗日战争暨世界反法西斯战争胜利 70 周年之际，我带领纪录片团队摄制的一部关于海南抗战史的六集系列纪录片《琼岛抗战血与火》播出。拍摄该系列片用了将近三年的时间，我们走访了上百位抗战亲历者和地方志的专家学者，查询了大量的历史数据，从日本侵略者对海南岛自然资源的掠夺、工农业的破坏、文化教育的侵蚀到华侨资助、琼纵抗战等方面来呈现海南岛的那段历史，填补了海南抗战历史影像的空白。该系列纪录片也荣获了 2015 年度中国城市台系列纪录片类一等奖，其中有一集《丹心铁血铸侨魂》是专门讲述海南籍的南侨机工以及南洋华侨返乡服务团的成员们当年回国参加抗战的故事。

在制作这集片子之前，我查询了很多资料，也了解了不少南侨机工可歌可泣的故事，但近距离采访吴惠民、罗开瑚和翁家贵三位老机工时，我还是被他们敏捷的思维、豁达的胸怀强烈震撼到了。2014 年，吴老和罗

* 邢葵阳，海口广播电视台纪录片导演。

老都年届 98 岁，翁老 99 岁，和其他普通老人没有两样，生活平淡，不言过往。

遗憾的是，片子播出时，吴老和翁老已撒手人寰。他们那一代人的故事，也构建了国家的历史。硝烟散去、生命终止，但历史终究不应被遗忘。而和他们有同样经历的人，据统计，直至 2015 年，全球仅剩七位南侨机工。

从此，我与这段历史，与这些南侨机工及其后人，结下了不解之缘。

山海邀约聚春城

云南与海南，一个是彩云之南、群山围绕的内陆，一个是海之南、海水环抱的岛屿，山与海的牵手，得感谢这段历史，感谢南侨机工。

1939 年，从东南亚各国回国参加抗战的 3200 多名南侨机工当中，有 800 多名海南籍的华侨，这 800 多名海南籍的南侨机工回国参战运送物资，有的把英魂留在了滇缅公路上，有的抗战胜利后与当地女子结婚，留在了云南。因此，云南和海南这两个省份，也就有了百年的结伴相约，世代的血脉相连。

2016 年 9 月，应云南省侨联之邀请，我前往昆明参加云南省侨联南侨机工暨眷属联谊会成立 30 周年庆典活动，这场活动也是庆祝中国侨联、云南省侨联成立 60 周年的系列活动之一。

77 年前，为支援祖国抗战，在爱国侨领陈嘉庚先生领导的南侨总会的号召下，3200 多名南洋华侨青年，满怀爱国热情，放弃稳定舒适的生活，告别亲人，应征参加回国抗日服务团，奔赴炮火连天的中国战场。他们历经艰险，在 1100 多公里的滇缅公路上风餐露宿、夜以继日，冒着生命危险担负运送抗战物资任务，最终有 1000 多名南侨机工牺牲在滇缅路上。南侨机工，为中国人民抗日战争和世界反法西斯战争胜利作出了巨大贡献。

1986年9月3日，为弘扬"嘉庚精神"、传承南侨机工的爱国精神和赤子情怀，在滇的77名年过花甲的南侨机工集结于昆明，南侨机工云南联谊会宣告成立。

77年后，2016年9月3日，在抗战胜利71周年之际，云南省侨联在昆明举行了纪念大会，以缅怀南侨机工先烈，纪念南侨机工爱国壮举，弘扬南侨机工献身精神。云南省委统战部、云南省及昆明市侨界、省各民主党派负责人，健在的南侨机工罗开瑚老先生，马来西亚、新加坡侨胞代表，在昆明的归侨侨眷代表、来自福建广东海南的侨界代表、南侨机工第二代、第三代等1000多人参加了活动。

庆典活动中，云南省侨联南侨机工暨眷属联谊会的成员们，除了奉献傣族风情歌舞表演以外，最令人感动的是，他们作为南侨机工的子女，自编自导自演了情景剧《南侨机工》，把父辈们告别南洋毅然回国参加抗战的英雄故事也搬上了舞台，再现了滇缅公路上那段英勇悲壮的抗战史实，演绎了众多可歌可泣的南侨机工形象。

来自各省和海外的华侨代表们也在庆典大会上一一发言，发言者中有一位仪态端庄、气质优雅的女士深深吸引了我，她，就是马来西亚海南会馆联合会总会长、槟城孙中山协会会长林秋雅女士。她的发言赢得了阵阵掌声，不少南侨机工的后代们纷纷上台给她献花，远居于东南亚的马来半岛，林会长与这些南侨机工及其后代们又有着什么样的渊源和往来？

借庆祝云南省侨联南侨机工暨眷属联谊会成立30周年和纪念抗战胜利71周年的机会，林秋雅会长带领的由马来西亚南侨机工后代等43人组成的"沿着前辈足迹，重走滇缅公路"寻访团于9月4日启程前往滇西。重走滇缅公路的目的就是要回到历史的现场，让后辈们亲身感受父亲当年的艰难行程。

看着林秋雅会长真诚而深情的双眸，我被深深打动了，决定第二天带着我的摄制组成员，跟随寻访团一起踏上滇缅公路。

碑·路·父亲

父亲，在所有人的心目中是多么神圣的字眼，父亲是山，父亲是一个家庭的顶梁柱，是所有家庭成员的精神依靠和经济支柱。然而，在这些南侨机工第二代的出生和成长历程当中，由于历史的原因，父亲的这些角色几乎是残缺的，但他们内心有挣脱不了的与生俱来的血脉相连、骨肉挚爱，这种困顿与彷徨，一直延续了 30 多年。当被告知父亲是卫国者、民族英雄时，他们的心灵解脱了，都有了一个共同的心愿，就是重走滇缅公路，踏上父亲的足迹，寻找"未曾认识"的父亲。

九月的昆明，丹桂飘香。这座曾经支撑中国抗战的"民主堡垒"城市，如今已成为中国面向东南亚、南亚开放的门户城市，是东盟"10+1"自由贸易区经济圈、大湄公河次区域经济合作圈、泛珠三角区域经济合作圈的交汇点。改革开放让边陲省份云南更具有了包容性，25 个少数民族聚居，与三个国家接壤，云南籍海外华侨华人约有 250 余万，省内归侨侨眷约有 50 万，其中不乏海南籍和广东籍的归侨侨眷。正是因为这份姻亲血脉，每一次南侨机工暨眷属联谊活动，都是一次家庭大聚会。

2016 年 9 月 4 日早晨 8 点，我们集体乘车前往昆明西山南侨机工纪念碑进行公祭。位于西山森林公园华亭寺北面约 200 米处的南洋华侨机工抗日纪念碑于 1989 年 7 月 7 日落成，是中国第一座纪念南侨机工的纪念碑。碑前两层台阶均为七级，表示"七·七"抗战纪念。两侧为两面旗帜，旗帜上的三个"七·七"纪念章，代表 3200 多名南洋华侨机工的赤子丹心；碑身高 9 米，碑座高 3 米，象征"九·三"抗战胜利纪念日；底座刻有"赤子功勋"四个大字，碑文上写道："三千余南侨机工，以自己的生命、鲜血和汗水，在华侨爱国史上谱写了可歌可泣的壮丽篇章，也在中国抗日战争史和世界人民反法西斯战争史上建立了不可磨灭的功绩。"这是对南侨机工抗战义举的最好总结。在纪念碑旁建有南洋华侨机工抗日事迹陈列室，让后人世代缅怀永志纪念！

初秋微凉恰此时，胸有热血正澎湃。公祭的悼文、低声的啜泣，伴随着松柏涛声，以告慰逝去的英魂，父亲的形象终于在心里成为一座摇不可撼、坚不可摧的丰碑。

重走滇缅公路，寻访父亲的足迹，是此次聚会活动的重要内容。此次来自马来西亚的机工二代有43人，加上国内的部分南侨机工眷属及后代（以云南和海南为主），共100多人，一路向西，一起踏上了滇缅之路。

滇缅公路，前称昆畹公路，起点在中国云南省昆明市，终点是缅甸腊戍，全长1453公里，中国境内全长约为959公里。公路始建于1938年春，是中国抗日战争时期，由云南20多万少数民族同胞们，在崇山峻岭的艰苦环境下，大部分依靠原始劳动工具，老弱妇孺齐上阵，仅用9个月的时间，用手一点点儿刨出来的一条血路，是中国西南后方的一条最早修通、运量最大的国际通道，是用血肉铸就的抗战生命线。抗战时期的军需物资至少有一半通过滇缅公路输送回国，有力地支援了初期的中国抗日战争。

滇缅公路向乌蒙、哀劳山脉蜿蜒西去，跨越漾濞江、澜沧江、怒江等六条江河，翻越博南山、松山、高黎贡山等六座大山，穿过八座悬崖峭壁，从畹町出境，终于缅甸腊戍，接至曼德勒至仰光铁路。滇缅公路目前在中国境内的部分属于320国道，大部分的路段已建有高速公路，为中国至东南亚重要的道路。

喜怒哀乐尽在途中，一路分享父辈们的经历，尽管南侨机工的故事耳熟能详，但亲临现场，融入情境，能感同身受父辈们不顾一切的牺牲精神和民族气节。老虎嘴、漾濞山、云南驿、惠通桥、龙陵的老弹道路……怒江的咆哮、松山战场的墓碑，都在诉说着昔日卫国战争的艰辛与荣光。

六天的路程，走到中缅口岸畹町，走向纪念碑，站在英雄墙跟前，看到沉默了几十年的父亲的名字赫然呈现，悲喜交加的泪水夺眶而出，这些南侨机工后代们都在用手指着各自父亲的名字，大声呼喊：

"找到了！找到了！找到了！……"

"这是我爸爸……"

"这是我外公……"

南侨机工后代们互相拥抱、痛哭，夹杂着自豪与释怀，这一刻，他们的确是找到了心目中期冀已久的英雄父亲！

此情此景，我们用摄影机全部记录了下来，当时就闪出一个念头——我应该拍摄制作一部纪录片《寻亲》！是的，他们寻找沉默多年的父亲，心中向往的重新认知的父亲，有着伟岸的身躯和高大的英雄形象的父亲，可以给他们带来精神支柱的父亲。今天，终于找到了！

在随后的两天里，我陆续采访了10多位南侨机工后代及眷属，他们都有一个共同的愿望：寻亲！

2012年，马来西亚海南会馆联合会总会长林秋雅曾经组织举办了一场"亲情中华 寻踪南洋"的活动，邀请了30多位南侨机工后代，到马来西亚寻找自己的亲人，有来自海南的陈忠儒、叶军、黄良妹，有云南的南侨机工第二代徐宏基、徐永泰、任秀华、范侨云、刁文华、汤耶碧、张光明等，他们都在林秋雅会长的帮助下，陆陆续续在马来西亚找到了自己的叔伯和同父异母的兄弟姐妹，随后，越来越多的南侨机工后代们也开始陆陆续续踏上了寻亲之路。

侯西反的孙女侯韦美，不远千里从马来西亚来到云南寻找爷爷侯西反的墓碑。

来自马来西亚的抗战历史研究者刘道南老师、卢观英老师夫妇，一直在无偿地帮助南侨机工后代们寻找异国他乡的亲人。

来自马来西亚的琼籍华人、南侨机工第二代严崇财，在七天的行程当中，一路查找母亲的家乡龙陵和打听舅舅的消息，当得知我是文昌人时，也迫不及待地向我寻求帮助，希望有朝一日能回到老家文昌，能找到同父异母的哥哥姐姐。

南侨机工第三代黎莉、黎燕、黎诺佟三姐妹要帮助妈妈曾琼仙寻找马来西亚的父亲，以及妈妈同父异母的兄弟姐妹，同时也帮助来自马来西亚的严崇财先生四处打听他在国内的亲人……诸如此类，他们都在彼此互相寻求帮助，希望能找到马来西亚的亲人和中国的亲人。

战争和时局，导致骨肉分离亲人失散音讯杳无。70年后，南侨机工后代们踏上了漫漫寻亲路，足迹遍及马来西亚、中国台湾、加拿大、瑞士等。血泪记忆被重拾，70年的世事变迁，认亲过程曲折坎坷。从某种意义上说，不同国度的南侨机工的家庭故事及其后代的人生经历，跨越了一个世纪，是一部浓缩的世界变革史。

寻亲路上，他们将遭遇什么？在不同的国度里，彼此又刷新了什么样的印记？重新认知了对方？

从2016年起至今，我带领着摄制组，陆续跟踪拍摄记录了几组南侨机工家庭的认亲经历以及他们各自的心路历程。时代的一粒沙，对于个人的命运来说，便是一座山，背负着沉重的历史，又感召新的时代馈赠。不仅仅是寻亲，更是寻找到了我们中华民族的气节，父辈们所坚持的信仰追求和价值尺度，这将鼓舞我们中华儿女、华夏子孙、海外华侨华人同胞，把这样的中华心一代又一代地传承下去！

华侨是"革命之母"

2016年，纪念孙中山先生诞辰150周年纪录片《永远的追随》拍摄，我带领摄制组从海南岛走到台湾岛，又来到新加坡和马来西亚槟城。

孙中山先生也是一位华侨，他用毕生的精力创立《五权宪法》，首举共和旗帜，"起共和而终二千年帝制"，这是海峡两岸共识。孙中山先生为了理想，百折不挠，多次逃亡到东南亚，在当地华侨富商的帮助下，筹款闹革命。在辛亥革命历史上，华侨在推翻帝制、建立共和的每一个阶段都曾发挥重要的作用，孙中山先生曾赞誉"华侨乃革命之母"。为了思想的启蒙，孙中山先生在马来亚的槟城和新加坡开办了夜校，这些夜校后来都成为当地的阅书报社并传承至今，有的还发展成为当地的华人学校，教授华语，传播中华传统文化。

孙中山先生的所有思考都是把中国放在世界的背景下。他具有强烈的爱国情怀，把个人利益看得很轻，把国家利益放在首位。"他革命的终极目标就是让民众过上好日子"。他的思想和行为，深深地影响了一代又一代海外华侨华人。

在槟城的孙中山纪念馆，我们再次见到了孙中山协会的会长林秋雅女士，她向我们介绍了槟城孙中山协会的创办经过和近十年来所举办的大大小小的活动，隆重推介了2010年举办的纪念"庇能会议100周年"的系列活动，重新定位庇能会议在孙中山革命史上的价值，尤其是高度评价了当年槟城的华侨华人对黄花岗起义，甚至对后来辛亥革命的贡献。正因为在孙中山的革命运动史上槟城所占的重要地位，孙中山曾经几度停留的乔治市已成为联合国教科文组织确定的世界文化遗产城，保存了大部分二战前古迹，也保留了孙中山敢于革命的大无畏精神和爱国情怀。

榜样的力量是无穷的。正因为这种家国情怀在海外的广泛传播，中华民族气节的不朽之精神的感召，二战期间，中华民族面临生死存亡的危难时刻，1938年10月爱国侨领陈嘉庚在新加坡成立了"南洋华侨筹赈祖国难民总会"（以下简称"南侨总会"或"南侨筹赈会"），1939年2月发出《征募汽车修机驶机人员回国》通告。他振臂一呼，华侨们群起响应，纷纷视此为报国良机，踊跃报名应征。据不完全统计，从世界各地（当时海外华侨千万，其中八百多万侨居东南亚，统称"南洋"）回国参战的华侨有5万人，1939年2月至9月，南侨总会招募的"南侨机工"，组成"回国服务团",分 15 批回国,其中由各地集中到新加坡出发的有 9 批。除了捐款捐物外,以人力支援祖国抗战,又是海外华侨对反法西斯战争作出的一大贡献。

滇缅公路正是由于有了南侨机工这支神勇的运输兵队伍,才名副其实地成为中国西南的国际通道,成为抗战的"输血管"和"生命线"。

南侨机工是一支特殊的抗战队伍,不同于国内的同行和一般的战士,这些机工们告别优渥的生活回国抗战,面对的困难比国内的同行大得多,工作环境、思想观念、生活习惯有着很大的不同。他们是在现代西方文明和华侨社会的熏陶下成长的一代华人,有见识、有技术、有良好的素质,真诚爱国,有为国家争解放、为民族争自由的崇高理想,正是这种信念和民族气节让他们可以战胜一切困难,既保卫自己的祖国,又保卫着自己的第二故乡,尤其是 1941 年太平洋战争爆发以后,他们更是直接为捍卫东南亚人民的家园和世界的和平正义而战。

孙中山的革命思想孕育于香港、澳门,行动始自海外,革命过程多靠华侨支援。他尊称华侨为"革命之母",这并非溢美之词,而是经历了 40 年出生入死、艰苦奋斗后的肺腑之言。从此,"华侨"与"爱国"之间被画上了等号,深深地影响了一代又一代的海外华侨华人,这种无私的奉献和真诚挚爱,同样体现在义无反顾、毅然决然回国参加抗战的南侨机工这一群体的身上。

万里寻亲路

缘于 2016 年的"重走滇缅公路,追寻父辈足迹",我踏上了跟踪拍摄南侨机工后代们寻亲的漫漫长路。

2016 年 9 月,开始在云南采访中国国内(主要是云南和海南)的南侨机工第二代徐宏基、刁文华、张光明、汤耶碧、徐永泰、林晓昌、汤

晓梅、孙惠茹、陈忠儒、叶
军、叶晓东、翁作英、罗豫
英、黄良妹、谢冶伟等；还
有来自马来西亚的抗战历
史研究者刘道南、卢观英夫
妇，南侨机工第二代、第三
代严崇财、黄文明、田贵华
和田秀华姐妹，侯西反的孙
女侯韦美等。

2016 年 10 月，新加坡、
马来西亚之行。这一次，主
要是到马来西亚拍摄孙中山
的史迹，也顺便邀请了南侨
机工第二代、云南师范大学
艺术学院的民族舞教授汤耶

2016 年 10 月，邢葵阳导演在马来西亚砂拉越州古晋市采访南侨机工许海星。

碧同往，意在走访她于 2012 年找到的父亲的骨灰存放地以及同父异母的弟弟妹妹们。没想到，后一方面计划收获甚丰。

我们第一站先飞到东马砂拉越州的古晋市，看望当时尚健在的南侨机工冯增标、许海星和李亚留三位老人。

祖籍海南琼海的冯老已经患有老年痴呆症，坐轮椅，生活不能自理，当我把从海南带来的椰子粉和椰壳娃娃送到他手里时，老人家流泪了，他虽然不能开口说话，但乡音乡情永远铭记于心，这是他一生的牵挂。他的儿女都跟我说海南话，说是家规，父亲要求他们在家必须说海南话，勿忘乡音更不能忘了故乡。2017 年 2 月冯增标老人离世，享年 98 岁，叶落归根的心愿未能圆了。冯老的儿子冯锦照是毕业于美国芝加哥大学的教授，这些年经常回中国广州教书，也经常回老家琼海寻找父亲的童年生活踪迹，希望今后也能有机会到海南大学教书，这也是父亲对他的一个期许。

2016年许海星老人103岁。他年轻时喜欢摄影，回国参加抗战，即便在滇缅公路上驾车，也随身带个相机。有一次执行任务时遇到日本的敌机轰炸，弹片伤到了右臂的筋骨造成了右手终身残疾，后来他练就了左手单手拍照的技能。在后方医院里治疗枪伤时，给医院里的护士们拍了很多照片。我们的到来，让老人家非常高兴，他抱出好几大本影集给我们看，边看边讲解。战争年代的照片都非常珍贵，南侨机工们出发前的照片、滇缅公路上的运输车、护士们美丽的脸庞、伤病员们在医院共同的笑脸，他们是如此乐观和浪漫，照片仿佛能让人忘记战火纷飞和随时有可能被战争夺走的年轻的生命。这些老照片，老人家都小心翼翼地保存着，这是他一生中最美好的回忆。许海星老人于2017年10月4日仙逝，听闻噩耗，我仿佛看见了他举起用单手拍摄的战争年代的照片，冲着我微笑，老人家那种乐观精神和浪漫情怀至今依然历历在目。

李亚留是一位瘦高的老人，98岁，腿脚不是太好，拄着拐杖，走路不太方便，但骑单车却是轻车熟路，平日里喜欢骑着单车走街串巷。听说我们来了，老人家特别高兴，骑着单车飞奔到女儿经营的加油站超市与我们见面。但凡从中国来的尤其从广东海南过来的人在他眼里都是至亲。老人家精神矍铄，一见面就给我们讲述当年在滇缅公路上驾车运输和战斗的故事，那是他一生引以为傲的经历，但一说到那些牺牲的战友，就是一声叹息！2018年5月3日，李老在砂拉越的伦乐家中与世长辞，一代忠魂埋黄土！他是马来西亚最后一位南侨机工，也是海外的最后一位南侨机工。

最令我感动的是来马来西亚之前，汤耶碧教授给三位老人每人都置办了一件唐装，赠送给他们做纪念，满满的一颗中华心啊。她见到每一位南侨老机工，都喊他们一声"爸爸"，老人家泪如雨下，亲生父亲虽然找到却已不在，她把这些老机工们都当作自己的父亲，父亲汤仁文和他们一起回国抗战,一起驾车飞奔在滇缅公路上,都是一个战壕里并肩战斗的战友,见到他们就像见到自己的亲生父亲一样。"父亲"这两个字,在她的心里是一辈子的心结。一声接着又一声地喊"爸爸",仿佛能把这一辈子深藏在心里从未叫过的称谓,重复千遍万遍,就能把从未见过面的父亲给喊回来。

黄文明是许海星老人的外甥,从小听舅舅讲南侨机工的战斗故事长大,他们情同父子。在古晋,我们得到了黄文明先生的热情接待,是他带着我们在古晋走访和看望三位南侨老机工的,陪同我们三天,最后送我们踏上飞往新加坡的班机。

第二站,新加坡。抵达当天,我们拍摄了新加坡的晚晴园,即孙中山南洋纪念馆。晚晴园是同盟会南洋支部旧址,保存了当年孙中山在新加坡时的许多重要史料。不论走到世界的哪个角落,海外华人的"中华心",到老至死只能是愈发的明朗。"天意怜幽草,人间重晚晴",这就是晚晴园名字的由来。

1939年响应陈嘉庚的号召回国参加抗战的15批南侨机工,有9批是从新加坡出发的,怡和轩俱乐部就是南侨机工们报名和出发的聚居地。我们抵达新加坡的第二天,陈嘉庚的长孙陈立人主席带我们参观了怡和轩俱乐部。这里就是当年"南侨总会""星华救济祖国难民总会""南洋华侨救济祖国难民筹赈总会"的总部。仅在这里,在中国抗战开始的三年中就筹得义款30亿元。怡和轩俱乐部,已经成为一种精神——怡和轩精神,是关心民族与国家前途以及热心公益的爱国华侨精神。

一路上,我们聊起近几年来南侨机工第二代南洋寻亲遇到的种种困难。陈立人主席说,之所以有不少南侨机工后代找到了亲人却不肯相认的原因是,在东南亚,很多华人都已经是第二代、第三代了,很多人并没有去过中国,尤其是那些生活条件并不富裕的华人。他们对中国的印象,仍然停留在父辈下南洋时的那个年代:贫穷、落后。那些战后返回南洋的南侨机工，当时面临的国际局势是英国政府在马来亚驱逐"马共"，很多人回来以后为了生存，都不敢提在中国抗战的经历，以至于后来在南洋重组的家庭以及孩子们，都不了解父亲有曾经回国抗战的经历，甚至不知道父亲曾经回过中国。半个多世纪过去了，自然是不能轻易相信父亲在中国曾经有过家庭，还可能有同父异母的兄姐。有的尽管知道，也不愿意去接受，是担心这些从"贫穷落后"的中国过来的"哥哥姐姐"现在找回来是为了分家产，更多的是感情上不能接受父亲曾经在中国有过家室。

陈立人主席分析得有一定道理！我们更感觉到"寻亲"的意义重大，一是血脉骨肉的相认，不能断了联系，要让更多的人知道南侨机工这段历史和父辈们的爱国精神、民族魂；二是要让海外的第二代、第三代华人了解现在的中国已今非昔比，如今，中国已经是一条正在腾飞的巨龙，让他们身在海外也要为自己是华人而深感自豪和骄傲。

在侯韦美的引荐下，我们在怡和轩俱乐部还采访了她居住在新加坡的哥哥姐姐以及表哥，他们都是爱国侨领侯西反的后代。作为侨领之后，他们有着更广的见识和胸怀。他们说，如果战争来临，中国受人欺负，他们也会像爷爷一样义无反顾地回中国，抛头颅、洒热血！陈列在云南省博物馆的爷爷侯西反的墓碑就是最好的引领。

在新加坡我们见到了汤耶碧教授同父异母的妹妹，姐妹俩见面又是抱头痛哭。汤教授说，2012 年，在林秋雅会长和刘道南老师的帮助下她终于找到了父亲以前在马来西亚的地址，包括这些同父异母的弟弟妹妹，尽管父亲不在了，但有了这么多亲人，她不再感到孤单。兄弟姊妹相认，对于天堂的父亲也是一种安慰。之后她来过马来西亚两次，都是寻访父亲生前曾经生活工作过的地方，只为追寻父亲的过往，感受和了解未曾认识的父亲。最重要的是，2015 年云南的泼水节期间，她把马来西亚的弟弟妹妹们邀请回昆明旅游，并带他们走了一趟滇缅公路，让他们也了解他们未曾认识的父亲，让他们知道父亲是一个顶天立地的男子汉，是令人景仰的爱国英雄！父亲的形象，在这些兄弟姊妹的心中，终于圆满了！

随后，在林秋雅会长的协助下，我们摄制组走访拍摄了当年南侨机工聚居和出发的几个重要城市：太平、怡保和槟城。在刘道南老师的陪同下，我们在马来西亚的怡保市，寻访了昆明的南侨机工第二代张光明同父异母的哥哥蔡明苟，这位哥哥用了将近60年的时间通过报纸电台广播等各种方式，几次从马来西亚到昆明寻找弟弟，最后在云南省侨联的帮助下，终于找到了张光明。弟弟为什么姓张？在昆明的系列采访中，张光明也向我们讲述了他的故事。

一路拍摄一路感动和感叹，是什么样的信念让他们如此锲而不舍地寻找？又是什么样的障碍让有些南侨机工后代们拒绝相认？在同一座城市生活的人们，因为不同的成长背景、家庭背景，都可能有沟通上的误区和分

2017年3月，曾琼仙一家在马来西亚团聚。前排左起：刘佑康、黎燕、侯韦美、黎诺佟、邢葵阳、黎莉、陆惠琳；后排左起：严崇财、卢观英、曾琼仙最小的妹妹曾秋香、双生姐妹中的小妹Tsing Mooi（曾梅，佑康的妈妈）、林秋雅、曾琼仙、双生姐妹中的大妹Tsing Siong（曾双）、刘道南。

歧，导致不能相互理解，更何况是两个国家、两种制度和背景下的人呢？

我们会继续拍摄南侨机工后代们的寻亲故事，以及探索寻亲的意义。

2017年春节，传来一个好消息：黎燕三姐妹在林秋雅会长和刘道南老师的帮助下，终于帮助妈妈曾琼仙找到了在马来西亚的弟弟妹妹，也就是他们的阿姨们，以及表弟表妹们。

2017年3月，我们摄制组再次出发，跟随拍摄记录了曾琼仙在三个女儿的陪同下到马来西亚吉隆坡，兄弟姐妹相认与团圆的过程。

南侨机工第二代曾琼仙从小就像一个孤儿，跟随外公外婆在昆明长大，父爱母爱缺失。直到改革开放，海峡两岸实现"三通"，母亲从台湾回到昆明寻找女儿，上演了一场母女团聚的悲喜剧。之后又是漫长的寻找父亲下落的过程，辗转反复了20来年，最终找到了这些在马来西亚的同父异母的弟弟妹妹，她也哭倒在父亲的墓碑前。曾琼仙的母亲当年如何去了台湾，如何与自己的父亲分离又各自成立了家庭？直到2019年10月，我们摄制组到了台北市，见到了96岁的老人，才了解了战争年代那些颠沛流离的生活和无奈的离别。应该说，曾琼仙的母亲，是当前健在的为数不多的南侨机工的遗孀之一。她们是活历史，见证了那段抗战岁月，也经历了海峡两岸的分分合合。海峡两岸统一是她们一生的愿望，她们期盼着骨肉分离的悲剧不再重演。

2017年我们在叶军的协助下，拍摄回海南寻亲的南侨机工第二代、傣家妇女陈小妹的故事。同年，在林秋雅会长的引荐下，我们到达云南省的芒市，看望了生活在芒市的陈小妹，也走访了芒市的南侨机工联谊会的会长沈伟鸾。作为南侨机工第二代，沈会长也委托马来西亚海南会馆联合会林秋雅会长以及刘道南老师，帮助她寻找在马来西亚的伯父。

在林秋雅会长的努力下，马来西亚海南会馆联合会举办了很多场各式各样的活动以及讲座，讲述抗战历史，传播爱国华侨和南侨机工们回国抗战的故事，同时在报纸上不断地发布各种讯息，帮助中国的南侨机工后代们寻找在马来西亚的亲人，也帮助马来西亚的南侨机工后代们寻找中国的亲人。一来二往，寻亲的步伐也加快了，宣传的力度和渠道也越来越多，海内外的华人之间也相互了解得越来越多，彼此接受的程度也越来越高，寻亲的好消息也频频传来。

沈伟鸾会长很快地找到了她在马来西亚的亲人，同时也促成了国内外的亲人们共同回广东老家祭祖这一大团圆的盛事。

在南洋找到亲人的还有任秀华、范侨云、陈忠儒、郑威廉等。

2018年11月25日，庆祝马来西亚海南会馆联合会成立85周年，我们摄制组应邀参加了这一庆典活动。感谢有心人林秋雅会长，她同时邀请了南侨机工第二代、《再会吧南洋——海南南洋华侨机工回国抗战回忆》一书的作者陈达娅女士，让我们得以在遥远的马来西亚巴生港认识。同是文艺爱好者，我们有了很好的沟通和默契，通过采访我们了解了陈达娅女士寻找父亲陈昭藻的心路历程，并能深深体会到她组建的"南侨颂合唱团"的一片苦心与艰辛。如今，"南侨颂合唱团"声名远扬，她带领着合唱团从昆明唱回老家海南，又唱到广西南宁，还唱响了马来西亚。她即将奔赴香港和台湾，传播爱国主义精神。

2018年10月，纪念滇缅公路开通80周年，我们在昆明再度采访徐庆华、黎凤珠、刁文华、徐宏基、张光明、曾琼仙等众多南侨机工第二代。共同的家庭背景、共同的经历，使这些南侨机工的后代们情同手足，见面即亲人，经常抱头痛哭。

不论寻亲的结果如何，南侨机工们的故事不断地在海内外传播。这是一股热流和力量，能让我们记住那段可歌可泣的抗战历史，记住滇缅公路的不凡，记住父辈们的爱国牺牲精神。这一切，都能让我们的民族气节代代相传，祖籍国更加繁荣昌盛！

尾声：万水千山只为你

2018 年广州国际纪录片节上，纪录片《寻亲》的方案入选大会手册，并进入《中国故事·国际提案》环节。该片计划于 2020 年完成并播出，作为抗战胜利 75 周年的献礼。凡是有海水的地方都会有华人的身影和足迹。踏遍万水千山，不变的是乡情亲情；唯理想至老不灭，或者说破灭一次再理想一次。在波澜壮阔的历史进程当中，不论是烽火连天的战乱守拙、大江大海的南渡北归，中华民族的复兴、祖祖辈辈追寻的中华梦，在海内外的华夏儿女、华人侨胞的心里，同一梦想，宛如灯塔，各自照亮一方山河。

历史影像，情景回放，当事者言，后来者说，今昔穿插，盛衰互鉴。若仿用千年前范仲淹的长叹，就是："云山苍苍，江水泱泱，爱国之风，山高水长。"

黄昏时分，群鸦归巢，晚霞满天。有人在远方忧伤。永不相逢的故人年代，似近犹远，似远犹近。如果这世上还有怅恨，已经百年。

我们愿意将苦难化作光明的文字，用英雄的背影证明民族的正面。华夏之声唱响世界，寻亲之路万水千山。

一切只为你：我们的中华心、民族魂、华夏梦。

铭记南侨机工的爱国情怀

——"南洋华侨机工回国服务团"雕塑创作经历

陈学博*

　　1937 年"七七事变",当祖国面临日寇入侵,狼烟四起的危难时刻,大批旅居东南亚的爱国侨胞,响应华侨领袖陈嘉庚先生的号召回国抗日,从而成就了中国华侨回国抗战服务这段可歌可泣的辉煌历史。我作为一名炎黄子孙,对琼崖华侨回国服务团和南侨机工们的爱国义举感到由衷的敬佩,希望能有机会创作反映爱国华侨抗战题材的雕塑,以缅怀华侨英杰们的爱国情怀和丰功伟绩。

　　我对南侨机工的印象,来自于抗战时期拍摄的滇缅公路延长线的照片"24 拐"。最为印象深刻的是南侨机工

"华侨回国抗战纪念组雕"之一,红色花岗岩,高770 厘米,立于海口市滨海大道的海南省青少年科技公园广场,获得"2013 年全国优秀城市雕塑建设项目奖"。

* 陈学博,海南省雕塑艺术学会会长、国家一级美术师。

南侨机工雕塑初稿在"海口市万春会凌博雕塑展"上展出（海口万绿园 2012 年 2 月），陈学博邀请来自福建、云南、海南的南侨机工眷属等亲临现场征求意见。

们运送抗战物资的车队，以及异常崎岖艰险的滇缅公路。南侨机工们的形象如大山般高大，因此我在出设计小稿时，把南侨机工雕像整体设计成一座拔地而起的大山。雕塑的上部分塑造的是两位人物半身像，右边的人物手里拿着一根汽车摇把，代表了司机身份；左边的人物手上抓着一把扳手，代表汽车修理工身份。雕塑下部分弯曲陡峭的盘山公路和车队，寓意南侨机工坎坷而豪迈的壮举。半身像人物设置在山的顶端，比喻南侨机工们英魂升华，满腔热血与山路和车融为一体。

　　为了使雕塑创作更贴近事实，2012 年 3 月起，我专程赴海南琼海和云南各地以及滇缅公路边境进行采风。我在海南省南侨机工历史研究会会长陈钟儒先生陪同下，采访了海南琼海中原镇 93 岁的南侨机工吴惠民先生。4 月底，我去云南昆明采访云南省侨联南侨机工暨眷属联谊会的成员和 94 岁的南侨机工罗开瑚先生，接着去云南保山采访 98 岁的南侨机工翁家贵先生。三位当年参加抗战的南侨老机工得知海南省政府要建立南侨机工纪念雕塑，感到特别欣慰！采访期间，他们多次给我讲述了当年南侨机工的往事，回顾了在祖国受侵、山河沦陷的危急关头，南侨机工们如何积极响应爱国华侨领袖陈嘉庚先生的号召，从南洋回国参加抗日的种种难忘的经历。虽然在采访之前，我已读过不少有关南侨机工的抗战史料和记载，但都不及亲耳聆听他们的讲述感受深刻。与三位南侨老机工的接触，让我深刻地体会到，在中华民族危难的关头，南侨机工把个人生死置之度外，在极其艰难的条件下，运送了约50余万吨抗战物资，使滇缅公路成为"抗战的生命线"。他们为抗日战争的胜利作出了不朽的贡献，是值得我们世世代代铭记的民族英雄。

2012年3月，陈学博和南侨机工吴惠民（后排右）、张修隆（前排左），南侨机工眷属张田玉留影。

采访中，我特意询问三位老人，南侨机工们平时的生活细节和衣着仪表。他们告诉我，南侨机工们大部分保留着海外生活时的习惯，很在乎礼

2012年3月，陈学博与南侨机工吴惠民（93岁，左）在海南琼海。

2012年4月，陈学博与南侨机工罗开瑚（94岁，左）在云南昆明。

节及个人仪表，平时衣着整洁，头发光亮。南侨机工们有统一的美式制服，尤其是美式船形帽。此外，我详细询问了老人们有关滇缅公路的情况以及发生在怒江和惠通桥的重大事件，得知滇缅公路还有一个特定的艰险点，机工们都叫它"鹰嘴崖"。南侨机工老人们还告诉我，他们很喜欢《再会吧南洋》这首歌，他们当初是唱着这首歌回国参加抗日的，很多南侨机工临终前都哼着这首曾经伴随他们走上抗日战场的歌曲。

记得刚到昆明时，我还应邀观看了云南省侨联南侨机工暨眷属联谊会组织的话剧《南侨机工》的彩排。演员们全部都是南侨机工的后

2012年5月，陈学博与南侨机工翁家贵（右）在云南保山。

代及家属。他们虽然非专业演员，但表演真情流露很有感染力。表演结束后，我与这些演员一起座谈，并展示了我的创意稿，征求他们的意见。大家提出较普遍的意见是，南侨机工们当时很年轻，头上戴有船形帽。随后，我去了昆明西山参观了南侨机工纪念碑和南侨机工历史纪念馆，认真观看每一幅历史图片和文字说明，以及每一件历史文物，努力寻找创作的灵感。

在昆明采访了南侨机工罗开瑚老人后，我提出希望沿着英雄们的足迹，亲身体验一下滇缅公路的艰险。云南省侨联南侨机工暨眷属联谊会会长徐宏基先生、副会长张田玉女士和会员们非常重视这次采风，给了我很多支持和帮助。联谊会的骨干张云鹏先生为我们当向导，他的父亲张智源是当年南洋华侨先锋运输大队第二中队少校军衔的中队长。被众人尊称为"刁哥"的刁文华先生亲自为我们驾车，他年近70，身体很好、精力充沛、乐观热心，大家都说他是滇缅公路的活地图。他从小跟随父亲开车在滇缅

2012 年 5 月，南侨机工眷属刁文华（左一）、张云鹏（左二）和陈学博在滇缅公路上的怒江边。

公路跑过无数趟，对路况很熟悉，他的父亲蔡长梨是马来亚第 9 批回国的南侨机工。

我们在颠簸崎岖的滇缅老公路上行车近 10 小时，一路上，有我夫人的陪伴协助，加上张云鹏老师和刁哥为我们讲述他们父辈的抗战历史，使这采风之路变得异常精彩。当车行走到滇缅公路的急转弯处，我们走下车来，看到公路边下方是万丈深渊。张老师告知我，下面就是怒江，当年有很多没有留下姓名的南侨机工在这急转弯处不幸翻车坠落，把年轻的生命献给了这条抗战生命线，南侨机工邱九良就是从这个地方坠入怒江。我们举行了简单的拜祭仪式，表达对烈士最为崇高的敬意。我情不自禁大声对着怒江喊："邱九良，您安息吧！您的英名以及您的丰功伟绩会永远铭刻在人民的心中，我们海南省政府将在美丽的省会海口市建立一座大型的南侨机工纪念雕塑，南侨机工的赤子功勋将一代一代被传颂。"此处还有一个神奇的传闻，听说有人经过这里，对着怒江高喊邱九良的名字，就会看见一股白烟袅袅从怒江上升起。张云鹏老师说他前年带着中央台纪录片频道摄制组来到这里时，就曾经经历过。刁哥说，虽然此前他也听说过这个传闻，但一开始他并不相信，直到亲身经历过后，他就相信了。可惜那天我喊时没有看见白烟。我想，或许是邱九良先生在天有灵，听到了南侨机工的纪念雕塑要建起来了，他的英灵得到了告慰吧。

在保山拜访了南侨机工翁家贵老人后，我们继续前行。来到滇缅公路（中国段）600 公里处的惠通桥边，当时这是滇缅公路的咽喉，可以让我们近距离地感受桥下面汹涌的怒江。离开惠通桥不远，就到了鹰嘴崖，这是滇缅公路上最为险峻之处，如今已修缮宽敞。想当年，南侨机工驾驶吉姆卡车载满军用物资经过这里时，路面窄得只能承载汽车半边轮子，另外半边车轮要压在临时放置的树干上才能经过，其艰险程度可以想象，难怪南侨老机工们对此铭记终生。

行程最后，我们来到云南省德宏傣族景颇族自治州最南部（与缅甸为

2012 年 5 月，为创作纪念雕塑征求时年 98 岁的南侨机工翁家贵（左三）的意见。

连接怒江两岸的滇缅公路咽喉要道惠通桥

邻）的畹町市，直至饱经沧桑的畹町桥——滇缅公路（中国段）的终点。我们拜访了住在畹町的南侨机工后代叶晓东先生，听他讲述了惠通桥多次被炸断后，他的父亲陈团圆（第二批回国的南侨机工）和很多南侨机工英勇壮烈牺牲的遭遇。之后，他带我们参观了畹町南侨机工的纪念碑。纪念碑建于畹町之巅，碑体总高 16 米，左有南侨机工英名录，右有碑记，碑后有详说历史的浮雕长廊等。

云南采风使我的收获颇丰。我反复斟酌后决定把南洋机工雕塑的方案深化修改，把反映南侨机工主题的重要元素体现在主体雕塑上。最终，雕塑高度定为 7.7 米，寓意"七七事变"抗战爆发，海外赤子精忠报国；将左边的修理机工的服装由原来的便装改为工装，右边穿着制服的南侨机工司机戴上船形帽，将两人的面容塑造得更加年轻英俊，这是爱国华侨南侨机工那段历史和青春热血激情辉映的缩影。雕塑底部增加了湍急的怒江以及怒江里的汽车残骸、当年唯一连接怒江两岸的通道惠通桥和令人无法忘却的天险鹰嘴崖；雕塑的左侧是日寇飞机在滇缅公路上狂轰滥炸的场景；雕塑的右侧以《再会吧南洋》这首田汉创作、聂耳谱曲为题材；在雕塑背面上方雕刻当年南侨机工人手一枚的"华侨机工回国服务荣誉纪念章"，以表达对他们的永恒怀念。

方案修改好后，我花了 3 个月的时间，对泥稿进行 1:1 比例放大。把前期到云南等地采风的收获一一注入南侨机工泥稿的创作当中。"南洋华侨机工回国服务团"雕塑的放大稿完成后的效果比起中稿更加丰富，令人思绪万千，雕塑中英雄、车队、怒江、鹰嘴崖、惠通桥等元素，无不让人想起那战火纷飞的年代，那条用南侨机工青春铺造的抗战生命补给线。

在选材方面，我选定的石材是新会红花岗岩，这种石材很特别，质地细密又很耐看，阳光下泛着红光，对于表现爱国主题雕塑最为合适。1:1比例的雕塑泥稿完成后，翻制成玻璃钢模型，再根据模型，顶着室外的烈日和寒风雕刻成石像，总共用了 6 个月。完成后的石雕重约 200 吨，从广州运回海口安装后，我又在现场精雕细琢了 1 个多月。

2013 年 1 月 18 日，"南洋华侨机工回国服务团"雕塑在海南省海口市落成。时年 95 岁的琼籍南侨机工张修隆先生以及众多南侨机工后代应邀参加了落成仪式。时任海南省人民政府副省长陈志荣在仪式上致辞："为铭记和宣传海外华侨为抗日战争胜利所作出的重大贡献，学习他们伟大的爱国主义精神，在相关部门的大力推动下，经过我省著名的青年雕塑艺术家陈学博同志精心雕琢，今天，纪念雕像正式宣告落成！海南省人民政府决定修建这座纪念雕像，就是要让人民世世代代铭记南洋华侨机工回国服务团的历史功绩，学习他们真诚爱国，为国家争解放，为民族争自由的崇高理想；学习他们满腔热情投奔抗战前线，与祖国人民同生死、共命运的爱国主义精神；学习他们为了抵抗日本帝国主义的侵略，不怕艰难困苦、不怕流血牺牲的革命英雄主义精神；学习他们顾全大局，服从指挥，敬业乐群的集体主义精神。"

从 2011 年开始创作雕塑"南洋华侨机工回国服务团"，经过阅读史料、专题写生、登门拜访、滇缅公路采风，直到雕塑完成共用了两年时间。南侨机工的爱国情怀，给予了我完成这座雕塑的决心和勇气，同时也使我接受了一场生动深刻的爱国主义教育。

雕塑"南洋华侨机工回国服务团"完成后，我作为海南省雕塑艺术学会会长，多次受邀参加各地举办的与南侨机工相关的活动。2019 年 7 月，我应邀参加了云南和广西两地纪念南洋华侨机工回国抗战 80 周年系列活动。其间，广西南侨机工眷属联谊会还聘请我为该会名誉会长。两地声势浩大的活动让我动容，也使我意识到在海南举办南侨机工展览已迫在眉睫。毕竟，在全国 3200 多名南侨机工中，海南籍的南侨机工有 800 多人，占总人数的 1/4，至抗战结束，有将近一半的海南籍南侨机工长眠在滇缅路上。

从广西回海南后，我先后多次向海南省委统一战线工作部、海南省归国华侨联合会、民盟海南省委,海口市委宣传部、海口市委统一战线工作部、海口市归国华侨联合会,民革、民盟、致公党海口市委等各民主党派和海南省图书馆等相关部门汇报和沟通。在相关部门特别是海口市归国华侨联合会主席陈文培的大力支持下,我担负起策划和筹办南侨机工回国抗战展览的重任。

为了迎接新中国成立70周年的喜庆日子,展览赶在国庆前(9月份)开幕。平时策划一个这样的展览需要几个月时间,但国庆这个时间点很重要,我绝不能错过。因此,我将手头其他工作都停了下来,将全部精力都投入到筹备这个展览上。虽然当时没有活动经费,我只好自己筹集。筹备工作耗费了我很多时间和精力,提纲整理、场地选择、资料搜集、内容筛选、模块设计、版式编排、内容归置、人员联络,每一项工作我都亲力亲为,很多历史细节需要逐一认真核实,每个细节都严格要求,就怕想得不周到,做不到位,辜负了党和人民以及南侨机工和眷属们的期望。

陈学博在创作南侨机工罗开瑚肖像。

2019 年 9 月 22 日，"庆祝中华人民共和国成立 70 周年暨纪念南侨机工回国抗战 80 周年图片、雕塑展"在海南省图书馆隆重举行，开幕式上，海南省级市级统战、侨界领导，各民主党派、海外华人、南侨机工眷属、学校师生、社会各界人士 300 多人参加了开幕式。展览展出南侨机工图片 800 多张，分为"祖国召唤""共赴国难""血铸丰碑""功返南洋""光照千秋""重走滇缅路"等多个模块。同时展出的还有我创作并收藏于云南南洋华侨机工回国抗日纪念馆的雕塑图片近十组，以及大型石雕"南洋华侨机工回国服务团"的原稿局部（3.5 米高），南侨机工陈团圆、吴惠民、罗开瑚雕像和"侨光"（3.5 米）等华侨主题雕塑作品共 8 件，作品布满了整个一楼大厅。观众们被南侨机工的英勇事迹和爱国情怀深深感染和震撼了，不少观众感动得热泪盈眶。

首展大获成功，应广大市民要求，10 月 18 日，展览又移到海口骑楼老街国新书苑举行第二轮巡展。海南海口众多党政机关、企事业单位纷纷

中国侨联原副主席林明江、学者蔡葩等观看展览。

陈学博与海口市侨联主席陈文培（中）、新加坡海南协会理事长陈学汉（右）观展后留影。

陈学博与马来西亚海南会馆联合会总会长林秋雅观展后留影。

组织党员干部前来观看，把这两次展览作为"不忘初心、牢记使命"的主题教育。很多学校也组织学生和家长前来观展，在海口市掀起学习南侨机工爱国精神的热潮。两次展览，前后观展的人数达到6万多人。创下了海内外同类展览的最高纪录：观展人数最多（最多时一天达5000多人）；观展的单位最多；观展的师生、家长最多（有大学、中学、小学，最多时一天内近30所）。

两次"南侨机工"展览共展出50天，盛况空前，从中国中央电视台到地方的官方媒体，再到省市政府、党政机关、企事业单位和各种社会网站及微信公众号等，纷纷以各种图文形式报道，社会反响很大。国外不少媒体也纷纷转载。80年过去了，南侨机工的英勇献身精神一直鼓舞着海内外炎黄子孙。南侨机工图片、雕塑展在海南成功举办，离不开海口市侨联以及政府有关部门的支持，很多南侨机工的后代，特别是云南省南侨机工历史研究会顾问张云鹏和副会长李莉萍300多场次的倾情讲解，海口

2019年10月，南侨机工图片、雕塑巡展海口骑楼老街期间，陈学博和南侨机工眷属们在南侨机工雕塑前留影。

2020年1月，陈嘉庚长孙陈立人（右）和陈学博在海南文昌南侨机工张修隆家。

市南侨机工眷属联谊会叶军老会长及该会很多热心的会员，陈嘉庚纪念馆、云南省南侨机工历史研究会、云南省南侨机工历史学会、南宁南侨机工眷属联谊会及社会各界人士等也都给予了很大的支持。

2020年1月中旬，我有幸和著名的马来西亚华人领袖林秋雅总会长一起去海南文昌拜访海南最后一位健在的南侨机工张修隆先生，我与陈嘉庚的长孙陈立人先生、海口市侨联主席陈文培、厦门华侨博物院院长刘晓斌、

2020年1月8日，看望海南唯一健在的南侨机工102岁的张修隆先生。前排左二起至右依次为：林秋雅、陈立人、张修隆及其夫人、陈文培；后排左三：叶军，左四：刘晓斌，左五：黄良妹，右六：陈学博。

陈学博正在工作室做南侨机工雕塑的效果。

广西南宁市侨联殷红原副主席、海口市南侨机工眷属联谊会黄良妹会长、叶军原会长及广西"南侨机工联合车队"的负责人郑威廉先生等人不约而同聚在张老家，此时张老虽已经 102 岁，但身体硬朗、精神矍铄。

2019 年底，我受广西南宁南侨机工眷属联谊会邀请，准备在 2020 年 2 月，参加"南侨机工联合车队万里行"活动到达马来西亚。为了这次活动，我特意制作了四件南侨机工雕塑（缩小版）作品，准备到达马来西亚后，赠送给四家单位留念：马来西亚槟城阅书报社—南侨机工纪念馆、马来西亚陈嘉庚纪念馆、马来西亚中华大会堂总会和马来西亚海南文物馆，目的是表达中国人民没有忘记南洋华侨机工为祖国所作的贡献，他们是民族的脊梁、时代的先锋，南侨机工的民族精神将一代代相传。遗憾的是，2020 年春节前后，一场猝不及防的新型冠状病毒疫情突然在中国蔓延。所以，我们的活动只好向后延期。忆往昔，在中华民族最危难的时刻，南侨机工们放弃优越的生活，毅然回国抗战，为中华民族的独立和解放事业作出了巨大的贡献。看今朝，一场新型冠状病毒疫情在中国蔓延，在这场特殊的战役中，一批又一批中国各地的医护工作者在祖国危急的时刻主动请缨驰援战疫一线，他们明知前方极其危险，却义无反顾，且怀着必胜的信念，这和当年南侨机工们艰苦卓绝、舍小家为大家的爱国奉献精神异曲同工，这就是中华民族历经沧桑，却生生不息的民族精神。

寻找与发现

叶　军[*]

寻找父亲当年的足迹

我和妻子符永芳是 1968 年 11 月一起上山下乡的知青。我曾经向她了解过她的家庭情况，但因为父母去世时她才 8 岁，弟弟才 4 岁，所以她对家庭和父亲的历史一无所知。1974 年我们结婚不久，就调回海口。改革开放以后，她在海外的亲人陆续回国探亲，我们才从他们那里了解到她父亲符国壁的一些情况。符国壁 1911 年生于广东省文昌县重兴乡东坡村。1933 年，22 岁的他在家乡结婚，婚后的第二年就携妻远渡重洋，到马来亚丁加奴州甘马仕谋生。在甘马仕期间他们兄弟三人一起经营货运车运输业务。

1939 年，中国的抗日战争进入最艰苦的时期。华侨领袖陈嘉庚先生号召南洋有志气的华侨热血青年，参加华侨机工服务团回国抗日。28 岁的父亲和几位华侨青年立即响应、踊跃报名，成为第 4 批华侨机工成员，于 1939 年 4 月 10 日从马来亚启程经安南（越南）入境，被编入西南运输

---

* 　叶军，南侨机工符国壁女婿，曾任海口市南侨机工眷属联谊会首任会长，现任该会名誉会长、云南省南洋华侨机工回国抗战历史研究会名誉会长。

处汽车运输队华侨义勇总队第12大队12补充中队当司机，开始了他回国抗日的战斗征程。

抗日战争胜利后，岳父已经是国民党军队的一名连长，就在他的部队调往徐州整编，准备打内战的时候，他不想参与打内战，于是从徐州复员回乡。此时他原来在马来亚的妻子因为几年未有他的音讯，已改嫁。第二年，岳父就和我的岳母结了婚，不久全国解放。

符国壁（1946年）

父亲生前回国参加抗日的情况，我们通过在马来西亚的亲戚略知一二，唯有南侨机工这段历史，我们却无法知道，也不知如何去查证。我

在云南档案馆找到的符国壁复员登记表

们不知道父亲符国壁是南侨机工。

2007年5月26日，《海南日报》发表了厦门华侨博物院名誉院长陈毅明写的《南侨机工的精神价值》一文，介绍陈达娅和陈勇写的《再会吧南洋——海南南洋华侨机工回国抗战回忆》一书。这是我们第一次看到"南侨机工"四个字，也是第一次知道我们的父亲就是南侨机工。为了尽快看到这本书，我们托人到中国华侨出版社拿到两本，在书中看到了父亲的相片。

作为南侨机工的第二代，我们首先感谢陈达娅和陈勇为我们撰写了记载着父辈回国参加抗战这段历史的书，我们全家是怀着无比激动的心情读完这本书的。让我们南侨机工的子女们详细了解了当时的情况以及父辈们满腔热血回国抗日的爱国之心，我们为父亲有过这段光荣的历史而感到骄傲和自豪。

为了更具体地了解父亲回国参加抗日的经历，2007年9月19日，我们从湛江乘火车到昆明，开始寻找父亲当年参加南侨机工回国服务团时在云南战斗和生活过的足迹。

在昆明，我们受到当地南侨机工联谊会的热情接待。海南老乡何良泽先生帮我们在云南省档案馆查到了父亲当年的复员登记表和有关的档案资料，复员登记表上面还粘贴着他的相片。南侨机工联谊会还安排我们与90岁的琼籍华侨机工罗开瑚老先生见面，并帮我们联系到住在保山的琼籍南侨老机工翁家贵老先生，翁老在电话中告诉我们，他认识父亲。父亲当年在12大队开一辆8吨的拖卡车（据说在滇缅公路上开这种大货车的人需要特别好的开车技术）。当问及他最后一次与父亲见面的情景时，他说，和父亲最后一次见面是在路上相遇，大家谈起家常，父亲告诉他要去军校，此后就没有再见过面了。

在昆明，我们终于见到了陈达娅，并和陈勇通了电话。我们谈起了各自的父亲，谈起我们的经历，大家都是心情激动、感慨万千。

在昆明的时间虽然很短，了解到我们父亲的情况也不多，但是这次收获很大，因为我们找到了南侨机工，并开始了解南侨机工。

南侨机工云南联谊会送给我一些关于南侨机工的书，有关方面都很热情地答应有我们父亲的资料立即告诉我们。果然，我们还未回到海口，云南省档案馆吴强教授就发来电邮说："我查找后，结果有关你父亲档案内容很少，仅有1939年南洋回国服务人员名册：12大队补充中队司机一项。"没几天，陈达娅也发来电邮说："再次询问翁老得知，您父是1940年到军校学习，以后详情暂缓不知，待查。"

短暂的昆明之行，使我更深一步地了解到南侨机工回国抗日的历史和后来的许多情况，感受到父辈们留下的精神财富和南侨机工第二代的友谊。作为南侨机工的第二代，我们还准备在不久的将来，和更多南侨机工的第二代一起重走滇缅公路，亲身体会父辈们当年血染的风采。

为了证实翁老讲到父亲曾在12大队开车和去军校这两点重要的情况，我们从昆明回来之后，又继续查找有关资料寻找线索。

2009年4月6日，海南召开"纪念海南南侨机工回国抗日70周年大会"时，我们见到了来参加会议的翁家贵、吴惠民和谢章农三位南侨老机工，又再一次向他们了解我岳父的情况。老机工翁家贵详细地讲述了当年父亲在滇缅公路上和他相遇时的谈话，也讲到12大队的一些情况。

关于父亲去军校的事，后来我们从老机工吴惠民那里也了解到一些。吴惠民老先生也是1940年去军校的，他说，当时西南有三个黄埔军校分校。一个在贵州独山，一个在四川成都，还有一个在重庆的合川，他去的是成都分校。我们将父亲当年的相片拿给他看，吴老说他对符国壁这个人有印象，肯定不会在成都分校。因为和他同在成都分校的海南人，他都记得很清楚。符国壁可能在独山分校或合川分校。

2009年7月和12月，我们两次去云南昆明和畹町参加那里召开的"纪念南侨机工回国抗日70周年大会"时，再次到云南省档案馆查阅了12大队和父亲的有关档案。在云南档案馆查到的资料表明：岳父符国壁回国后就在西南运输处汽车运输队华侨义勇总队第 12 大队 12 补充中队 2 班当司机，而还健在的云南南侨老机工王亚六当时就在第 12 大队 12 补充中队 8 班当司机。2009 年 7 月 7 日，我们到昆明参加"纪念海南南侨机工回国抗日 70 周年纪念大会"时，我们将父亲的相片拿给王老看。王老说，他认得这个人，但后来的情况就不清楚了。

父亲究竟去的哪个军校？这是我们进一步寻找的内容。后来我们找到一本独山分校华侨班的毕业同学录，里面没有符国壁的名字。既然他没有去独山分校和成都分校，就只有去合川分校了。

2010 年元旦，我们和几位南侨机工的后代冒雨到文昌看望老机工吴开进。当我们将父亲当年的相片拿给他看后，他说，对我们父亲有印象，应该是合川分校的，只是和他不同总队，吴开进在 20 总队，我们父亲在 24 总队。根据父亲 1946 年 3 月 11 日在复员登记表中填写的联系地址"丽江警备司令部"，说明他从军校毕业后就分到国民党的军队里，一直在云南战斗和生活。至此，父亲当年回国抗日的足迹已经越来越清晰了。

为了进一步了解父亲在合川军校的情况，我们还准备在适当的时候，到南京中国第二历史档案馆查阅黄埔军校合川分校的有关资料。说不定在那里，我们又可以查找到父亲当年更清晰的足迹。

在寻找中发现 在发现中寻找

2007 年 9 月，我们从昆明回来之后，在翻阅林少川先生的《陈嘉庚和南侨机工》这本书时发现，广西籍南侨老机工殷华生在他口述文章中讲到他也是第 4 批从马来亚回国的南侨机工，并且分配在第 12 大队。我们连忙打电话到广西侨联了解殷老先生的情况。广西侨联的同志告诉我们，殷老先生已经去世，他有一个女儿叫殷红，是南宁市侨联副主席，并将殷红的电话告诉我们。两天以后，我们和殷红取得了联系，并将符国壁的有关情况发给她。殷红很快就给我们回信：

> 符永芳、叶军夫妇、永泰兄弟：
>
> 　　很高兴认识你们，是南侨机工父辈们把我们牵连在一起，让我们深切地缅怀英雄的南侨机工父辈们。我含着眼泪读完你们写的《寻找父亲当年的足迹》文章，此时此刻我的心情无法控制，想说的很多，一天一夜说不尽，待我们相见时再叙谈吧。
>
> 殷红
> 2007 年 12 月 4 日

2007 年 12 月 14 日，殷红来到海口开会，除了和我们见面之外，还介绍我们认识厦门华侨博物院名誉院长陈毅明。此时，陈达娅也来海南开会，大家相聚一堂，激动之情难以言表。

在海口，我们谈到今后如何开展南侨机工的工作，一致提出要成立南侨机工联谊会，但我们不知道海南有多少南侨机工。于是我们开始了在海南寻找南侨机工及其亲属的漫漫之路。

然而，一年多过去了，我手上只有陈达娅留给我的两位还健在的老南侨机工和另外四位南侨机工亲属的资料。直到 2009 年 4 月 6 日，海南省召开"纪念海南南侨机工回国抗日 70 周年大会"的时候，在海口的南侨机工亲属，只有我们一家参加。

为了尽快寻找到在海南的南侨机工及其亲属，只有借助媒体。我们找到海南《南国都市报》的记者，在大家的努力下，第一篇《南侨机工亲属，你们现在还好吗?》的文章于 6 月 27 日刊出，上面有寻亲热线电话。

文章登报以后，报社很快就接到 20 多位南侨机工亲属的电话，并将他们的有关资料和联系电话转给我们，我们逐个联系。他们好像找到久别

"让我们一起重走滇缅公路，追寻南侨机工抗战足迹"，纪念海南南侨机工回国抗日70周年特别报道之一

南侨机工亲属，你们现在还好吗？

本报海口 6 月 26 日讯（记者 吴雪君 实习生 金来）70 年前，原籍海南的 800 名南侨机工积极响应国家的号召，义无反顾地投身到抗日救国热潮当中。滇缅公路是由于有了这支神勇的华侨运输兵才名副其实地成为抗战的"输血管"和"生命线"。今年是海南南侨机工回国抗日 70 周年，本报专门发起特别策划——"寻找海南籍的南侨机工亲属"。

健在南侨机工仅有 20 余人

南侨机工全称为"南洋华侨机工回国服务团"，是抗日战争时期从南洋等地回国支援抗战的华侨汽车司机与修理技术人员的统称。

据史料统计显示，1939 年 2 月至 9 月，南侨总会从 9 个国家和地区招募 3193 名华侨，组成"南洋华侨机工回国服务团"分九批回国，奋战在 1100 余公里的滇缅公路上，还在滇黔、滇川、广西、湖南公路以及印度阿萨姆邦丁江机场，担负抗日军事运输任务。在 3193 名南侨机工中，原籍海南的有 800 多人，其中 400 多名琼籍南侨机工长眠在滇缅公路上。目前全国尚健在的南侨机工仅有 20 余人，海南省目前尚健在的有 3 人（其中 1 人现居省外）。

陈嘉庚长孙海口参加纪念会

4 月 6 日上午，南洋华侨机工及其后代近 300 人汇集椰城，纪念海南南侨机工回国抗日 70 周年。3位九十高龄的吴惠民、谢泽农和翁家贵等南侨机工参加了纪念会，著名爱国华侨领袖陈嘉庚的长孙陈立人特地从新加坡到海口参会。

"我们回顾这段历史是为了提醒后人不能忘记历史，不能忘记为人民流血牺牲的先辈，不能忘记今天所有的一切来之不易。"口海南南侨机工联络处的负责人，曾在海口秀英港工作的退休老人叶军正四处联系，寻找当年与他岳父一起参加抗战的海南籍南侨机工及其亲属。

发起重走滇缅公路活动

据介绍，今年 9 月，由云南、海南、广西、福建等等地将联合发起重走滇缅公路大型纪念活动。全国范围内的南侨机工及其亲属将齐聚云南，嘉走滇缅公路，参观抗战遗迹和相关纪念物，凭吊无国捐躯的抗日先烈，弘扬中华民族的爱国精神，让老兵们和他们的亲属团圆。本报今起推出"纪念海南南侨机工回国抗日70周年特别报道"，希望发动社会各方力量，寻找海南籍的南侨机工及其亲属，以帮助他们实现大团圆和重温光辉历史的梦想。

在这些南海籍南侨机工的资料中，如果有你认识的或者距离你很近的，请帮忙互相转告。如果你也愿意加入我们帮寻南侨机工寻亲的行列，请联系本报寻人热线：66810221、66810222。让我们一起重走滇缅公路，重温那段可歌可泣的抗战历史。

海南《南国都市报》2009 年 6 月 27 日登载的文章《南侨机工亲属，你们现在还好吗？》

的亲人一样，心情非常激动。按照他们提供的资料，我们又逐个进行鉴别，落实一个就回复一个。

第 8 批南侨机工符昭勋之子符兹雄，是一位 70 多岁的老人，他收到我们的答复后，又亲自乘车到我们退休前工作的单位找到我们，直到见了面他才放心。当我们找到有关资料证实他父亲是第 3 批回国的南侨机工时，已经是深夜一点钟。当我们拨通了他的电话，并把这个消息告诉他时，他的心情十分激动，很久说不出话来。当我们知道他的母亲还健在时，就把国务院侨办关于补贴南侨机工遗孀的消息告诉了他。

我们还请陈达娅把从云南档案馆查到的符修治的档案资料证明寄给有关部门，他母亲的补贴事宜很快办理完毕。

符修治之子符传德在工作中曾经听到工人们说起一位已故的华侨黄业甫，说他在抗日战争时期在云南开过汽车，他估计这位华侨也可能是南侨机工。经过查阅档案，果然档案资料显示黄业甫就是第 9 批南侨机工。他立即通知黄业甫的儿子黄培山，让他为还健在的母亲办理申请南侨机工遗孀补贴事宜。2009 年 12 月，符修治和黄业甫的遗孀都拿到了政府的补贴。

2009 年 7 月 7 日，我们应邀到昆明参加"纪念海南南侨机工回国抗

日70周年纪念大会",会议期间,云南德宏州"南侨机工联谊会"会长叶晓东先生带着一位身着傣族服装、40岁左右的女士来找我们,这位女士是第4批回国的海南南侨机工陈家佩的女儿陈小妹,现居住在云南芒市。她希望我们帮她打听父亲在海南是否还有亲人,她还告诉我们父亲的老家在海南文昌新桥圩岐山村。我们立即联系一位文昌的朋友。第二天,这位热心的朋友打电话告诉我们,陈家佩在海南文昌老家结过婚,生育了一子一女。女儿在日军侵琼时因不甘受日军侮辱投河自尽,他的妻子、儿子都去世了,只有孙子和孙女们还在。当我们把这个消息告诉陈小妹时,她十分惊讶。她告诉我们,父亲生前和居住在芒市、畹町一带的海南籍南侨机工来往甚密。父亲去世时她才10岁,这些老乡在他的墓碑上刻上了父亲老家的地址,她是从墓碑上知道父亲是海南人的,想不到海南还有她同父异母的亲属,她请我们回海南后帮他找到这些亲属,并将父亲生前的相片托我们转交。回到海南后,我们很快就找到陈家佩的长孙陈垂进,他在海口的电力公司工作。他告诉我们,抗日战争爆发后,他的祖母曾带他的父亲去新加坡找过他的祖父。当时祖父很忙,只叫一个朋友帮忙照顾他们母子,没有多久祖父说他要回国抗日,就叫他们母子回国。直到新中国成立前不久,祖父突然回家后又出去,从此就再也没有消息了。这次如果我们没有遇到陈小妹,她就永远得不到祖父的消息了。2009年12月中旬,我们要去畹町参加那里召开的"纪念南侨机工回国抗日70周年大会",陈垂进因工作忙去不了畹町,托我们给他的姑姑陈小妹捎去一大袋鱼干和海南特产,然后我们又帮陈小妹捎回一袋牛肉干和云南特产。

令人遗憾的是,2009年7月13日,我们接到《南国都市报》记者转给我们的一条消息,是文昌一位韩女士看到报上登载的《南侨机工亲属,你们现在还好吗?》的文章后打给报社的,她说她的养父韩干元是南侨机工,可现在病重住院在文昌市人民医院。当我们打电话和韩女士联系上的时候,她告诉我们韩老先生前几天刚刚去世。虽然我们至今仍未找到确凿的证据证实韩老先生是南侨机工,但这件事使我们意识到寻找南侨机工和他们的亲属已经是一件刻不容缓的大事,同时也加快我们寻找的步伐和紧迫感。只要有关于南侨机工或亲属的信息,我们就是不吃饭、不睡觉也要把人给找出来。

2009年12月就在我们去畹町开会的前几天,陈毅明院长从马来西亚给我们打电话,告诉我们第9批南侨机工王声椿的原配夫人现在仍居住在海南文昌的农村,今年96岁,人们都叫她"沙港大娘",请我们帮忙找到她。因为没有具体的村名和地址,我们一时难以寻找。从畹町开会回来之后,我们根据"沙港"的同音字,经过多方努力寻找,终于找到了居住在文昌市会文镇沙港村的"沙港大娘"陈惠英。12月26日,我们把情况告诉陈毅明院长和汤晓梅。很快,汤晓梅就到云南省档案馆把王声椿的资料复印寄了过来,她的亲属立即为"沙港大娘"申请南侨机工遗孀补贴。

2009年12月30日,在南侨机工图片展览会上,吴惠民老先生高兴地告诉我们,他刚刚参加黄埔军校同学会,发现有一个黄埔军校的校友叫吴开进,文昌头苑人。他也是一位南侨机工,而且当年可能和符国璧在同一个军校。当晚我们就打电话向吴老核实。经查阅有关档案资料,证实吴开进老先生是1939年7月17日参加第8批南侨机工回国服务团从新加坡回国的南侨机工。

至此,海南籍南侨机工健在的一共有5人,其中罗开瑚在昆明,翁家贵在云南保山,吴开进、吴惠民和谢章农在海南。2010年元旦,我们和几位南侨机工的后代冒雨到文昌去看望南侨老机工吴开进,听吴老讲述他的人生经历。

吴老说,他在新加坡时是一位电镀工人,既不会开车,也不会修车。但为了回国抗日,他通过在车行的朋友担保报名回国,被安排在仓库管理和发放汽车配件。

1940年10月,吴老等38位南侨机工(其中不少是海南人)报名到黄埔军校合川分校 17 期学习。1942 年从军校毕业后，就被派到越南、缅甸、泰国等日军占领的周边地区潜伏下来，负责交通联络等工作。抗日战争胜利以后，当他从边境的深山密林中回到昆明时，南侨机工复员的工作已经结束，他失去了返回南洋的机会，只好继续留在国民党的军队里，后调去四川编入川鄂陕边区警卫旅当连长。1949 年 10 月，他所在的部队在四川万县（今重庆万州）起义，编入解放军 18 师。1950 年，他申请复员回到文昌老家，此后他就一直生活在文昌的农村，依靠女儿和女婿照顾。由于信息闭塞，他无从知晓十几年来政府对健在的南侨机工每月发放生活补贴的政策。在和吴老合影留念的时候，吴老双眼饱含着泪水，而我们的心情却十分沉重，一直在思考我们南侨机工后代究竟能为他们做些什么。

在寻找南侨机工的过程中，我们得到了陈毅明院长的大力支持和帮助。当我们遇到困难、碰到问题时，我们就给她写信，陈院长总是热情、及时地给我们复信，提出切实可行的办法和意见。找到吴开进后，我们猜测在海南可能还会有健在的南侨机工和遗孀，问她如何尽快地寻找到这些老人，陈院长回信说：

> 我同意您们的猜测，海南肯定还有健在的南侨机工老人。希望您们克服困难，尽量在近期作进一步了解，有新进展请告知，我将建议陈立人先生和陈嘉庚纪念馆陈呈馆长考虑，如有可能，今年春节以海南为主慰问南侨机工老人。通过慰问促进海南外事办和侨办等涉侨政府部门把调查南侨机工及遗孀的工作（及落实经济待遇等）列入 2010 年计划。

陈院长还表示，我们应该继续为英雄的父辈多做实事，有困难，有委屈，也要努力克服。

陈院长说到做到，在她的努力下，以陈嘉庚先生的长孙陈立人先生、陈嘉庚纪念馆陈呈馆长及陈毅明院长等人组成的南侨机工新春慰问团，于2010年1月17日开始对居住在海口、文昌、琼海、万宁等地的三位南侨机工、十位遗孀及后代进行慰问。所到之处，当地的涉侨部门都热情地支持和接待，新闻媒体也进行跟踪报道，使这次慰问活动达到了预想不到的效果。

慰问活动结束不久，我们又找到了在海口居住的第9批南侨机工陈梧琴的遗孀邓瑞英（82岁），此外还找到居住在海口的第8批南侨机工陈家傲、王尤福，第9批南侨机工陈玉初、卢松深的子女，居住在文昌会文镇的第4批南侨机工庄耿波，第2批南侨机工王守深的子女以及居住在万宁的第9批南侨机工王修福的子女。

2010年3月30日，时任中国侨联副主席林明江、海南省侨联主席何云霞以及《再会吧南洋——海南南洋华侨机工回国抗战回忆》一书作者陈勇等人专程来到文昌市头苑镇坑尾村，看望居住于此的琼籍南侨机工吴开进，并将慰问金交给这位已97岁高龄的老人。林明江还特意交代吴开进的家人好好照顾老人家的身体，若有任何困难，侨联都愿意提供支持和帮助。陈勇的父亲陈邦兴和吴老同是第8批回国的南侨机工，他详细地向吴老了解当年南侨机工回国的情况，并关心吴老的身体，希望他健康长寿。

2010年7月14日，我们得到海南省侨务外事办的通知，"沙港大娘"陈惠英已领到南侨机工遗孀补贴6000元；吴开进也领到国务院侨办的南侨机工补贴9万元。

政府落实南侨机工及遗孀生活补贴的情况经《海南日报》记者报道之后，在社会上引起了强烈的反响。居住在文昌市抱罗镇里隆村的第9批南侨机工张修隆（92岁）的亲属看到消息后，就带张修隆乘车到吴开进家，了解政府补贴的情况。吴开进的女儿吴少环立即打电话给我，反映了张修隆的情况。第二天（8月4日），我们几位南侨机工后代就奔赴文昌市抱罗镇里隆村，看望张修隆老人。8月10日，《海南日报》记者范南虹采访了张修隆。8月13日，《海南日报》刊登了《我省又发现一名健在的南侨机工》的文章，介绍了南侨机工张修隆1939年参加第9批回国抗战的事迹。

文章说，张老1918年出生于里隆村一个贫寒的家庭，由于家穷，小学尚未毕业，就跟随在新加坡谋生的舅舅离开海南，到新加坡一家餐馆打工。在此期间，张修隆认识了文昌老乡陈玉初，两人结拜为兄弟。

"日本侵略中国，新加坡报纸都有报道，我和陈玉初看了都很愤怒，总希望能为祖国出点力。"张老回忆，他和陈玉初经常在新加坡一起参加反侵略的聚会、游行活动，也一起参加当地华侨组织的卖花筹款救国活动。"后来，陈嘉庚号召华侨回国，为抗日救亡服务。我和陈玉初就商量要一起回国，他告诉我回国后，他教我开车。"因此，年仅21岁的张修隆瞒着舅舅，报名参加了南洋华侨机工回国服务团。

回国后，经过3个月培训，张修隆进入西南运输处华侨服务社，负责后勤、汽车零配件管理等工作，陈玉初则到了西南运输处5大队14中队当一名司机。而张修隆一心想到滇缅路上，和结拜兄弟陈玉初一起为国家为民族战斗。后来，他终于和陈玉初同车押运汽油。"从昆明出发，把汽油运到重庆，那时路不好走，又很危险，最快也要一个星期。"张修隆说，"沿途日军轰炸是家常便饭，遇到日军飞机，我和陈玉初就弃车躲到公路边的树林里。"

惠通桥炸断后，国民政府遣散了南侨机工，张修隆在昆明机场找到一份工作，直到抗日战争胜利，他复员返回新加坡。1949年新中国成立，张修隆回到海南，此后一直生活在里隆村，除了妻儿，他再未向他人提起自己南侨机工的身份。老人淡淡地说："我不想说这些，救自己的国家于危亡，是每个人都应该做的事。"

直到张修隆的家人多次看到《海南日报》关于南侨机工的报道后，才打电话向我说明张老南侨机工的身份。8月8日，云南省档案馆传真回张老南侨机工的档案以及他的复员登记表，证实了张老南侨机工的身份。

2010年11月12日，我专程陪同张修隆到琼海和万宁看望和他一同回国参加抗战的第9批老机工吴惠民和谢章农，三位老人共同回忆起1939年8月14日从新加坡回国时那激动人心的情景和回国后艰苦抗战的历程。临别时，吴惠民和谢章农还为张修隆写了证明材料。2011年6月14日，张修隆领到国务院发给他的南侨机工生活补贴费11万4千元。

应马来西亚纪念日据时期殉难同胞工委会主席翁清玉先生的邀请，海南南侨机工后代一行12人，于2010年8月12日至21日，到马来西亚参加每年一度的雪兰莪华侨机工回国抗战殉难纪念碑公祭仪式及纪念中国男女侨胞惨死坟公祭仪式，并在马来西亚、新加坡探亲访友。

当航班于下午抵达马来西亚首都吉隆坡的国际机场时，我太太符永芳的堂哥符永新已在那里等候，经过简短的问候，一辆由当地旅行社安排的奔驰中巴车载着我们开始了马来西亚的旅游行程。

下午，马来西亚槟城海南会馆名誉主席、华侨机工回国抗战历史研究会海外名誉会长林秋雅女士设家宴款待我们一行。林秋雅女士的老家在海南省文昌市会文镇，她在马来西亚全国多家华侨社团中担任要职，长期以来热情宣传、积极参与纪念南侨机工的各种活动。2009年4月6日，她出席了海南省委宣传部等多家单位举办的"纪念海南南侨机工回国抗日70周年大会"，并在大会上发表讲话。2009年12月17日，她又赴云南畹町，参加那里举行的"纪念南侨机工回国抗日70周年纪念大会"和"南侨机工回国抗战历史研究会成立大会"，并被聘任为该会海外名誉会长。

在马来西亚，她接待过到访的海南南侨机工后代陈勇和陈达娅。不久前，她还接待过昆明电视台来马来西亚拍摄南侨机工纪录片的陈毅明教授和南侨机工回国抗战历史研究会常务副会长汤晓梅一行。此次我们到马来西亚参加各种活动的行程，都是由她亲自安排的。

海南南侨机工后代在林秋雅会长（前中）家合影留念。

2010 年 8 月 13 日早上 7 点，我们乘车前往槟城。1939 年陈嘉庚号召华侨回国抗日，槟城有不少华侨积极响应、踊跃报名，"当代花木兰"李月美就是其中的一个。

槟城距吉隆坡 400 多公里，是马来西亚第二大城市。

抗日战争胜利后，槟城的华侨在 1951 年建成槟榔屿华侨抗战殉职机工暨罹难同胞纪念碑。

当我们来到升旗山与白鹤山交界的山坡上，瞻仰槟榔屿华侨抗战殉职机工暨罹难同胞纪念碑的活动就在这里举行。纪念碑的周围用护栏保护着，周围是绿树繁花，异常整洁。槟榔屿华侨抗战殉职机工暨罹难同胞纪念碑是 1951 年，由槟榔屿筹赈会建成。三角形的纪念碑分成两段，下面有三面不同内容的刻石，一面是林连登题的"浩气长存"，一面是刘玉水题的"忠灵不朽"。正面是碑记，由黄严管撰文、周曼沙书写、蒋清室刻字，碑记寄托了对抗战英勇献身的南侨机工的悼念，也控诉了日本侵略者的法西斯罪行。

这也证明共赴国难的南侨机工曾为抗日战争作出巨大的贡献，他们虽是无名英雄，但是海内外炎黄子孙永远不会忘记他们的历史功绩。

几十年来槟榔屿华侨抗战殉职机工暨罹难同胞纪念碑一直得到很好的保护，当地华人每年在 11 月 11 日 11 时 11 分在槟榔屿华侨抗战殉职机工暨罹难同胞纪念碑前举行公祭，从不间断。

下午 4 点，瞻仰祭拜纪念碑的活动开始，当地华侨社团一百多人参加了这一活动，当地有影响的《光华日报》和《光明日报》记者对活动进行了报道。

8 月 15 日上午，我们来到雪隆海南会馆（天后宫）集中，海南会馆

海南南侨机工后代和槟城华侨社团代表一起瞻仰槟榔屿华侨抗战殉职机工暨罹难同胞纪念碑，前排左五为林秋雅，左六为叶军。

副会长符翔栋一边向我们介绍天后宫，一边带领我们参观。在天后宫的大门外，我们看到海南省原副省长王厚宏写的一副门联"同识炎黄琼是本，共居环宇国为家"。之后我们一行到吉隆坡广东义山的南侨机工纪念碑前参加公祭仪式。

坐落在广东义山亭的南侨机工会碑是 1947 年 11 月 30 日由马来亚雪兰莪筹赈会为纪念殉难机工而建立的

叶军向日据时期惨遭杀害的死难者献花。

一座纪念碑，它使南侨机工们参加抗战的忠勇事迹长存人间，该碑上的文字便是对南侨机工伟大历史功勋的最好总结。

纪念碑公祭仪式结束后，我们又来到不远处的吉隆坡福建义山，公祭中国男女侨胞惨死坟下的死难同胞。

参加公祭仪式的有：马来西亚日据时期殉难同胞工委会联合数十社团

全体人员向南侨机工纪念碑行三鞠躬之礼。

8月15日下午，马来西亚日据时期殉难同胞工委会举办座谈会，参加座谈会的隆雪华堂会长陈友信，马来西亚日据时期殉难同胞工委会主席翁清玉，雪隆广东会馆副总秘书吴志超先生，华侨机工回国抗战历史研究会海外名誉会长林秋雅，日本亚洲论坛高嵨伸欣博士，海南岛南侨机工后裔代表叶军、黄培山、符传德，广东省南洋归侨联谊会代表叶小平等合影留念。

马来西亚《南洋商报》报道公祭情况。

的首领、日本驻马大使馆总务部长彦田尚义和菲律宾驻马大使馆总领事维纳多维拉、中国海南岛南侨机工后代、广东省南洋华侨联合会代表、日本亚洲论坛高嶋伸欣博士组成的访问参观团。吉隆坡中华独立中学及循人中学的学生共数百人也参加了公祭仪式。

8月17日，中午，我们进入马六甲市区。

马六甲是马来西亚现存最老的古城，曾为马六甲王国都城，地处马六甲海峡东岸南段，北距吉隆坡148公里，南距新加坡245公里，水陆交通都非常便利。

作为连接印度洋和南海的水道，马六甲海峡是印度和中国之间最短的海上航道，也是世界上水上运输最繁忙的水道之一。

中国和马六甲海峡有着很深的渊源。历史上，中国航海家通过这条海峡的时间要远远早于西方人。15世纪初，明朝永乐年间，郑和率领庞大的舰队，穿过马六甲海峡，破万顷碧浪，驶过浩瀚的印度洋，将中国人的足迹留在了西亚和东非。时至今日，马六甲海峡沿岸仍保留着中国境外最大的华人墓地，其中有些墓地可以追溯到郑和下西洋时代。

下午4点，我们抵达柔佛州的新山。住在我太太符永芳的堂妹符永美家。

晚上，林秋雅会长打电话来问及我们的行程情况，同时告诉我，昨天马来西亚各大报纸都报道了这次公祭活动和座谈会的情况。《星洲日报》《南洋商报》等多家报纸还刊登了我的讲话。

2010年8月19日，应马来西亚南方学院的邀请，我们海南南侨机工后代对该院进行了参观访问。接待我们的南方学院副院长陈徽治博士是海南琼海市嘉积镇人，是1957年来马的华侨。他用纯正的琼海话和我们交谈，几十年乡音未改，使我们在异国他乡听起来感到格外的亲切。

19日晚上我们抵达新加坡。

第二次世界大战时期，日本空军突然袭击珍珠港，太平洋战争由此打

2010年8月21日（星期六）

中國南僑機工後裔
參觀南院獲熱烈接待

（新山20日讯）在中国南侨机工后裔代表叶军的率领下，12位来自海南岛的南侨机工后裔，于昨日参观南方学院并进行交流。

他们的莅临受到南方学院副院长陈徽治博士及各行政部门主任的热烈欢迎与接待。

南侨机工访问团表示，在中国时已听闻南方学院的名声，因此对于此次能够到访参观感到高兴及荣幸。南侨机工全名为"南洋华侨机工回国服务团"，是于1937年日本侵占中国时因需司机及修车工为运送物资的车队服务而成立的。

他们此次到访马来西亚主要的目的是要了解当年的父辈们在马来西亚的生活情况；同时，对于马来西亚于1946及1947年在马来西亚建立"南侨机工纪念碑"，每年8月15日举行纪念大会及每年11月11日为南侨机工后裔所举办的交流活动表示感激。

陈徽治博士表示，他本身也祖籍海南，因此对此次前来的一众嘉宾得到访感到格外亲切。他表示南院相关研究单位将可针对南侨机工，当年在马来西亚的相关活动进行史料搜集与研究。

访问团表示对于此次行程感到非常满意，并将在回国后向其他后辈推荐南院。

后排右起南方学院专业与推广教育学部黄荣发主任、副院长陈徽治博士、中国南侨机工后裔代表叶军、南院国际教育与交流中心谢其成主任。

马来西亚《星洲日报》刊登海南南侨机工后代参观南方学院的新闻。

响。日本的目标是要通过攻占东南亚，来取得当地的天然资源。新加坡作为英国在东南亚的政治经济中心，日本企图攻下新加坡，彻底把英国赶出东南亚。新加坡的华侨人口密集，这里是南洋华侨抗日运动中心。陈嘉庚领导的"南侨筹赈总会"仅抗日义捐一项便发动东南亚 800 万华侨为中国筹集了约合 4 亿余元国币的巨额外汇。此时落入虎口的新加坡华侨由于先前曾大力援助中国抗日，又组织义勇军进行过英勇的抵抗，因而遭到日本的忌恨和疯狂报复。星洲沦陷后，日军对新加坡华裔展开大规模的屠杀（新加坡大屠杀）。

珍珠港事件隔天，日军在马来亚北部的哥打峇鲁登陆。1942 年 1 月 31 日，战争开始仅 55 天，日军就占领了整个马来半岛。1942 年 2 月 15 日（春节），白思华中将向日本陆军的山下奉文将军投降后，日本将新加坡改名为"昭南岛"，行政上称作"昭南特别市"。同年 2 月 18 日至 25 日，为报复星华义勇军和先前支持中国抗日的新加坡华人，日军开展了以"大检证"为名的肃清行动。日军当局在多个地方设立"甄别中心"。他们的计划是甄别所有介于 18 岁至 50 岁的华裔男性,将所有的"反日分子"铲除。最后,日军抓走约两万多人,当中绝大多数都被带到偏远的海边集体枪杀,剩下的则被送到泰国做苦工建造"死亡铁路"。日军还勒索南洋华侨,要华侨交出五千万元奉纳金。山下奉文当时给的理由是:"华侨支持重庆政府抗日,这笔奉纳金,是你们向日军赎罪的买命钱。"

经历了三年半的苦难,日本终于投降,1945 年 9 月 12 日,在政府大厦举行了受降仪式。据不完全统计,在日本占领期间,至少有 5 至 10 万名新加坡华人惨遭杀害。为了安抚二战亡灵,新加坡和平纪念碑于 1967 年 2 月 15 日落成,矗立在美芝路。纪念碑四面都有不同文字的铭文,中文部分这样写道:

"一九四二年二月十五日至一九四五年八月十八日,日军占领新加坡,我平民无辜被杀者,其数不可胜计。越二十余年始得收敛遗骨,重葬于

叶军、符永芳夫妇和马来西亚及新加坡的亲戚在新加坡的合影。

此，并树丰碑永志悲痛。"

此后，新加坡每年 2 月 15 日都要在纪念碑旁举行悼念和祭祀活动，以缅怀在日本占领期间惨遭杀害的平民百姓。这一天也成为全面防卫日，全岛公共警报系统在中午 12 时 05 分鸣响，其目的在于提醒军民团结，共同保卫新加坡。

琼崖赤子心

2011 年 12 月 1 日，我国南侨机工回国抗战历史研究会海外名誉会长，马来西亚海南会馆联合会总会长林秋雅女士，海南大学王春煜教授、第 3 批南侨机工符修治之子符传德、第 9 批南侨机工卢梅之子黄培山、陈梧琴之子陈广海和陈玉初之子陈文雄等到琼海和文昌两市，慰问仍健在的南侨老机工吴惠民、吴开进和张修隆，并向他们赠送了纪念抗日战争胜利 65 周年的"抗日老兵"纪念章。

慰问三位南侨机工回到海口以后，当林会长听说第 9 批南侨机工陈梧琴的遗孀邓瑞英还未领到政府的生活补贴时，坚持会见邓瑞英，听她讲述当年随丈夫四处奔波的酸甜苦辣，以及她因为没有工作，至今没有退休工资，且子女都是下岗工人，现在的生活极为困难的情况。林会长答应在适当的时候，向有关领导反映这些情况。果然，过几天，林会长从马来西亚给我打电话，她说她离开海南后就去香港参加海南省政府在香港举办的香港海南商会联谊会。在会上她向全国侨联副主席林明江反映了海南的南侨机工及遗孀的情况，就在林会长打电话几天之后，海南省侨办通知陈梧琴家属去办理邓瑞英的南侨机工遗孀补贴手续。

到 2011 年底，我们一共寻找到健在的琼籍南侨机工 6 人，其中在海南居住的 3 人，他们就是吴惠民先生、吴开进先生和张修隆先生（谢章农先生于 2011 年 6 月 6 日去世）。另外三人是居住在云南昆明的罗开瑚先生、保山的翁家贵先生和居住在新疆的刘承祖先生。定居在海南的已故南侨机工 35 人，遗孀 10 人；散居在云南、广西、重庆、四川、贵州、湖北等地的已故的海南籍南侨机工 17 人；寻找到居住在海南的南侨机工后代 200 多人。

在寻找海南南侨机工及其亲属的几年中，我和妻子符永芳同心协力，找到一个，联系一个。还经常让儿子开车到文昌、琼海、万宁、三亚等地，拜访健在的南侨机工和遗孀。2010 年，当我们得知还健在的南侨机工吴开进和张修隆时，立即前往了解他们的情况，为他们申请办理政府规定给予南侨机工的生活补贴。同时我们又将他们当年回国抗日的事迹记录整理，提供给报社的记者给予宣传报道。

2009 年 12 月，全国性的"华侨机工回国抗战历史研究会"在云南畹町成立，我被该会聘任为副会长，负责联络海南南侨机工的有关事务，开展对琼籍南侨机工历史的研究工作。

在寻找琼籍南侨机工的过程中，我们一方面整理从找到的这些南侨机工和亲属口述中得到的南侨机工回国参加抗战的事迹，另一方面从网上下载南侨机工的有关资料，尤其是海南籍南侨机工的文章。几年来，我们一共整理出 47 位琼籍南侨机工的资料。

当研究会的其他成员知道我手中有这些琼籍南侨机工的资料时，都支持和鼓励我将这些资料集中出一本反映琼籍南侨机工的册子《琼崖赤子心》，作为对琼籍南侨机工历史的研究成果。其实，对于出这样的一本册子，它的意义不仅在于对这段历史的研究，最重要的是它可以给南侨机工的后代一种荣誉感。于是我们立即投入紧张的编辑工作。

在编写这本书的过程中，一个个海南南侨机工的光辉形象展现在我们的面前。

为了能参加南侨机工回国抗日，陈昭藻和陈家佩分别将没有母亲的女儿和刚到南洋的妻儿送回海南，他们从此天各一方，再也不能相见，成为

海口市南侨机工眷属联谊会名誉会长叶军将《海南机工》刊物、《琼崖赤子心》赠予本书主编之一黄田园博士。

真正的生离死别。

为了能够报名参加南侨机工回国抗日，吴钟标改名吴惠民；陈成华顶替了一个女华侨的名字改名为"陈梧琴"；黄业甫顶替了"卢梅"……

一桩桩可歌可泣的感人事迹深深地激励着我们把南侨机工那种"国难当头，匹夫有责"和"舍小家，为国家"的爱国主义精神深入宣传，发扬光大。

正当编辑工作紧锣密鼓地进行的时候，不幸的事情降临到我们的头上。2011年8月，妻子在一次体检中发现左肺上叶有一个恶性肿瘤。我马上带她四处求医。同年10月中旬在广东省人民医院进行手术，将肿瘤切除。手术后，妻子的身体恢复较好，于是我们又抓紧时间投入编辑工作。然而不幸再一次降临到我们的头上，2012年3月，妻子在手术后的复查中又发现了恶性肿瘤，而且已经全身扩散。

在生命受到病魔再次威胁的时候，妻子仍然关心着出书情况，她多次表示，不见到这本书，死不瞑目！为了满足她的愿望，我一边照顾她，一边利用空余时间把有关的文章和相片进行收集整理，并请在《中国水运报》当编辑的朋友将这些资料编辑成册，再请几个热心的同学一一校对。2012年6月10日，《琼崖赤子心》一书的初稿终于打印装订成样册。看到几年来的心血终于有了结果，妻子捧着散发着油墨香的样书激动不已地说："有了这本书，我就可以告诉世人和我们的后代，我的父亲是一位为国家为民族作出巨大贡献和牺牲的南侨机工！以后我在九泉之下，也可以告慰父亲的在天之灵！"

就在这本样书印出后的一个月零三天，2012年7月13日18时45分，妻子终于走完了她的人生道路，永远地离开了这个世界。

在和她的遗体告别的时候，我们发现，她那一直被疾病折磨得痛苦不堪的脸上，却显得异常的平静和安详。这本《琼崖赤子心》就成为对她永远的怀念！

妻子去世以后，我寻找南侨机工亲属的工作并没有停止。为了发动大家共同寻找，我把海南的南侨机工后代们组织起来，在海口市侨联的大力支持和帮助下，于2016年在海口成立了海口市南侨机工眷属联谊会，组织南侨机工后代们开展联谊活动，大力宣传和弘扬南侨机工的爱国主义精神，同时和云南、广西、重庆等地的南侨机工后代们开展联谊活动。这些年来，在大家的努力下，我们又找到了一部分定居在海南的南侨机工的亲属。他们是：定居海口的王秀球、符国连、赖邦耀、林鸿裕、钟祥基的子女；定居文昌的郑心奕、杨太琼的子女；定居琼海的刘家汉、沈代成的子女和在1940年已牺牲的黎琼尹的亲属；定居东方市的黄迎风、刘源的子女；定居在万宁的蔡如秋、陈大华的子女。

2016年贵州的海南籍南侨机工张明的子女回到琼海老家修建祖屋，在我们联谊会的帮助下，他们把父亲回国抗日的有关资料在大厅和院子里排列成展品，并将祖屋命名为"南侨机工故居"，我们联谊会就把这里当成教育基地，经常组织各地的南侨机工后代参观。

联谊会从成立以后就创办了自己的刊物《南侨之光》，现在已经出版了三期。这个刊物主要登载海南南侨机工的历史资料，南侨机工后代撰写的"我的父亲"回国参加抗日的事迹以及联谊会开展活动的情况。还准备与海南师范大学历史系联合立项，开展对海南南侨机工历史的挖掘、整理和研究。

2019 年 9 月 22 日，由海口市侨联主办、海南省雕塑艺术学会承办、海口市南侨机工眷属联谊会等多家单位协办的"庆祝中华人民共和国成立 70 周年暨纪念南侨机工回国抗战 80 周年图片、雕塑展"在海南省图书馆隆重举行，海南省级市级统战、侨界领导，各民主党派、海外华人、南侨机工眷属、学校师生、社会各界人士 300 多人参加了开幕式。观众们被南侨机工的英勇事迹和爱国情怀深深感染和震撼了，不少观众感动得热泪盈眶。首展大获成功，应广大市民要求，10 月 18 日，展览又移到海口骑楼老街国新书苑举行第二轮巡展。两次展览，前后观展的人数达到 6 万多人，创下了海内外同类展览的最高纪录，共展出 50 天，盛况空前。80年过去了，南侨机工的英勇献身精神一直鼓舞着海内外炎黄子孙的爱国情怀。

更令人兴奋的是，在展览期间，我们又找到了九位定居海南的南侨机工后代。

当前，我们联谊会的队伍正在不断扩大，组织成员已经发展到第三代、第四代，我们还准备和海外的南侨机工后代开展联谊，把南侨机工的精神永远传承下去。

南侨机工张修隆过百岁寿辰

黄良妹 *

2018 年 8 月 18 日是海南唯一健在的南侨机工张修隆先生的百岁寿辰。早在一年前，爱国华侨、马来西亚海南会馆联合会总会长拿督林秋雅女士（也是我们海口市南侨机工眷属联谊会名誉会长）就多次与海口市南侨机工眷属联谊会（以下简称"联谊会"）前会长叶军提出，要举行为抗日英雄南侨机工张修隆老先生庆祝百岁寿辰的活动，并且希望联谊会和海南省、海口市的涉侨部门互相沟通、多方协调、达成共识，共同促成这件有意义的事。联谊会立即将此事向上级主管部门——海口市侨联汇报，得到了海口市侨联的大力支持。

2018 年 8 月 18 日是一个特殊的日子！由海口市侨联、海口市南侨机工眷属联谊会和马来西亚海南会馆联合会总会长拿督林秋雅女士共同举办的庆祝张修隆百岁寿辰活动，在文昌市抱罗镇里隆村张修隆家里举行。广西南宁南侨机工眷属代表、海南省诗词学会、海南省楹联学会、海口市诗词楹联学会等社会热心人士共 50 多人参加了这次活动。海口电视台《海南华侨》栏目也派出摄制组跟随我们进行拍摄。

活动前，全体人员首先来到了海口市青少年活动中心集合，向南侨机工

* 黄良妹，南侨机工黄迎风之女，曾任海口市南侨机工眷属联谊会会长，海南省华侨文学艺术家协会会长。

从海口出发之前，与会者来到南侨机工雕塑前献花并合影留念。

的雕塑敬献鲜花、鞠躬及宣读贺词，深切地缅怀了先烈。缅怀活动结束后，我们便乘坐大巴车前往文昌市抱罗镇里隆村南侨机工张修隆先生的家。

百岁寿星张修隆

八月的海南，天高气爽，阳光明媚，当我们到达张修隆家时，村里的干部以及张老的亲戚朋友已在那里等候，我们看到张修隆夫妇精神矍铄，内心更是感到无比的欣慰及兴奋！海口市侨联党组书记、主席陈文培和林秋雅总会长等人上前亲切慰问两位老人家，为张修隆老先生送上寿匾、寿金、寿礼及生日蛋糕，大家纷纷与张修隆夫妇热情地握手，并送上祝福，场面非常热烈而喜庆，整间厅房里充满了快乐祥和的气氛。前来参加祝寿

2018 年 8 月 18 日，由海口市侨联、海口市南侨机工眷属联谊会和马来西亚海南会馆联合会总会长林秋雅女士共同举办的庆祝张修隆百岁生日活动，在海南省文昌市抱罗镇里隆村张修隆家中举行，图为林秋雅和机工后代们为南侨机工张修隆老先生送寿匾，左三为林秋雅，左四为陈文培，右一为黄良妹，右二为叶军。

活动的海南省诗词学会、海南省楹联学会、海口市诗词楹联学会的领导分别送上了贺诗和贺联，将这个活动推向了高潮。大家共同祝愿张修隆老先生福如东海，寿比南山！

活动中，我们这些眷属们还唱起了怀念南侨机工的歌曲《赤子功勋》……歌声嘹亮而充满激情，当我们唱道："南侨机工，抗日的英雄，滇缅公路运输显威风，赤子功勋，华侨的骄傲……"我眼前便浮现出父亲黄迎风的笑脸。我仿佛看到我的父亲和他的战友们在崎岖、险峻的滇缅公路上，在敌机的轰炸中，冒着生命危险，抢运一车车军用物资……3200 多名南侨机工在三年之中便运输了 50 余万吨的物资。1146.4 公里长的滇缅公路，就有 1000 多名南侨机工献出宝贵的生命，平均一公里便有一名南侨机工，用生命保障了滇缅公路这条抗战生命线的畅通，他们永远长眠在滇缅公路……他们是抗日英雄，南侨机工的事迹可歌可泣，感天动地。

他们用生命和青春热血换来了我们今天的幸福生活，他们无私、无畏、无怨、无悔的爱国主义精神永存！

80多年过去了，我们永远无法忘记先辈们！这3000多名南侨机工中就有800多人是海南籍的，当时已有400多人牺牲在滇缅公路上，幸存的南侨机工回到了家乡工作及生活。有的因疾病及各种原因先后离开人世。而张修隆先生是目前唯一健在的南侨机工。

这次活动充分体现了党和政府对南侨机工的关怀与厚爱，体现了海口市侨联领导对南侨机工的高度重视及关怀，体现了马来西亚海南会馆联合会总会长拿督林秋雅女士的最亲切的问候及关心。特别让我们敬重和感动的是，林秋雅总会长不怕辛苦，千里迢迢从马来西亚回国，专程为张修隆先生百岁生日祝寿。我们衷心感谢党和政府及海外华人对南侨机工的关心和厚爱，我们一定要继承父辈们的光荣传统，弘扬他们的爱国主义精神，为中华民族伟大复兴，为实现伟大的中国梦作出应有的贡献！

南侨机工张修隆的全家福

共同传承和弘扬南侨机工的爱国主义精神

——陪父母访问新加坡、马来西亚有感

苏小红[*]

父亲苏荣禄是福建省永定客家人，1925 年出身于一个华侨工商业家庭。父亲的爷爷叫苏振泰，经商致富以后，在永定兴建了一座土楼——"振福楼"，已经被列入《世界遗产名录》，成为国内外著名的旅游景点。1927 年我奶奶去世，父亲由他的婶母带往新加坡投奔在《星洲日报》工作的叔父。1933 年我父亲随叔父一家从新加坡回国。

抗战爆发以后，父亲流落至云南昆明，进入军事委员会西南进出口物资运输总经理处（以下简称"西南运输处"）工作。从大队长的传令兵，到汽车维修养护徒工，再到一名正牌驾驶员，从事抗日军事运输。日本投降以后，他受欺骗跟随国军到东北"接收"，又因驾驶技术精湛被调往北平杜聿明将军官邸，当家庭司机。1948 年，他不愿意追随国民党军打内战，逃离杜聿明将军官邸，返回南方与亲人团聚，并曾在广州、香港打工。1956 年支援内地建设，到山西省阳泉荫营煤矿汽车队工作。1963 年调到太原小店交通局，直至 1982 年退休。

2006 年 3 月下旬，山西省人民政府侨务办公室原主任林卫国在一次归侨座谈会上，得知我父亲抗战期间曾在西南运输处工作过，便约我父

---

* 苏小红，南侨机工苏荣禄之女。

亲到他家里叙谈，经连续两次采访后，整理、撰写成了《一个客家人的传奇经历》，第一次向侨界披露了我父亲在滇缅公路参加抗战军事运输的动人事迹，此文被《风雨人生报国路——山西归侨口述录》收录，该书于 2007 年 10 月由中国华侨出版社出版。在山西省人民政府侨务办公室的关怀以及侨界人士的热心支持下，我父亲南侨机工的身份得到确认。2010 年 6 月 18 日，国务院侨务办公室给山西省侨办下达《关于苏荣禄享受我办南侨机工生活困难补助的答复》。

2010 年 9 月初，集美陈嘉庚纪念馆举行的"陈嘉庚与南侨机工展览"开幕仪式，特发函邀请我父亲参加。2010 年 11 月上旬，陈嘉庚的长孙、中国侨联海外顾问、香港集友银行股东陈立人先生亲率领南侨机工慰问团，来山西慰问包括我父亲在内的两位健在的南侨机工以及已故南侨机工的遗孀。山西侨务部门积极配合，在太原专门召开了"慰问回国参加抗日战争的南洋华侨机工座谈会"。陈立人先生接见了我父亲和另一位南侨机工，并颁发了慰问金。2010 年 11 月，山西省人民政府侨务办公室向我父亲颁发了"南侨机工荣誉证书"。2014 年 9 月，中国侨联向我父亲颁发了南侨机工证书和荣誉章。

2010 年 9 月 3 日，《厦门日报》在"中国人民抗日战争胜利 65 周年特别奉献"专版中，刊登了《"日机轰炸，遇难战友压在我身上"——南侨机工苏荣禄先生讲述抗战经历》。2010 年 12 月 3 日，《三晋都市报》发表特稿《省城生活着两位"南侨机工"》，文中描述我父亲从福建侨乡到滇缅公路的曲折人生轨迹，并披露他驾驶技术之高超以及幸运之神对他的特别眷顾：他在运输抗战物资的过程中，无论条件何等恶劣，从未出过任何行车事故！2011 年 5 月 3 日至 6 日，《三晋都市报》连续四期刊载首席记者翟少颖采写的文章《传奇！太原八旬老人的跌宕人生》，全方位多角度地报道父亲的传奇人生。2015 年 5 月 6 日 CCTV4"中文国际"播出了《山西唯一健在华侨机工苏荣禄：滇缅公路上曾经的"小司机"》。2016 年 4 月

2 日 CCTV13 "新闻直播间"播出了《苏荣禄：国家有难我要尽力》，对父亲的抗战事迹进行了生动的报道，同时由山西省人民政府侨务办公室原主任林卫国出镜，讲述父亲在滇缅公路上的惊险经历。

让我们感动于心的，还有海外侨界知名人士对我父亲及家人的关心和帮助。陈立人先生秉承陈嘉庚精神，以他的崇高威望，团结和调动各方力量，不辞辛劳，一直关心、支持和推动有关南侨机工的联谊、研究和纪念活动。2014 年 12 月中旬，陈立人先生和云南省南洋华侨机工回国抗战历史研究会常务副会长汤晓梅女士，在山西省侨联负责人的陪同下，再次来山西太原看望和慰问我们。

马来西亚槟城孙中山协会会长、马来西亚杨氏太极拳总会会长、华侨机工回国抗战历史研究会名誉会长林秋雅女士，多年来一直为南侨机工及眷属的联谊，为抢救南侨机工回国抗战历史，提供各种支持和帮助，付出

林秋雅女士（右二）采访苏荣禄（左二）并合影。

大量的心血、人力和财力。她认为，南侨机工回国抗战的历史不能忘记和湮没，南侨机工为抗击日寇而舍生取义的精神，是与孙中山的世界大同思想和推翻帝制振兴中华的革命实践一脉相承的；当今世界推动经济建设，促进民族和谐，加强各国友好往来，争取世界持久和平，更需要传承和弘扬南侨机工的精神。2012年8月上旬，她趁出席山西杨氏太极拳国际邀请赛之便，在太原万达文化酒店会见了父亲和我，嘘寒问暖，关怀备至，并合影留念。此后，她还一直和我保持联系，给我父亲带来亲切的问候。

陈嘉庚先生长孙、中国侨联海外顾问陈立人先生（左二）在新加坡樟宜国际机场迎接南侨机工苏荣禄（右二）及其家人。

父亲自新加坡回国后，一直未再到访。重访故地，一直是他的一个愿望；随着年龄增大，对新、马的思念愈加迫切。我们当儿女的，也想实地看看父辈当年生活过的地方。2013年春天，父亲和我们的愿望终于实现了！

2013年3月30日至4月4日，我陪父母自香港参加旅行团，赴新加坡、马来西亚观光旅游。3 月 30 日上午，我们乘坐国泰航空的航班飞抵新加坡樟宜国际机场。办完入境手续后，一出来就获得一个大大的惊喜：陈嘉庚的长孙、中国侨联海外顾问、香港集友银行股东陈立人先生在百忙之中，亲自到樟宜迎接、会见我们，热情和我们合影留念。

之后我们游览了新加坡、马来西亚的各处主要景点，其中包括缅怀陈嘉庚等马来亚华侨的光荣事迹和伟大贡献。对父亲来说，故地重游，感慨万千。对我来说，这次旅行则是学习和提高的心路历程。

2016 年 3 月 14 日早晨 6 时 26 分，父亲苏荣禄因心肺衰竭，在太原市小店区家中辞世，享年 91 岁。

小店区交通局袁敬忠先生特撰写了一篇祭文，概括了父亲的一生：

福建永定	水秀山青	苏家祖父	光耀门庭
振福土楼	远近闻名	幼年荣禄	长子长孙
与父短聚	随叔赴新	广州上学	三年文凭
抗战开始	投奔昆明	南侨机工	最小一名
通信翻译	勤快聪明	修车保养	特别用心
学习驾驶	精益求精	滇缅公路	山险沟深
运送物资	十分艰辛	飞机轰炸	九死一生
抗日英雄	默默无闻	抗战胜利	编到盘锦
技术精湛	选拔北平	侍奉杜府	曹氏秀清
解放战争	蒋匪溃崩	逃离魔窟	回到永定
解放初期	香港谋生	祖国安定	回到羊城
华侨农场	教练机耕	驾驶考试	广州头名
支援内地	山西招聘	荫营煤矿	七年辛勤
百万安全	阳泉功臣	南峪煤矿	技术超群

107

娶妻生子　带徒多名

来到小店　运输部门　勇挑重担　争当先锋
政协委员　榜上有名　省市侨联　关爱倍增
苏老一生　坎坷艰辛　荣辱与共　沉浮不惊
钻研技术　工作认真　为人和善　遇事不争
热情大方　不吝抠门　家庭和睦　其乐融融
妻贤子孝　儿女尽心　九二高龄　寿终正寝
音容笑貌　永留心中

精神风范　昭示后人　苏老离去　让人痛心
泣泪告别　好友亲朋　鲜花为伴　春风送行
青山哽咽　鹤上白云　一路走好　苏老先生

父亲的葬礼隆重肃穆。中国新闻社派记者现场报道，向世界发出电讯：

山西最后一名南侨机工苏荣禄去世

中新网太原3月18日电（李娜）　白菊盏盏、哀乐低回，在庄严、哀伤的气氛中，身穿黑色正装的人们低头默哀，啜泣声不断。18日，山西最后一名南侨机工苏荣禄的葬礼在山西省太原市龙山殡仪馆举行，海内外各界人士以发唁电、敬献挽联、默哀等多种形式悼念这位抗日英雄。

18日，在山西省太原市龙山山麓的龙山殡仪馆中，哀乐阵阵、花圈罗列，黄白两色菊花围绕着棺木，遗像中，苏荣禄胸前佩戴数枚勋章。棺木后方，"抗日英雄万世传颂，南侨机工千古流芳"的挽联异常醒目。

在司仪的指挥下，人们摘下帽子，低头默哀，排成一排，向苏荣禄的遗体鞠躬、告别。苏荣禄的长女苏小红说："系情振福楼，苏门传佳话，抗日英雄万世传颂；浴血滇缅路，神州铸辉煌，南侨机工千古流芳。这副挽联概括了父亲的一生。"

据其介绍，苏荣禄是福建永定苏氏家族24代后人。其祖父苏振泰是世界文化遗产——福建土楼振福楼的建造者。苏荣禄出生于1925年，2岁时被家人带到新加坡，1933年回到中国。

抗战爆发后，滇缅公路成为中国与外部世界联系的唯一运输通道。以南洋华侨领袖陈嘉庚为首的南侨总会向全体华侨发出紧急通告，征集汽车机修人员及司机回国服务。

苏荣禄成为其中一员，独立驾驶着汽车运输军用物资，奔波于云南、湖南、贵州、广西等地。因滇缅公路险峻异常，日军飞机袭击不断，奔走于滇缅公路之上的3200多名南洋华侨机工，有1800多人长眠于公路沿线。

抗战胜利后，苏荣禄进入国民党将领杜聿明府邸，当了家庭司机。之后，他辗转广州、香港等地，为支援内地建设，于1956年到山西从事运输工作，直至退休。2015年，他获得由中共中央、国务院和中央军委联合颁发的"中国人民抗日战争胜利70周年纪念章"。

3月18日，除苏荣禄的亲朋好友外，山西省外事侨务办公室、山西省归国华侨联合会、太原市归国华侨联合会、太原市小店区归国华侨联合会、太原市小店区交通运输管理局、关爱抗战老兵志愿团等机构的相关人士也参加了追悼会。

云南省南洋华侨机工回国抗战历史研究会、福建厦门集美学校委员会、陈嘉庚纪念馆、厦门华侨博物院、马来西亚砂拉越华人学术研究会会长林韶华、新加坡陈嘉庚先生的长孙陈立人等机构和人士纷纷发来唁电，敬献挽联。

陈立人在唁电中说："苏老先生当年响应先祖父陈嘉庚的号召，投身抗日大业，贡献出青春年华。他是南侨老机工，抗日老英雄，他的逝世，是我们的巨大损失。"

林韶华认为，苏荣禄先生当年不畏国难，勇赴抗日救国的行列，不惧艰险地奋战在滇缅公路上，为中国的抗战胜利付出了青春和热血。

苏小红说："2014年9月，父亲参加了在云南边陲小镇畹町举办的南洋华侨机工回国抗日纪念碑奠基活动。他曾说，还想再见见战友们，可惜2015年因身体虚弱，他没能去。"据其介绍，虽烽烟远去，但苏荣禄晚年一直怀念着战友们。

2016年3月14日早晨6时26分，苏荣禄因心肺衰竭在山西省太原市家中辞世，享年91岁。

2016年4月19日，CCTV4"中文国际"频道播出了《中国：山西最后一名南侨机工苏荣禄去世　海内外各界悼念》，再次报道我父亲的抗战事迹以及海内外各界对父亲的悼念活动。山西黄河新闻网、中新网、新浪网、凤凰网、国家公祭网等纷纷转载。我们作为后辈深知，这是国家和人民给予所有抗战英雄的赞誉和光荣！

作为南侨机工的后裔，我们为有这样的英雄先辈感到骄傲和自豪。老侨务工作者、华侨史研究者林卫国在《南侨机工英名录（增订本）》的序言中指出："南侨机工回国抗战，是中国抗日战争和世界反法西斯战争的组成部分，是国共两党联合抗战期间发生的重大历史事件，是华侨华人历史的光辉篇章。无论是政府部门还是民间社团，侨界还是史学界，都一致认为开展南侨机工回国抗战历史研究的重要性和迫切性。不失时机地开展南侨机工回国抗战历史研究，不仅有学术上的重大意义，更有推动精神文明建设的现实意义。因为，南侨机工反对侵略、捍卫和平的义举，不畏强暴、慷慨赴难的精神，忠心报国、无私奉献的情操，都是中华民族宝贵的精神财富，都是振兴中华的伟大动力，都是永远需要传承和弘扬的。"

作为南侨机工的后裔，我们十分赞成这样的论断。虽然南侨机工抗战已经成为历史，但他们的英名不朽，功绩永存。同时我们也欣喜地看到，海内外对南侨机工回国抗战历史的研究，无论是官方的，还是民间的，都开展得有声有色，成果斐然，呈现出可喜的局面。

我们特别注意到，一些南侨机工的后裔，积极参与南侨机工回国抗战历史研究，形成了一支生力军，例如林晓昌、汤晓梅、徐宏基、陈达娅、陈勇、叶军和符永芳夫妇等等。他们与南侨机工多了一层血浓于水的亲情关系，因而研究南侨机工抗战历史更加自觉、主动，成果也就更为显著。他们为我们树立了学习的榜样。

林晓昌是南侨机工林福来的义子、恒昌国际集团有限公司董事长、全国政协委员、云南省南侨机工回国抗战历史研究会会长。他凭借自己的优势，慷慨解囊资助南侨机工抗战历史研究，多次赞助纪念南侨机工回国抗战的其他活动。曾捐资 350 万元人民币，由云南德宏傣族景颇族自治州人民政府在云南畹町兴建南洋华侨机工回国抗日纪念碑。该纪念碑建成于 2005 年 12 月 11 日，高 16 米，俯瞰滇缅公路，面对邻邦缅甸的九谷市。上端 4 条金色横带，代表抗战时期全国的 4 万万同胞；南侨机工荣誉证章模型镶嵌其间，标志着海内外同胞同心抗战。碑后是表现南侨机工回国抗战的浮雕长廊。左侧是南侨机工英名录（此举在同类建筑物中尚属首次），右侧为纪念碑碑记。红色雄伟的纪念碑巍然矗立，直指云天，象征着中华民族冲出黑暗走向光明。纪念碑文由中国著名书法家启功书写。另外，林晓昌先生还在全国政协会议和其他会议上递交有关增加南侨机工遗孀生活补助、加快建设南洋华侨机工纪念公园、加强西南边陲云南大理至瑞丽铁路建设等多项提案。

汤晓梅女士是南侨机工汤耀荣的女儿，现任云南南侨机工回国抗战历史研究会常务副会长。她为南侨机工联谊和历史研究倾注了大量心血，奔走于国内多个省份和东南亚、北美各国，探望、采访当事人，搜集资料。2005年，她出版了《南侨机工抗战纪实》（与陈毅明合作）。2009年，出版了《南侨机工档案史料汇编》（担任副主编），都是她从事南侨机工抗战历史研究的力作。她甘当桥梁和民间大使，参与组织健在的南侨机工返回当年的侨居国访问观光，还积极联系国外友好社团和热心人士，来中国探访和慰问健在的南侨机工。2014年12月19日，她在给林卫国先生的题词中写道："历史是一部永恒的记忆。南侨机工参加中国抗战，是一部永远不能忘却的历史。"

徐宏基是南侨机工徐新淮的儿子、云南省侨联南侨机工暨眷属联谊会会长。云南省侨联南侨机工暨眷属联谊会前身为1986年9月在昆明成立的南侨机工联谊会，因南侨机工人数逐年减少，就吸收大量眷属参加，成为目前的社团。该会自成立以来，徐宏基和其他南侨机工后裔满怀热忱积极参与该会各项活动。为纪念南侨机工回国抗战75周年，徐宏基还撰写了论文《谈谈南侨机工为抗战做出的贡献》，用有力的论据阐述"南侨机工是我国抗战史上一个重要的由爱国华侨组成的抗日英雄群体，是具有同外来侵略者血战到底英雄气概的中华民族的典型缩影，是中华民族不畏强暴、自强不息、不屈不挠精神的生动写照"。

符永芳和叶军分别是南侨机工符国璧的女儿、女婿。他们于2014年4月推出了一部研究海南籍南侨机工抗战事迹的著作《琼崖赤子心——海南南侨机工回国抗战资料汇编》，内容翔实，资料丰富，图文并茂，可鉴可存，深受广大华侨史研究者和南侨机工亲属们的欢迎。

陈达娅祖籍海南琼海，是南侨机工陈昭藻的女儿。陈勇祖籍海南文昌，是南侨机工陈邦兴的儿子。他们于2007年4月推出《再会吧南洋——海南南洋华侨机工回国抗战回忆》。这是中国华侨出版社第一次为南侨机工后代出版南侨机工回国抗战的研究著作。中国侨联原副主席林明江撰文评价说："由陈达娅、陈勇编著的《再会吧南洋——海南南洋华侨机工回国抗战回忆》一书，是一部档案研究与口述历史相结合的南侨机工实录。两位作者都是南侨机工的子女，特殊的身份与经历，使他们对于南侨机工产生了特殊的情感，同时也具备了从事口述历史研究的独特的条件。他们不仅投入大量时间到云南省档案馆、南京中国第二历史档案馆等翻阅档案资料，而且多次远赴云南、海南、新加坡、马来西亚、缅甸各地进行田野调查和访谈，极为难得。该著述图文并茂，从海南籍南侨机工（约占南侨机工总人数的四分之一）这一特定的视角，不仅再现了抗日战争时期南侨机工抗日救国的感人历史，而且记叙他们定居国内后投身祖国社会主义建设的经历，具有重要的史料价值和研究价值。它的出版，将加深人们对这段历史的了解，为深入研究南侨机工回国援助祖国抗战的壮举，作出了自己独到的贡献。"

福建省永春县退休老人孙建斌，是南侨机工的族亲，自愿充当"义工"投身南侨机工回国抗战历史研究，淡泊名利、坚韧不拔，不畏艰辛、潜心考证，配合永春县侨联，出版了《永春南侨机工》一书，填补了县级侨乡研究南侨机工的空白。

随着时光流逝，抗战老兵一个个故去，留下的就是他们的名字（有的连名字也被湮没了）、他们的故事和他们的精神。摆在我们面前的紧迫任务，就是把南侨机工回国抗战的历史研究好，把南侨机工的爱国主义精神传承和弘扬好。作为南侨机工的后裔，我们感到肩上有一份沉甸甸的责任。

海南亲、南洋情与《南侨颂》

陈达娅 *

乡音、乡愁、乡情

"乡音"对于每一位原乡人是一个能激起内心震颤，能唤起久久追忆，能回眸眺望，能倾诉哀喜悲欢，能一见如故，是流淌于血脉中的文化因子。十多年来，出生于云南，但血脉中流淌海南文化的我，一次次行走于海南，远赴南洋，行囊里装满浓浓的乡愁，但不能用母语来表达，这不仅是我，这已是当下更多远离了祖籍地在外行走的人群所困惑愧疚的。我知道我的父辈或是祖辈从哪里来，渐行渐远的脚步远离了留有祖辈余温的土地，但解不了心中不离不弃的愁绪。

乡愁就是你要离开这个地方，又会牵挂这个地方；乡愁就是有祖先流血、祖先生存、祖先遗骨存在过的地方。

"乡音、乡愁"的悲与欢，使我想起与我的海南大姐相见时的情景，她见到我激动得语无伦次，手语兼并地说个不停，泪眼婆娑；可我一脸茫然不知她说些什么，反倒是她说了很多，流泪很多后自感羞怯地对我笑了

---

* 陈达娅，南侨机工陈昭藻之女。云南南侨机工学会会长、云南省滇西抗战历史文化研究会秘书长、滇缅公路历史博物馆馆长。

一下，擦一把眼泪停住了说话，双手不停搓着。

我与大姐近在咫尺，但不懂表达，我知她的泪，愿她知我的愁。

有关媒体曾有报道，海南话将在这片土地上消失，若此发生，怎对得起祖辈，怎对得起海南乡音浓浓的乡情与乡愁？在寻亲的过程中，我有幸遇到了马来西亚海南会馆联合会林秋雅总会长开启的"留住乡音"中马两国海南歌曲演唱比赛活动。林秋雅会长就是带着这份祖先留下的文化基因、文化血脉的延续，动员马来西亚各地海南会馆的会长带头用海南话致辞！她相信海南话在海外绝对不会失传，一定会传承下去。

陈健娇（前排左四）、林秋雅（前排左五）、陈达娅（前排右二）、邢葵阳（后排右一）等出席在马来西亚举办的"留住乡音"活动。

年　味

南侨机工是怎样过年的？他们远离家乡、远离亲人、居无定所、以车为房、以路为伴、翻山越岭、硝烟弥漫……于我，肯定是不知战火中的南侨机工是怎样过年的，但第一批南侨机工 80 先锋从新加坡出发的日子就是那年的除夕，大年三十。那一批 80 先锋肯定是在邮轮上过的年，在启程奔赴中国抗战的征途中过的年，在逐浪海水波光，仰首星辰明月中过的年——那是南侨机工离开南洋遇到的第一个华人传统节日——春节。

记得多年前在马来西亚吉隆坡有幸拜访华文老报人吴志超先生，他谈到当年在新加坡念中学，时隔多年仍清晰地记得 1939 年的春节除夕。他说："从 1939 年的 2 月 7 日马来亚各华文报登出要招募一批驾驶大罗立的机工回国，仅 11 天的时间就有 80 先锋队在新加坡起程。他们全是海外土生土长的华侨子弟。2 月 18 日，大年除夕的新加坡路上行人稀少，在二马路中华总商会前，已有数千人齐集在一起，乐队奏着雄壮的爱国乐曲、爆竹声此起彼落、口号声是相互呼应……在一片欢呼声中，穿着深蓝色陆军装的机工出现，机工们出来啦！在掌声、军乐声、鞭炮声、口号声中，机工们站在大罗立上，挥手向亲人和欢送队伍告别。"他描述的这个场面

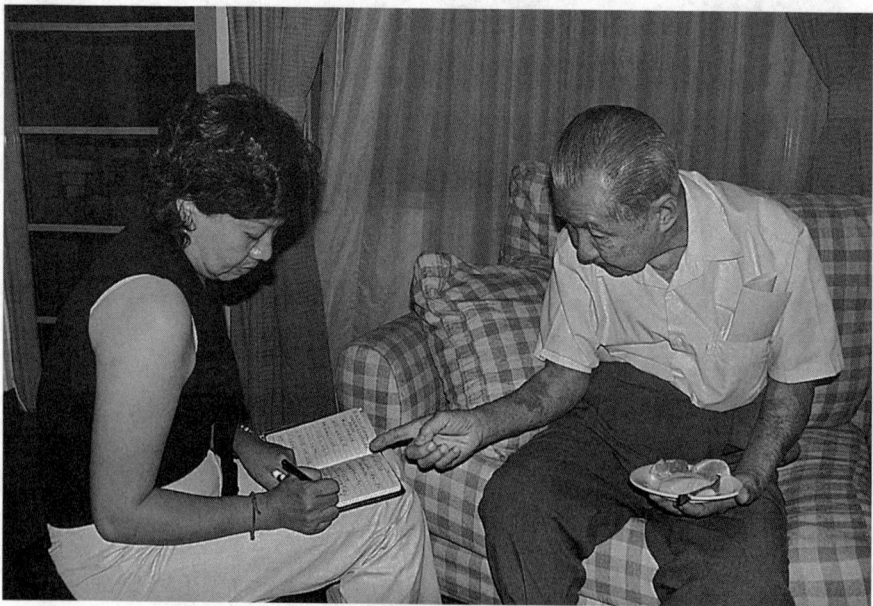

陈达娅在吉隆坡拜访华文报人吴志超先生。

一直在我脑海中定格，不曾离去。除夕是家人在忙碌、期待一年中的团圆，而第一批南侨机工是在除夕夜与家人离别！再往后，穿梭于运输生命线滇缅路上的南侨机工不知是否还有过年的概念！

记得在与老机工王亚六聊起这个话题时，他笑眯眯地对我说："那个时候就无法考虑过年的事了。都是在路上奔忙一般也记不得哪天过年了。有那么一两次，大家在路上找个宽敞的地方或是驾车赶到一个滇缅路沿线的维修厂，大家聚在一起简单地吃一些东西就过年了。当然还是各个地方的老乡能碰巧凑一起是最高兴的事了。与当年在南洋过华人春节肯定不一样啰。"

我所记得的南侨机工怎样过年呢？父亲是海南籍，与云南籍的母亲一起生活多年，我家的餐桌上是琼味与滇味。尤其是过年，那就是以父亲的家乡菜为主了。记忆中的岁岁年年，除夕之夜我们的餐桌少不了父亲做的"海南鸡""虾米鱿鱼炖萝卜"，母亲做的"红烧肉""香酥肉"。那是盼了一年的味道呢。那些年的年夜饭，是需要几天前就开始准备的。鱿鱼需提前浸泡，咯咯叫着的鸡提前买来罩着，定时喂给它几片菜叶，得空就要去看一眼这鸡是否还在鸡笼里站着，很开心的是它还活着。

年三十，父母从一早就开始忙碌。我们跳前跳后，瞅着那锅台，待所有菜品做好，已是傍晚张灯时。一家人围桌吃起，没有酒、没有饮品，也没有大声喧闹。有的只是父母亲瞅着我们吃饭重复着的一句话：多吃点哈。待饭菜饱足后停下手中的筷子，我们姐弟还要用舌尖把嘴唇上的余香一览入口。那一刻，父母亲满脸是足足的乐滋滋呢。再后来，南侨机工相互走动了，我们家过年的时候有了父亲的挚友翁家贵。只见他们两个人一前一后地围着锅台，掌勺把瓢轮番交换，还有浓厚的海南话语绕着锅台不停地回旋着，整个锅台好像也随着他们一起欢快地跳动起来。尤其是那只过年必不可少的海南白斩鸡，露出的鸡骨头还是新鲜红润似刚下锅就被捞起，附在鸡身上的每一小块鸡皮完整无损，咬一口，肉嫩鲜香。若再蘸一点父亲调制的配料，那舌尖上的记忆实在是叫人垂涎。黄昏时，一桌可口的海南家乡菜摆上桌。全家人围桌开怀饱食。父亲和翁叔他们两人是有着从心里流出来的满足感，一家人其乐融融地尽情享受着盼了一年的"年味"。父亲还开心地唱起了他家乡的原味曲调⋯⋯

随着父母的相继离世，我的除夕夜少了"年味"。又是一年除夕夜。我提前告知所有的家人，春节的年夜饭在家吃，我做。年夜饭忙起来。提前两天就用清水浸泡鱿鱼，头一天购买好所需物品。年三十一早开始忙碌。虾米鱿鱼炖萝卜：泡好的鱿鱼切细，清洗虾米、猪肉丝，几根绿蒜苗切段，白萝卜切细，先武火翻炒，再文火炖；海南鸡：鲜宰的鸡清洗后抹上一点点盐，稍后用文火煮沸 10 分钟，捞出用冷水浸泡少许，再放入之前滚烫的鸡汤中煮 20 分钟，捞起，切块；然后是特香、微甜、没有过多汁的红烧肉⋯⋯一席菜、大小十余人在家围桌，好热闹。几道菜分别入口，我的姐弟欣喜："这是爸爸的味道。""这是妈妈的味道。"尤其是"海南鸡"，肉嫩，鸡骨里还是红的，真的和爸爸做的一样，久违了的舌尖上的记忆重新回到了餐桌。这一年的年夜饭，吃的时间很长，一锅虾米鱿鱼炖萝卜一扫而光。

陈达娅与南侨机工翁家贵在咖啡店说着南洋往事。

舌尖上的记忆唤起了曾经的"年味"。

饮食的确是有记忆的，特别是做饮食的人对其注入了灵魂，餐桌上的饮食就不仅仅是满足口腹的需求。

这几年南洋寻访，几乎每次心心念念的就是要吃海南鸡饭。怡宝有名的芽菜配海南鸡饭，槟城的美味小吃，感觉只有在南洋吃上一顿海南鸡饭，我的南洋寻亲之旅才会踏实呢。

同为海南人的父亲与翁家贵，离别家乡数十年，过年餐桌上依旧是浓浓的家乡味和久远的南洋味。那才是我记忆中的"年味"！

《南侨颂》

2020 年 1 月 8 日，由中国新闻社主办的"2019 全球华侨华人年度评选"颁奖典礼在北京钓鱼台国宾馆举行。南侨机工群体获得组委会特别致敬奖。我作为南侨机工后人荣幸地参加了颁奖活动，并在会上饱含深情地朗读了缅怀父辈的诗文《祖国我来了——我的父辈南侨机工》：

在妻儿渐渐入梦

孩子呢喃着梦语的时候

轻轻地

抬起了脚步

我来了

在母亲屋子里的灯光

彻夜闪动的时候

悄悄地

叩别了父母

我来了

在我把姓名

毫不犹豫地改成了

不是我自己的时候

默默地

我来了

在我把年龄

写成不是我初临人世的

第一时间的时候

切切地

我来了

在我把娇俏的容颜

女扮男装

着一身戎装的时候

洒洒地

我来了

在我把咖啡面包

安逸惨淡

统统搁下的时候

热热地

我来了

在七七敌寇枪声响起

卢沟桥的狮子惨遭血染

家园尸横遍野的时候

冒着硝烟

勇敢地

我来了

我们是一群来自海外的战士

我们有一个特殊的称谓

南侨机工！

陈达娅（左一）参加"2019 全球华侨华人年度评选"颁奖典礼。

我的祖籍是海南琼海。父亲陈昭藻过世十多年以后，我才认识了真实的父亲。若不是 2000 年 10 月在滇缅公路惠通桥边，听到同为海南人的父亲生前的挚友面对湍急的怒江水振臂呼喊"战友们，同胞们，我们来看你们了……"我就不会知道父亲生前竟然与他们是战友。就在那一刻,惠通桥边,我尘封了的记忆被揭开。

自从知道了我的父亲是抗战中于1939年3月从马来亚星洲归来的南侨机工,知道了所有的南侨机工都侨居南洋之后,我对南洋岛国的椰风蕉雨仿佛有了不一样的体悟。那是父辈的第二故乡。

从地理位置,我了解了南洋所属;从华侨华人史,我走近了南洋的一些过往之事;由于父亲所属的特殊群体,我对南洋有了不一般的情结情愫。我暗自发问,何时能够寻得父亲南洋的足迹?终于,机会来了。

我与同为南侨机工后人的陈勇共同编著的《再会吧南洋——海南南洋华侨机工回国抗战回忆》一书让家乡的人知道了我。书中表达了我作为南侨机工第二代对父辈历史的认识,所记录的内容不仅是我的心路历程,也是海南华侨史的部分缩影。2008年11月中旬,海南省琼海市作家协会向我伸出热情之手,邀我参加"中国海南岛琼海作家协会访问新加坡马来西亚代表团",一同前往新加坡、马来西亚探寻父辈的足迹。

在新加坡,我揣着父亲星洲往来信件地址,也就是父亲的档案地址,朝着当年星洲海南人聚集最多的地方小坡大马路找去。我一路查询、反复寻找,几经迂回但始终无果。当我不甘心地第三次来到小坡大马路这条街,回身一看,"天和堂"三个字即刻清晰地跳入我的视线。我仔细地数着门牌号,很快就认出了父亲档案上所写的424#。这就是父亲在新加坡居住了二十多年的地方。此时,我听到身边的一个当地人在打电话时说道:"我在海南街。"哦,这就是新加坡人习惯称呼的"海南街"?没错。我来到了海南籍父辈们当年踏上南洋星洲后,能给他们遮风避雨,提供一份安居的"海南街"上。

那天是周末,"天和堂"店门紧闭。我在父亲故居门前徘徊许久,一股诱人的咖啡香味飘然而至。走进那间简洁的咖啡屋,一段文字引人注目。"新加坡开埠初期吸引许多劳工离乡背井来谋生,为新加坡经济做出流血流汗的贡献。尤其是咖啡，他们自己烘炒咖啡豆，其特殊的制作方法使咖啡散发着浓香。"难怪，父亲所喝的咖啡味道从南洋一直带到滇缅路上，或许还流淌在我的血液中，成了我固有的南洋味道。

新加坡怡和轩是抗战时期南侨筹赈总会所在地，以陈嘉庚为主席的南侨总会指挥着南洋华侨积极支援祖国抗战。这里也是南侨机工分九批从新加坡出发的集聚地。我的父亲陈昭藻当年报名回国时，签发的护照地址就是怡和轩俱乐部，即武吉巴梳43号。新加坡国家档案局与怡和轩惊讶于父亲护照的地址，希望我把那本英文护照捐赠。"这可是目前见到的唯一一本写着怡和轩地址的文物了。"有关人员这样对我说道，"没有细节的历史是抽象的。"滇缅路上那些牺牲了的，能找到遗骸的南侨机工，他们生前所在部队发出的"已故员工迁葬申请书"家属所在地一栏清楚地写着：南洋。父亲护照上所写怡和轩地址，就是那段历史最真实的一个重要细节。这本护照见证了抗战时期南侨总会发出号召，征募并组织南侨机工集中有序地回到中国投身抗战的历史。

说到南侨机工的历史，不得不说起马来西亚海南会馆联合会总会长、槟城孙中山协会会长拿督林秋雅女士对南侨机工这段历史倾尽心血的关注和宣传。

记得我第一次见到拿督林秋雅会长，是在2009年4月海南纪念南侨机工大会上。也就在那年深秋时节，新加坡的专题展结束后，我转道马来西亚，在马六甲、太平、吉隆坡、怡保等地举办"南侨机工历史

南侨机工陈昭藻写有南侨总会地址的护照

追思会"专题讲座。这些，拿督林秋雅女士较早已有安排。一路上她不辞劳累全程陪同，亲自驾车到达每一个讲座地。当时我暗自思忖：秋雅女士为何这样忙于南侨机工之历史往事。在每一场讲座中，她坐在前排用心听讲，不时笔录。当在槟城的槟州华人大会堂进行"南侨机工历史追忆"演讲时，我才明白，槟州华人大会堂的前身是"平章公馆"。百年前，孙中山先生在此发表演讲，动员海外华侨支援革命；没想到，百年后我竟然能够在同一讲台上讲述着数十年前南洋华侨如何支援中国抗战的往事，真是感慨万千！

孙中山早期的革命活动地为何更多地选择在南洋，历史上南洋华侨社会是怎样形成的？据史料记载，从鸦片战争到辛亥革命的70年间，有近一百万中国人或通过"契约劳工"即当时被俗称为"卖猪仔"的方式，或因国内生活所迫及因血缘、地缘、人缘关系移居到海外，其中有八百万人留居南洋。南洋侨胞在侨居地艰难创业的同时又受到殖民地重重压迫和种族歧视的凌辱，华侨从无数切身遭遇中感到，祖国需变革、振兴、图强。孙中山提出"振兴中华"这强有力的口号，正是海外侨胞所期望的。华侨从来视己与祖国是"唇齿相依、一脉相承"，为了拯救中华，他们通过各种途径宣传革命。孙中山曾说："海外赤子之命运，系于母国之强弱。"早期南洋华人先辈，可谓是身在海外，心系母国，他们办报、办学，开启民智，倾其财力、人力，竭力支持"推翻帝制、建立共和"。孙中山八次到新加坡，在晚晴园策划了三次起义，五赴槟城，召开意义深远的"庇能会议"。1910年12月2日，槟城《光华日报》创刊出版，孙中山题字"光被四表"以示祝贺。就此，南洋槟城同盟会、槟城阅书报社、《光华日报》形成了革命的三大团体。辛亥革命的成功，离不开海外华侨从孙中山革命思想的传播到舍身弃家支持革命。"华侨乃革命之母"孙中山的肺腑之言。

在我整理南侨机工档案史料的过程中，看到1939年由槟榔屿华侨筹赈祖国难民会送回的华侨机工，虽然在历经半个多世纪后已成为黄页的历史档案照片，但其形象依然鲜活。档案中清楚地记录槟榔屿筹赈会地址——槟城阅书报社。槟城阅书报社是孙中山先生倡议，于1909年1月在马来亚槟城创办的，后成为同盟会在南洋总机关的所在地，也是早期革命党人的活动场所之一。1939年从槟榔屿回国的每一名南侨机工就在此报名登记。槟城阅书报社从早期孙中山革命基地的中枢到成为抗战时期组织南侨机工回国的见证，承载了厚重的历史。抗战时期担任南洋华侨筹赈祖国难民总会主席的陈嘉庚不仅是孙中山的亲密挚友，同时是孙中山思想的追随者、革命的支持者、南侨机工回国抗战的号召者。南侨机工回国支援抗战，就是早期海外华侨革命思想及行动的延续。

在中国抗战之时，槟城阅书报社成为槟榔屿南侨筹赈会会所也绝非偶然，它是孙中山思想不断传承与实践的基地。槟城阅书报社至今已走过百余年之历史，对于孙中山思想的传播，支持革命、支援抗战，其历史地位和作用是无可撼动的。曾经的槟城阅书报社，现在是槟城孙中山纪念馆、南侨机工纪念馆，已成为南洋华人历史的载体，载入的不仅是已往的历史画页，同时载入了槟城华人对孙中山的情结情愫，对祖籍国的一份挚爱。

在槟城，我不但参观了每一处孙中山早期革命的历史遗迹，还有幸见证了林秋雅会长带领槟城孙中山协会新老会员在孙中山先生遗像前的宣誓仪式，他们旨在弘扬孙中山"博爱、和平、民主"之思想；在槟城，还听到槟城华人慷慨激昂地演唱《义勇军进行曲》和许多首华文歌曲，那一刻，我的心绪澎湃激荡。我想起曾读过的一位南侨机工临终前写下的嘱咐："南侨机工的后人，你们要天天唱，永远唱伟大的作曲家聂耳的《义勇军进行曲》，要跟着曲调进行你们的工作，祖国就一定会繁荣富强。"

来自马来亚槟榔屿的南侨机工有很多，其中一位是与父亲同为祖籍海南，第9批回国的机工王冠时，在档案史料中我多次与他相遇。尤其是一份在1940年9月18日华侨先锋队第二大队的呈请报告中写道："本队成立伊始，事务在即待理，为增加工作效能，呈请调用华侨机工互助社干事王冠时为本队中尉,并即日来队报到工作。"就此王冠时的工作经历可见一斑。往后,我读到他于1940年5月所写《母亲》诗文时,泪眼中,仿佛依稀看到南侨机工那白发的亲娘在海的那边等待。更让我难以释怀的是,当我再次整理父亲遗物时,竟然读到了两封王冠时分别于1983年3月和5月间从槟城寄给父亲的信。他在信中对父亲说:"回忆是有价值的,回忆是甜蜜的,以后,就让我们生活在回忆里吧!"我不知道分别生活在中国云南的父亲和远在马来西亚槟城的王冠时,他们的回忆是怎样的呢?

在怡保,我认识了多年来默默坚持南侨机工史料收集的刘道南先生。刘道南先生认为,历史不该遗忘这些卫国者。他们为世界反法西斯战争,为中国抗战,为牵制日本侵略者在东南亚(特别是马来亚、新加坡抗日战争)的肆虐暴政,而作出了不朽的功勋。

在马来西亚的巡讲过程中,特别使我记忆犹新的是在槟城"纪念孙中山庇能会议100周年"活动中,我在韩江学院专题讲述"孙中山革命与南

2010年11月,拿督林秋雅(右)邀请陈达娅(左)到槟城参加"孙中山庇能会议一百周年"纪念活动。

侨机工爱国"时，全体起立为"南侨机工"精神报以热烈、持久的掌声。马来西亚华人对其先辈历史的追溯与认同让我感动其中，时常泪眼婆娑。

抗战胜利后，在 1947 年 11 月 30 日，马来亚雪兰莪筹赈会在吉隆坡广东义山亭为殉难南侨机工建立了一座纪念碑，使南侨机工们参加抗战的忠勇事迹长存人间。1951 年，槟榔屿筹赈会在升旗山与鹤山交界的山坡上，建成了一座"槟榔屿华侨抗战殉职机工暨罹难同胞纪念碑"，作为永久悼念回国参战华侨烈士和不幸被日敌杀害的同胞的永恒纪念。三角形的纪念碑分成两段，下面有三面不同内容的刻石，碑记内容寄托了对抗战英勇献身的南侨机工的悼念缅怀，也控诉了日本侵略者的法西斯罪行，同时也证明共赴国难的南侨机工曾为抗日战争作出的巨大贡献，他们虽是无名英雄，但海内外炎黄子孙永远不会忘记他们的历史功绩。

南侨机工往事重新回到历史视野，其后人赴南洋寻亲。云南昆明的韩雁冰寻到了其父亲韩利丰留在南洋的"留守新娘"，即她的大妈周亚妹。痴情的周亚妹当年是俏丽娇妻送别夫君情浓意浓，谁曾想再见到丈夫时两人都已是年过花甲的白发老人。周亚妹与夫团聚后，在昆明街头，时常可以看到有三位老人相伴着一起出行，他们就是南侨机工韩利丰与他的两位妻子。一位是南洋"留守新娘"周亚妹，一位是在战火中结下的姻缘李瑞萱。不久后，昆明近郊的一个墓地，碑上刻有字样："夫韩利丰 妻周亚妹 李瑞萱"。南洋寻亲，他们终于在一起了。

在这众多南洋寻亲的后人中，给我印象最深的当属居住在云南畹町的南侨机工第二代叶晓东。

在云南畹町南洋华侨机工回国抗战纪念馆内，有一整个墙面呈现出南侨机工一个个鲜活的模样。在每一张照片下，清晰地写着每一名南侨机工的姓名。这些历经抗战硝烟的南侨机工，呈现在墙上的照片有的是从档案馆，有的是其家人在所剩无几的家庭资料中找到的。那些年轻帅气的南侨机工照片下角处的那枚印章浸染着民国时期的档案印记，仿佛告知每一名观者时间已经很久远了。偏偏就有这么一张比较新的照片下，写着"陈团圆遗子叶晓东年轻照片"。诧异中我转身仔细瞧着站在身边的叶晓东，再次抬头看了看墙上的照片，问他："墙上的照片是你?"他点头说道："是，一直不知道我父亲长得什么模样，有人提议儿子肯定是像父亲的，就把我的照片放上去了。""哦，要不这里是空白的?"我又惊异地问道。叶晓东再次点头回应。

叶晓东不知道父亲的模样，他带着一份思念踏上南洋寻亲之路。档案记载他的父亲陈团圆在南洋的侨居地是马来亚麻坡。南洋寻亲，叶晓东在麻坡就找到一张遗留半个多世纪的照片。当年六个从麻坡报名的机工中，究竟谁是叶晓东的父亲? 至今无人知晓。这六个南侨机工年轻时的容貌和所有南侨机工一样，永远留在了时光画页中。

南侨机工的故事不能成为历史的空白。

我受到自小就喜欢看的大型音乐史诗《东方红》的启发，想到南侨机工历史何不用音乐舞台呈现呢? 于是我积极组织创作了以南侨机工历史为主题的交响情景组歌《南侨颂》。该剧在中国云南等地演出成功。2015 年9 月，在林秋雅女士积极努力下，应马来西亚七大乡团的邀请，《南侨颂》分别在吉隆坡、槟城上演。

《南洋商报》对《南侨颂》的评论文章中写道："这是迟到的春天，也是迟来的讯息，但'南侨机工'的历史复活了。这一段被淹没的历史通过《南侨颂》终于让英雄找到回家的路了!"

南侨机工回南洋第二故乡之路，这是多少年的期待与努力。马来西亚华人社团做出这一选择与其一直以来尊重历史尤其是发生在马来亚的华侨华人可歌可泣的南侨机工历史密不可分。在为传播颂扬鲜为人知的南侨机工历史故事而积极奔走的众多华人中，马来西亚海南会馆联合会总会长拿督林秋雅女士及拿督邱财加先生等一直在不懈努力。

早在《南侨颂》于中国云南演出时，出席首演的嘉宾中就有林秋雅女士。她被这台节目深深打动，当即决定找机会让《南侨颂》在马来西亚唱响。经过马来西亚七大乡团筹委会的精心组织，《南侨颂》出访团抵达吉隆坡，筹委会于 2015 年 9 月 18 日在吉隆坡召开《南侨颂》新闻发布会，希望通过《南侨颂》的交流演出，让更多的华裔了解过去的历史和珍惜目前所拥有的和平。

2015 年 9 月 26 日晚 7 时 30 分，在吉隆坡中华独立中学礼堂容纳上千人的"光前堂"，《南侨颂》正式演出。时任中国驻马来西亚大使黄惠康博士亲临演出现场祝贺并致开幕词。黄惠康大使在致辞中谈道："今年是中国人民抗日战争暨世界反法西斯战争胜利 70 周年，在这一纪念胜利，缅怀先烈之时，中国不会忘记曾经为中华民族解放事业建立卓越功勋的一个特殊海外群体，那就是马来西亚的南侨机工。"黄惠康大使代表中国政府向所有抗击过日本侵略者的老战士及为中国人民抗战胜利作出贡献和牺牲的老华侨致以崇高的敬意和缅怀。同时，他希望中马友谊永世长存！黄

时任中国驻马来西亚大使黄惠康博士（右二）颁发荣誉证书，左一、左二分别为《南侨颂》演出筹委会主席拿督林秋雅、准拿督林明威；右一为时任马来西亚七大乡团协调委员会主席丹斯里邱财加。

惠康大使与筹委会及大会主席分别向大会赞助者颁发了印有《南侨颂》的荣誉证书。中国《南侨颂》出访团领队陈达娅向大会赠送了原云南省委副秘书长李森题写的"赤子功勋 报效祖国"的字幅，大会再一次致以热烈掌声。中马两国的演员在槟城交响乐团、拿督温文京先生的指挥下唱响了高水准的《南侨颂》。90分钟的演出结束，观众掌声不断，指挥家携乐团及合唱演员一次次谢幕，观众久久不愿离去。

9月29日晚，在槟城槟州大会堂又一次唱响《南侨颂》。中国驻槟城总领事吴骏先生莅临演出的大会堂。他首先在致辞中谈道："值此纪念抗战胜利70周年交响组歌《南侨颂》举办之际，总领事代表中华人民共和国驻槟城领事馆表示热烈祝贺！"吴骏总领事衷心期待，通过唱响《南侨颂》交响组歌，来弘扬抗日先驱的伟大精神和民族气节，充分表达我们热爱和平，开创美好未来的心声。《南侨颂》在马来西亚的出访演出分别得到马来西亚多家华人社团、社会热心人士及众多媒体支持，得到现场观众激情洋溢的热烈掌声，使观众循着歌声和旋律重温了一段中马两国共同的历史记忆。

《南侨颂》的出访演出，使我们深深地感受到马来西亚华裔对其民族历史的追寻与认同，对日本军国主义的强烈愤慨，对当今维护珍惜世界和平所需付出的努力以及当地华人对南侨机工的崇敬与敬仰。吉隆坡及从新加坡闻讯过来的华裔，都希望与《南侨颂》有很好的交流机会。一位在场的华裔感慨道："'南侨机工'四个字，是用金子印烫出来的，在我们的心里重过千万斤！"

《南侨颂》不但在马来西亚唱响，也在有着800多名海南籍南侨机工的中国海南唱响。2015年10月，时任海南省委副书记、省长刘赐贵率团访问马来西亚海南会馆联合会时，林秋雅会长在接待中及时把《南侨颂》在马来西亚演出成功的消息告知刘赐贵省长，并有意将《南侨颂》推向海南演出，以进一步宣传弘扬"南侨机工"精神。刘赐贵省长当即指示要做好《南侨颂》赴海南演出的组织工作。经前期准备，由海南省委宣传部指导，海南省外事侨务办、云南南侨机工学会、马来西亚海南会馆联合会主办，《南侨颂》于 2016 年 9 月在海南演出成功。

《南侨颂》演出现场

时任海南省外事侨务办公室主任王胜说："9 月 3 号就是抗战胜利纪念日，9 月 1 号我们在海南大学举办《南侨颂》大型音乐会，为了缅怀南侨机工的丰功伟绩，也是为了纪念伟大的抗战胜利日，所以这个意义非常重大。"

林秋雅女士说："《南侨颂》交响组歌曾到马来西亚演出了两场，由我们七大乡团在吉隆坡主办，也在槟城办了一场，获得了非常热烈的反响。大家看了这个演出后，非常震撼，也非常感动。还是要把这段历史让我们年轻人知道，要珍惜和平，我相信全世界人都是热爱和平的。"

唯一健在的 98 岁琼籍南侨机工张修隆老人说："看了演出，让我很激动，因为通过这样的演出让更多的人记住了我们曾经为国家作出的努力奉献。"

现场观看的大学生说:"我是今年海大的新生,近期我们正在组织军训,通过观看晚上的演出,让我更直观地了解历史,更加激起我强烈的爱国情结。"

广西南宁南侨机工眷属一行40人,专程从广西赶到海南观看演出。一位南侨机工后代说:"我为历史能给我们父辈一个正名而感到欣慰,更为父辈们当年为民族大义作出的奉献而感到骄傲。"

观看演出的众多观众感慨说:"入场前,我就看了南侨机工展板,现在演出结束了,了解了南侨机工历史,我为海南人感到自豪。"

"《南侨颂》让英魂归家的路不孤单",《海南日报周刊》对《南侨颂》做了这样的报道。

"英雄归家的路"几个滚烫的字,直击我心扉。近年来,陆续有南侨机工后人赴南洋寻亲。源于1939年的马来亚南侨机工群体,缘何成就了

从左至右依次为:黄田园博士、马来西亚海南会馆联合总会会长拿督林秋雅、南侨机工陈昭藻之女陈达娅

近几年新加坡、马来西亚两地历史及中国历史寻访的热潮？在南洋寻亲过程中，我的思绪总是起伏不断。无论是久远的过去，或是眼前的触动，每一时空都在我脑海中不停地跳跃回放。对于南洋往事，我如同在翻阅着一本厚重的爱不释手的历史教科书，使我不断有新的领悟！

父亲的那片云

汤晓梅*

父亲的家

1995 年仲秋，我带着南侨机工图片展览，携手 16 位南侨机工老人，第一次来到了父亲汤耀荣的第二故乡槟城。在这异国的土地上，竟没有一丝陌生的感觉。同根同族同俗，一切都那么熟悉！

父亲抗战前居住在槟榔屿打石街 20 号。

第一次寻找到父亲旧居时，感觉犹如身在广州的地高街。远远看到一位老婆婆伫立在门前，禁不住我泪涌心恸。我多么希望那就是父亲梦寐牵挂的老祖母啊！近前向老人家和左右邻舍询问无果，因为大部分人都是战后才迁居于此。

在此前的 20 世纪 80 年代，我曾请马来西亚的朋友在报纸上登载启事寻找父亲的亲属，直到今日均无音信。父亲家丁本就单薄，加之战争的残酷，有多少家庭能够幸免一难？

时间一晃 12 年过去。2007 年，为完成《南侨机工档案史料选编》，我再次来到了马来西亚。12 年前见到的那 10 位复员定居马来亚的南侨机

---

* 汤晓梅，南侨机工汤耀荣之女，南侨机工历史研究会名誉会长，南侨机工历史文化馆名誉馆长。

槟榔屿打石街 20 号汤耀荣旧居

工老人是我心中的牵挂。

见到王诗伟老人后让我惊喜，因为当年的 10 位南侨机工里，他是年龄最高的一位。现今见到他虽然比 12 年前消瘦些，精神却比之前更矍铄。

12 年前，王诗伟先生保存着完好的个人史料，但如今，我们看到的只有不清晰的复印件，当年展示的物品也不翼而飞。这是件憾事！

见到洪发福老人也是奇迹！因为，12 年前，洪发福老人身体就不太好，那天是由老伴和儿子搀扶着来见我们的。这次电话里，老人家的儿子告知我们，老人家已经昏睡多日，几乎一星期也不醒，抱歉了！我们不无遗憾地准备驱车离开马六甲。还没过十分钟，他的孩子来电讲老人家突然醒了，问他想不想见我们，老人家非常高兴地表示愿意。

从昏睡中醒来的洪发福老人这时很清醒，对于当年赴中国抗战不但记忆犹新，而且自豪无悔。风烛残年的老人家因常不进食而骨瘦如柴，但他眼光里时时流露的英雄气概，深深地打动着我们每一个人。

借着此次机会，我又来到了父亲的旧居。打石街改观了许多，老婆婆已不见了踪影。第一次来时门房锁着，屋檐上挂着开金店的招牌，此次是一印度人在开诊所。我很想进去看看，因语言障碍不能沟通，只好作罢。

冬去春来，花开花落。我年复一年地在中马两地寻找着南侨机工的史料。每次到槟榔屿，总要到打石街走走、看看，总想在那里捕捉父亲的身影，总想回味到老祖母的歌谣！

时代在变，城市建设也在变。打石街由过去的青石路面，已改观成了现在的柏油路。所幸的是，这片区域已被当地政府列为槟榔屿历史文化遗产，所以至今仍然保留着原始风貌。

2011 年是槟榔屿华侨殉职机工暨罹难同胞纪念碑建立 60 周年。我们应槟城海南会馆林秋雅会长的邀请，参加了这一盛会。

借着这次盛大的纪念活动，我特意从云南带了一捧红土祭洒父亲居住过的老屋，祭洒在槟榔屿华侨殉职机工暨罹难同胞纪念碑前，一则了却自己的心愿，二则祈愿所有为中国抗战牺牲的槟城机工魂归故里！

在阳光明媚的清晨，我再一次来到了打石街。陪同我一起来的还有林秋雅会长和爱国侨领侯西反的孙女侯韦美。打石街 20 号的屋门还是紧锁着，我在屋前默默地、慢慢地撒着红土，秋雅向周围人们述说着南侨机工的故事，询问着这间屋子的变迁。

来父亲的旧居也不知是多少次了，每次总是铁将军把门。屋主换了一朝又一朝，总没有机会进去看看。

奇迹终于出现！来了两位青年人，是装修屋子的，听秋雅介绍情况后，他们马上热情地打开房门，让我进去随便观看。房间正在装修，屋里空空荡荡。一进门，秋雅就向我介绍："对，这就是以前的老屋子，堂屋的后面家家都有这样一个小水池，是用来洗衣洗菜的，水池后面的小屋就是冲凉房。这楼梯也是当年的，这拆下来的旧窗框也是当年的木质和花样……"听着秋雅的讲述，我的热泪直往心头涌。脚底下的每级台阶，楼

汤晓梅与林秋雅（中）、侯韦美（右）

梯边的每一节扶手，是否还有父亲的印记、老祖母的温柔？站在二楼的阳台上，看到墙外有一棵枝叶繁茂的大树。想起母亲曾说过，父亲小时候也很调皮，每每一到吃饭的时候，就悄悄爬到树上，等着老祖母呼喊，然后突然一下子从树上哧溜到老祖母身边……

父亲居住过的屋子，今天我终于走进来了。老屋依在，人事已非，但往事并不会如烟！

11月11日11时11分，纪念活动准时开始。每年这时，是槟城一个略带感伤的时间。

这一天，奇迹再现。我静立在纪念碑前，突然一滴小小的水珠飘进了眼底，抬头四处张望，原来晴空万里的天空突然飘来几朵白云，水珠飘飘散散似有似无洒落在我们的头顶。全场惊呼："啊！苍天也为英雄和罹难者垂泪！"

槟城是一个有着光荣传统的城市。当年为推翻帝制建立共和的孙中山先生的足迹在这里随处可见。关系中国命运的庇能会议也是在这里召开。此次到打石街我还意外地发现，父亲旧居的对面也是孙中山先生居住过的旧址。

2011 年恰逢辛亥革命 100 周年，身为孙中山协会会长的林秋雅同时举办了"辛亥百年图片展"活动、文学论坛"革命情怀"以及讲座会"辛亥百年，展望未来"。也是在这些活动中，我第一次欣赏到吟唱古诗的韵律。

永远的父亲

2009 年岁暮，《南侨机工》纪录片摄制组赴马来西亚采访拍摄，按照预定计划，我们为该纪录片举行了一场新闻发布会。

在新闻发布会上，陈毅明教授在介绍南侨机工历史时，讲述了我父亲当年泪别祖母的感人故事。《南侨机工》纪录片导演欧阳斌问我："这么感人的故事，你怎么不说？"我告诉他，每一位南侨机工的故事都是一部可歌可泣的感人故事。

父亲当年居住的打石街，前后连接着打铁街，木匠街……这些街名显示这里曾是有手艺的华人聚居区。当年从这里出发赴中国服务的南侨机工至少有十多位。

打铁街与打石街紧相连。南侨机工陈振美是打铁街兴振丰土产店的富少。1939 年新婚燕尔不久，他的妻子已有孕在身。面对家仇国恨，他毅然选择了为大家而舍小家。然而，陈振美这一去便成永诀。1942 年初，滇缅公路运输进入了最紧张的阶段。陈振美驾驶着满载军火的汽车行至怒江桥下，不幸被日机炸中牺牲。而家人在 20 世纪 60 年代阅报后才获知这一消息（2015 年 3 月，我专程到惠通桥下取了一包红土，带给英雄陈振美的家人）。

在离槟城不远的吉礁，南侨机工后人邝华霖珍藏着父亲邝金源满满一箱遗物，这是我在搜集南侨机工文物过程中关于一个人最全的资料，它几乎是南侨机工邝金源回国抗战的一个缩影。如今，邝老先生虽然远去，但他留下的日记、照片以及他珍藏的很多证章、文物……让我们发现了更多为国牺牲的南侨机工。

1942年，为了将日军阻隔于怒江西岸，中国军队炸断了连接怒江两岸的惠通桥，此时有许多的中国难民、军队、运输车辆以及南侨机工，还未及撤过怒江，等待他们的即将是日军的追击与杀戮。

邝金源是幸运的，在突破日军的包围和追击后，历经24天，徒步翻越高黎贡山，从缅甸的腊戌辗转到云南保山。

然而，他的很多战友却没有这样的幸运。第五批回国服务的吉礁机工吴进步未能逃脱日军的包围，牺牲在了敌人的刺刀之下。

陈文峰，邝金源的战友、好友，民国二十九年（1940）冬天刚与妻子潘霞林结婚。然而，民国三十一年（1942）日军攻入仰光后，在缅甸抢运物资的陈文峰牺牲在日军的炮火中。

而这些是我们在邝老先生留下的照片、日记中读出的故事。

方寸之中的小小照片，留住了历史，告诉了未来！

其他诸如李月美、白雪娇，哪一位的故事不感人至深呢？

按照约定计划，到太平以后的拍摄工作由林秋雅女士协助我们。我们到达太平的当晚，她准时赶到。按规定我们应当给她单独开一房间，但她说在我和陈毅明教授的房间里加一张床就可以了。这小小的举动，拉近了我们之间的距离，让我们感觉彼此的心是如此相近。从此，我和陈毅明教授都亲切地直呼她"秋雅"。

有了秋雅的一路陪同，我们的拍摄工作进行得很顺利。特别是到了槟城，这里是父亲曾经的第二故乡，也是秋雅生于斯长于斯的故土！当年她的父亲在这里打拼，曾创下一片江山。作为新一代的马来西亚人，她为社会作出了无私奉献。这里有她根深的情愫和厚重的人脉。

在她的带领下，我们有机会到《光华日报》拍摄到当年槟城南侨机工赴中国抗战的报道和图片，旧时的码头、南侨机工出发的春满园游艺场、打石街被日机轰炸后的断垣残壁……在升旗山下的槟榔屿华侨殉职机工暨罹难同胞纪念碑前，意外采访拍摄到曾经参加过松山战役的抗战老兵漠言，找到当年选派南侨机工出征的槟城汽车公会……当然这样的"意外"都是秋雅的精心安排。

我们与当地的诸多社团进行了历史文化交流，这其中包括槟州华人大会堂、槟城海南会馆、槟州华校校友联合会、公民学校信理会、槟城公民同学会、槟城韩江校友会、槟州老友联谊会以及槟城菩提校友会等。这些交流活动，对提升剧组人员对海外华侨华人的认识颇有意义。

最难忘的是采访外籍司机王亚能的女儿。

王亚能、马亚森是南侨机工队伍里的两位外籍司机。我一直在追踪他们的足迹。

在一次查阅档案资料时，我看到民国二十八年四月四日的一份档案资料有如下记载：

"西南运输公司汽车运输队华侨第二大队人员动态月报表　民国三十年六月卅日填报"。

华侨先锋第二大队第六中队，中队长王亚能（龙），队员134名：

华籍：40人

陈金有	林明月	甘锦寿	傅明志	田　杰	王志雄	陈云基
罗亚明	黎庆仪	曾　达	舒　慧	林锦祥	何纪良	王东进
冯国安	郑国泉	谢元宗	杨麟昌	陈德和	林炳南	陈　恩
侯永锡	阮启元	邓　仪	廖国才	容子权	陈介文	陈　福
李　成	邝兆昇	温永福	陈　钊	朱　洪	朱普泽	冯曾耀
李明楷	王德美	杨正洪	李　昆	肖　金		

印度籍：55人

王亚能　TARA SINGHI　INDER SINGH　S.RAJU　KARTA SINGH

K VILLASWAMI　P.GOPAL　L.P.PANDAY　S.K. BANIK SAWMAYAR

KHALISHAH　M.E.MADINA　BOODI RAM　SULTAN　PUNOO SWAMI　JADDU AHEEK　MD.HUSSEIN　SARGU PRASHED GUNAPATHE

DOST-MDKHAN　BIKER SINGH　CHARAN-SINGH MD:KASSIM

DADU KHAN　HARI SINGHII　ANDAVI　BATAK DEO ULWANT SINGH

VAHID BEG　IUTTOOKRISHNAN　WEETILINGAM　KAKAR SINGH

RAMOOTEE　BUDH SINGH　TARA SINGH II　SARDER SINGH

HAN SINGH　SUNDER　SHAWAN SINGH　SU KAL SINGH

NAIZ KHAN　S.B.PANDAY　BACHAN SINGH　CHANDAN SINGH

KYAR KHAN　DAVI　SETOL SINGH　RAMDARAS　M.SUBAN

FARZAN KHAN　CHARAN SINGHII　JALANDERI SINGH RAM RAJ

ATTAMD:KHAN　KATHA SINGH

马来籍：18人

SHED MOHAMED　M.OSMAN　FULMAN　A.RAHMAN GOLAMRAHMAN ALI BUX　ABDUL ZALIL　ABDUL RAHMAN ABDUL

FAKIR　MOHAMED　SYEDAKBAL　KHALILLAHMED

MAHADEO

BULAI TAILEE　ABDUL GAFER　HAYAT HUSSEIN
SHAMSHUDIN
AHMED MOHAMED

缅甸籍：11人

MAUNG THEIN　　MG OHN NGWE　　MG:THEIN II　　MG:LAY
MG THA DIN　　MG:KUUT　　MG:JANALA　　MG:BAKHIN
MG:PO.HTWE　　MG:KYAWTHAU　　　MG:THAUNG.SHWE

印尼籍：2人

BAL BAHADUR　　HARKA BAHADUR

暂未确定国籍：8人

KHODA BUX　　CHOWDRY　　BAHARATSWAIN　　A.K DEY
YANKANA
BAIGNATHDUBE　　HARI JAM　　LEE KYIN TAIK

　　这份资料显示，印度籍的王亚能领导的华侨先锋大队第六中队当时驻扎在缅甸的腊戍。

　　在当时查证档案时，只搜寻到该中队里五位有档案记载的是在缅甸招募，三位中国人，一位缅甸人，一位印度人。除此以外，余者是在哪儿招募？我一直在疑惑。功夫不负有心人，又经过几年的查找，终于有一天在档案中查到：

　　关于腊戍支处会议记录：军事委员会西南进出口物资运输总经理处仰光分处，民国29年7月2日下午会议记录

抢运：将仰光物资全数抢运入国境

最近决定每日由仰来货六百吨，腊戍每日运出四百吨，车辆与装卸工人为目前之首要问题。关于车辆问题，除原有车辆加以登记控制外，不日可由仰来车300辆。另有先锋队车90辆参加运输，由仰雇得印度工人100名。我们对于这批司机机工及工人等应该用善良的方法来管理。安南因法政府接受倭寇要求停止我们运输损失不少，缅甸形势危在旦夕。

本处在腊戍既已签约雇用之车辆，应即将号码详细开列登记以凭控制。每天早5点至下午6时工作时间，油库装卸延长到晚上10时。

（云南省档案局档案54、6、6）

至此，这段历史的谜团终于解开。

导演欧阳斌认为，在南侨机工队伍里有这么多的外籍司机，是值得我们记录、深思的历史现象。

我们多次电话王亚能的女儿，希望她能接受我们的采访，却被婉言谢绝。为难之时，秋雅拨通了对方的电话，用她那颇具亲和力的声音，与对方娓娓而谈。在秋雅的协调下，我们很快与王亚能的女儿见面并采访了她。秋雅做事考虑细密，去之前专门为我们请了一位英文翻译，使我们的采访既顺利又有趣。

2015年是中国人民抗日战争暨世界反法西斯战争胜利70周年。由中国国家广电总局主办，60城市承办的大型历史纪录片《血铸山河》开拍，我再度携手昆明电视台专程到槟城拍摄《永远的父亲》。

毋庸置疑，这次再度赴马来西亚拍摄采访，委实于秋雅女士的妥善安排下顺利完成。在工作结束之前，我们参加了她卸任槟城海南会馆会长职务的晚宴。我是真心祝福她的卸任，因为一直以来，她担任着多项社会职务，希望她能够稍稍减轻一点担子。没想到时日不久，侯韦美告诉我，

南侨机工汤耀荣

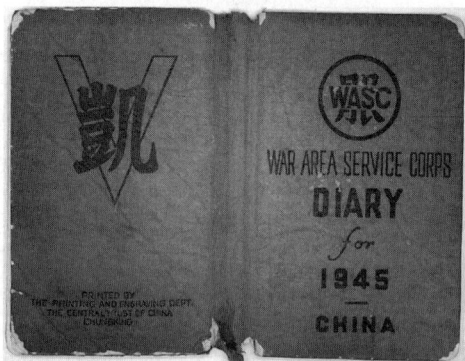

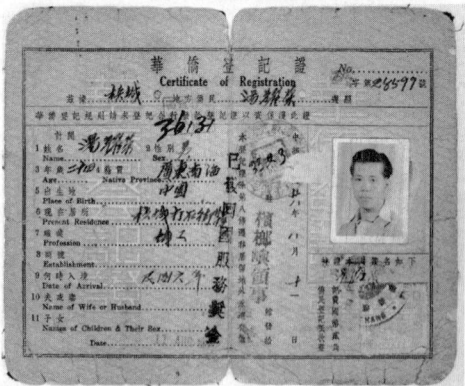

南侨机工汤耀荣的华侨登记证

"林主席荣膺全马海南会馆总会长"。虽然有点意外，但也符合她的性格。

记得我们在 2013 年到东马看望李亚留、许海星老人时。她轻言细语地对我说："这些老人家都 90 多岁了，身体和思维都还那么好，我们要向他们学习呵，这样我们才能够为社会多做点事情。"语不惊人的一句话，引发了我们的共鸣。当时我们四位年过半百的人，像小孩子一样拉起了钩钩，约定向老英雄学习，健康向上，为社会多做点事情。

从 2005 年至今，无数次在滇缅公路、中马等国往来奔波，收集到数百件南侨机工文物，也收获了友谊。

如今，这些文物在云南省博物馆、昆明市博物馆、厦门华侨博物院、陈嘉庚纪念馆、广东华侨博物馆、中国华侨历史博物馆等地作为珍贵的馆藏。永远向人们诉说着"父亲"的故事，见证着一段在炮火中淬炼的历史……

至今，我无法完全知晓父亲在运输抗战物资时，经历了哪些艰险、哪些磨难。在关于父亲的文物中，只有一段记载，曾经在贵州翻过车。

几十年来，在走访当年和父亲并肩战斗过的南侨机工老伯时，在搜寻整理了众多南侨机工文物后，父亲的形象越来越清晰……

让战争远去，和平与欢聚才是对父亲最好的纪念。

> 癸巳岁末的那一天，
>
> 晨钟响起暮鼓声息，
>
> 在安详的祈祷声中，
>
> 父亲化作了一朵祥云。
>
> 轻轻地，穿过林梢飘向海洋，
>
> 飘到那叶子肥，豆蔻香的南洋。
>
> 美丽的海岛槟榔屿啊！
>
> 你是父亲心灵的归属，
>
> 是父亲日思夜想的第二故乡。
>
> 打石街的青石路面，
>
> 是否还印记着他青春的步履，童年的欢笑，
>
> 屋后那棵老椰子树下，
>
> 仍然回荡着老祖母的呼唤……
>
> 曾几何时，
>
> 槟榔屿的上空歌声嘹亮，
>
> 巾帼不让须眉出征北上。
>
> 大钟楼前锣鼓喧天，
>
> 五百男儿勇赴国难……
>
> 槟榔屿的海浪高啊！
>
> 高不过父亲心中痛忍的泪花，
>
> 万刃穿心的别亲之苦，挡不住壮士为国舍家。

我时常仰望天上的白云，

片片的白云里，父亲居住哪一朵？

我知道，

当我穿行于云海之中，

有片祥云为我护航，

当我徜徉在史海长河里，

有盏明灯照亮我前进的方向……

槟榔屿的海岛啊！

你海波绿，海云长，

在那绿波云长的晨曦里，

翩跹彩云就是英雄父辈的身影，

一朵朵，一片片，

映红了天空，映红了大地，

永远映辉在我的心底。

亲情中华　寻踪南洋

——云南省侨联南侨机工暨眷属联谊会数次访马综述

徐宏基 *

　　云南省侨联南侨机工暨眷属联谊会的前身为南侨机工云南联谊会，成立于 1986 年，30 余年来，联谊会发生了很大的变化，从成立初由 77 名南侨机工为首批会员，到今天全省健在的南侨机工相继离世；从成立初的 77 名会员，发展到今天近 400 名会员（含德宏分会会员）；从成立初会员全部为南侨机工，到今天会员发展到南侨机工第二代、第三代。

　　联谊会成立早期，健在的南侨机工会员们都盼望着有一天，能回到朝思暮想的原居住地南洋，重新喝一口甘甜的椰子水，重新闻到豆蔻的清香。1995 年，他们多年的期盼得以实现。应马来西亚华人文化研究会等社团的邀请，我们的父辈，17 名健在的南侨机工重新踏上马来西亚的土地，了却了多年的一桩心愿。

　　进入 21 世纪，我们的父辈大多数已经过世，南侨机工第二代已成为联谊会的主力军，他们扛起了宣传弘扬南侨机工爱国精神和英雄事迹的大旗，不遗余力地向前进发，他们也在盼望着有一天能到父辈生活居住过的地方亲身领略和体验父亲的足迹与人生追求。

　　不曾想到，这一天终于来到了。

* 徐宏基，南侨机工徐新淮之子，云南省侨联南侨机工暨眷属联谊会会长。

永远记住她——林秋雅女士

2011 年 7 月，由马来西亚吉隆坡暨雪兰莪中华大会堂、马来亚二战历史研究会、柔佛州河婆同乡会青年团联合组办的"重走南侨机工抗日滇缅路四驱万里行"活动车队抵达昆明，我有幸认识林秋雅女士。初次见面，感到面前站着的是一位仪表端庄、态度谦和、谈吐儒雅、为人厚道的女性。

在我随同车队一行前往滇西的路上，不论是在老滇缅公路边的小食馆，还是在边陲县城的小旅店，林女士从不避讳与我们同吃；为她安排住宿时，她欣然接受，不嫌其简陋。经过一段时间的接触，林女士主动邀请我们到马来西亚访问。原本以为是口头说说而已，没想到，仅过了两个月，林秋雅女士以马来西亚槟城孙中山协会和槟城海南会馆等团体的名义，邀请我们出席 2011 年 11 月在马来西亚槟城举办的纪念辛亥革命 100 周年活动。

到达槟城后，我了解到了林秋雅女士的更多情况：她是马来西亚华人，祖籍为海南省文昌市，担任马来西亚槟城孙中山协会会长、槟城海南会馆主席，兼任诸多职务。几十年来，林秋雅女士一直活跃于世界很多国家和地区，致力于中华文化的传播与推广，为发展中马友好关系和中马民间文化交流作出了杰出贡献，是马来西亚为数不多荣膺"拿督"的女性之一。

在我们的这次出访中，林秋雅女士主动促成 2012 年 8 月"亲情中华 寻踪南洋——云南省侨联南侨机工暨眷属联谊会访问团"访问马来西亚事宜，并取得圆满的成功。

有人问林秋雅女士为何这样关注南侨机工？她说，从 21 世纪以来，我接触到一些回马来西亚寻觅父辈遗迹的南侨机工后代，了解到南侨机工的情况，后来，我的海南老乡，现任厦门华侨博物院名誉院长的陈毅明女士，也给我介绍了南侨机工。近几年，中国中央电视台《南侨机工——被遗忘的卫国者》摄制组、云南昆明电视台《南侨机工》摄制组导演欧阳斌先生、摄像祁云先生分别到马来西亚拍摄，我作为接待联络人，较广泛地了解了南侨机工和他们的后人，我深深被南侨机工国家至上、民族至上、牺牲自我、报效国家的凛然正气、民族精神所打动；同时也被他们后人不遗余力宣传弘扬父辈的精神所感染和打动。

其实，据我了解，林秋雅女士在马来西亚宣传弘扬南侨机工所做的一切，并非一帆风顺，有人就曾提出非议："你身为海南会馆主席去做与之无关的事，有不务正业之嫌。"对此，林秋雅女士泰然处之。她认为，作为槟城孙中山协会会长，槟城海南会馆主席，做宣传弘扬南侨机工精神之事无可非议。孙中山先生系民主革命的先驱和先行者，是爱国华侨的优秀代表，而南侨机工系抗日爱国英雄，也是爱国华侨的优秀代表，他们虽然不是同时代人，但其表现出的强烈民族自尊心、自豪感，以及凛然正气、民族精神，一脉相承，殊途同归。至于与槟城海南会馆工作是否有关，她坚定地回答："据考证，九批 3200 多名南侨机工中，海南籍的就有 800 多人，占南侨机工总数的四分之一强，这是了不起的人数，这难道与我们海南会馆无关吗？这是我们海南同乡的骄傲与自豪。"

这些年来，凡是涉及宣传弘扬南侨机工精神的活动，无论在马来西亚，还是在中国或其他国家，她都积极参与。她曾几次赴马来西亚和丰市与砂拉越看望慰问南侨机工黄铁魂、许海星、冯增标、李亚留等老先生，居住在马六甲 100 岁的南侨机工王诗伟老先生在世时，她也前往探望。她经常乘飞机到中国海南、云南，亲自到南侨机工家中探望。2013 年末，她专程赶赴云南省保山市，为南侨机工翁家贵先生百岁生日祝寿，了却之前向翁老许过的愿。

通过林秋雅女士与其他在马友好人士和马来西亚媒体多年的宣传，越来越多的马来西亚青年华裔以及当地政府官员等认识了南侨机工，知道了南侨机工是一批了不起的中华民族英雄，他们的英雄事迹同样感动着不同民族的人们。

马来西亚槟州议会议员、槟城房产与城乡策划及艺术委员会主席黄汉伟先生如是说："过去，我对南侨机工一无所知，这些年来，通过观看槟城孙中山协会举办的展览，邀请南侨机工后人访问的演出，慰问南侨机工等一系列活动，使我和其他政府行政官员对南侨机工有了较深入的了解。"

赴槟城出席纪念辛亥革命 100 周年活动

应马来西亚槟城孙中山协会、槟城海南会馆等八个海外团体的邀请，云南省侨联南侨机工暨眷属联谊会派代表于 2011 年 11 月 10 日至 24 日，出席了由八个海外团体举办的纪念辛亥革命 100 周年活动。

活动期间，联谊会代表在林秋雅女士和刘道南先生等人陪同下，拜访了居住在马来西亚六位健在的南侨机工（王诗伟、黄铁魂、黄明安、许海星、李亚留、冯增标），看望了已故南侨机工的遗孀及后裔 40 余人，赠送了《南侨机工》纪录片光碟、纪念册、纪念章等物品。

2011 年 11 月 11 日、12 日，由马来西亚槟城孙中山协会主办，马来西亚佛教总会、槟城阅书报社—孙中山纪念馆、槟州华侨校友联合会、槟榔屿南洋华侨校友会、槟城公民学校信理会纪念碑管委会、槟城海南会馆、槟城菩提校友会联办的"纪念辛亥革命 100 周年活动"拉开帷幕，活动的宗旨即纪念与发扬孙中山先生之民主博爱精神，认识辛亥革命之重要性及其历史意义，认识及表彰海外华侨华人之牺牲奉献精神。

联谊会代表在拜见槟城孙中山协会会长、槟城海南会馆主席林秋雅女士时问及："因何将发扬南侨机工之奉献精神作为本次活动缘起理由之一？"

林秋雅女士意味深长地回答："100 年前，孙中山先生在辛亥革命期间曾经说过：'华侨乃革命之母'。如果说，辛亥革命在中国近代史上谱写了光辉的篇章，那么华侨在其中扮演了可歌可泣不可或缺的角色，如果说要弘扬辛亥革命先驱奋斗牺牲的精神和家国大爱，让民族复兴接力棒代代相传，那么英雄的南侨机工惊天地、泣鬼神的爱国壮举是对辛亥革命先驱家国大爱精神的最好传承和诠释。因此，在纪念辛亥革命100周年时，把发扬南侨机工之奉献精神纳入其中，无疑有着深远的历史意义和重要的现实意义。"听罢林秋雅女士的一番铿锵表述，联谊会代表对活动举办者的良苦用心十分感佩。

2011年11月11日、12日，位于槟城车水路182号的马来西亚佛教总会礼堂，气氛异常热烈，来自马来西亚各地的华侨华人代表聚集一堂，"纪念辛亥革命百年路"系列活动举行开幕礼仪式。本次活动大会主席林秋雅女士致欢迎词，接着，马来西亚佛教总会代表、中国厦门陈嘉庚纪念馆代表、槟城房地产与城乡策划及艺术委员会主席黄汉伟先生分别致辞。仪式结束后，《孙中山与本国革命先贤》图片展开展。

本次活动中，举办了题为"辛亥百年，展望未来"的讲座，马来西亚韩江学院中文系主任陈金辉博士担任主持，主讲人为中国厦门陈嘉庚纪念馆馆长陈呈先生、马来西亚华社研究中心主任詹缘端博士等。

纪念活动中，专门举办了"南侨机工事迹研讨交流会"，由马来西亚南侨机工研究学者刘道南先生主持，我以《南侨机工与滇缅公路》为题作讲座，介绍了南侨机工。同时，联谊会代表向与会的马来西亚南侨机工后人、华文学校代表赠送纪录片《南侨机工》光碟，并请会议主办方现场播放纪录片《南侨机工》，与会观众被片中的感人情景打动，禁不住潸然泪下。

2011年11月11日11时11分11秒，活动主办方在槟城亚依淡"槟榔屿华侨抗战殉职机工暨罹难同胞纪念碑"前，举行献花致祭活动，由槟州政府、槟州华人大会堂、吉隆坡暨雪兰莪中华大会堂、槟州马华公会、陈嘉庚基金会、中国厦门陈嘉庚纪念馆、中国云南省侨联南侨机工暨眷属联合会等53个华人团体暨海外华侨华人团体代表，依次向二战南侨机工暨罹难同胞献花致祭，当地"慧音合唱团"11名男歌手合唱《亚依淡纪念碑之歌》，使祭拜活动庄严肃穆。在这座纪念碑下，掩埋着700多具二战中罹难的槟城同胞遗骸。槟城首席部长林冠英先生讲了一段发人深省的话："建立纪念碑，把烈士和罹难者埋在纪念碑下，不只是为后代怀念勇士，要牢记战争带来的残酷教训。"他还说，"二战结束已经66年，人们不要忘记这66年维护和平的可贵"。

纪念活动结束后，联谊会代表前往槟州、霹雳州、雪兰莪州、马六甲州、砂拉越州、柔佛州等六个州的槟城、太平、怡保、马六甲、吉隆坡、古晋、麻坡、新山、古来等九个城镇拜望了在世南侨机工：99岁的王诗伟先生，93岁的黄铁魂、黄明安、许海星、李亚留，94岁的冯增标因身体欠佳，由其孙女代他与我们会面。

让人难以忘怀的是，李亚留老人接连唱起《抗日军人之歌》《大刀进行曲》等抗日歌曲，回忆那段烽火燃烧的岁月；许海星老人拖着一只残疾的右手，小心翼翼地用左手拿出珍藏多年的10本相册，讲述自己的抗战经历。老人们对生活乐观向上的态度，让联谊会代表敬佩之极。两位老人还盼望着有朝一日能重返滇缅公路，看看为之付出青春和鲜血的故地。联谊会代表分别把写有"赤子功勋"的书法条幅、纪念册以及纪念章等，赠与上述六位在马来西亚的南侨机工老人，并祝他们健康长寿。

相约 2012 组团出访

在林秋雅女士的总协调下，应马来西亚槟城孙中山协会、槟城海南会馆、马来亚二战历史研究会、柔佛州河婆同乡会、麻坡中华公会、霹雳州华人文化协会、怡保中国精武体育会等团体的邀请，由陈立人先生担任名誉团长、由我担任团长的云南省侨联南侨机工暨眷属联谊会"亲情中华 寻踪南洋"访问团一行39人，于2012年8月12日至26日赴马来西亚访问，中央电视台、昆明电视台等媒体记者随团采访。

访问团此行以宣传和弘扬南侨机工爱国主义精神为主题，以传播中华文化艺术为纽带，以促进海内外文化教育交流为抓手，在马来西亚雪兰莪州、柔佛州、槟州、霹雳州的吉隆坡、槟城、古来、麻坡、怡保、太平等六个城市，举行反映南侨机工抗日爱国英雄事迹的文艺演出、图片展览、交流报告会；还举办了中国少数民族舞蹈讲座，促成了昆明侨光小学与马来西亚怡保育才学校校际间的教育合作交流。

访问团在马来西亚期间，海外华侨华人社团热心人士将许海星、李亚留、黄铁魂等三位健在南侨机工会聚于槟城，使访问团的全体成员能近距离与三位老人座谈交流、合影留念。

马来西亚《星洲日报》《南洋商报》等媒体在访问团到来之前，提前将信息作了广泛传播，使访问团在访马来西亚期间掀起了一阵媒体宣传热潮。

小话剧《南侨机工，永远的丰碑》《抗战歌曲联唱》等节目，是访问团带来的重头戏，先后在古来、吉隆坡、槟城、太平、怡保等城市连演五场，产生了强烈的反响。首场演出被安排于柔佛州古来当地颇具影响的宽柔中学。演出前，宽柔中学学生组成的舞狮和威风锣鼓方阵前来助阵欢迎。以柔佛州河婆同乡会、新山区蔡氏济阳堂、古来客家公会、马来西亚巫氏公会为主的30个华人社团代表前来观看演出，使访问团备受鼓舞。

在马来西亚首都吉隆坡，访问团演出地点定在位于市中心、有着百年历史的吉隆坡暨雪兰莪中华大会堂（简称"隆雪华堂"），隆雪华堂暨二战历史研究会不但为访问团提前印制了海报，还印刷了小话剧剧情介绍和剧照。阵容强大、训练有素的隆雪华堂合唱团，以大合唱《远方的客人请你留下来》、男声独唱《松花江上》等节目配合参与演出。

　　怡保是访问团的最后一场演出地。怡保中国精武体育会组织了马来西亚全国精武体育分会代表观看演出。演出现场座无虚席，盛况空前。在访问团的五场演出中，出席观看演出的知名人士有：马来西亚政府内政部副部长李志亮先生，马中友好协会主席、海鸥集团董事经理陈凯希先生，吉隆坡暨雪兰莪中华大会堂主席陈友信先生，马来亚二战历史研究会会长翁清玉先生，槟州华人大会堂主席蓝武昌先生，槟城孙中山协会会长、槟城海南会馆主席林秋雅女士，怡保育才学校董事长潘斯里梁琬清女士，霹雳州华人文化协会会长马寅图先生，柔佛州河婆同乡会会长黄福庭先生，怡保中国精武体育会会长黄保生先生，麻坡中华公会会长林得元先生等。

　　小话剧《南侨机工，永远的丰碑》以及《抗战歌曲联唱》等节目受到了马来西亚华侨华人的热烈欢迎和赞扬。吉隆坡暨雪兰莪中华大会堂主席陈友信先生在讲话中向当地华侨华人推介，"我看过这部小话剧，当时就被剧情深深地打动，相信你们看了也会像我一样被打动。""抗日救亡"是中华民族的共识与心声，在中华民族艰苦卓绝的抗战历史中，海外华侨被誉为抗战的四大力量之一，南侨机工更是海外华侨的杰出代表。

　　访问团每到一地，都在演出地点周围支起展架，将20余幅反映南侨机工爱国主义精神内容的图片，展示在观众面前，使观众提前融入南侨机工历史的氛围中。

　　访问团还利用交流报告会，推介昆明电视台摄制的电视纪录片《南侨机工》《我心中的生命线》等；借此次访问演出机会，还开展了民间文化教育交流活动。访问团副团长、南侨机工后人汤耶碧女士是中国著名的傣族舞蹈家。早年毕业于中央民族大学舞蹈学院，后在云南民族大学舞蹈学院任教授，曾在美国、泰国等多个高等艺术院校作过学术交流、表演讲学，曾撰写《傣族舞蹈艺术》《广东瑶族舞蹈与音乐艺术》等专著，此次出访，汤耶碧女士和丈夫林兆武担任访问团的艺术总监。汤女士还应邀专门在柔佛州古来、霹雳州怡保以及槟城等地，举行了舞蹈讲座，给马来西亚华侨华人留下了深刻印象。马来西亚民间舞蹈艺术协会、霹雳州怡保中国精武体育会分别向她赠与刻有"发扬传统民间艺术""舞蹈艺术源远流长"字样的精美锡盘工艺品，同时邀请她在适当的时候再度访马交流。

此次访问期间，访问团部分成员受邀参观了位于霹雳州怡保的一所具有104年办学历史的华文学校——怡保育才华文学校，并达成昆明侨光小学与该校之间建立校际合作交流。霹雳州华人文化协会会长马寅图先生和怡保中国精武体育会会长黄保生先生分别捐款赞助昆明侨光小学。

在马来西亚友好人士的安排下，访问团一行参观考察了柔佛州宽柔中学、麻坡中华中学、太平华联国民中学、怡保育才华文学校，通过座谈交流，访问团与校方在开展教育与教学交流合作、举办青少年夏令营等方面达成协议。

访问团在马来西亚期间，无不感受到海外华侨华人对祖（籍）国的热爱。中国精武体育会是一个国际性的华人组织，旨在弘扬光大师祖霍元甲倡导的武术强身、爱国卫家的精神理念。如今，这种精神理念又被海外华侨华人赋予新的内涵。现任怡保中国精武体育会会长黄保生先生说："如今精武体育会已不仅局限于武术强身、爱国卫家的范畴，已发展至扶贫济困、公益慈善等多个方面，甚至为处于生命垂危中的病人联系人体器官移植捐赠人等。在中国四川汶川大地震中，仅怡保中国精武体育会就在会员中募捐马币37万元。"

祖籍福建莆田、曾任吉隆坡暨雪兰莪中华大会堂妇委会主任的郑桂珠大姐，专请访问团吃早茶，她深情地对访问团成员说："看见你们，我特别高兴。我和全马来西亚的华侨华人一样，对祖（籍）国好爱，好爱啊！四川汶川大地震，马来西亚华裔捐款之多，在全球华人中堪居前列。伦敦奥运会男子羽毛球单打决赛，无论是林丹还是李宗伟，打出一个好球，我们都热烈鼓掌。他们无论谁拿冠军，我们都由衷高兴，因为林丹是中国人，李宗伟是华裔，他们都有中华民族的血统。"

在访问团的日程中，还安排了一项重要内容，柔佛州河婆同乡会会长黄福庭先生，带领古来 30 个华人社团代表与访问团一道，出席了在古来富贵山庄举行的南侨二战抗日机工罹难同胞纪念碑动土奠基仪式。黄会长和访问团感谢富贵集团献地建立纪念碑。富贵集团主席胡亚桥说，建立南侨机工纪念碑意义非凡，是要记载、表彰和感谢这群爱国的南侨机工及二战殉难烈士。访问团在马来西亚期间，还分别出席了在古来、吉隆坡、槟城举办的三场公祭二战南侨机工暨罹难同胞仪式，我代表访问团在公祭仪式上宣读了祭文。

访问团此行取得了一系列成果，还有一项大的收获就是，经马来西亚南侨机工历史研究学者刘道南先生等海外热心人士的帮助，马来西亚华文报刊积极为中国南侨机工后人寻找在马来西亚的亲属，取得了良好的效果。经林秋雅女士、刘道南先生等人积极牵线联络，访问团团员中先后有徐宏基、汤耶碧、任秀华、欧云林、陈钟儒、徐永泰、张云鹏等人找到了在马来西亚的亲人，并与亲人相会。团员叶晓东赴麻坡为祖父祖母扫墓祭拜，团员刁文华、李和媛在太平找到了其父当年的住所。

马来西亚探亲随记

殷 红*

2019 年 9 月，马来西亚槟城阅书报社委任的中马友谊大使郑威廉先生（系南侨机工八十先锋郑世强之孙），与我在南宁见面相识，提及 1939 年南侨机工回国参加抗战的历史及八十先锋的壮举，我们感慨万千，不禁产生了许多共识。郑威廉先生介绍了槟城阅书报社及华人社团多年来联合各界宣传和纪念南侨机工回国抗战历史的情况。我们经过多次深入交流后，计划在适当的时候策划组织一次南侨机工后人联合车队赴马来西亚追随父辈的足迹、寻根恳亲的万里行活动。当我们把构想反馈回马来西亚后，得到马来西亚槟城阅书报社——孙中山纪念馆馆长拿督庄耿康先生的积极回应和赞许，他致函盛情邀请我出席 11 月 11 日"槟榔屿华侨抗战殉职机工暨罹难同胞纪念碑"公祭仪式，同时深入研讨活动计划的可行性并进行实地考察。我欣然接受了邀请，想借此机会拜访当地华侨华人社团及侨领，寻求多方参与和助力，希望通过了解海外侨情，广交朋友，收集南侨机工抗战历史资料，寻找南侨机工海外亲属，推动"2020 年南侨机工联合车队先锋万里行"计划的顺利进行，以期为中马文化旅游友好交流做些有意义的助力工作，同时实现自己到南侨机工父亲第二故乡马来西亚彭亨

---

* 殷红，南侨机工殷华生之女，原中国广西南宁市归国华侨联合会副主席、南宁市政协委员、南侨机工眷属南宁联谊会名誉会长、云南省南洋华侨机工回国抗战历史研究会名誉会长。

文冬走走看看的心愿。

11 月 9 日 17 点 30 分，我和丈夫梁学明在郑威廉先生（及家属）的陪同下，在中国广西南宁吴圩国际机场登上了飞往吉隆坡的飞机……经过三个小时的飞行，我们顺利抵达了吉隆坡的机场，开始难忘的马来西亚之行。

历史与文化底蕴厚重的美丽槟城

11 月 10 日早餐后，我们在郑国财经理、陈婷婷部长的陪同下，往槟城方向启动我们在大马访问探亲的行程。

下午 2 点左右，我们抵达马来西亚槟城阅书报社。槟城曾是孙中山先生海外的革命基地，而槟城阅书报社，作为同盟会南洋总机关的所在地，更是这个革命基地的中枢。

位于槟城中路 65 号的这座纯白色建筑就是槟城阅书报社，现为孙中山纪念馆，而当地的华侨华人更喜欢叫它小兰亭俱乐部。100 多年前，孙中山先生就是在这里开始了他在槟城宣传革命的第一场演讲，也是在这里他结识了被后世誉为"南洋革命党三杰"的吴世荣、黄金庆和陈新政。

坊间一直有孙中山"九次革命，五到槟城"的说法，更有研究称孙中山历次起义共募集 60 余万两白银，其中三分之一来自槟城，足见槟城对于孙中山革命事业的重要性。而槟城阅书报社，为进步华侨听演讲、读报纸和讨论提供了场所，对于传播革命思想起到了巨大的作用。

而今，后人感佩先贤的革命精神，将吴世荣、黄金庆与他们追随一生的孙中山一起塑在槟城阅书报社楼前。

下午 4 点，槟城阅书报社—孙中山纪念馆馆长拿督庄耿康先生不顾自己高龄，百忙中亲临现场热情接待和欢迎我们，亲自主持召开交流座谈会，向我们详尽介绍孙中山纪念馆馆史和建设发展概况，陪同我们参观刚建立的南侨机工展馆。我们看着展厅里悬挂的一幅幅南侨机工回国抗战相关的历史照片，情不自禁落下泪水。庄老深情嘱咐我们南侨机工眷属多关心南侨机工纪念馆的建设发展，为丰富馆藏资料出一份力。庄耿康馆长、程福隆署理馆长很高兴为今后加强同中国广西南宁市侨联及南侨机工眷属南宁联谊会的联络与合作，并赠送书籍给我们，我们也给纪念馆赠送了锦旗。

当晚6点左右，槟城孙中山协会会长、马来西亚海南会馆联合会总会长拿督林秋雅女士知道我和丈夫第一次来到槟城，格外高兴。她放下手中的事务，冒着大雨来到我们入住的双威酒店看望我们。我与林秋雅会长是在2009年4月6日中国海南省海口市华侨大厦召开的纪念海南南侨机工回国抗日70周年大会上相识的。因南侨机工这段历史而结缘的我们，多年来关系密切，情同姐妹。林会长多年来潜心研究和宣传陈嘉庚与南侨机工的历史，她的执着努力与无私奉献的精神，令我由衷钦佩和感谢。

林会长与我们一见面，就送上槟城特色点心饼和品牌咖啡茶，给我们介绍槟城这座城市的人文历史景观等等，盛情邀约我们到附近的"快乐海鲜"餐厅餐叙。餐叙中，来自云南大理的贺智泉老师一展歌喉演唱了《蝴蝶泉边》《小河淌水》等歌曲，云南昆明的高德敏老师即兴表演诗朗诵《历史的丰碑》，林会长情不自禁献上一首《茉莉花》，歌声甜美，让人陶醉。

11日上午10点，我们从双威酒店出发，由槟城阅书报社庄光炎先生驱车引领来到了亚依淡。这是一座文明古老、宁静祥和的美丽小镇，镇上古木参天、郁郁葱葱，四周群山环绕、层层叠叠。在镇中心的十字路口旁，有一处小广场。广场中央耸立着洁白的纪念碑，上书"槟榔屿华侨抗战殉职机工暨罹难同胞纪念碑"，碑身呈三角形，高49尺，落成于1951年。

小广场的一侧，可见一幅60尺长浮雕，描绘机工驾驶的卡车蜿蜒爬行于险峻的滇缅公路，浮雕上方"二十万乡民筑天路滇缅公路三千机工建奇勋"十八个大字赫然醒目。广场的临街一侧，矗立着题为"勇者无惧"

的巨型机工塑像，奔驰在抗战生命线上的卡车在阳光照耀下熠熠生辉。

每年的 11 月 11 日，槟城州各界代表聚集在这里，举行公祭仪式，祭奠抗战殉职的南侨机工及罹难同胞，祈祷人类远离战争，祈祷人类永远和平。

上午，出席公祭仪式的中国驻槟城总领事鲁世巍先生，马来西亚财政部部长林冠英先生，槟州首席部长曹观友先生，槟州中华大会堂主席许廷炎先生，槟榔屿华侨抗战殉职机工暨罹难同胞纪念碑管委会主席庄耿康先生，马来西亚海南会馆联合会暨槟城孙中山协会会长拿督林秋雅女士，中国广西南宁南侨机工后代代表及五十多个主要政党、社团、华侨组织及媒体代表近 500 多人聚集在小广场参加公祭活动。11 点 11 分大会主持人宣布槟榔屿华侨抗战殉职机工暨罹难同胞纪念碑公祭仪式开始，全体肃静。仪仗队奏响了马来西亚国歌和槟州州歌，合唱团深情地唱起了《纪念碑之歌》《再会吧南洋》歌曲。中国驻槟城总领事鲁世巍先生在致辞中表示：

殷红女士代表南侨机工后代在公祭大会上致辞。

南侨机工为中国抗日战争及世界反法西斯战争的胜利，作出了不可磨灭的贡献，也作出了重大牺牲，对于他们的爱国主义精神和英雄壮举，所有海内外炎黄子孙永远都不会忘记。中马两国人民共同经历了战争的磨难，更加懂得和平来之不易，更加懂得"和平而不是战争，合作而不是对抗"才是人类社会发展进步的永恒主题。今天的中国已经发展成为世界和平的坚定倡导者和有力捍卫者，中国人民将坚定不移走和平发展道路，坚定不移维护人类和平与发展的崇高事业，愿同世界各国人民真诚团结起来，为建设一个持久和平、共同繁荣的世界而努力，共同创造人类世界的美好未来。

马来西亚财政部部长林冠英先生表示：举行公祭仪式，是为了缅怀南侨机工为反对日本殖民侵略、争取和平所作出的伟大牺牲。我们要勿忘历史，反对战争，珍视和平。

槟州首席部长曹观友先生表示：在日本发动全面侵华战争后，南侨机工一呼百应，毅然决然归国参加抗战，他们的付出与牺牲不会被忘记。马来西亚是爱好和平的国家，我们应该从历史中吸取教训，弘扬和平精神。希望世界各国都以和平协商的方式维护人类共同利益，不以摧毁家园的武力方式解决问题。只有家和才能万事兴，才能国泰民安。

在这次公祭会上，我受邀代表南侨机工后代在会上致辞：80多年前，日本军国主义发动的那场侵略战争给中国及亚洲人民带来了空前的灾难。当时，日本侵略者占领、封锁了中国沿海的港口和海岸线。为尽快运送大批国际援华物资，中国抢修通了滇缅公路，急需招募大量司机和汽车修理工。1939年初，在南洋爱国侨领陈嘉庚先生的号召下，生活在南洋各地的一批批热血青年踊跃报名，由3200名华侨专门人才组成的"南洋华侨机工回国服务团"，肩负着南洋800万华侨的重托，义无反顾，回到祖国，奔赴抗日战场。在中华民族艰苦卓绝的抗战中，南侨机工是一次组织最为有序，人数最为集中，经历最为悲壮，最具影响力的华侨爱国行动。南侨机工无私奉献、无畏牺牲的精神在中国人民抗日战争暨世界反法西斯的斗争中，功勋卓著。问世间何以当之不朽，英雄之魂永立苍穹。血肉之躯逐倭寇，烈士之魂救民众，胜利之旗保中华。一个民族，一座城市，离不开一种精神文化的传承和支撑。通过参加这次公祭活动，我们深切缅怀父辈南侨机工，激发爱国情怀。让我们在"一带一路"倡议下，共架合作之桥，播种友谊，凝聚梦想，担负使命，共创繁荣，为实现中华民族伟大复兴、促进中马两国友好代代相传而共同努力！

公祭中，我们五位来自中国广西南宁的南侨机工后代，代表健在的南侨机工及眷属敬献花篮，向为中国人民抗日战争暨世界反法西斯战争胜利作出贡献的马来西亚华侨及南侨机工先辈，致以崇高敬意和深切缅怀；向在抗日战争中殉的南侨职机工及惨遭侵略者杀戮的罹难同胞致以深切的哀悼。仪式结束后，我站在那棵古老的参天大树下，凝视着洁白高大的纪念碑。那首悲壮的《再会吧南洋》歌曲一直在耳边回响，激动的心情久久不能平静。

12 日上午，在槟城阅书报社的安排下，署理馆长程福隆先生等侨领引领我和郑威廉先生，拜会中国驻槟城总领事馆总领事鲁世巍先生。鲁世巍总领事对我们的来访表示热烈欢迎，当知道我们是从中国广西南宁来的南侨机工后代，倍加兴奋。他高度赞扬南侨机工舍家卫国的精神，指出对于南侨机工的爱国主义精神和英雄壮举，所有海内外炎黄子孙永远都不会忘记。我简单地向鲁世巍总领事介绍了南侨机工父辈的身份，谈了我们这次应邀首次来槟城参加双十一公祭活动的意义和感受，并着重汇报我们拟计划 2020 年开展"南侨机工联合车队先锋万里行"的活动内容和主要目的，鲁世巍总领事对我们的计划表示支持，并给予了宝贵的建议。拜访最后，我代表南侨机工眷属南宁联谊会，向槟城总领事馆赠送了一面"心相连，情相依"小锦旗，表达联谊会加强与槟城总领事馆友好往来的真诚愿望。会见充满着的热情亲切、胜似一家的氛围让我们感叹槟城总领事馆不愧是海外华侨华人之家。

12日下午2点，在林秋雅会长的引荐陪同下，我们来到了《光华日报》。在考察学习交流中，我们认真聆听李兴前总经理介绍《光华日报》创办发展史和历史背景。《光华日报》于1910年12月20日由孙中山、陈新政、庄银安在当时英国殖民地的槟榔屿创设。创报的目的是号召海内外华人团结一致，推翻当时统治中国的满清政府。创刊社址是打铜仔街（Armenian Street），后迁到台牛后。创办初期，《光华日报》每天只出版两大张，初期的格式是全采用4号长行编排。社论、电讯、新闻、广告都采用4号字，重要启事排在最前。开始经济很困难，几度难以支持下去。1911年10月10日，在《光华日报》创办一年后，革命党人发动了武昌起义，并成功占领了武昌。至今《光华日报》仍然是马来西亚一份超过百年历史的重要华文报，在全马来西亚均有发行，尤其在槟城州最为畅销。我们参观了工作场所，与工作人员互动交流，李总赠送我们《光华日报》有代表意义的报纸书刊。我们还就筹备"2020年南侨机工联合车队先锋万里行"项目进行可行性探讨，署理总经理林星发热心地为我们传经送宝，并郑重承诺为我们的"2020年南侨机工联合车队先锋万里行"活动计划助力，免费为南侨机工后代登报寻亲。

槟城之行的四天虽短暂，但感触良多，受益匪浅。印象最深的是槟城历史文化底蕴深厚，人杰地灵。老一辈华人勤劳奋勉、情操高尚、深爱祖（籍）国和无私奉献的精神，——在庄耿康老先生、程福龙夫妇、林唐欣、庄光炎、庄其远、林秋雅、李兴前、林星发……身上得到充分体现和传承。

侨领精英植根繁华都市吉隆坡

14日中午，林秋雅会长陪同我们拜会马来西亚广西总会会长拿督吕海庭局绅。吕会长从林秋雅会长那里悉知我们是从中国广西南宁来的南侨机工后代，参加槟城双十一公祭活动后返程吉隆坡，便与林会长约定大家见面餐叙。当大家一见面高兴地握手互致问候时，我顿时感觉到在异国他乡见到老乡时那种亲切和温暖。在交流中，吕会长向我们介绍了马来西亚广西总会的发展情况，以及他如何履行好会长这一职责，为马中商会经贸合作及文化交流作出的努力。他期待和欢迎我们在吉隆坡访问期间到广西总会走走看看。我向吕会长介绍这次马来西亚之行的意义和感受，表示今后加强我联谊会与该会的联系与交流，并希望得到吕会长及广西总会的关注和支持。

18日活动行程，一是拜访马来西亚海南会馆联合会；二是参观部分重要华人社团会馆；三是到广东义山瞻仰"雪兰莪华侨机工回国抗战殉难纪念碑"。

马来西亚海南会馆联合会成立于1933年11月15日，初始名为"南洋英属琼州会馆联合会"，会址设于新加坡。1957年马来亚独立，由新加坡迁至吉隆坡苏丹街雪隆海南会馆。1963年马来西亚成立，改名为"马来西亚琼州会馆联合会"。1990年改名为"马来西亚海南会馆联合会"后，至今一直沿用此名称。"海南会馆联合会"现拥有76个属会，会员5万余人，是马来西亚最具有影响力的华人社团组织之一。

当我们走进马来西亚海南会馆联合会，映入眼帘的是会议室里挂满的各类荣誉勋章、奖励证书、锦旗，陈列着的会刊、报刊和各类赠品，这些都是历届会长前辈、尤其是在林秋雅会长的领导下，全体同仁共同努力的结果。多年来，林会长成为中马两国文化旅游、经贸合作的友好使者，她努力促成与中国海南省经贸活动和文化旅游的发展，以极大的热心，抱着强烈的责任感和使命感，为推动研究和挖掘宣传南侨机工抗战历史和爱国精神，关爱和支持中国国内各地南侨机工眷属联谊会的发展呕心沥血。我们满怀激动地接受了林会长赠送的海南会馆会刊。此次在海南会馆，我还

马来西亚海南会馆联合会总会会长拿督林秋雅女士（右三）向广西南宁南侨机工后代赠送《海南会馆》刊物（左起：李语燕及儿子郑裕龙、梁学明、殷红、林秋雅、侯韦美、陈婷婷）。

巧遇了著名侨领侯西反的孙女侯韦美女士。我与她初次结识于 2014 年 9 月的云南昆明，这次能在马来西亚海南会馆再次相聚，格外惊喜倍感亲切。

在马来西亚华社研究中心交流座谈时，我们聆听了赵燊儒董事主席（律师）的学术报告。大家就有关搜集侨史资料工作和共同关心的问题交换了意见，都希望今后加强联系交流，分享成果。当我们离开马来西亚华社研究中心时天空乌云密布，一场雷雨即将来临。我们驱车紧急赶往广东义山瞻仰"雪兰莪华侨机工回国抗战殉难纪念碑"。"雪兰莪华侨机工回国抗战殉难纪念碑"，由雪兰莪华侨筹赈祖国难民委员会立于 1947 年 11 月 30 日，每年的 8 月 15 日定为公祭日。在工作人员的引导下，我们怀着无比沉重的心情，缓慢地移步纪念碑前。正当我们面向纪念碑肃立，含泪向华侨机工回国抗战殉难者默哀三鞠躬时，天空霎那间下起倾盆大雨，电闪雷鸣，仿佛是南侨机工前辈英灵知道来自祖国的后代前来祭拜他们，心灵交融，天地合一，震撼呼应！

19 日，我们到达了马来西亚中华大会堂总会。马来西亚中华大会堂总会简称"华总"，是马来西亚 13 州的大会堂（或最高代表机构）所组成的一个总机构。在马来西亚总共有 9000 多个华人民间团体，而这些团体大部分是华总各属会的会员，也是该会的间接成员。华总于 1991 年 12 月 13 日举行第一届全国代表大会，正式宣告成立。在交流中，林秘书长向我们介绍马来西亚中华大会堂总会的历史背景、意义、作用及发展建设现状。我对华总在马来西亚广泛团结华人发挥了凝聚作用，成为华人"和谐之家"而表示由衷的钦佩和赞誉。为促进中马旅游年文化交流作出贡献，我们非常期待加强与华总的友好往来与合作。座谈结束后，我们一行参观了马来西亚华人博物馆。马来西亚华人博物馆于 2018 年 5 月落成，位于雪兰莪州史里肯邦安（Seri Kembangan）的马来西亚中华大会堂总会（华总）大厦二楼，面积超过 1200 平方米，现设有 16 个展区，藏品近千件。博物馆是一间结合传统展示与现代科技的民办博物馆，也是马来西亚首家全面展示华人历史与发展现状的博物馆。博物馆展区依据华人移民历史的时间轴而设，游客能直观地把握华人从移民南迁、落地生根到参与独立建国的历史过程。该博物馆特点是通过传统展示与现代高科技结合，以"实景重塑"的方式，让参观者身临其境，真实感受历史时代带来的冲击。它是马来西亚首家使用扩增实境（AR）科技的博物馆。参观时我们认真聆听讲解员的解说，进一步了解到马来西亚华人的人文历史与发展现状，深有感触。观展结束后，林春华执行秘书长还赠送了一本《马来西亚华人博物馆史料汇编》给我，令我惊喜不已。

文冬埠——南侨机工父亲的第二故乡

14 日下午，我和丈夫怀着希冀的心情，首次踏上回文冬探亲的行程。

彭亨文冬是马来西亚彭亨州西南部的一个县。其面积约为 18131.12 平方公里，是马来西亚广西籍华侨华人较为集中的居住地方之一，被称为吉隆坡的"后花园"。这里山明水秀、美食诱人，是游客观光的旅游胜地。其丰富的历史文化宝藏和华侨华人印记，以及深厚的会馆文化更是为人称道。

16 日我们与众亲戚约好在文冬两广义山祭祖。坐在车上，我望着渐行渐近的归途，浮想联翩，父亲给我们说过的文冬家史以及他参加南洋华侨机工回国服务的经历，又在耳旁回响。

我的父亲殷华生，曾用名殷金成，1914 年 7 月出生，原侨居地为马来西亚彭亨文冬埠玻璃口新村 103 号，祖籍是中国广西北流县平政乡石榴村木兰田。

我的祖父殷少明，祖母党娇，小祖母赖姨。19 世纪初，祖父随曾祖父一起下南洋，在马来西亚彭亨文冬埠的橡胶山打工谋生。在父亲六七岁的时候，祖父将祖母和父亲从国内老家接到马来西亚彭亨文冬埠玻璃口新村 103 号一起生活。祖母和曾祖母除了料理家务外，有时还到果园地给祖父曾祖父做做帮手。当年父亲尚小，祖父把他送进私塾念书。父亲边读书边帮祖父母干些轻活。几年以后，祖父用辛苦打拼的积蓄在文冬九条石购置了十几亩地自己耕作，主要种植果树和花生等一些农作物。再经过好些年的辛勤劳作，祖父的果园地逐渐扩大到 60 多亩，家境逐步殷实后，又添置一辆 40 座的大巴士给父亲跑客运生意。父亲 18 岁起就每天自己开大巴士，从文冬开往九条石，每天往返两趟，驾驶技术越来越精湛，收入也提高了不少。一家人就这样过着平淡忙碌、安稳舒适的生活。

1937 年卢沟桥事变，日寇大举侵华。南洋华侨十分震惊，义愤填膺，纷纷表示要与祖国同胞生死与共，同抗日寇。一时南洋各埠的抗日救亡运动风起云涌。在筹赈会的组织下，文冬埠的华侨青年和华侨学生一起上街进行义卖，父亲也不例外，积极参与义卖活动，义款全部捐出用于支援祖国抗战。

1939年，在中华民族面临着生死存亡的危难时刻，刚建成通车的滇缅公路急需大批技术娴熟的驾驶员，以保障军用物资运输。南洋华侨筹赈祖国难民总会主席陈嘉庚先生号召南洋华侨机工用自己的技术回国服务，在南洋各地引起了强烈反响。"有钱出钱，有力出力，共赴国难，为国效力"的口号成为当时华侨社会的风气和潮流。文冬的有志青年也纷纷前去报名应征，当时父亲就曾顾虑他是独子，家中有一辆40座大巴士，有60多亩果园地，还有双亲和年迈的祖父祖母，更有结婚才一年多的娇妻和刚出生不久的女儿，若在文冬当地报名应征，家里人肯定会很快知道，也不可能放他回国。所以父亲就瞒着祖父母家人，抽空悄悄地到吉隆坡报名。因为父亲是有多年驾龄技能的青年司机，且无喝酒抽烟等不良嗜好，筹赈会人员当场就选中了他。回到家后，我父亲依然瞒着家里所有人。不到一星期，父亲就接到出发通知。他背着家人拣了几件换洗的衣服装进皮箱，等到晚上家人都熟睡了，才悄悄溜出家门，搭上朋友的车到吉隆坡集中。

1939年4月10日，第4批回国的南侨机工100多人（其中文冬埠有9人，广西籍只有父亲1人）从新加坡港口启程回国。那天父亲身穿制服，跟着队伍从夹道欢送的人群中穿行登上丰庆轮。当我祖父闻知父亲回国参战的消息后，开车追到新加坡时，载着第四批南侨机工回国的丰庆轮刚驶离码头。祖父没有看到父亲，而我的父亲却在船上看到祖父在岸边大声地呼喊着，父亲跑上船头甲板，含着泪面向祖父方向跪下磕头告别……就这样我的父亲与祖父就此再未见上一面，生离竟成了永别。父亲生前每每说到这段刻骨铭心的经历，都饱含热泪，激动的心情久久不能平息。

父亲与第4批南侨机工战友乘坐丰庆轮到越南西贡上岸后，再改乘火车直达中国云南昆明。在昆明潘家湾训练所军训三个月，因接到紧急抢运国际援华物资的命令，提前了两个月结束训练，被分配到西南运输处第12大队34分队任驾驶员，大队长是谭江柏，分队长是谭英祥。父亲回国后奋战在滇缅公路、滇黔公路和桂越公路上，与战友们冒着枪林弹雨，夜以继日，废寝忘食，不怕牺牲，抢运物资，曾先后参加昆仑关战役运送伤员，参加美国盟军陆军炮兵游动修理队，上前线抢修枪炮，参加滇西战役大反攻，技术精湛，精忠报国，荣获奖章，为中国人民抗日战争暨世界反法西斯战争胜利作出了应有的贡献。

1946年，父亲期待复员返回南洋与家人团圆的愿望未能实现，滞留国内回到祖籍家乡广西玉林北流给私营老板开车谋生。

1949年新中国成立后，父亲满腔热情地投入到新中国的建设事业中。他曾在广西南宁地区林业汽车运输公司工作，几十年如一日，对工作认真负责，兢兢业业，任劳任怨，凭着精湛的驾驶技术，年年超额完成运输任务，安全行车120多万公里，多次受到上级的嘉奖。在生活上他勤俭节约，吃苦耐劳，乐于助人，为人厚道。

父亲离开马来西亚文冬已经有50多年了，在中国广西南宁已经安家乐业，育有9个子女。由于各种原因，父亲与马来西亚家人的书信往来断断续续，心中始终牵挂着文冬的亲人。

1992年5月，父亲偕同母亲、

1992年5月，中国广西南侨机工殷华生、罗君里夫妇首次赴马来西亚彭亨文冬探亲时，在槟城"槟榔屿华侨抗战殉职机工暨罹难同胞纪念碑"前留影。

小弟正光首次回到马来西亚文冬探亲。50多年过去，文冬发生翻天覆地的变化，家里也发生很大的变化，祖父母、父母、四妹、妹夫都相继离世，只剩下三妹秀清（三姑）及子女和四姑的子女等十几个外甥子女。兄妹相认，拥抱痛哭。三姑对父亲仅有的一点印象也记不清了，边哭边喊："我的唐山哥哥回来了！"当时的场面令人心酸落泪。记得那年父亲和母亲、弟弟正光回文冬探亲假期只得15天，后因时任马来西亚国家青年体育部部长、巴生港务局主席拿督曾永森先生（祖籍广西北流）知道父亲是一位南侨机工首次回文冬探亲，特向政府申请特批延期15天。就在探亲期间，父母亲眼目睹了马来西亚国家的经济繁荣、社会文明以及人民安定小康的生活，深受启发，决定回到南宁后，即刻申办个体工商执照，自主经营糖烟酒杂货店，继续发挥余热，为国家作贡献。

父母亲在晚年时仍非常惦念文冬的三妹秀清，他们叫我办好更换护照本，准备再次回马来西亚文冬探亲。1998年8月23日父亲与世长辞了。南侨机工与他经历的那些岁月，将永远成为一段传奇。值得告慰的是，父亲在抗战时期荣获三枚纪念章即"华侨机工回国服务团荣誉纪念章""华侨互助会会员证章""南侨机工复员纪念章"。回国护照、驾驶证、皮箱、复员登记证及参加新中国建设中获得的先进生产者证书、奖章等实物分别陈列在中国厦门华侨博物院、陈嘉庚纪念馆、畹町南洋华侨机工回国抗日纪念馆。2015年8月在隆重纪念中国人民抗日战争暨世界反法西斯战争胜利70周年之际，广西电视台摄制的特别节目《抗战生命线》第四集《祖国先锋》里，以父亲的肖像和"一片忠心可对天"的讲话录音，作为《祖国先锋》专题片的结束语，代表着南侨机工的爱国精神与历史功勋，激励后人永远铭记和缅怀。

转眼间时隔28年，我带着父母亲的心愿，首次回到我多年企盼的文冬祭祖探亲，兴奋的心情难以克制。

太阳暴晒，天气炎热，三姑和四姑两家的十几位亲戚表兄姐妹带我们来到祖父祖母殷氏的墓碑前，按照传统祭拜的习俗，我代表在中国的殷氏兄弟姐妹及后人和已故的父母亲给祖辈、祖父祖母供奉祭品、上香点蜡烛、烧纸衣纸钱叩拜三鞠躬，并默默祈愿。

20日，一晃就到了难舍难分的时间，又要说再见了。这次马来西亚探亲之行虽然短暂，但非常有意义，收获满满。再见，马来西亚，我还会再来的！

我辈返南洋

郑威廉 *

突如其来的相片

2017 年夏，久未联系的三姑妈，突然从手机上发给我一张黑白相片。姑妈问我有没有看出什么特别之处，我一时间还没反应过来，这是昨天她无意间看见央视播出的纪录片中的一段影像。她让我仔细留意左边第二

1939 年南侨机工回国参战前的留影，左二为郑威廉祖父郑世强。

---

* 郑威廉，又名郑宇鹏，南侨机工郑世强之孙。

位，我说，好像是我父亲。她笑着告诉我，这是她父亲，也就是我爷爷。我才恍然大悟，惊叹实在太像了。爷爷所保留的每件物品我都看了无数遍，就是未曾发现他年轻时候的相片，这张相片里面精神抖擞地站立着当年风华正茂的九位小伙子，他们刚抵达国难中的祖国！

我凝视着这张黑白相片，仿佛能穿越时空，看见那战火纷飞的80年前。想到爷爷离开我们将近20年，百感交集的我，流出了不知是什么味道的泪……

我马上给正在广东中山老家的父亲打电话，让他确认一下这相片里的那位是否就是爷爷，虽然我此时早已有了答案。父亲也感到很意外，他马上认出相片里的我的爷爷，但他从来没见过这相片，也没听爷爷提到过。

我告诉父亲，这张相片是出现在中央电视台的专栏节目"南侨机工——被遗忘的卫国者"的开场照，被三姑妈看见，发来和我们分享。我告诉父亲，是时候填补爷爷的这段历史，完成爷爷最大的遗愿——找到南洋失联的亲人们，并替爷爷给日夜想念却最终都没能再见上一面的他心爱的母亲，上一炷香。

目睹祖国沦陷　踊跃回国抗战

记起小时候，爷爷在公园的大榕树下，一边回忆一边讲述半个世纪前的烽火岁月。

1938年秋，此时平静的马来亚（后改为马来西亚）已不平静，当日本帝国主义把侵略魔爪伸向中国的消息传到南洋时，旅居南洋各国的800万中华儿女个个义愤填膺，感到祖国被欺负便是对自己的侮辱。身处马来亚英属殖民地的华侨华人都自发组织起来，人人佩戴黑袖章，上面写有"勿忘国耻"字样。首先是抵制日货，组织到商店检查，发现日货当场没收并烧毁。不接受检查的商铺，会被砸牌子、淋黑油。再就是组织各种募捐活动，在短短的几个月内，就为正在浴血奋战的国民革命军第十九路军募捐经费 40 万叻币（约合当时国币 100 万银圆），还先后募捐飞机 15 架，连学生、妇女也捐机各一架，命名为"学生号""妇女号"。

此时年仅 20 岁出头的爷爷，很快也被这一浪接一浪的爱国热潮所感染。身为炎黄子孙，他心里有着莫名的暗流涌动。他四处打听来自祖国武汉的合唱团的去向，得知合唱团准备一连多天在新山各处演出，他立即和几位密友开车赶往演出现场。

爷爷深刻地记得，因当时故土遭无情侵略，合唱团演出时，全场观众们都显得异常愤慨，一起高喊，一起流泪。演出每当高潮时，在场的千余名观众都会按捺不住悲愤的心情，站立高唱抗日歌曲。

目视祖国沦陷，不忍居身海外，祖国兴亡，匹夫有责。在这种思想支配下，爷爷觉得仅靠募捐帮助祖国是不够的，应该奔回祖国直接参战。爷爷开始和身边几位密友筹划如何回国，参加抗战，与国内四万万同胞并肩作战。

没过多久机遇就来了。那时已是 1938 年秋，华南重镇广州沦陷，我东南沿海各咽喉交通要道均被日寇占领和封锁。原设在香港的西南运输公司前往新加坡，并将存积物资转移往仰光。设在新加坡的西南运输公司的负责人，去拜访南侨筹赈总会主席陈嘉庚先生，要求陈主席在南洋华侨中组织一批有技术的汽车司机和修理工，回国抢运存积在仰光的各国援华抗战物资。陈先生临危受命，并拟订了具有四条招募标准的《南洋华侨筹赈祖国难民总会通告（第六号）——征募汽车修机驶机人员回国服务》。通告提出希望有专门技能的侨胞向各处华侨筹赈会或者分支各会报名：

南侨总会第六号通告为通告事，本总会顷接祖国电，委征募汽车之机修人员及司机人员回国服务。凡吾侨具有此技能之一、志愿回国以尽其国民天职者，可向各处华侨筹赈总会或分支各会接洽，并注意下列四个条件方可：

一、熟悉驾驶技术、有当地政府批准、初识文字、体魄健全、无不良嗜好、年龄在 40 周岁以下 20 周岁以上者。

二、薪金每月国币 30 元，均由下船之日算起。如驾驶及修车兼长者，可以酌加。须在工作时，审其技术而定。

三、国内服务之地，均在云南昆明或广西龙州等处，概由安南入口，旅费均由各地筹赈会发给。

四、凡应征者，须有该地要人或商店介绍，知其确具有爱国志愿者方可。事关祖国复兴大业，迫切需要，望各地侨胞侨领深切注意办理是要。

此布。

国家有难，匹夫有责。得知通告后，爷爷决定第一时间前往靠近新加坡的报名处了解详情。报效祖国的激动心情使他来不及等待还需考虑的几位好友。为了不惊动家中的老母亲，他悄悄独自驱车前往报名处。到达报名处，已挤满前来报名的人。组织者按四条标准挑选了包括爷爷在内的 48 人，组成马来亚先遣队，先遣队要马上赶往新加坡南侨筹赈总会集合，配合新加坡的几场抗日救亡宣传活动后，便奔赴危难中的祖国。此时，爷爷坚定地相信自己的选择是正确的：国难当头，作为中华儿女，就应挺身而出，不容考虑再三。他马上卖掉了手上的小货车，这是他老母亲辛苦养猪换回来的小货车，是提供给他上山运输木材，赚钱生活的小货车。卖掉汽车换回的几百块钱现金，爷爷交给了一位相熟的居銮司机，吩咐司机帮忙做两件事情：一是卖车得回的现金，要帮忙交到他老母亲手上，这些是她的辛苦钱；二是帮带口信给他弟弟郑汉章他立马启程回国参加抗战之事，由于马上就要到位于新加坡的南洋华侨筹赈总会报到集合，来不及回家收拾行李及道别，也请转告老母亲恕他不孝，他会好好保重生命，一定活着回来给老母亲尽孝。

1939 年 2 月 17 日，南侨筹赈总会主席陈嘉庚先生在新加坡的南天酒楼举行欢送宴，接见了从马来亚过来的 48 人。陈主席在新加坡又挑选了另外的 32 人，共 80 人组建成南洋华侨特别第一队，由刘潭福、白清泉任正副队长，这就是南侨机工回国战地服务团先遣队（后称为"南侨机工八十先锋"）。同时，陈主席还赠先遣队一块牌匾，上面写着：

万里长征为国仇，诸君多杀敌人头，

凯旋返里欢迎日，仍在南天第五楼。

第二天，2 月 18 日农历大年三十，在万众团聚的日子里，爷爷等 80 名先遣队队员都身着统一制服，列队整齐，步伐一致，穿行在 10 里长街两旁欢送的"人墙"之中。掌声、欢呼声、口号声如狂涛，回荡在异国的上空。在红灯码头，先遣队队员们登上了十几艘小船。码头挤满了前来送行的人们，父送子、妻送夫的可歌可泣悲壮情景历历在目。人们把手中寄托着祝愿与希望的鲜花抛向载满先锋队员的小船上，飞向空中落在水中。怀着依依不舍之情，他们共同唱起那首南侨机工们的主题曲——《再会吧南洋》。

再会吧南洋

作词：田汉　作曲：聂耳

再会吧南洋

你海波绿　海云长

你是我们第二的故乡

我们民族的血汗

洒遍了这几百个荒凉的岛上

再会吧　南洋

你椰子肥　豆蔻香

你受着自然的丰富的供养

但在帝国主义的剥削下

千百万被压迫者都闹着饥荒

再会吧　南洋

你不见尸横着长白山

血流着黑龙江

这是中华民族的存亡

再会吧　南洋

再会吧　南洋

我们要去争取一线光明的希望

　　码头上前来送行的面孔渐渐远去，先锋队员的小船队缓缓驶向外港。等待他们已久的是法国游轮"满江红"号。他们登上游轮，在归国途中，爷爷被先遣队队长白清泉先生任命为先遣队副队长，与另一名副队长刘潭福配合工作。

马来西亚寻亲

　　我的母亲想到住在我们楼下的郑氏宗亲长——郑华强先生，这位乐于助人的宗亲长可以发动世界各地的宗亲长响应，帮忙一起寻找亲人，效率很高，效果很好。于是，我们请父亲写了一篇寻亲文稿，发给了郑华强宗亲长。

　　效率高得有点出乎我们意料，第三天就有消息了。我们马上约好当晚在网络上视频，先做一个远程的亲人重逢会。

等待了半个多世纪的亲人重逢，难免有悲喜落泪的场面。但事实上却没有想象的那样生疏，大伙好像是从来没分开过一样，一切显得那么熟悉，那么亲近，那么自然⋯⋯

我们相约 2018 年底，在马来西亚老家柔佛居銮相聚。

我们选定了于 2018 年 11 月 4 日首次重返南洋，随行的还有我的叔叔、婶婶和堂哥。

在临行前，我查阅了很多马来西亚当地关于南侨机工的资料，很多的资料都不约而同地提到了一个人——刘道南老师。据了解，他花了十多年的时间走遍多国，抢救有关南侨机工的史料。我们请堂嫂想办法联系上刘道南老师，望我们能上门拜访，会面交流。堂嫂第二天就联系上刘老师。刘老师表示非常期待我们的来访，与我们相约 11 月 10 日相聚在他位于马来西亚怡保的家。

在郑威廉堂嫂的老家笨珍补拍的合照

11 月 5 日凌晨，我们一行 7 人怀着期待与激动的心情，踏上了飞往马来西亚新山的直飞航班。

当我们抵达新山国际机场，就看见堂哥和堂嫂带领着全家老小十口人，整整齐齐地站成一排迎接我们（堂哥、堂嫂、堂伯父、堂伯母、三位侄女和一位侄子、堂姐和堂姐夫）。我们按捺不住激动的心情，冲向他们拥抱在一起，我想这一幕将永远深深地刻在在场每位的心里，终生难忘。

完成爷爷的遗愿——祭奠他没能再见的母亲

我的祖爷爷郑彦辉大概是在 1888 年刚满 17 岁时，从中国老家中山三乡镇桥头村出发，踏上了前往南洋的货船，远渡至此地，后便落户居銮。"居銮"这个中文译名，据考，是从马来文 Keluang 音译而来。Keluang，在马来文里，是蝙蝠之意。正因如此，居銮又被称作蝙蝠城。不过，"e"又被省略，直接写成 Kluang。这片山腰间的土地，正是我们祖先在南洋生活的开始。后经居銮当地朋友介绍，结识了从广东台山老家远渡至此的祖奶奶陈眉。很快喜结良缘，生下三个女儿（爷爷的三位姐姐）、两个儿子（爷爷郑世强和他弟弟郑汉章，也就是我联系上的国财堂哥的爷爷）。祖爷爷在我爷爷 10 岁（1927 年）那年去世了，祖奶奶独自把孩子们拉扯大。

父亲深刻记得 1978 年的那个阴雨天，爷爷在国内收到来自马来西亚居銮老家弟弟郑汉章寄回来的信。信中说道，祖奶奶已故，享年 94 岁。爷爷独自坐在家中的凳子上落泪，久久地，静静地，没有说过一句话、一个字。父亲不清楚发生了什么事情，但见爷爷心痛难忍，热泪不停地流下，湿了衣服，落在地上。爷爷发现儿子站在远处的大门边没出声，他便招手让儿子坐到旁边，告知祖奶奶刚离世的消息，一边感慨一边回想着最后一次见到祖奶奶的场景，是那么亲切，又显得那么模糊，毕竟距离那次离别又过了整整 30 年，"唉！"爷爷叹气说道，"老母亲等到了接近百岁，也没能再见上儿子一面。可悲也，不孝也……"

80 年后，我们终于到此，这里有爷爷那日夜想念却未能再见上一面的心爱的母亲。她和祖爷爷一同，长眠此地。这时，虽然过去很多的人和事"都已清空"，但又仿佛从未离开过。可能正是这种原因，使我们即使阔别半个多世纪，最终却又回到此地。我和父亲跪在祖爷爷和祖奶奶的墓碑前，烧纸磕头，替当年来不及道别的那"不孝子"爷爷给他们俩磕头，上一炷香。一切都因 80 年前的那场战争，一念之间，岁月流转……

一路北上，拜访刘道南老师

我们一路北上，沿途经过笨珍、马六甲、吉隆坡短暂停留。

我们在马六甲华人抗日殉难义士纪念陵园看到这里高高矗立着一座纪念碑，十几级青石台阶中间，镶嵌着腾云驾雾的金黄色蛟龙，朱褐色的方形塔式纪念碑，大约有两三层楼高，塔碑镌刻着"忠贞足式"四个大字，意为忠贞值得效法，用浓墨书写的铿锵有力、气贯长虹的大字，映衬在褐红色的纪念碑上，显得庄严肃穆。

据了解，抗战胜利后，国民政府为表彰南洋华侨抗日的义举和功绩，于 1948 年修建此碑以作纪念。纪念碑的围墙上，刚劲有力的"浩气长存"四个大字，道出了马六甲华侨抗日爱国的浩然正气，凛然天地可鉴，与日月同辉。纪念碑下方，镶嵌着纪念马六甲侨胞殉难的碑文，虽久经风雨侵蚀、岁月的洗礼，但碑文字迹仍清晰可见。我读罢，字字带血、句句带泪的文字，对奋起抗战、视死如归的殉难同胞肃然起敬。父亲和我，还有身怀宝宝的妻子语燕情不自禁地分别鞠躬作揖、向殉难义士致敬默哀，向华侨同胞致敬！

想当年，国难当头、满目疮痍的神州大地，中华儿女奋起抗日的同时，远在马六甲海峡的华侨同胞们，慷慨解囊，挺身而出，浴血奋战……

在碧波万里的马六甲海峡，高高矗立着庄严肃穆的纪念碑，这是无数华侨同胞用鲜血凝成的纪念碑，是血与泪的见证，是人民的见证，是历史的见证！

在吉隆坡，我们驱车前往自我懂事起就不断听父亲提到的那座纪念碑。1947年11月30日，马来西亚雪兰莪华侨筹赈会为了表彰和纪念华侨机工们的爱国精神，特地在吉隆坡广东义山建立了"雪兰莪华侨机工回国抗战殉难纪念碑"。这块碑石，与中国云南省昆明西山森林公园内耸立的"南洋华侨机工抗日纪念碑"相隔千山万水，遥遥相望，是目前已知最早落成并完整保存的南侨机工纪念碑。

碑文叙述南侨机工被派送回国支援滇缅运输的经过：抗战八年，沐风栉雨，备尝艰辛，幸获最后胜利，完成光荣任务，生者固受奖南归，死者则名留史迹。此种爱国精神，至为可风。爰为之铭曰：机工技术，驾轻就熟，机工勤劬，风尘仆仆。机工任务，滇缅往返，不畏天险，褒斜绾谷。祸生陡变，寒身丧谷，为国牺牲，谁不敬服。自来殉国，必有记录，勒诸丰碑，良志芳躅。

站在纪念碑前，我百感交集，泪水不由自主地从眼角溢出，我上前轻吻着纪念碑，热泪滴到了这冷冰冰的碑石上，一切尽在不言中，爷爷和他那些亲爱的战友们，不该被遗忘……

到达目的地怡保，就要和刘道南老师会面了。据查到的资料，刘道南老师是马来西亚华文教育及历史研究者，一直奔波于寻找与收集有关南侨机工的资料。14年来，他和他夫人卢观英女士历尽千辛万苦，找到了80多名南侨机工及其后人资料。为了收集南侨机工的资料，刘老师曾经很多次吃了闭门羹，他经常被人误以为是推销员或者是骗子。刘老师追寻南侨机工及其后裔的足迹，不仅遍及马来西亚，还遍布中国、新加坡、印尼、泰国、缅甸、越南等地。

堂嫂先行电话确认了刘老师可以按原计划时间与我们会面。听说，刘老师很期待我们的来访，虽然身体不适，却仍在准备着相关材料，以便见面与我们分享。我并不知道，这期待已久的首次相会，竟然成为我与刘老师唯一的一次相会。

刘老师的夫人卢女士已在门前等候，她亲切地领我们进了客厅，我们见到了刘道南老师。刘老师显得精神抖擞，并无一点点生病的倦意。我紧握着老师的双手说道："刘老师，您辛苦了！您和您夫人这十几年来踏遍千山万水，为抢救南侨机工这段一度被遗忘的历史所作的努力，大家都有目共睹。您辛苦了，您早已和南侨机工大家庭融为一体了，所以请允许我把您当作是我们一家人，也请允许我不多说感谢之类的话，因为那些话显得太轻了，一切尽在不言中。"

刘老师二话没说，亲切微笑着拉住我的手，带着我们经过偏厅，走进了他的"藏宝库"，原来这里是他的资料仓库。眼前的小仓库使我们叹为观止，简直就是个小型档案馆，中间尽量留出了一条狭窄得只容得一个人通过的小过道，过道两旁密集但有序地摆放着各种书本、文件、资料。听老师介绍，这些资料主要是由南洋华人的历史材料组成，包括中华民族历史资料，南洋华人历史资料，及收集最多、他视为珍宝的南侨机工历史资料，全都一一整理，整整齐齐保存在此。我从下往上看，密密麻麻，书架子一共七层，从资料库进门处一字排开，延绵到房间尽头。

刘老师从书架里拿出一本《感动之旅》的书和我们分享，这是2011年他参与其中的"重走南侨机工抗日滇缅路"活动，发车仪式在新加坡怡和轩举行。他一边解说一边翻开书中的内容，我们清楚了解到，当年的这项由马来西亚吉隆坡暨雪兰莪中华大会堂发起，马来亚二战历史研究会与柔佛州河婆同乡会青年团联办的活动，由22辆汽车和80名志愿者组成，全程用了35天沿滇缅公路旧址，共走了15000公里的路程。车队重温南侨机工的足迹，穿越马来西亚、泰国、老挝，进入中国云南省境内，并重走部分当年滇缅公路路段。参加此行的队员都是志愿者，来自新加坡和马来西亚，其中还有多名南侨机工后裔。

听完刘老师分享这段滇缅公路万里行，我尤为感动，这些海外赤子们这些年来对于推动与传承这段历史所作的无限努力，远超出我之前的想象！

接着，刘老师又随手拿出几本珍藏资料翻开，大致介绍了内容，分享找寻这些资料的经历，让我们更清楚地了解了他平常的工作。

随后，刘老师领请我们到客厅坐下，映入我眼帘的是客厅内那幅巨型挂画——《昔日24道拐》。

刘老师从一旁拿出他打印好并过了塑的大相片，递到我和父亲的手上。原来这相片就是爷爷的那张80年前和几位先遣队员的黑白合照。刘老师预先打印并过了塑，正面右下方标注"1939年2月18日第一批出发的南侨机工80先锋（左二是郑世强）"，背面左下角盖了印"马来西亚南侨机工抗战历史搜研工作室，刘道南（HISTORICAL RESEARCH CENTER OF OVERSEAS CHINESE MECHANIC，LOW TOH NAM）"。

刘老师拿出另一本准备好的书——《南侨机工英名录》，在书中的第一批南侨机工名单中找到了我爷爷郑世强的简介。

郑世强，广东中山人，侨居马来亚柔佛，第一批回国机工，是"八十先锋"之一员，西南运输处当司机，光复后1946年，与妻及三女在昆明参加复员登记（选编364页）。

当我们看见爷爷的简介时，内心感动之余，更感激刘老师以及像他一样的志士们，感激他们所做的努力使这段被遗忘的历史逐渐被世人所知晓。

刘老师问到我爷爷抗战后情况如何，我接过刘老师的话，分享了当年爷爷接受采访时回忆的内容：

我们南侨机工到抗战结束时，除了牺牲1000多名外，也有少部分在当地成了家，留在了美丽的西双版纳，其余的大部分仍回到了原侨居国。还有一部分去延安参加革命，我当时也参与运送物资给延安方向的中国共产党，与物资一起还有秘密运送的好些欲投奔中国共产党的南侨机工战友们。记得我的车开到贵州，就会有八路军办事处的人前来接应物资。而那些战友，会与提前联络好的八路军联络人接头，跟着他们和物资继续往延安，我就马上赶回云南昆明西南运输处。其中，就有第一批先遣队的战友刘潭福，他后来还给我写了信，寄到昆明西南运输处，信里讲述他到延安后的所见所闻，还附上一张他身穿八路军军装精神抖擞的相片。信中特别提到，共产党并不是像国民政府宣传的那样丑恶，他还引用了陈嘉庚先生说的话"中国的未来在延安!"此刻我是非常有冲动想去延安的，因为那不就是我们回国要争取的那光明的希望吗？但考虑到我已在云南成家，妻儿老小都在保山，我便只能回信告诉他，我还是暂时留守西南，也更好继续配合延安的战友们运送物资或人员。

抗战胜利后，1946年12月，我们一行700余人回到了马来亚。回马来亚后，出乎我们预料，两派政治势力都在欢迎我们这批抗战有功的华侨。国民党驻马来亚机构设宴接待我们，马共也设茶宴欢迎我们。我选择了马共，并在马共司机工会工作，一度担任了柔佛地区司机工会主席一职。1948年6月，马、英当局下令抓共产党人，司机工会也被迫转入地下。1950年5月19日，我在马来亚柔佛居銮埠被捕，判我为绞刑；家里花钱请了律师，律师为我找到免去死刑的法律依据——我是马来亚"本邦土生"。当时他们有这样一条法律规定，只要是"本邦土生"的就不判死刑。后我被转到集中营，在集中营被关押了8个月。1951年1月，以"暴徒"、"共匪"、"不受欢迎的人"被驱逐出境。就这样我回到祖国的怀抱。回来后我先是在广州的中南影片公司工作，又派去给叶剑英放电影两年。后调入茂名石油公司工作，为祖国石油工业的发展转战南北，干了30多年，后在河南南阳油田安度晚年。

（摘录自1995年抗日战争胜利50周年《河南油田》报社采访部分内容）

刘老师一边听流着眼泪，一边讲述着南侨机工的事迹。刘老师分享道，他当年作为推动中华文化发展的马来西亚"华教（华文教育）斗士"被当地政府关押了8年。在这期间，太太卢女士一直守候，直到他被释放。他没有因此而止步，而是继续坚持他所认为要坚持的华文教育事业。

这十几年来，他和他太太为了抢救南侨机工的历史，到处收集资料，东奔西跑。原本不富裕的老两口，经济更加紧张，但他们还是咬牙坚持着。他如今最大的愿望就是将花了十多年时间搜研的南洋华侨机工抗战史整理、结集出书。

现在他最缺的是时间，因为他已经73岁了，体力有限，因而想多培养一些年轻人能承接这份使命，继续为这段历史的补白而奋斗下去。

待刘老师作完分享，我向他提出愿与刘老师并肩，承接这份使命，抢救更多南侨机工历史，为南洋华侨华人抗战历史补白贡献一份力量。为了不负3200位前辈所作出的贡献与牺牲，我辈应继续传承这份精神和使命，联合马中两国携手举行一次具有深刻意义的行动，让这段历史不被凝固在80年前那战火纷飞的岁月里，也不仅是局限于南侨机工本人或其家属、后人，而是应该有效吸引更多的社会人士，尤其是年轻的一代参与其中，继承使命，与我们并肩一同抢救历史、一同寻找更多南侨机工及其后人的下落。逐步使参与者们成为历史与和平的推动者，以及创建新时代南侨机工历史的一员。

我辈继续传承陈嘉庚先生团结同胞之精神，与刘老师的南侨机工抗战历史搜研工作室的伙伴们一同，组织护送更多南侨机工后人重返南洋，与亲人重逢，这是我辈的使命之一。

联合马中一切可以联合的力量，创建一个南侨机工主题教育基地。以"振兴中华，匹夫有责"为校训，基地由南侨机工纪念馆及国际汽车学院两大部分组成，通过 80 年前南侨机工这群前辈的事迹激发我辈、点亮后辈。把前辈们的使命传承下去，源源不断，生生不息，让前辈这义无反顾的使命感，成为我辈奋斗的力量，振兴中华。

我认为现在是一个很好的契机，今年中国提倡国内的院校与国外的机构及院校深度、高效合作，提升我国的基础及高等教育水平。明年2019 年，马中友好建交 45 周年。配合我国近年提出的"一带一路"的倡议，往后必定会有更多的文化教育的联手合作，必定会有更多互惠互利的政策。

刘老师认真且仔细听了我的介绍，连声叫好，表示非常赞同，并立即给了我两个建议：

建议我 11 月 11 日，赶到槟城升旗山，参加那里自 1951 年起举办的一年一度南侨机工公祭仪式。他几乎每年都会到现场参与，但今年由于身体极度不适，所以不能与我们同行。

建议我回国内后，想办法联系上广西南宁侨联的南侨机工眷属联谊会的代表殷红女士，她父亲是第四批从马来亚文冬回国参战的南侨机工，是南侨机工殷华生之女，他们一家多年来一直致力于宣传南侨机工的事迹。

在刘老师家接近三小时后，我们和刘老师告辞。

回到住处后，我们和堂哥堂嫂沟通第二天是否赶到槟城参加南侨机工纪念碑公祭仪式。还没等说完，堂嫂就告诉我们，原来她已经联系上槟城纪念碑管委会的代表程福隆先生，程先生简短了解了我们的情况，表示非常欢迎。那一刻我很感动，感动于堂哥堂嫂好像看出我的心思，感动于那尽在不言中的支持。我感到这一路上所发生的一切，像是冥冥中早有注定。

缘分的又一起点——槟城

2018 年 11 月 11 日，我们收拾好行装，驶往美丽的槟城。

堂哥堂嫂特意开车经由槟城第二跨海大桥进入槟岛，原来是要特意向我们介绍这座见证中马两国友谊的大桥。

2006 年 10 月，在第三届中国东盟博览会期间，中马两国领导人达成共识，由中国政府提供 8 亿美元优惠买方信贷，中马两国承包商以 EPC 方式合作建设。大桥项目于 2008 年正式启动，2010 年 4 月全面开工，经过全体人员的不懈努力，最终于 2013 年 9 月竣工。

槟城第二跨海大桥全长 22.5 公里，其中跨海桥长 16.5 公里。主桥为三跨双塔 H 形斜拉桥，双向四车道加双向摩托车道，设计时速为 80 公里，桥梁结构设计使用寿命为 120 年，总投资额约 14.5 亿美元，是东南亚第一大跨海桥梁。

为什么马来西亚政府会选择中国，是因为中国和马来西亚的关系密切。随着中国的经济实力不断增强，中马两国的经贸往来越来越密切，整个中马经贸额在东南亚地区位于前列，建设这座桥是中马友好合作的象征。听着堂哥堂嫂的介绍，我为中华崛起感到骄傲！

10 点整，我们抵达纪念碑前，让我惊讶的是，现场已有数百人身穿白衣，聚集在纪念碑下，纪念碑就坐落在两条大路的交会处，目测比吉隆坡义山的纪念碑要高起码三倍有余，耳边传来阵阵振奋人心的旋律（后来得知背景音乐是纪念碑之歌），将纪念碑衬托得庄严无比。

从上往下一列大字刻在纪念碑上——"槟榔屿华侨抗战殉职机工暨罹难同胞纪念碑"（Penang Chinese Anti-war Memorial）。据了解，该纪念碑是二战后槟城唯一的由华人自己修建的纪念碑。从 1946 年开工，历经数年不断修葺加工，1000 余具从各处如牛汝莪的占梅岗（谢增煜园）、峇都丁宜、水池路、打枪埔等乱葬岗处掘出的骨骸，其中 16 具头躯俱全者、

790 多具腿骨、331 具破裂的头颅，以及更多的支离破碎的骨头，经火化后，安葬于纪念碑中。直到 1951 年 11 月 11 日上午 11 时才正式举行纪念碑落成典礼。

现场约 50 个党团、乡团、学校及文化单位代表前往祭奠，其中包括联邦与州政府、中国驻槟城总领事馆，以及我们在纪念碑下见到的之前已联系上的槟州中华大会堂的代表等。在人群中，我们找到了现场负责人程福隆先生，他挥着手大步向我们走来，紧紧地握住了我的双手，表示期待已久，非常欢迎我们的到来。这一刻让我记忆尤其深刻，不仅是由于他文质彬彬的形象和亲切的面容独具一格，而且使我万万没想到的是，从我们俩握手的这一刻起，我竟然和南侨机工这段历史真正地融合在了一起。从此我不仅仅是"八十先锋"的后人，而且有幸成为了延续和宣扬这段光辉历史的一员。

在程先生引荐下我们见到了 80 多岁的拿督庄耿康先生，沟通中我了解到，拿督庄不仅是纪念碑管委会主席，还是稍后我将参观的槟城阅书报社—孙中山纪念馆馆长。

太太语燕在程先生有条不紊地指挥下，赶到正在电脑前补充公祭仪式内容的小庄先生（拿督庄小儿子）身前，将我们这一行每个人的名字加入到了材料里，等一下在公祭仪式上宣读，并邀请我们上台公祭。

我和父亲走向纪念碑下方的祭奠花篮处，确认程先生已帮安排好的公祭花篮。我们的花篮放在显眼处，写着：永远怀念——南侨机工郑世强先生家属，致祭。父亲在旁和我回忆起在最艰难的日子里，每天晚上父亲与爷爷围着火炉、擦拭着心灵上的伤口时，爷爷多次提到他想亲自来到这纪念碑，缅怀这些与他共赴国难却长眠在滇缅公路的南侨机工战友们。父亲深刻地记得，爷爷为当年能成为南侨机工第一批先遣队员，感到无比的荣幸，又为与后续加入的南洋 3200 名战友共赴国难，并肩作战，感到无比自豪！父亲不禁问爷爷，这几十年经历了这么多苦难，如果再能选择一次，他会如何抉择，是否考虑留在马来亚安生度日。他摇摇头回应道，如果再选一次，他也一定会成为先遣队的成员，因为国家有难，匹夫有责，不容再三考虑。能为祖国洒热血，是一种责任，也是一种荣幸。他要说明的是，作为当年3200位南侨机工的一员，他做的只是身为一名中国人应该做的，他活着回到马来亚，而那些没能再回来或是长眠于滇缅公路的战友们才是真正的英雄，应该被永远怀念！

此时，我抬头仰望面前庄严矗立的纪念碑，它被洒满灿烂的阳光。我心潮澎湃如大海，感叹80年后的今天，我无意之间，却站在此地，虽爷爷不能亲自到场，但我已感其与我身临其境。

公祭仪式于11时11分开始，首先全场默哀，接着台上合唱团齐声唱起马来西亚国歌和槟州州歌，现场数百名身穿白衣的公祭参与者们齐声高唱。我站立仰望，感受他们的歌声。台上司仪宣读，下一首是《纪念碑之歌》，现场气氛瞬时一转，合唱团员单脚踏向前一步，慷慨激昂地开始演唱这伴随纪念碑走过了51个春夏秋冬的主题曲。接着是我们熟悉又陌生的《再会吧南洋》，当然，这是3200位南侨机工的主题曲，当年爷爷他们就是在这歌声的感召下，启程奔赴国难中的祖国。眼前的这一切，使我既感到熟悉又陌生，因为我是第一次在如此隆重的活动中听到这歌声，声音缓慢而有力，温柔且激昂……每当歌声唱到最后——"再会吧南洋，我们要去争取一线光明的希望"时，我便会想起当年那群风华正茂的他们，在祖国存亡之际，义无反顾地离别父母、抛儿弃女，奔向那个对他们既熟悉又陌生的祖国，一去不再复返，只为了争取那可能的一点点胜利希望……对，这就是爷爷常说到的，我们中国人，自上古时代就相信，靠自己的力量和奋斗，就可以战胜那些看似不可以战胜的。确实，3200名南侨机工的每一员，都将中华儿女这个特质体现得淋漓尽致。

最终，他们用生命和永远的别离，换回了50余万吨战略物资，为中国人民抗日战争和世界人民反法西斯战争的胜利作出不可磨灭的贡献。

如今灿烂的太阳洒遍祖国的大江南北，在希望的田野上培育出一代又一代的爱国者。而他们倾尽一切，却长眠在那陌生的深沟里、悬崖下，没能亲眼看见那"一线光明的希望"！我辈绝不辜负这个时代所赐予的使命与机会，将继续努力奋斗。

随后，中国驻槟城总领事鲁世巍上台，宣布拨款两万令吉，给予马来西亚槟榔屿华侨抗战殉职机工暨罹难同胞纪念碑管委会作为基金。鲁世巍表示，腥风血雨的悲壮岁月已逐渐远去，但先贤英烈的民族气节和浩然正气永垂不朽，缅怀抗日先烈就是要弘扬他们的民族精神，以表达热爱和平、反对战争的心声，继承先烈们的遗志，为促进人类和平与发展的崇高事业而不懈奋斗。

仪式还邀请纪念碑管理委员会主席庄耿康及黄汉伟致辞。

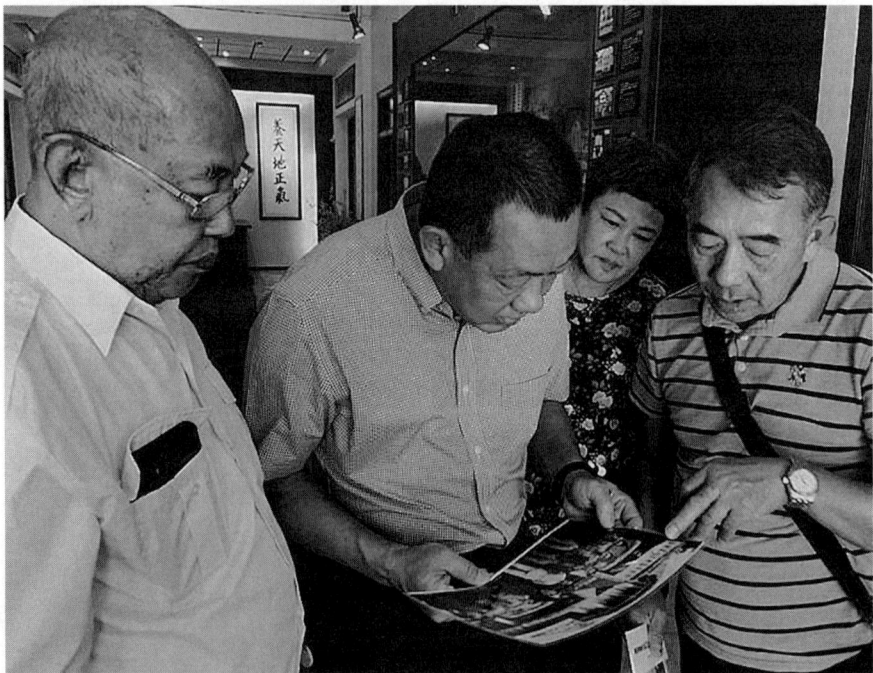

从左至右依次为：槟城阅书报社—孙中山纪念馆馆长拿督庄耿康先生、槟城阅书报社署理馆长程福隆先生、程福隆先生之妻、郑威廉父亲郑青云

整场公祭仪式历时一个半小时，会后，程先生邀请我们第二天一早到阅书报社参观交流。

第二天一早9点，我们刚进入阅书报社大院，就看见早已在此等候的拿督庄耿康先生、署理馆长程福隆先生及其夫人、副馆长林唐欣等人。站在阅书报社大院，首先映入眼帘的是报社正门前矗立的一组雕像，孙中山先生居中，阅书报社创社正社长吴世荣、副社长黄金庆分居左右，悬挂于正门的"槟城阅书报社"匾额，则为国民党元老于右任所题。

拿督庄耿康先生和程福隆先生领着我们走进阅书报社。父亲拿出刘道南老师打印的那张爷爷及战友的相片，并对爷爷作为南侨机工的历史作了简短的描述。

在阅书报社前大厅正中，矗立着威严的孙中山先生坐像雕塑。纪念馆里以各种图文实物，展示孙中山先生革命道路和阅书报社在各个历史时期的风采。这些实物都是珍贵的，由于当年没留下多少历史物品，更多的展品、展物都是由庄先生带领着纪念馆的工作人员和义工们一点一点修复、复制出来的，这份用心难能可贵。

孙中山纪念馆设有中山厅、起义厅、海外厅、南侨机工纪念展厅、二战厅等部分，庄馆长很有心，首先带着我们进入南侨机工纪念展厅。

阅书报社后院右边便是南侨机工纪念展厅（也称南侨机工纪念馆）。庄馆长和程先生介绍道，南侨机工纪念馆在2014年新年的第一天开馆，并举办了隆重的开幕礼。当时槟城首席部长林冠英先生以主宾身份主持开幕礼，他在致辞中对南侨机工纪念馆的创设表示肯定和赞赏，中国驻槟城总领事鲁世巍也出席并在致辞中表示，正如习近平主席在庆祝中国改革开放40周年大会重要讲话中指出，改革开放是中国人民和中华民族发展史上一次伟大革命。他亦勉励槟城华侨华人作为改革开放事业的亲历者、受益者、参与者、贡献者，在未来继续做中马友好的建设者、推动者，积极参与改革开放，为中马友好作出更大贡献。

程先生继续介绍道，这些年他们尽自己所能，搜寻相关资料，整理编辑为南侨机工纪念厅内的展示文字，分为七大部分：

第一章　处心积虑谋侵略，攻城占地烽火起

第二章　侨社侨众紧团结，救国救难一条心

第三章　忠心为国不为家，南侨机工闯天涯

第四章　廿万乡民筑天路，三千机工建奇勋

第五章　山路崎岖何足惧，赤胆丹心浩气长

第六章　天寒地冻苦挨饿，海外同胞送温情

第七章　胜利呼声激云霄，壮士复员归南洋

听了程先生的介绍，我被他们的热诚和坚持深深感动，我真诚地向他们表示，他们所做的点点滴滴，都是对我们海外华人历史的有力补白。作为南侨机工的后人，我们除了无尽的感激，还希望贡献一份力量，和阅书报社的各位并肩努力，继续丰富这里的内容与展物，让马来西亚更多的中华儿女，了解更多的祖辈们的历史。程先生也紧握着我的手，亲切微笑着点了点头……

庄馆长继续向我们简述了阅书报社这110年的历程。孙中山先生指示创办的阅书报社，于1908年12月19日正式成立，曾是同盟会南洋总机关所在地。此后，阅书报社又按孙中山先生指示发行《光华日报》，成为同盟会重要喉舌。孙中山先生还曾在阅书报社今址举办自己在槟城的首场革命演讲，也曾在社内召集会议，筹备黄花岗起义。孙中山就任临时大总统后，曾专门颁发"优等旌义状"给阅书报社，表彰其对中国革命的贡献。

辛亥革命后，阅书报社又致力于推动华文教育，发动华侨华人支援抗战。庄馆长表示，该社百年历程中，在不同历史时段，尽不同责任，作出了不朽的贡献。

在其发展历程中，阅书报社虽始终延续，但也曾一度沉寂。进入21世纪，在华人社团青年生力军支持下，阅书报社全面改建，在原址大楼上打造孙中山纪念馆，研究和弘扬中山先生精神。

"纪念馆吸引了华人社团各界尤其是青年学生踊跃参观，"庄馆长说道，"希望能令参观者在缅怀先贤的风范之余，进而萌生见贤思齐之心"。在他看来，"见贤思齐"之心就是阅书报社的"初心"，阅书报社将在这一"初心"指引下，擦亮先辈留下的历史瑰宝，继续砥砺前行。

中午，庄馆长和程先生设宴招待我们时，继续向我们介绍关于阅书报社往后的工作重点及方向：

阅书报社继续组织人员为历史补白。扩大收集范围及力度，寻找更多有关南洋华侨华人近代历史资料，尤其是抗战时期的资料。多渠道丰富及增加阅书报社展品及展物，使其多元化。系统化整理、翻新各处收集来的资料和物品并逐一上架展示，使更多的南洋华侨华人历史文化，继续得到发扬传承。加强与中国各界合作，举行跨国联合活动，以促进马中两国更多友好往来。

就程先生的介绍，我也提出了几点建议：

作为"南侨机工八十先锋"郑世强长孙，愿与槟城阅书报社同胞们加强联系、对接中国国内相关机关单位、机构、团体、纪念馆或个人，收集更多有关南洋华侨华人的历史资料，尤其是南侨机工的历史资料。通过多方交流与接触，有效地让更多的人了解我们槟城阅书报社，使我们阅书报社得到更多助力。以马来西亚阅书报社南侨机工纪念馆作为南侨机工历史工作在南洋的一个重要据点，联手各地有志之士，发扬及传承陈嘉庚先生之精神，组织更多的南侨机工及其后人重返南洋，与亲人重逢。这是我们今后继续努力的历史使命。中马携手举行以"南侨机工"为主题的跨国活动或行动。发挥各自长处，联合一切可以联合的力量，组建一支源于战争却在和平中壮大的队伍——南侨机工联合车队。我们要尽快行动起来，为南洋华侨华人历史补白，寻找更多南侨机工及其后人的下落，并护送其重返南洋，与亲人重逢。回国后联系全国各地与南洋华侨近代历史有关的博物馆、纪念馆，邀请与阅书报社互访，使双方形成姐妹馆关系，签署联合盟约，往后双方可信息共享、平台共用、共办活动，为南洋华侨华人历史补白。应及时发挥南侨机工历史中的两大优势，与国内外知名学院联合创建南侨机工联合学院，以南侨机工这群前辈的事迹激发我辈、点亮后辈，使前辈们振兴中华的使命代代传承。

拿督庄耿康先生和程福隆先生非常赞同我提出的观点，并表示他们会尽全力支持与配合我开展上述工作，愿与我一步一个脚印，共同将这美好愿望变为现实。

筹备"南侨机工联合车队先锋万里行"

当回程的飞机直升云霄，我再度回望窗外这片满是橡胶树的土地，一百多年前有多少前辈像我们的祖爷爷一样，因为战乱、贫困，或者为了理想不得不离开父母，背井离乡。他们就像蒲公英的种子那样，飘落在南洋这片土地上的每个角落，生根开花，正是应了那句老话："有水有太阳的地方就有中国人。"他们以中国人坚毅勤奋、刻苦耐劳的民族品格，在这片土地上缔造了一个又一个值得所有中国人骄傲的传奇故事。

他们之中又有谁能想象得到，一百多年后的今天，我们祖国在世界政治及经济舞台上举足轻重，令人刮目相看，成为最具影响力的民族。我辈更应肩负起南洋前辈们不屈不挠之精神，传承南侨机工们为祖国奋不顾身之精神，弘扬陈嘉庚先生团结同胞之精神，与全球有识之士一起，继续努力，创造历史的新篇章！

我知道我很快会与这片土地再度相遇，不仅因为我与刘道南老师，以及阅书报社的拿督庄耿康先生、程福隆先生已有约定，而且因为我认清了我辈的方向，也就是我辈的使命，前路任重而道远，又充满了荆棘与挑战，但那又如何？我辈就是南侨机工的后人——振兴中华，匹夫有责。事实上，接下来的一年我历经曲折，与国内知名学院签署了联合创建南侨机工联合学院的协定，我得到了越来越多的助力与支持。其中我刚相认的国财堂哥和婷婷嫂子，不但日夜兼程地伴随我们的重返南洋之旅，而且陪伴着我度过之后一年多夜以继日的工作。另外很值得高兴的是，仅与我在槟城有着一面之缘的程福隆先生竟然在千里之外的南洋尽全力支持和鼓励着我，给予我"槟城阅书报社—南侨机工纪念馆马中友谊大使"身份，最终助我通过广西南宁归国华侨联合会，找到了刘道南老师提到的殷红女士（南侨机工殷华生之女，我称她为殷红姐）。

殷红姐与我一见如故，犹如一家人。从认识的那一刻起，她就一路助我排除万难，筹备及组织"南侨机工联合车队先锋万里行"的活动。在殷红姐的助力下，我带着父母、妻子，还有刚满六个月的宝宝一同踏上滇缅公路，最终到达畹町，与南侨机工后人叶晓东大哥会面，并与畹町的"南侨机工回国抗战纪念园"张自达部长沟通落实了和马来西亚阅书报社成为姐妹馆关系。

殷红姐又介绍我结识了云南大理的贺智泉老师，他常年行走于滇缅公路，收集了很多关于滇缅公路沿线的历史资料。贺老师领我找到了传说中的南侨机工无名坟（滇缅公路 568 路碑处），并与我一同祭奠了永久长眠在那里的南侨机工无名英雄们。

2019 年 11 月 5 日，我极荣幸地代表槟城阅书报社—南侨机工纪念馆正式邀请殷红姐与我一同前往马来西亚参加第六十八届槟城南侨机工纪念碑公祭仪式。公祭当天，她应邀上台作了激动人心的演讲，又一同前往中国驻槟城总领馆，面见总领事鲁世巍阁下，分享了筹备"南侨机工联合车队先锋万里行"工作的点点滴滴。这是她 60 多年来首次重返南洋。她全程感慨万千，经常激动落泪，还因此患上了眼疾。

最让我意想不到的是，当我再度返回槟城这座缘起之地的时候，殷红

前排左二：拿督林秋雅（怀中为郑威廉之子），前排左一：堂嫂陈婷婷，前排右二：殷红，前排右一：殷红丈夫梁学明，后排：郑威廉与妻子李语燕（拍摄于拿督林秋雅家中）

姐为我引荐了我必须要见的一位重要人物——马来西亚海南会馆联合会总会长拿督林秋雅。

自此，拿督林秋雅不遗余力，东奔西走，联系各界，使我们联合车队先锋万里行前期的筹备工作获得了极为广泛的帮助与支持，包括时任中国驻马来西亚大使馆白天大使，马来西亚中华大会堂总会（华总）总会长丹斯里吴添泉主席授权副秘书长杨有为先生，马来亚二战历史研究会会长拿督翁清玉会长委托陈松青秘书长代表，七大乡团协调委员会主席暨马来西亚客家公会联合会总拿督张润安工程师，马来亚广西总会总会长拿督吕海庭局绅，马来西亚潮州公会联合会总会长拿督斯里黄赐兴先生，马来西亚福建总商会总会长丹斯里邱财加先生，马来西亚隆雪华人义山联合总会主席李振光先生，著名侨领陈嘉庚先生的长孙、新加坡儿童基金会董事长陈立人先生，吉隆坡陈嘉庚基金纪念馆副主席陈松青先生，古来独立四驱车队蓝杰豪先生，古来 28 个华人社团南侨机工纪念碑托管委员会、马来西亚砂拉越华人学术研究会会长林韶华博士……

得到如此多的帮助与支持，我们的筹备工作事半功倍。回国后，我与殷红姐带领联合车队到海南岛执行首航任务。2020 年 1 月 8 日，我与陈嘉庚先生长孙陈立人先生在海口偶遇，陈立人先生听到我们正在筹备"万里行"，也给予我们很大的帮助。第二天，我们拜会了海南省雕塑艺术学会会长陈学博教授（海南南侨机工雕塑创作者），沟通并落实将其作品通过联合车队运送至南洋，永久保存在槟城阅书报社—南侨机工纪念馆、吉隆坡中华大会堂总会、马来西亚陈嘉庚纪念馆内，让南侨机工的精神得以弘扬且代代相传。

就在我们的车队抵达 103 岁（虚岁）的南侨机工张修隆家时，远在千里外的拿督林秋雅为了支持我们的首航行动，特意赶往现场，还亲自题写"南侨机工联合车队加油！总会长：林秋雅"，让在场的所有联合车队队员都尤为感动。

2020 年 1 月 10 日，就在我们完成预定的行程计划准备返程之时，海口市南侨机工眷属联谊会原会长、现任该会名誉会长叶军先生赶来给我们送行。叶军先生是第四批南侨机工符国壁的女婿，他和夫人符永芳女士从 2007 年就开始寻找海南的南侨机工和他们的亲属，同时收集了很多海南南侨机工的历史资料，并编写了《琼崖赤子心》一书。

当他了解到我们这次活动计划时，立即表示支持并准备参与。当他听说槟城孙中山纪念馆需要收集南侨机工历史资料时，立即表示要把他十几年来收集到的几位海南南侨机工的生前录像、有关纪念南侨机工活动的录像和相片，以及他和夫人编写的《琼崖赤子心》捐赠给槟城孙中山纪念馆。

"南侨机工联合车队先锋万里行"原定在 2020 年 2 月 18 日（与 1939

年"80 先锋"的始发日期一致）从广西南宁出发，但由于突如其来的全球疫情，使得活动不得不延期举行。我坚信无论前路多么艰难困苦，我们都向着我辈使命的方向前行，永不止步，我们就是新时代的南侨机工！

千里寻访　千里寻亲

——南侨机工张智源*后人赴马寻亲路

张云鹏*

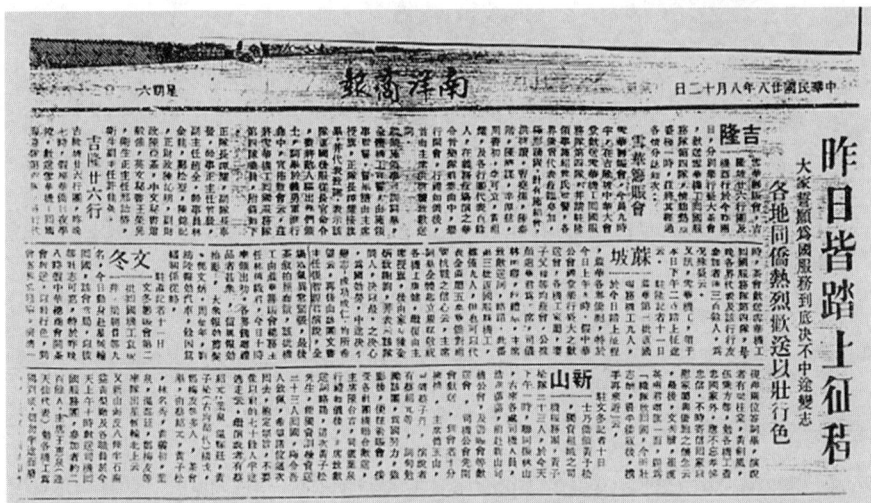

1939 年的《南洋商报》

* 张智源 (1912 年 11 月 12 日—1986 年 2 月 20 日)，祖籍广东潮安金石大寨乡张厝巷。
 1912 年 11 月 12 日在张厝巷出生，1986 年 2 月 20 日在昆明病逝。马来亚麻华第三批
 暨南侨总会第九批回国南侨机工。西南运输处华侨运输先锋大队车务官，第二中队
 队长。致公党云南七人小组成员，致公党云南省委主要创建人。南侨机工学习小组组
 长，南侨机工云南联谊会主要创建人。
* 张云鹏，南侨机工张智源之子。昆明市实验中学退休高级教师，云南省南洋华侨机工
 回国抗战历史研究会名誉会长。

多年前，华侨博物院赠予我们一份 1939 年 8 月 12 日的《南洋商报》复印件，这份报纸和我父亲珍藏的"麻华第三批机工回国服务职员留影"老照片，其时间、地点、人物和事件完全吻合。从当年的这份报纸和这张照片可证实我父亲张智源，是马来亚麻坡第三批暨南侨总会第九批、和叔公张金炳一起回国参加抗战的南侨机工。当时马来亚还有一位叔公张孝镇，因要照顾其年迈的家父，未能和我父亲他们一起共赴国难，离别时孝镇叔公赠予我父亲一张照片，并题写"为民族谋解放，跃万里赴司机"。我迫切期望到马来西亚，期望到麻坡班卒，期望见到孝镇老叔的家人……

麻坡第三批回国南侨机工合影

2011 年 6 月 25 日至 7 月 30 日，马来亚二战历史研究会、柔佛州河婆同乡会青年团联办，由新加坡、马来西亚 20 余辆越野车，"80 勇士"组成"四驱万里行"自驾车队，从新加坡怡和轩挥旗北上，穿越 5 国，用时 36 天，行程 1.3 万余公里，圆满完成"重走南侨机工抗日滇缅路"这一纪念活动。

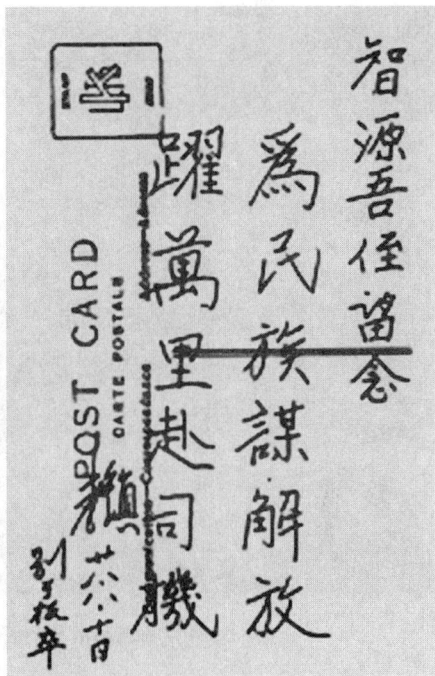

张孝镇赠张智源的照片和离别赠言

　　7 月 7 日，新、马自驾车队"80 勇士"和云南三位南侨机工老人、机工后人等 200 余人，在昆明西山森林公园"南洋华侨机工抗日纪念碑"前，举行庄严隆重的纪念活动。

　　8 日上午 9 时，自驾车队从昆明"滇缅公路修筑纪念雕塑"启程，沿着当年南侨机工车队走过的路，跨越澜沧江、怒江等名川，翻越九顶山、高黎贡山等大山，穿越崎岖险峻的滇缅"血路"，途经楚雄、大理、保山、龙陵、芒市等地。11 日傍晚，安全抵达滇缅公路中国段终点——畹町。

　　作为南侨机工后人，我有幸受邀参加"重走南侨机工抗日滇缅路"全程活动。沿途通过车载对讲机，我为团员们讲述发生在滇缅公路各路段的南侨机工可歌可泣的故事，与大家交流互动。

　　在澜沧江边、在大包山悬崖、在惠通桥旁、在松山战场遗址、在三台

在昆明南洋华侨机工抗日纪念碑前

自驾车队穿越崎岖险峻的滇缅公路

松山远征军阵亡将士墓前的祭奠

在畹町南洋华侨机工回国抗日纪念碑前

山无名南侨机工墓前……南侨机工当年使用的手摇警报器一次次被摇响，庄严肃穆的祭奠活动一次次举行，我们的心灵一次次受到巨大的冲击。我们被南侨机工爱国奉献的初心、英勇无畏的壮举所震撼！

12 日上午，自驾车队"80 勇士"又和德宏机工后人等近 200 人，在畹町国家森林公园"南洋华侨机工回国抗日纪念碑"前，举行隆重的纪念活动。

交流座谈中，得知车队团员都是新、马各地关爱南侨机工的热心华人。机工后人都希望能委托他们寻找、联系在南洋的亲人。在多日的朝夕相处中，我和自驾车队的团员们结下了深厚的友情。与自驾车队分别不到一个月，马来西亚著名社会活动家林秋雅女士发函，热情邀请我出席 11 月 11 日在槟榔屿举行的纪念活动。

2011 年 11 月 10 日，我带上为 6 位南侨机工老人准备的昆明"南洋华侨机工纪念碑"照片、碑文和"赤子功勋"条幅，为各机工家庭、各华人社团准备的《南侨机工》纪录片的光碟，从昆明直飞马来西亚吉隆坡，傍晚又从吉隆坡飞抵槟城，与林晓昌、汤晓梅会合，和陈立人先生、刘道南老师等老朋友，庄耿康、黄文明、马寅图等新朋友相聚，一起出席由林秋雅女士举办的接风晚宴。

2011 年 11 月 11 日 11 时 11 分，这一庄严的时刻，小号奏响《安魂曲》，槟城亚依淡升旗山下的"槟榔屿华侨抗战殉职机工暨罹难同胞纪念碑"前，槟 城州政府首席部长林冠英主持纪念活动，全体民众肃立公祭，20 名余华人社团代表轮流献花致哀。

重修美化后的碑园，庄严肃穆。中央纪念碑粉刷彩绘一新，三面增设"世界和平柱"、"勇者无畏"南侨机工雕塑和"滇缅公路"巨型浮雕，让人驻足凝望、浮想联翩。

13 日，刘道南老师开车带我南下，拜访和丰九旬南侨机工黄铁魂、黄明安老人；探望南侨机工张连培遗孀及家人；与太平、怡保十余位南侨

槟榔屿华侨抗战殉职机工暨罹难同胞纪念碑

南侨机工雕塑"勇者无畏"

机工后人会面交流。2009，年刘道南老师成立工作室，一直倾心搜研南侨机工抗战史料，寻找、联系南侨机工亲人。

15 日一早，林主席开车接我赴马六甲拜访 99 岁南侨机工王诗伟老人、拜会机工洪发福的遗孀和儿子。下午送我到吉隆坡机场，从西马飞赴东马砂拉越。

南侨机工王诗伟（左）

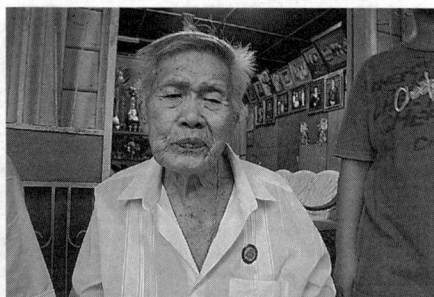

南侨机工黄明安

南侨机工黄铁魂

南侨机工冯增标孙女（右二）

南侨机工李亚留

南侨机工许海星

16 日至 19 日，云南南侨机工历史研究会海外名誉会长黄文明开车全程陪我到古晋、天伦等地，拜望南侨机工冯增标、李亚留、许海星三位九旬老人及家人，与南侨机工郑武央的儿子会面。

20 日上午，我出席"重走南侨机工抗日滇缅路四驱万里行"分享会，大家展示照片、互赠分享、感同身受："万里自驾行"重拾被遗忘的历史，把南侨机工重新拉上历史舞台，展示在世人面前，呈现在新生代 眼前，使后辈勿忘历史、珍爱和平。

下午，百忙中的陈松青放下所有工作，开车送我南下，到我期盼已久的麻坡。刘道南夫妇也同车南下。刘老师夫妇已多次从怡保乘大巴到麻坡，为了结畹町机工后人叶晓东的心愿，替叶晓东寻找父亲的照片只因受叶晓东之托；又因刘老师夫妇被《南侨机工》纪录片中每逢清明节叶晓东捧着没有父亲照片的空相框，到纪念碑后面"南侨机工名录"墙上刻有"陈团圆"的名字下，带领家人下跪祭奠的凄凉情景所感动。

南侨机工先锋大队队长刘贝锦的孙儿刘振和设晚宴，和我们重逢。席间我又认识了麻坡南侨机工吴新雷的儿子和女儿。

21 日清晨，81 岁的麻坡中化中学前校长李云溪专程从新加坡赶来，带我们到班卒镇，登门拜见 79 岁的班卒老人黄裕藩。当我展开父亲和叔公合影照时，黄老眼睛 一亮，兴奋地说道："就是他们！就是这个样子！"黄老提议大家到麻河码头，当年麻坡机工就是在此码头乘船，到新加坡集结回国。大家合影留念后，黄老带我们来到 70 多年前叔公、父亲的住地。当年的木屋已不见，现在是一片橡胶林。听黄老讲那时常见我父亲和两位叔公身着白西装出入这里，很精神帅气。

我抬起相机拍个不停，仿佛看到两位叔公和父亲身着白西装，就站在木屋前，站在小河的木桥上 ……我忍不住双膝下跪，头手扒地，泪如雨下，铺开手帕，小心翼翼取土置入，起身紧拥黄老、抱住松青，向大家深深鞠躬，由衷地道一声："谢谢！谢谢大家！"

张云鹏的两位叔公和父亲张智源（右）

张云鹏终于寻到 70 多年前叔公、父亲在南洋的故居——如今是一片橡胶林，图中从左至右依次为李云溪、黄裕藩、张云鹏、陈松青、蔡明辉。

亲爱的叔公安息吧！亲爱的父亲安息吧！

此时我还想见到孝镇老叔的家人。黄老摇头说："他们搬走了，但不知搬去了哪里？"返回黄老家，刘老师拿出"麻华机工"六人合影照片，询问黄老是否知道哪位是陈亚历？黄老一眼认出张智源、张金炳，却无法确认陈亚历。

中午，热情的黄老执意请我们到麻坡著名老店"现代茶室"用餐。餐室墙上挂着唐老东主的老照片。老东主是麻坡班卒筹赈会负责人，日寇入侵时老东主被捕，遭严刑拷打，儿子去探望时也被抓，父子一起被杀害。

在祖国最危难时，麻坡筹赈会带领华侨，踊跃捐款捐物支援祖国抗战，又组织三批近 200 名南侨机工回国抗日，被誉为"筹赈模范区"。日寇入侵后大开杀戒，血流成河，据《麻坡华侨殉难义列史》记载，麻坡华侨就有 757 人遭日寇屠杀，如福建籍华侨张开川一家 9 口、李天赐全家 11 口等，惨遭灭门的比比皆是。

马来亚二战历史研究会多年研究统计，日据马来亚 3 年零 8 个月，共有 30 余万侨胞惨遭日寇屠杀。2015 年马来西亚各华人社团捐资，在吉隆坡广东义山，兴建高 30.8 米的"马来亚二战人民蒙难纪念总碑"。2018 年揭幕，警钟长鸣，永世铭记。

当晚，麻坡中华公会宴请访

马来亚二战人民蒙难纪念总碑

客，林得元主席致辞："热情欢迎麻坡抗日英雄的后代荣归故里！欢迎刘道南夫妇又到麻坡搜寻史料！中华公会将一如既往，号召麻坡人协助寻找机工亲人，包括陈团圆的亲人。麻坡中华公会是麻坡华人社团的最高组织，相信一定会有成效。"

餐毕，热心人蔡明辉拿出一张8月的剪报"新山祖籍广东潮安张智强、张智勇昆仲家慈逝世讣告"给我看，他认为张智强、张智勇应该是张智源的堂弟，几天前已经用讣告上的电话号码与对方联系，但对方很警惕，否认有亲戚在中国云南。我反复仔细看讣告，感觉应该是孝镇老叔的家人，随即请明辉拨通讣告上的电话，由我与对方通话，然而对方仍否认有亲戚在云南。明辉拿过电话想与对方通话，不料对方干脆切断通话，我顿时感到心灰意冷。

次日，松青载我再继续南下到柔佛州古来，刘老师夫妇留在麻坡，继续寻访、收集陈团圆和南侨机工后人的信息。热心人蔡明辉请我们一起用早餐，席间他又拨通昨晚的电话，耐心地说："张智源的家人从中国云南，千里迢迢好不容易来到这里，都是潮州人，即便不是亲戚，也都是老乡，无论怎样也应该见上一面 ⋯⋯"对方终于被说服，勉强答应在新山与我们见面。

松青驾驶他的战车一路飞奔，中午时分，我们终于赶到新山，在双方见面相互寒暄后，我把父亲留下的老照片一一打开，当张智强看到张孝镇单人照片、三人合影照片，特别是看到四人合影照片时，他惊呆了："这是我父亲、这是我爷爷啊！我们真是一家人啊！"

叔侄两人相拥而泣。松青抓紧抢拍，边拍边说："一看两人的长相，就是一家人。"智强叔再三对通电话一事表示歉意，并真诚地感谢蔡明辉，是他的热心、执着，促成了我们意想不到地找到亲人！

智强叔接连打了几个电话，热情地请我们到附近一餐厅用餐，席间智勇叔和姑姑都赶来认亲相聚。智强叔他们虽与我们家素无任何联系，却兴

从左至右依次为张智源、张金炳、张孝镇父子

张云鹏终于寻找到失联 70 多年的南洋亲人。

奋地边传看照片边交谈，都说前几天接到电话不敢相信，现在真是喜从天降，一致称赞蔡明辉的细心和热心，居然通过一份"讣告"推断出我们的关系，又不厌其烦地一直寻找、联系，真是一位难得的热心人！

我拨通蔡明辉的电话，把这一喜讯第一时间通报给他，向他表示衷心的感谢！同时代智强叔表示歉意和感谢。蔡明辉风趣地说："这就是'山重水复疑无路，柳暗花明又一村'吧！"

从此之后，孝镇老叔家人和我们一直保持联系。每次我到古来参加纪念活动，智强叔他们都从新山赶来和我会面。

22日下午，滇缅自驾车队总指挥陈松青，载我到柔佛州河婆同乡会拜访黄福庭主席，和滇缅自驾车队团长吴国文、车友们进行热诚友好的交流。老朋友相聚，感觉时间过得太快，都期待着下次再见。

晚上，刘老师来电告知，在黄老的带领下，在班卒郊外华人义山看到南侨机工谢愈仟夫妇的坟墓，还找到陈任顺夫妇的坟墓。李云溪校长又联系到一位班卒老人，老人曾听说陈亚历在云南娶了一个缅甸姑娘。而陈团圆是和傣族姑娘结婚。缅北和德宏接壤，"缅甸姑娘"可能是"傣族姑娘"，这似乎又多了一项旁证：陈团圆很可能就是陈亚历。李校长表示，他还会继续寻找。第一次来到马来西亚这个陌生的国度，短短十余天，我能顺利地从西马寻到东马、从北马访到南马，寻访十多个地方，参加二十余场交流活动，拜访、会见那么多的南侨机工老人、遗孀和后人，寻到父亲的第二故乡，找到我们的亲人，虽然叶晓东的父亲陈团圆还未确定，但有那么多马来西亚热心的华人社团、华人，想尽一切办法，通过各种渠道努力寻找，相信定有好消息。我真为晓东哥感到欣慰！

这一切都源于南侨机工这一英雄群体，这一切只因我们是南侨机工的后人，这一切依托于马来西亚各华人社团、华人的精心策划、相互协调、周密安排和热情接待。没有他们的鼎力相助，我将寸步难行，一事无成。我被海外华人社团、华人强大的凝聚力、纯洁的同胞情，深深地感动、强烈地震撼！

在回程的飞机上，我的心情豁然开朗：这次马来西亚寻访，我何止仅仅寻到孝镇老叔一家亲人，我又何止仅仅寻到麻坡班卒一个地方？我寻找到了我们英雄的父亲——六位健在的南侨机工，寻找到了我们英雄的母亲——五位健在的南侨机工遗孀；寻找到了我们的兄弟姐妹——四十余位南侨机工后人，寻找到了我们英雄父亲的第二故乡——南洋，我还寻找到了许多不是亲人胜似亲人的热心人，我们都是一家人！

再会吧，南洋，我还要回来的！

我们都是一家人（左一为黄文明、左二为刘道南、右二为陈立人、右三为林秋雅）。

要为自己所从事的事业去奋发

——纪念我的外公张智源

江雨辕*

命 运

张智源

每次听外婆说起外公，外婆的眼睛里都笼罩着淡淡的忧伤和深深的倾慕。那样的烽火岁月，日寇猖獗、蹂躏神州，外公本可以在新加坡精心经营家族产业，丰衣足食，可外公却偏偏选择了回国抗日。抗战八年，栉风沐雨，往返滇缅，生死一线，备尝艰苦，所幸外公和3200余名南侨机工不辱使命，光荣完成任务。

外公爱国，如同千万在南洋的华侨，他们心底深深地明白：没有

* 江雨辕，南侨机工张智源之外孙女。

张智源从马来西亚麻坡码头出发回国参加抗战。

了祖国，他们也没有了根、没有了家。

外婆爱家，外公在哪里，哪里就是家。于是，外婆带着孩子，千里寻夫，从广州到云南，最终把家落在了昆明。

时 光

记忆中的外公，满头银发，精神矍铄，常穿一套烫得笔挺的灰色毛呢中山装。小时候，逢年过节，外公都会笑盈盈地给我们孙辈发红包，考试成绩好的，还会得到额外的小奖励。晚饭时，外公一定会拿出他珍藏的温酒壶，温上一壶酒，一家人一起喝酒、聊天。

"这不是我们结婚时从老家带过来的酒壶吗？"外婆微笑着向外公说。

看着这温酒壶，历经岁月坎坷，除了温酒壶的外胆外观略有斑驳之外，内里的酒壶仍然完好无损，而且还带着一层温暖的光泽。

2019 年 2 月春节期间，全家重走滇缅公路（左起：父亲江晓伦、儿子徐梓桐、江雨辕、丈夫徐晟），在云南畹町南洋华侨机工回国抗日纪念馆留影。

外公看着外婆，看着满堂的儿孙，酒后微红的脸上挂满了幸福。

艰难的时光会逝去，美好会留下。

精　神

新中国成立后，外公是在忙碌中度过时光。凭借对滇缅公路的熟悉和敏锐的商业嗅觉，外公组建车队搞运输，做国际贸易，把云南的特产和名贵中药经由滇缅公路，从昆明运输到南亚、东南亚地区销售，换回当时国内急需的盘尼西林、奎宁等药品，医疗器械、橡胶和汽车配件等物资。

为了支援前线，抗美援朝期间，外公捐赠了两箱大洋和自己进口的大量药品。

为了发展教育、安置侨胞的子女，外公捐资并号召筹建了"侨光小学"，并担任校董。

2019 年 2 月春节期间，南侨机工张智源、张金炳的第二代、第三代、第四代后人重走滇缅公路，到达惠通桥。

为了响应政府号召，外公联合华侨扶持入股了至今仍是云南知名品牌的"德和罐头厂"。

外公曾担任云南省第一届、第二届人大代表；昆明市工商界先进代表；筹建致公党云南省委。

外公是一位战士，是一位南侨机工抗日志士，他用自己毕生的赤血报效祖国，写下了"抗倭寇侨工洒热血，报中华赤子表丹心"的人生篇章。

那时候，我还很小，只记得外公灰色的中山装、黑色的公文包和匆忙的背影。妈妈说，外公教导她："不为名利所生存，要为自己所从事的事业去奋发，要成为有能力的人，报效祖国。"

不仅我的母亲做到了，外公的七个孩子都做到了。

传 承

80 年前的春节大年三十，是南侨机工回国抗战服务团第一批团员

217

2017 年 8 月，江雨辕参加马来西亚南侨机工公祭活动。儿子徐梓桐（左一）代表南侨机工第四代在纪念活动上朗诵诗歌缅怀先烈。

出发的日子。2019 年春节大年三十，我们一家老少全体出发，重走滇缅公路，而在此刻，我们越过几十年的时光，去体会 80 年前的"烽火赤子心"。

缓步在滇缅公路的弹石路上，细雨霏霏；站立在高山深谷的惠通桥旁，泪眼蒙蒙；停留在畹町边境的纪念碑前，心潮澎湃。

儿子问："妈妈，曾外公为什么非要回国呢，那么危险，随时都会牺牲。"

我说："因为曾外公是中国人，捐躯赴国难，视死犹如归。"

儿子问："那抗战胜利后，曾外公为什么要留下来呢，国内生活那么艰难？"

我说："因为曾外公是中国人，大战之后，百废待兴，需要曾外公这样的人才，鞠躬尽瘁，报效祖国。""儿子，我们的祖国有今天的发展，是如同你曾外公一样的国内外华侨华人用无私奉献、爱国报国的精神共同努力的结果。孩子，曾外公把这种精神传给了你外婆，我的母亲。你外婆也同样言传身教，在教育岗位兢兢业业几十年，辛勤工作，桃李满天下。现在，我们一起努力，把南侨机工无私奉献、爱国报国的精神传承下去。"

儿子："妈妈，我很自豪，我要努力！因为我是曾外公的后代，南侨机工的第四代。"

访马来西亚有感

陈钟儒*

　　2012 年 8 月 12 日至 24 日，应马来西亚槟城孙中山协会、槟城海南会馆等华人社团的邀请，云南省侨联南侨机工暨眷属联谊会组织"亲情中华 寻踪南洋"访问团一行 39 人，赴马来西亚举行具有历史意义的访问活动。这次活动既有演出、展览，又有社团交流及寻亲活动，我与秘书长陈良维也随团参加了这次活动，并参与舞台剧《南侨机工，永远的丰碑》的演出。随团前往的还有中央电视台记者、云南电视台记者以及云南省昆明市外事办曹晓柳处长。

　　时光飞逝，访马回琼已有年余，然而，首次赴马来西亚举办活动给我人生旅途留下了终生难忘的记忆，往事历历，回味浓浓。

亲情中华

　　"亲情中华 寻踪南洋"访问团一行 39 人，于 2012 年 8 月 12 日中午搭乘昆明直达马来西亚的航班，历经约四小时的航行顺利抵达吉隆坡机场。在迎宾大厅门口迎候已久的马来西亚槟城海南会馆主席拿督林秋雅女士及陈嘉庚长孙陈立人先生在马来西亚各华人社团迎宾队员的陪同下拉开

＊　陈钟儒，南侨机工陈宋儒（原名陈光兴）之子，海南省南侨机工历史研究会会长。

"欢迎云南省侨联南侨机工暨眷属联谊会到马来西亚"的横幅，盛情欢迎来自祖国的亲人，使我们顿生宾至如归的亲切感，忘记了旅途中的疲倦，同前来迎接我们的海外同胞聚拢在迎宾大厅门口合影，留下这难忘而珍贵的一刻。

黄昏已近，我们乘坐当地华人社团专为访问团预备的豪华大巴士，由当地华人社团成员驾驶的轿车在前面引路，连夜直奔第一站——古来镇。剧组先后在古来、吉隆坡、槟城、太平、怡保等地演出五幕舞台剧《南侨机工，永远的丰碑》，深受大众赞赏，还特意安排马来西亚健在的南侨机工许海星、李亚留到剧场观看演出。扣人心弦的演出，让老机工重温了南侨机工抗战史，令在场观众和机工后代深受感动而落泪，让机工后代深入了解了当年先辈回国抗战的光荣历史与爱国情怀。

尤其令人难忘的是 8 月 19 日晚那场别开生面的文艺交流晚会。晚会设在槟州华人大会堂。由中国云南省侨联南侨机工暨眷属联谊会与芭蕾舞学院、槟城孙中山协会及槟州歌乐协会联合举办，晚会主题是"和平之旅，光辉乐章"，意在让人们珍惜和平，重温光辉历史。

晚会伊始，大会主席拿督蓝武昌、陈嘉庚嫡孙陈立人、中国云南省访问团徐宏基团长、昆明市人民政府外事办曹晓柳等分别致辞，然后由槟城孙中山协会会长兼槟城海南会馆主席拿督林秋雅致谢词。槟城州政府很重视本次晚会活动，行政议员黄汉伟律师亲临晚会主持开幕及致辞。

槟州歌乐协会下属合唱团以《欢迎嘉宾》大合唱拉开晚会序幕，振奋人心的旋律，使我们倍感亲切；接着由马来西亚槟城孙中山协会呈献《南侨机工颂》，该诗是南侨机工奋战滇缅公路的生动写照；芭蕾舞学院精彩的《乡情》舞蹈，更显侨胞亲情中华之心；赴马演出团演出五幕舞台剧《南侨机工，永远的丰碑》，再现当年南洋华侨机工回国服务的豪情壮举。最后，演员与观众共舞，这是一场亲情中华的盛会，侨胞们说："只有祖国的富强昌盛，我们侨居异国他乡的侨胞，说话才能有底气。"

寻踪南洋

在当地华人社团的精心安排下，我们组织瞻仰雪兰莪华侨机工回国抗战殉难纪念碑、槟榔屿华侨抗战殉职机工暨罹难同胞纪念碑，参观槟城孙中山纪念馆等，寻访父辈当年在马来西亚的足迹。

8月14日，我们来到了父亲当年居住的麻坡，当年伯父在北莪埠十九支经营"秀记"茶店，不知还在否？席间一位热心的侨胞阿姨听我提及此事，立即帮我联系在北莪埠的海南老乡，果真功夫不负有心人，总算联系上"秀记"的陈亚英堂妹，在彼此通话后，确定了身份。我们见面心切，在侨胞陈先生的陪同下，经过一个多小时的奔波总算到达北莪埠，举目一望，"秀记"两字映入我的视野，我激动万分地说："总算找到父亲当年生活工作过的家——'秀记'了。"我与堂妹陈亚英终于见面，堂妹热情地把我们三人接入店内，寒暄片刻，她便冲上热气扑面的咖啡让我们边饮边聊，父亲当年就是从这里回国的，但自那一别，父亲一辈子都没有机会再回到他当年的"家"。堂妹告诉我，抗战胜利后，她的父母（即我父亲的兄嫂）很想念归国当机工的弟弟陈宋儒，盼弟弟早日回归南洋，兄弟重逢。但等了一年又一年，音信全无，最后他们带着遗憾走了。我把父亲回国参加抗战的历程及回琼生活的点点滴滴告诉了堂妹，她为有这样一位舍身救国的叔父感到骄傲，也为叔父苦难的一生感到十分悲伤。

这次我还找到了堂姐陈玉莲。我与堂姐陈玉莲从未谋面，只是书信来往，看过相片。在陈松青秘书长的陪同下，我们找到了堂姐家。堂姐一下子就认出了我，说："没错，就是他！"我紧接着说："我们从未见过面，怎么一下就认出是我呢？""从你寄来的照片，我一眼就认出你。"堂姐十分自信地说。此时此刻，我心里说不出的兴奋，正是有缘千里来相逢，异地遇亲人的喜悦之情不言而喻，这是一次难得的机会，我们彼此更加了解。

时间过得真快，晚上10点刚过，陈松青秘书长便按约定时间来接我。

我们的相逢是多么匆促，却也总算圆了寻亲之梦。然而，世间哪有不散的宴席，且愿后会有期。

8月23日，在怡保最后一场演出。这次访问马来西亚"亲情中华 寻踪南洋"活动，达到预期的效果。演出结束后，我们剧组在当地华侨社团的热情宴请款待中，彼此举杯祝福，恋恋不舍地互相道别，连夜赶往机场，返回云南昆明。另外十多人乘大巴向麻坡赶路，次日在麻坡陈氏祠堂举行祭祖活动。可惜，由于时间的关系，我没有参加这次麻坡陈氏祠堂祭祖活动。据说，当大巴到达麻坡时，迎接的队伍中有人喊"陈钟儒"，这就是我平生一次难以弥补的遗憾。但愿天赐良机，让我圆梦。

从小立志要寻亲

汤耶碧*

从小到大，父亲在我的脑海里始终有一个抹不平的印记，他的名字到底叫什么？他又是哪里的人？他为什么离我们而去？去了哪里？他还有其他亲人吗？一连串的疑问，我一直在寻找答案。

幼时，"他"一会让我猜想，一会让我疑惑，一会让我生气，不知事的我只把"他"当成故事来听听，并不当真。

童年，"他"成为了我一个挥之不去的烦恼，异样的眼光、讥讽的话语、儿时伙伴的不雅之言，不适时地进入我的心里，幼小的心灵受到了莫名的伤害，内心深处埋下一簇阴影，心里始终感到有一种说不出的疼痛。

少年时代，虽然，大家都把"他"淡化了，但"他"已成为我心中的一道"伤痕"。我真想把"他"的事搞个水落石出，让伤痕痊愈，却又毫无头绪。我开始有了一闪而过的愤恨和一提此事就讨厌的念头。

青年时代，我刻苦学艺，音乐、舞蹈从早到晚陪伴着我，同学、朋友、爱情给我带来欢乐，生活很充实。我暗下决心忘了"他"，不再去做无谓的找寻。

随着年龄的增长、时间的推移、社会阅历的丰富，我看到了人世间

* 汤耶碧，南侨机工汤仁文之女，云南民族大学艺术学院退休舞蹈教授，1965年毕业于中央民族大学。

许多悲欢离合的故事，理解和学会了如何做人做事。而至于如何去认识"他"，我心中已经有了一把秤，那就是：我有我成功的事业，我有我顺心的工作，我有一个幸福的家庭，在不影响我正常生活的情况下，决定继续去查找，以了却我一个寻根的心愿。

为了不勾起母亲的心事，我不敢多问父亲的事情。所以，父亲的许多情况，我都是从姨妈、亲戚和邻居老人的口中得知。

抗日战争时期，由于史迪威公路的建成，滇缅运输线成为中国唯一的抗日物资生命线。应爱国华侨首领陈嘉庚的号召，南洋的大批热血青年参加了抗战，组成"南洋机工服务团"。运输车队就驻扎在滇缅公路沿线畹町、芒市、保山一带。历来比较安宁的云南边疆（德宏）地区，都被这一群"外国来的"汉人所感动，女青年都以嫁给这些"靓仔"为荣，母亲就是这里几十个傣族姑娘当中之一。

当时，父亲的车队就停留在离芒市镇不远（约三四公里）的曼广母寨落脚，他们没有第一线的部队紧张，在检修汽车的间歇，还可以到芒市镇来赶集（购物）和玩耍。我的外婆家在芒市镇西里大奘房旁边（现在的芒市菩提寺一带），正是赶集最热闹的地方。

外婆家是以制作、加工、销售银器饰品为生的，姨妈和我母亲又是家里的大小姐、寨子里的"少罕哩"（最漂亮的小姑娘），于是父亲他们借买银首饰，找出各种借口到我外婆家来玩。

据姨妈和母亲的口述，我的外婆特别反对自己的女儿嫁给父亲，尽管这样，他们也不怕，父亲不在乎外婆无数次的为难，坚定不动摇对我母亲真挚的爱。

他一次又一次地跑来和我外婆磨嘴皮，苦苦哀求要和我母亲来往。而我母亲呢，总是不言不语，淡淡地一笑，她以难为情为借口往大门外跑，或者是出门挑水，这个办法很中父亲和老赖他们的意，每次只要母亲一往外跑，父亲和老赖立马就三步并作两步地一溜烟跟出去，这可气坏了我外婆。

1950 年，汤碧耶的父亲汤仁文（后排右）和战友赖鸿（前排右一）以及其他三位战友（姓名不详）在马来亚怡保合影。

我母亲虽然汉语说得不好，但她和我父亲他们比画着交流，相处得很好。

我姨妈当时也只是 16 岁左右，她清楚记得，我父亲是个广东帅哥，长得眉清目秀，为人善良，脾气温和，是一个文质彬彬的、书生模样的人。

经过多次不懈的努力，外婆终于同意了这门婚事。

1942 年 4 月傣历年春节，父亲 27 岁，母亲 19 岁，有情人终成眷属，父母结婚的地点就在我外婆家，结婚场面非常壮观。当时寨子里房屋矮小密集、巷道狭窄，所以父亲他们迎亲的几十部车辆，全部都停在现在的"树包塔"公园外。当时来了很多人，人声、鞭炮声、汽车的轰鸣声，热闹非凡。

结婚时，父亲穿着西装，他的那些同事也都是西装笔挺，个个都很神气；我母亲身穿旗袍，同样也非常出众。傣族人穿旗袍，在当时是特别少见的，父亲送给母亲好几件首饰、项链、成套的衣服，把母亲打扮得漂漂亮亮，寨子里的傣族姑娘太羡慕我母亲了。父亲的同事和朋友也都为他找到一个美丽的傣族姑娘而高兴。

然而，幸福的生活非常短暂。1942 年中，战事吃紧，日本人已完全占领了缅甸，开始攻打云南。父亲带着我母亲随车队调到了贵州的毕节、四川的重庆、歌乐山等地。1943 年我的姐姐在毕节出生，不幸夭折，1945 年我在歌乐山出生。母亲告诉我："在毕节、重庆时，你父亲常出车不在家，车队的姐妹对我都很好。"

抗日战争结束后，父亲和他的战友因失业而各奔东西，有去昆明的，有回南洋的，也有去缅甸的，等等。父亲说要回广东，要将我和母亲一起带走，让我母亲回芒市看外婆一眼。可是，当我母亲回到芒市后，我外婆极力反对，父亲两次误车，只好一个人走了，临走前父亲将母亲拉到一边说："小方，我走了，等以后情况好转，我再来接你母女二人。"转过身来又说："婆婆，再让我抱抱小碧吧……"

父亲走后，母亲一直盼望着丈夫来接我们。在我 3 岁左右，家中来了一个陌生男人，母亲告诉我，这是爸爸的朋友，他拿出一封信和一包米花糖，信上说："小方，老汤生病了，你放心，我们会照顾好他的……"母亲的情绪受到了很大的打击，又接二连三地收到外公、外婆在缅甸相继去世的消息，母亲不知怎么办，没有了任何依靠，看着幼小的我发呆。从此，她沉默寡言，话越来越少了。

我很想知道父亲的情况，几次询问母亲有关父亲的事情，是否有父亲的相片，母亲从一个旧木箱中拿出一个金手镯、一张旧相片和一枚结婚戒指。相片上有十多个穿同样制服的人，母亲指着右边坐着的第二个人说："这个就是你爸爸。"

从此，我一直把相片保存在身边，可惜的是，相片太大，我不好贴身放，就把相片剪小，只剩下有我父亲的四个人了。时间长了，又被贴身放，所以后来相片又黄又皱，上面的人已看不大清楚了。

母亲又说："手镯和戒指是你爸爸送给我的结婚礼物，你爸爸给你取的名字叫碧珍。"芒市人都叫我小碧，所以母亲就叫方咩碧。

但是，在我上小学时，因为没有大名，老师帮我取了学名叫秀英，加上我从小又没有见过父亲，一转念不想姓汤了，就跟母亲姓方，叫方秀英。上小学时，我一直都用方秀英这个名字。在我考取中央民族学院后，母亲说："碧，你要出去了，有机会还是去找一找你的爸爸。"我看着母亲的表情，非常理解母亲的心情，便将姓又改了回来，叫汤秀英。参加工作后，懂得的事情更多，为了纪念父亲，我又取回到了"碧"这个名字上来，叫汤耶碧。

父母在一起生活了三四年，听母亲说，父亲对母亲很体贴，也挺照顾的，只是父亲又经常出车在外，实际在一起的时间并不多，却在母亲的心里留下了深深的"烙印"。这"烙印"又变成一枚模糊的印章盖在我的脑海里，我很想把这印章搞清晰，看看印章上刻着什么……

1994年5月20日，母亲望着远方，默默地离开了人世，永远离开了我们，享年71岁。多年来，母亲对我的教诲，她的善良好学，我铭记在心。她所经历的，一点一滴我都难以忘却。她坚强的毅力、刻苦的精神成为我精神的支柱。母亲的艰辛，成为我成长的动力，我每得到一次进步，每得到一点幸福，我都会想到母亲，是伟大的母爱造就了我的一切。

正因为母亲一辈子的艰辛，所以我下定决心一定要找到父亲的踪迹，想知道父亲为什么会一去不复返。

然而，我的寻根之路挫折连连，我虽然忙于学习、工作、家庭与生活，但是心中的天平时不时又会滑向寻根的一端。在北京读书时，入团政审问到我的父亲，我不知道怎么说。最后，学校郑重其事地告诉我："经过调查，你父亲解放初已在昆明因心脏病去世了。"

面对这样的现实，我虽信以为真地接受了，但心中时不时还是想，即便是死了，他的朋友应该知道，他埋在哪里？

我的好朋友李立航在昆明市侨联工作，对我的事情很关心，1990年春节聚会时他对我说:"听你以前讲起令尊的情况,很像是'南侨机工',不妨你把名字拿来,我托人帮你去查一查。"

我母亲是文盲,汉族话说得又不准,父亲的广东话将"仁"字读成"银",母亲又将"银"模仿成"永"的音,所以,我一直将父亲的名字记成"汤永文"。

"南侨机工"这个名称,我从没有听说过,李立航向我做了详细的介绍后我很高兴,以为这下可以询问到父亲的一些事情了,我立刻把"汤永文"的名字给了李立航,结果没有查到,我陷入了迷茫,失去了信心,心中的天平又偏向"算了,不找了"这一边。

因为母亲说过父亲是广东人,临终以前也说过:"去广东找爸爸。"2002年我退休后到了广州,就到广州市侨联、广东省侨联、暨南大学科研所和图书馆资料室咨询有关抗战时广东车队在云南的资料,也一无所获。

2011年春,我专程到缅甸去看望姨妈(方香夏,86岁),闲谈之中我特地向姨妈提到父母的情况,她很明确地告诉我:"你父亲是广东人,叫汤银文,不是汤永文,他的同事也基本是广东人,而且都是华侨。"为什么姐妹两人会说出不同的名字呢?我和我爱人(林兆武)做了仔细的分析,母亲和姨妈都说我父亲是广东人,那为什么一个把他的名字念成"汤永文",一个把他的名字念成"汤银文"呢?问题的关键会不会在口音上?果真,广东人很明确地告诉了我,姨妈念出"汤银文"的音,实际是广东梅州的客家话,母亲念出的是广东白话,仁字的音就接近永和银,广东音的"汤永文""汤银文",写出字来就是"汤仁文"。我终于清楚了父亲的真正名字"汤仁文"。

从缅甸回到昆明后我们立即到云南档案馆查找南侨机工的档案。起初几次去,都查无结果,档案馆的工作人员说,南侨机工的档案有一部分缺失,有一部分在台湾。正当我再次失望的时候,峰回路转,有一次碰巧遇到一位云南师范大学的老师夏玉清，他是厦门大学的博士生，刚好正在写有关南侨机工史料的博士论文。

他听我在念叨汤仁文的名字，说他那里有一本台湾 2005 年 11 月出版的《战后遣返华侨史料汇编·三》，是一本有关南侨机工的书，上面好像有汤仁文的名字。

当天晚上，我迫不及待让夏玉清把书借给了我，仔细地查阅到第 409 页，"转据华侨青年服务社广州分社呈报五十人"，上面有："汤仁文，男，31 岁，粤、梅县，民国 28 年 8 月 14 日，第 9 批回国，来自太平。"此刻，我好高兴啊！

通过姨妈（方香夏）的口述，我父亲的一些情况可以归纳为如下几点。

父亲是汉族，1939 年 8 月 14 日回国参加抗战，来自马来亚太平。他的工作是开车和修车，是车队的队长。他讲的是普通话，是广东梅县人。父亲衣着讲究，平时爱穿衬衣，有时穿西装，结婚时穿西装。身高大约 1.7 米，形象清秀、帅气，好打扮。

1942 年，我母亲（19 岁）与父亲（汤仁文）（27 岁）结婚。结婚时有车队的十多辆汽车助兴，接送朋友。在傣族地区那时是再风光没有的了。父母结婚几个月后，日本军队就攻占了我的家乡芒市，外婆家被日本军队炸毁，家中被烧。外婆和姨妈他们都躲到了乡下。而我母亲婚后却跟着父亲到了贵州的毕节和重庆的歌乐山。

母亲 1943 年生下了我的姐姐（不幸于 1 岁多时夭折），1946 年又生下了我。抗战胜利日本投降后，在我还是奶娃娃的时候，父亲把母亲和我送回了芒市，由于外婆的反对和我母亲不再愿意离开傣族的生活环境，父亲两次误车，第三次才独自走了。从此父亲就渺无音讯，去哪里也不知道了。我母亲也终生未再嫁。

父亲留下的东西中，我只有一张相片，是一张十多个人的集体合影，上面的人穿着同样的制服，父亲坐在中间。因为时间太长，相片发黄，他们身穿西式衬衣，没有军帽，相片被我剪过，只留下我认为有父亲的那部分（4个人）。

我不能确定父亲属于哪一个车队，也不知道他是否回原籍，更不知道他哪一年去世。因此，想进一步查寻，了一个心愿。

我把这个简单的介绍给李立航看了，他建议我们与昆明南侨机工联谊会的人联络一下，看能有什么办法查一查。其实，联谊会的徐宏基、徐永泰，我们早就认识，想来他们也查不到什么。恰好徐宏基和张云鹏刚从马来西亚回来，他们说正巧2011年7月7日在昆明西山举行抗日战争纪念活动，马来西亚要来许多人参加，徐宏基和张云鹏2011年去马来西亚就找到了家人。这一消息一下子让我又看到了一个找寻的方向——请马来西亚的朋友帮助我查寻家人，告诉他们我的目的只是想了却一个心愿，知道自己的根，别无他求。

2011年7月7日的活动打开了我寻根的大门，我很荣幸地认识了马来西亚的刘道南先生夫妇和林秋雅女士等许多新朋友。他们对我寻亲的事表示了极大的关心和同情。刘道南夫妇是马来西亚的资深记者，他们表示一定帮我登报启示，他们用登示寻人新闻的方式，已经帮许多人寻亲成功。林秋雅女士建议何不去马来西亚一趟，直接找寻。林秋雅女士是槟城孙中山协会主席、槟城海南会馆总会长、槟城歌乐协会会长，她在马来西亚的人脉相当广。她的建议让我怦然心动，但是细细一想，即便要去，也必须有个铺垫，心中有数，方向明确，才能事半功倍。

2011年7月，我把父亲的简单资料给了刘道南先生，拜托他帮我在马来西亚找一下亲人。

紧接着机会来了，以槟城孙中山协会、槟城海南会馆为主的多家协会组织邀请"云南省侨联南侨机工暨眷属联谊会访演团"访问马来西亚（时间定于2012年8月）。马来西亚方面非常重视"云南省侨联南侨机工暨眷属联谊会访演团"。槟州元首阁下封赐林秋雅女士拿督勋衔，总协调访演团的活动安排。

林秋雅女士在百忙之中还特意打电话给云南省侨联南侨机工暨眷属联

云南省侨联南侨机工暨眷属联谊会访演团在马来西亚受到热烈欢迎。

谊会，点名邀请我参加这次访演活动，并希望我能在访问马来西亚期间举办"中国少数民族舞蹈讲座"，同时也让我亲自到马来西亚来完成寻根的心愿。

当我得知这个消息后，彻夜难眠，思绪万千，我真是遇到了贵人，我与马来西亚的新朋友也只是一面之交，他们就能为我出主意，为我奔忙，真是难能可贵！

我非常珍惜这次大好的机会，并认真分析这次寻亲会出现的各种可能，我必须抱着这样的心态："历史无情人有情，宽仁待人示我心"。

为了把握好这个机会，我积极主动与访演团团长徐宏基和访演团秘书长张云鹏联系，表示很乐意为访演团出把力。正好，访演团要带去的小话剧《南洋机工，永远的丰碑》、抗日歌曲联唱也在紧锣密鼓地排练之中，我以导演的角色帮助大家排练，我爱人林兆武的音乐特长也正好能派上用场，他特地为演出活动的音乐制作了伴奏带。

为了感谢林秋雅女士给我的这个机会，我决心把"中国少数民族舞蹈讲座"举办得有声有色。我特别准备了50多张我的傣族舞蹈教学光盘，准备赠送给马来西亚的朋友们，学员们都非常珍爱这个礼物。

刘道南先生夫妇做事一丝不苟，他们多次在马来西亚用登报的形式帮我寻亲，与马来西亚汤家的人取得了联系。还不断地帮我梳理资料中时间上冲突的部分，理顺了很多关系。最重要的是搜集到一些相片，其中有汤仁文年轻时的一张，我们把照片立即传到缅甸让姨妈看，姨妈是我至亲中唯一见过我父亲的人，看了相片后姨妈作了肯定的答复，这一来，我的信心更足了。

刘道南先生把收集到的有关我父亲的资料，和我提供的资料进行对比，列举出相似点和疑点，对我父亲一生的足迹作出推测。

从刘道南先生发给我的信息中，我又进一步知道了一些父亲的情况。

父亲离开云南后，1947年底才从广东回到了南洋怡保，而且在马来亚还有了 6 个孩子，我一下子多了几个同父异母的弟妹。开始知道这个情况后，我心中有点不是滋味，心中又产生了不去马来西亚的念头。可是冷静地想想，在那个局势动荡的年代，何去何从，身不由己，所以不能责怪哪一个人。寻根寻了那么久，就因为这么一点放弃，实在不值得。

我进一步知道了我的祖籍是广东省梅县，梅州蕉岭县高思镇贯彩塘村。而且在梅州那里还有一个同父异母的哥哥。说明我父母结婚时，父亲在家乡已有了原配和孩子，这件事母亲从未提及。

父亲生于 1910 年，而不是他 1946 年 9 月 14 日在广州登记的 31 岁。在南侨机工的有关资料中记载，许多青年为了能回国参加抗战，报名时纷纷把年龄说小了几岁，估计父亲当时是这样做了。

父亲已于 1987 年在怡保去世，骨灰置放在怡保三宝洞（山洞寺庙），享年 76 岁。

我明白了父亲给我取名碧珍，是按珍字辈来排的。

但也叫我迷惑不解的是，父亲在马来西亚的家人们都不知道他在云南的事情，有什么秘密叫父亲如此守口如瓶呢？

母亲和姨妈都提到一个姓赖的人（父亲的战友），刘道南先生也说父亲生前经常去找一个叫"赖鸿"的人，这一定不是巧合吧。

很高兴的是刘道南先生让我知道了怡保许多亲人的名字，还有亲戚之间的亲缘关系，难怪我 2012 年 8 月见到他们时会倍感亲切和自然。

我非常感谢刘道南先生夫妇，同时在几家报纸上连续刊登寻人新闻，才能突破性地获得有关我父亲的那么多宝贵资料。刘道南先生抓住了"时日年份"这一关键点，使寻找工作顺理成章。可想而知，刘道南先生夫妇为帮助我寻亲，工作量是非常之大的。

记得 2012 年 8 月初去马来西亚之前，昆明电视台的记者欧阳斌先生对我作了临时性采访，当说到准备去马来西亚寻亲时，欧阳斌问："汤老师，这次出访如果找到了你父亲的家人，对方不认你，你怎么办？"我说：

"如果对方不认，我不会勉强，因为我只是想了却一个心愿，想知道自己的根，其他方面我没有任何期求。"话虽然这么讲，但是我心中总还是忐忑不安，因为我想起几天前的一件事。

2012年7月底，刘道南先生发给我的资料中介绍了几个同父异母弟妹的情况，其中一个妹妹叫汤翠萍，她一直和父母生活在一起，至今还单身，她最了解父亲的情况。刘道南先生发给我的相片和资料中的许多情况都是她提供的，也留了她的电话号码。

所以，我很希望能在去马来西亚之前就与她取得联系，用电话与她事先沟通一下，联络抒发一下姐妹间的感情。早晨10点钟，我满怀自信地打通了电话，我问："是汤翠萍吗？"她回："你是谁？"我回："我这里是中国云南昆明，我是汤耶碧"，她马上回话："我没时间，我晚上11点才有空！"就把电话挂了。

我一愣，半天没有回过神来，脑海里马上浮现出这么多年来寻找父亲的艰难历程，浮现出母亲一生的坎坎坷坷……心中的天平又滑向了"放弃、愤恨和不肯原谅"这一边。我丈夫看见我发呆的样子，沉思了一会儿说："仁者无敌，里仁为美。我们用一颗宽宏大量的心去对待他们，再冷的心也会被你的热血感动，再坚硬的冰也会被你的热情所融化。"他接着又说："换个角度来讲，万一汤翠萍真的是太忙，不能与你在电话里多聊，也是可能的，何况十多张相片还是她提供的。"在他这一分析之下，我的情绪恢复了平静，但是担忧的心还是不能完全放下。

欧阳斌老师的这一问，倒是提醒了我，凡事贵在坚持，千里之行，始于足下，寻亲之路已经到了最关键的一步，我必须做好各种思想准备，把握住心态，才不至于到时措手不及。

2012年8月12日至26日，我和爱人林兆武一起随着云南省侨联南侨机工暨眷属联谊会"亲情中华 寻踪南洋"访演团到马来西亚交流访问。短短的十多天，给我留下了不可磨灭的记忆，特别是与亲人们的团聚，了

汤耶碧（右一）初次和亲人们见面时的合影

却我 60 多年的夙愿，悲喜交织。

在刘道南先生夫妇的精心安排下，8 月 16 日下午，我们与怡保的亲人们相见。我很兴奋，也很担心，我镇定了一下心绪，走进了东丽洋服店，中间一个高个子的男子看着我笑嘻嘻地说："你就是耶碧吧？一看你的脸型，特别是嘴，就是我们汤家的人。"接着一个 70 多岁的人对我说："你的嘴型与你小姑的确有几分相像。"大家纷纷议论，都说我还是像我父亲的。

此时我内心的激动难以言表，泪水不由自主地涌出来。我多么想告诉心爱的母亲，我见到亲人了，这天是我几十年来最难忘的一天，真不敢相信，半个世纪过去了，我还能千里寻亲见家人。

刘道南先生向我一一介绍了在座的人，70 多岁的东丽洋服店老板是我的姑丈余燊盛；高个男子是我的堂哥汤裕松，也就是父亲哥哥汤锦文的儿子；80 多岁的大表哥张荣寿——父亲姐姐的儿子；还有小姑汤春兰——

父亲的堂妹；堂嫂黄清月和他们的两个儿子汤鸿丰和汤威信。接着重点介绍我同父异母的弟弟汤裕宾和他的女儿汤美琪。

我们热烈地交谈，他们都想把我想知道的事尽量告诉我。

我们也谈到了继母——汤裕宾的母亲何素英。我问弟弟，怎么不见汤翠萍啊？汤裕宾支支吾吾地说："她大概还在上班，一时来不了。"我脑海中一个念头突然闪现，汤翠萍是不是不愿见我？我一定要见到她。

接着堂哥把广东梅州蕉岭县高思镇贯菜塘村的地址给了我，对我说："有机会你一定去老家看看。"我说："认祖归宗，老家是肯定要去的。"

第二天，在姑丈、小姑和弟弟的陪同下，我们来到怡保市三宝洞风景区，我们也无心看风景，直奔三宝洞寺庙骨灰塔。弟弟将父亲的骨灰瓮取出，一起烧香祭拜。当我跪在父亲的骨灰瓮前，一阵阵心酸涌上心头，我无言以对，禁不住泪流满面。几十年来寻找的坎坷和波折，一次次的希望

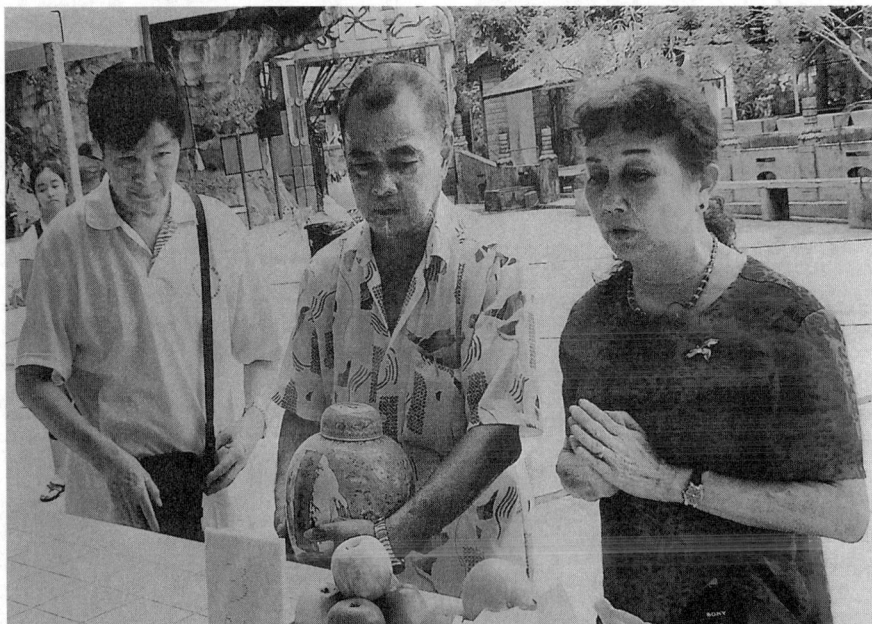

汤耶碧（右）与丈夫林兆武（左）赴马来西亚怡保市祭拜父亲南侨机工汤仁文，汤耶碧在马来西亚的弟弟汤裕宾（中）陪同下取出父亲的骨灰。

变成了失望，母亲这辈子的艰辛与煎熬，向谁诉说？今天我只能默默地祈祷：

爸爸！60多年了，今天女儿才有机会来给你上香拜祭，让我尽一份孝心，带回一把你的骨灰，放进母亲的坟里，愿你们的灵魂在天堂相聚……

妈！我终于找到爸爸了，我多么希望你能听到我说话啊！可惜你再也听不见了，但我已了却了这一辈子的心愿！

8月16日，没有见到汤翠萍。8月17日，还是没有见到汤翠萍。17日晚，我们跟随中央电视台的记者去拜访一位老机工的遗孀（95岁），刘道南先生也和我们在一起，他说："汤翠萍的家就在这附近，我来过几次的。"我以为可以顺便去找一下汤翠萍，可是刘道南先生打电话给她，一直没人接，我们只好无功而返。

看到这种情况，刘道南先生对我说："从一开始，看到你的那张旧相片，汤翠萍就说不太像父亲，她现在可能是在有意回避吧。"

汤耶碧和怡保姑丈一家合影

回到宾馆后，我一直辗转难眠，不能平静。本来我只想从汤翠萍那里多了解一些父亲的情况，但是又见不了面，如果她这么一直躲着我，几天后我将回国，岂不是留下遗憾！

8月22日晚，姑丈余燊盛请我们夫妇吃晚饭，怡保的亲戚大部分都来了，汤翠萍还是没有来。堂哥对我说："这样吧，明天一大早，我们到她上班的地方去等她。"

8月23日上午9时左右，我们来到汤翠萍上班的"海外天大酒店"门口。堂哥建议到大酒店对面的小饭店坐等一会刘道南先生，我们刚走进小饭店，堂哥就拍着我的肩膀说："耶碧，你看，你看，对面坐着正在吃早点的就是汤翠萍。"我的心一下子提到了嗓子眼，生怕汤翠萍知道是我来了，二话不说就走，那该多尴尬啊。

堂哥走到汤翠萍面前对她说："这是你姐姐汤耶碧，专门从中国云南昆明到怡保来看你们的。"汤翠萍用纸擦了擦嘴，手扶着眼镜，用怀疑的眼神看了我一下，脸上露出一种犹豫的神态，慢慢地伸出手来和我握了一下，紧接着掏出一支香烟点燃……我看出她内心的矛盾，我们的突然出现打乱了她的节奏，我必须趁她还没有应对之策时抓紧时机，表明我的心思，消除她的疑意。

我说："非常感谢你，在父亲年老多病的时候，你能守护在他的身旁，也代表我尽到了一份孝心。"我的话音未落，汤翠萍的表情已由严肃转为自然，她说："应该的。"嘴角露出了微笑。我接着说："继母也是由你养老送终，你真是一个大孝子啊。"当我把何素英称为继母时，汤翠萍的表情丰富了许多，并始向我表示出热情。我们的话题慢慢进入了正轨，接着我把这次来访的目的"亲情中华 寻踪南洋"的活动内容及访演团人员情况向她作了简单介绍，并讲述了南侨机工在云南的英雄事迹，同时，我拿出一枚南侨机工的荣誉纪念章挂在她身上。

我观察到她开始有些激动，就问她："8月16日下午在东丽洋服店相

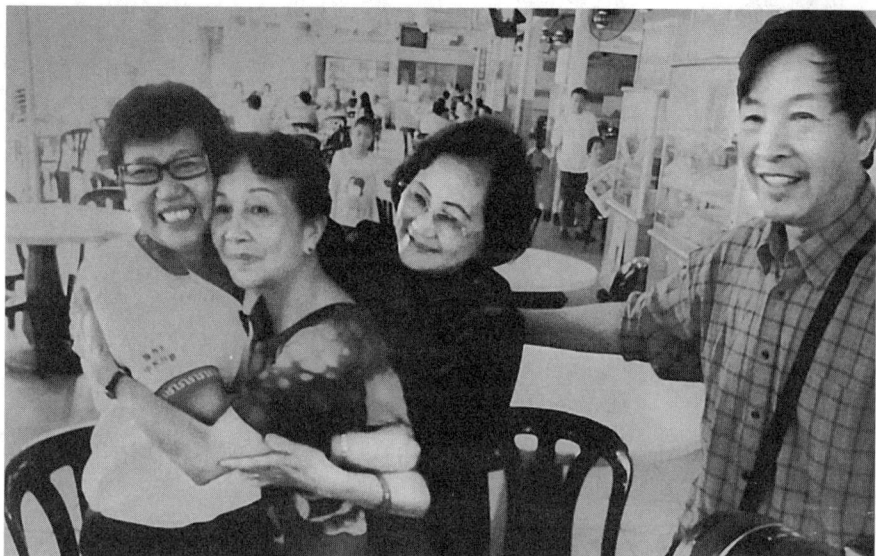

姐妹相拥（从左至右依次为：汤翠萍、汤耶碧、林秋雅、林兆武）

见，大家都来了，怎么没有看见你啊？"汤翠萍说："这几天快过节（古尔邦节），酒店很忙，赶着做糕点，老板不许请假……我赶不过来，不好意思啊！"

我又问她："8月17日上午，姑丈、小姑和裕宾弟陪我们给父亲上香祭拜，之后我和裕宾从父亲的骨灰瓮中取出了一点骨灰，我要带回昆明去，放进我母亲的坟墓里让他们安息，了我的一点心愿，你理解吗？你不会责怪裕宾吧？"她很客气地说："理解，理解，我不会怪的。"

接着，她和我谈到了父亲中年的生活、晚年患病的情况，也谈到了几个弟弟的情况。到此，我们两个人完全放松了，寻亲的最大担忧就这么烟消云散了。谈到情深处，我和翠萍情不自禁地相拥而泣。

在我和汤翠萍交谈的时候，堂哥打电话给刘道南先生夫妇、林秋雅女士。他们听说后都纷纷赶过来，看见我和汤翠萍激动的场面，林秋雅女士为我们祝福，也和我们拥抱在一起。刘道南先生夫妇在一旁忙得直拍照，为我们高兴。

马来西亚《星洲日报》《南洋商报》的记者闻讯也赶来对我们进行了采访，汤翠萍对记者说："父亲抗战后回马来亚，就鲜少提及当年的事，不过我们一家都知道父亲在中国是有家室的，如今与姐姐相逢，感到很高兴。"她激动地说："万万没有想到还有这么一天可以跟姐姐见面。"

《南洋商报》霹雳版这样写道："汤耶碧如今寻获弟妹后，打算明年安排他们到中国昆明再相聚。她激动之余，泪水不禁眼眶打滚，难掩数十年来的情感，姐妹俩深情对望，道尽了这些年来，一直不放弃寻人，凭着仅存的一张父亲相片，还是被揉皱过泛黄不清的机工战友合拍照片，留到今天。一张泛黄的照片，说出了一个时代的凄凉，但却剪不断血浓于水的亲情……"

2012 年 8 月 23 日晚，我们访演团在怡保中华精武馆举行了第五场演出，也是访问马来西亚的告别演出，我在怡保的近二十多位亲人赶来观看。演出到了尾声，我将姑丈、堂哥、弟妹等都请上了舞台，和我们一起跳傣族嘎光舞，将演出推到了最高潮，台上台下热闹非凡。我们一起纷纷合影留念，为我们的寻亲画上了一个圆满的记号。

那天晚上，汤翠萍显得特别高兴，特地将父亲唯一的一份遗物（一枚纪念章）转送给我，我感到特别的安慰，十分珍惜。

当晚，刘道南先生递给我一封信，读后让我感慨万分。信中这样写道：

耶碧、兆武夫妇：

公元 2012 年 8 月 16、17 日是你们悲和喜交织的日子。23 日更是你们最开心的日子。

今天，你们是世界最快乐的人！同样的，也是我们夫妇最开心的一刻！60 多年的凤愿实现了，60 多载的心愿完成了。"亲情中华 寻踪南洋"带来了欢愉的成果。

我们是带着感情来进行寻亲工作，我们把它当作一个任务来完成，我们视之为对伟大南侨机工赤子功勋的一份敬礼。这是一项任务，还是一个事业：搜研南侨机工史料，书写机工悲壮史，使之再度回到人们的历史认知，长久流传下去的事业。

让我们共同努力，继承先辈先烈的精神，把这项工作做好！

刘道南 卢观英敬 2012 年 8 月 23 日 于怡保

2012 年 8 月 26 日回到昆明后，我的心一直停留在马来西亚，一直回味着在怡保的每一天，回想着每一个亲人的神情。2012 年 8 月 30 日，我一口气写下了叙事诗：

马来西亚寻亲记

自小不知父何往，只听母叙去粤广。唯一只留相半张，日久天长颜色黄。

心中不知根何方，念念不忘藏父相。揣在怀中几十年，盼寻父亲之方向。

悄悄打听父行踪，却只落得人海茫。查阅档案几十篇，不知遗漏在何方。

几经努力无结果，如何方能感上苍。六十载后闻机工，才知父辈系南洋。

当日抗战赴云南，驾驭战车运物忙。途经芒市遇小方，千里姻缘结边疆。

只听母言叙不详，前往缅甸姨母旁。细听姨妈忆当年，方知父亲真情况。

抗战胜后父回洋，把我母女放边疆。临别一再许豪言，定接我们去他乡。

山水阻隔两边伤，父亲音讯全然盲。马来西亚太平埠，否有父影夜茫茫。

二零一一于西山，赤子功勋英碑旁。马来朋友刘道南，与我相识叙衷肠。

二零一二在怡保，道南登报寻亲忙。万水千山传音讯，终于寻得我父详。

父亲回洋另娶房，已于七十六岁亡。留有同父异母妹，不愿与我相认望。

历史无情人有情，父亲实况我可谅。决心组团去大马，亡父坟前把香上。

心中石头今已抛，唯有父母不能忘。哽咽叙述艰辛苦，弟妹方知我心肠。

姊妹紧紧拉住手，悲欢交织上心房。六十余年把父找，真情溶冰姐妹章。

我们都是一家人，今后往来佳音唱。堂哥堂弟侄辈亲，姑父表哥坐一旁。
隔山隔水不隔亲，相依相拥叙衷肠。献上金衫孔雀舞，说声再会吧南洋。

　　从回到昆明后，我们夫妇总结了为什么多年寻亲无果，这次又能圆满
成功，那就是，功夫不负有心人，众人拾柴火焰高。如果没有我的坚持，
没有那么多人的帮助，没有云南省侨联南侨机工暨眷属联谊会"亲情中
华 寻踪南洋"访问团这样一个平台，没有刘道南夫妇、林秋雅主席的牵
线搭桥，没有各媒体的推波助澜，事情不可能如此顺利。

　　所以，我要感谢所有帮助过我的人，感谢云南省侨联南侨机工暨眷属
联谊会的全体兄弟姐妹，感谢刘道南夫妇、林秋雅主席的盛情，感谢中央
电视台、昆明电视台及马来西亚的媒体记者们，感谢旅居马来西亚的亲人
们，让我了却了心愿，让我寻到了根。

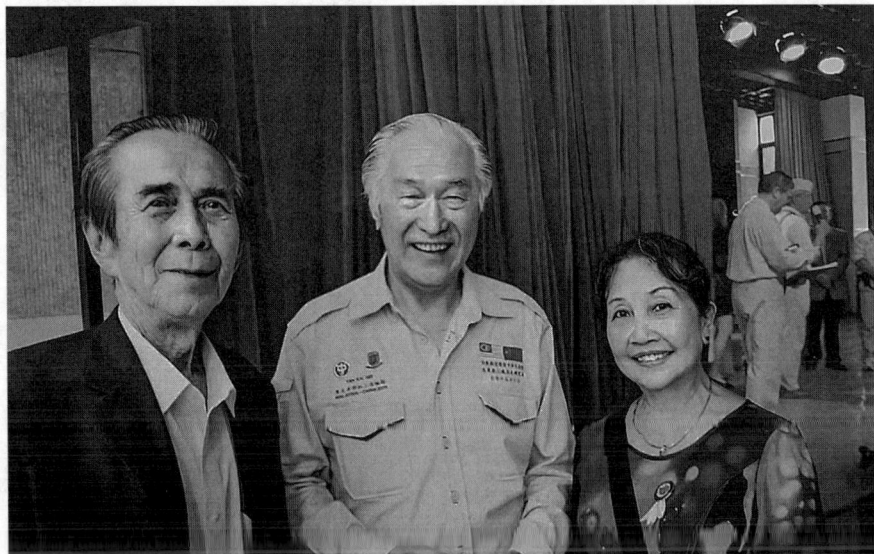

与马来西亚陈嘉庚基金发起人之一陈凯希先生（中）、资深记者何良泽先生（左一）

　　根是寻到了，但还有父亲的很多情况不够了解。由于代表团任务太

多，我们在怡保的时间很短暂，与亲人们相处的时间远远不够，留下了很多的缺失。

因此，我准备寻找机会再去马来西亚，进一步了解父亲更多的情况。

2015年6月初，我特地挤出时间到新加坡与大妹妹汤桂珍第一次相聚，由于汤桂珍17岁就出嫁到了新加坡，她与父亲生活的时间没有小妹妹汤翠萍长。所以桂珍给我讲述父亲的情况并不太多。大妹汤桂珍非常理解我的心情，她只是淡淡地对我讲了一句话："大姐，你应该理解父亲的艰难……"

我一夜无眠，联想起从马来西亚回到昆明后于2014年4月23日到云南档案馆查阅有关南侨机工的档案资料。毫无疑问，父亲就是3200多名南侨机工中的一员。他爱国爱民，对祖国一片忠诚，为报效祖国而准备献身。在精神的支配下，他才会远离家人，抛妻弃子，毅然回国参加抗战。

他积极踊跃报考中央陆军军官学校，而且经过严格考试，并以优异成绩入选中央军校的特别训练班，他在中央军校（原黄埔军校）的第四分校经过了两年的特殊训练，成为特训班里的小分队队员。3200多名南侨机工中只有38名入选了中央军校，他们是机工中的佼佼者。他是一名特殊的军人。

军校毕业后他立即投入滇缅公路的抢运工作中。在滇缅公路的日日夜夜，他亲眼目睹了日寇残暴杀害无数华侨机工和老百姓的情景，这一幕幕残酷无情的战争悲剧，曾使他感到恐惧与无助，他和战友们都感同身受。面对这一切他们有时也不知所措，唯一的目标，抢时间把军事物资或特殊物资送到目的地，抗日救国。在这条生命线上，他尽了力，作出了自己的贡献。

抗战胜利后，国民党挑起内战，社会动乱不稳，父亲虽系中央军校毕业，又有军职在身，但他不愿打内战，急于回广东韶关，到两广缉私处报到。因为父亲的叔父汤毅生是国民革命军第十九路军的一名少将师长，又是全国税警总团兼两广缉私处处长，父亲将在他手下任一要职，机会难得，所以他不得不急于离开芒市，忍痛离开了我们，父母芒市的分别变成了永别。

南侨机工回国抗战的这几年，局势动荡不稳，经济条件很差，交通不便，信息不通。特殊的时代（抗战时期），特殊的环境（滇缅路上），特殊的任务（抢运军火），特殊身份（军校毕业），特殊的家庭。心理上、仕途上、家庭内部，都给了父亲巨大的压力，当时的纷乱，让他难以抉择，最后他只好回到了南洋。

2016年10月，应海南省海口电视台的邀请，我随电视台记者邢葵阳女士，赴新加坡、马来西亚拍摄南侨机工方面和孙中山诞辰150周年的纪录片。工作完成后，我专门留在怡保一个星期，着重和所有亲戚们促膝长谈。

马来西亚亲戚们的回忆，让我更进一步了解了父亲生前的更多情况。

听姑丈余荣盛说，父亲刚从中国抗战复员回来时，由于他的经历，英国殖民政府对他们这批参加过抗战的人要监视、要严管。马来亚共产党因意识形态的原因，对复员的南侨机工也怕，也把他们当成敌人，也要抓他们。为了怕华人动乱，殖民政府就把要严管的华人集中在新村（变相的集中营），不准他们与外界有来往，每天早上要晚出，下午要早归，晚上6点必须回到村里，用此方法来限制他们的行动和自由。父亲成天担惊受怕，东躲西藏，住处从来不敢固定，有妻有儿也不敢买房，就躲在怡保的兵如港。兵如港是个华人新村，父亲、继母还有一个弟弟那样就与二伯汤铭文（汤裕安的父亲）合住在像古晋民俗房那样的房子里。此房质地简陋，地面是木板，周围是竹编墙，房顶是一种叫"阿沽"的叶子，勉强能挡挡雨，村子里破破烂烂，环境极差。

听堂哥汤裕泉说，曾经有一次，殖民政府来抓人，他们找不到我父亲，就把他的父亲抓了去充数，后来翻译官发现只是名字相近，而抓去的几个都不是机工，只好放了，父亲才捡回了一条命。

听表哥张荣寿说，当时当地对回来的机关管控很严，因此许多机工都保持低调，不谈论他们在滇缅公路的事情。父亲找不到好工作，只好干回了老本行，在怡保的波士打津街 147 号新光洋服店里租用了一半铺面，撇成两间，一间开洋服店，一间开洗衣房（父亲的这个老地方我去看过，现已被拆光，夷为平地）。

父亲曾经写过申请，想回中国一趟去看望我和母亲，但因当时局势紧张，英国马来亚殖民当局管控很严，申请要调查好几年。

父亲也有约我们母女俩见一面的想法。可是，英国马来亚殖民当局规定只能到新加坡见面，还不能将妻女带回马来亚，见面之后各奔东西，费用大约需要 7000 马币，约合人民币 1 万多元，按父亲当时的经济状况是根本无法解决的。

听小姑说，当时父亲积攒了 3000 马币，已经寄回蕉岭，准备他回国后一部分给我的祖母在蕉岭盖房子用，另一部分用于接我们的费用。可是寄回蕉岭家中的钱不慎失火，化为灰烬，一切都落空了。

听堂哥汤裕安说，父亲的裁缝手艺高人一等，从不保守，所以才带出汤家一帮帮徒弟；他情商高，重亲情，是一个知恩图报的人，堂哥小时候经常吃到他带来的水果和巧克力，年年春节，他都来我们家。后来他话越来越少，与外界来往越来越少，战争、时局、社会、生活压力造成这一切。

认真地听完人们前前后后告诉我父亲回到南洋这 30 多年的生活经历，我深深地印在脑里，痛在心间。

他断绝了与广东老家的一切书信往来，也断绝了在滇缅路上和他喜结良缘的妻子——我的母亲的一切联系，是为了保护他在中国的家人不被他的历史所牵累。

他对回国参加抗战和战后在两广缉私处的工作经历，只字不提，是为了保护他在马来亚的家人。

他只能把过去的一切深深地埋藏在心底，不结交朋友，仅跟老战友赖鸿来往，在一起打打麻将，消磨时光，别无所乐。

当我更多地了解父亲不堪回首的经历，就越发有一种说不出来的苦涩。

我敬仰他辉煌过的青年时代，我继承他热爱祖国的精神，我理解他不愿提及往事的心情，我原谅他不与我们母女联系的苦衷，我同情他后半生的孤独。

父亲没有看到祖国今天的繁荣昌盛，没有看到我今天的幸福生活，没有看到南侨机工历史被重新发现、南侨机工群体被誉为"抗战英雄"，更没看到有那么多的热心人来研究和传颂这段可歌可泣的动人故事。

父亲汤仁文是我的根，是父母给了我生命，我将永远怀念他们。

父亲，虽然我从1岁以后就再也没有生活在你身边，只央求你下辈子还做我的父亲。同样我更要记住伟大母亲的养育之恩，我永远是你们的孝女。

特以一首诗《寻父情怀》在此纪念父亲：

> 儿时无父爱，才有恨意心。年轻不愿想，逐生淡漠情。
> 中年知人世，对父渐理性。老来寻得根，终身愧父亲。

感谢国家和政府近年来对"南侨机工"父辈们的肯定，给予他们很高的评价和赞誉，让这些抗战英雄们得以安息。

我也代表我们汤家南侨机工第二代9人、孙辈90多人（分布于新加坡、马来西亚，中国广东梅州、云南昆明），对关心南侨机工这一群体的人们致以崇高的敬礼、衷心的感谢！

读汤耶碧、刘道南日记有感

林兆武*

一天，夫人汤耶碧把一本厚厚的日记本放在我的书桌上，我问她："那不是你心爱的日记本吗？平时怕我看，今天怎么这么大方，送上门来？"汤耶碧说："你平时不是经常嘲笑我乱写吗？今天我叫你见识见识"。她这一激将，我果真打开她的日记本看起来，这一看不打紧，引起了我的很多感悟。

> 2011年7月7日，农历小暑，星期四，晴
>
> 今天，我认识了一大群新朋友，他们是驱车万里行，重走滇缅路，从马来西亚取道泰国、老挝到云南来参加"7·7抗战纪念日"的"战士"。在昆明西山"赤子功勋碑"前，他们送上花圈，对着南侨机工的纪念碑默哀。

读到这里，我想起与我们的新朋友刘道南先生夫妇之间的一段经历。2014年3月，我们陪马来西亚友人刘道南先生到滇西走访，收集有关南侨机工的历史资料。在来中国前，马来西亚的一位蔡姓南侨机工的侄儿拜托刘道南先生帮他寻找他的伯父——蔡秀全。

---

* 林兆武，南侨机工汤仁文女婿。

南侨机工蔡秀全，1939 年从马来亚回国参加抗战，1940 年在澜沧江功果桥附近的滇缅公路上抢运物资，被日本飞机炸成重伤，幸被当地的傈僳族老乡抢救活了下来。后来他与照顾他的傈僳族姑娘相爱结婚，留在了傈僳大山上。由于历史的原因，他与马来亚的亲人失去了联系。

刘先生到了昆明，就和我们商量这事该怎么办。在大理、丽江他一路上都四处打听，大理的南侨机工二代郭振华(58 岁) 说："小时候(10 岁时)曾经跟随着父亲去过一次大理州云龙县一个叫表村的地方，拜访过父亲的老朋友蔡秀全，蔡秀全住在表村澜沧江对面的大山上，没有公路，骑马都要走四个小时。"听了郭振华的话，刘道南先生精神大振，表示要到表村去一趟，我们也被刘先生的精神打动，决定陪他们夫妇一同前往。

我问刘先生："您骑过马吗?"他说没有，这下我就十分担心了，在云南的大山上，一个 70 岁从来都没有骑过马的老人，要骑四个多小时的马，加上他的心脏还做过搭桥手术，那是非常困难的。后来的经历比骑马还要惊险。

对于这段经历，刘先生在日记里是这样记述的：

晓乖 (南侨机工二代叶晓东的女儿叶晓乖) 帮我们约好今早要去找表村的小张，用他的车子载我们去表村。

我们早上 8 点左右就在旅店门口等候。可是等来等去都不见车子的踪影。晓乖的那位朋友是到保山来办事的，今早回去表村。听说我们有 4 人，小张表示发两部车子来载我们。

我们等到 10 点多，还是不见车来。汤老师赶紧再联络。回电说就到了，只有一部车而已。我心想：一部车能载得下我们吗?

车子终于来了，而且是停在另一个路口。我们赶紧拉着行李越过马路。到车子前一看，我们傻了眼。那是一部载货的越野车 (小皮卡车)，车后无遮盖或布篷，前面两排座位。司机和助手在前座，后排已有一人。我们4人再挤到后排,五人挤三人的座位,如何挤呢?

我们把所有行李都抛到后面载货厢上。然后我们4人再往后座挤进去。林兆武个子高大,手长脚长。我们实在难以想象如何挤车?

没办法,我们就只好硬挤。汤老师先进去,接着是我老伴,然后是我。汤老师坐在老伴大腿上。人挤进来,长脚没法放进去,车门都关不上了。

最后还是硬把车门关上。后座的5个人,比挤沙丁鱼还要挤!这有点像马戏团里10多人挤一车的表演!就这样,车开始行驶了。这样7个人挤一车,不犯法吗?我担心警察来查车。

车子往西北方向走。慢慢地只见路的两旁都是光秃秃的高山。马路下面是澜沧江。马路稍窄但并不难走。车子在山边行驶,一边是山壁,另一边是峡谷,下面就是澜沧江。

这是另一种奇景。两旁的高山,要把头抬得很高才看到山顶。车在中间走,两旁的山脉似乎倾轧下来,令人有压迫感。

我们车子走的是较新的国道,偶尔也看到当年滇缅公路的痕迹。我们真的很难想象当年20万民工修筑滇缅路的艰辛。据说滇缅公路上,澜沧江上功果桥那一段路是最难走的。

车子来到功果桥收费站,我们下车让几乎僵硬的四肢舒松一下,下车观看澜沧江。

南侨机工历史,不能漏掉讲功果桥。1939年3月至1940年11月,为了适应战事需要,在滇缅公路云龙境内,即原来澜沧江上功果老桥的上游,建成一座钢索吊桥。建成后,为了纪念因公罹难的建桥专家钱昌淦而命名为"昌淦桥"(后俗称为"功果桥")。

1940年10月18日至次年2月17日,日军出动飞机242架次16次投弹近千枚,轰炸功果老桥和昌淦桥,以切断抗战的运输线,两桥因而严重受损。军民昼夜奋力及时抢修,同时用汽油桶架设浮桥,确保滇缅公路运输线的畅通，当时被誉为"炸不断的滇缅公路"。

再行走不久，我们就到当年的功果老桥头遗址。原本老桥头遗址还有吊桥石墩的，在1987年，政府将老桥头石墩一块一块地拆除，加上编号，然后全部搬到现在路旁，在我们看到的老桥头遗址地点重新按旧样式重建，矗立在山头。

我们爬上重建的老桥头遗址。眺望澜沧江黄浊的江水，想象当年日寇242架次轰炸的残酷暴行。

重建的老桥头遗址旁建有一凉亭，地上还筑有显示功果老桥、钢索桥横跨澜沧江的位置地图。

过了功果桥遗址，就是功果桥镇。它在对岸，由一座新吊桥连接。隐约望到新吊桥名为"新光桥"。走了没有多久，就看到路旁竖立的，刻着红色大字"旧州"的石块，我们进入大理州的旧州镇。

到了旧州街头，我们和司机小张讨论要如何打听表村老机工蔡秀全的下落问题。起初是说就留在旧州，待联络到表村的人才去找，表村离旧州镇还有好几十公里。

我们有些争执：是留在旧州等小张他们打听到消息才去表村，还是直接先去表村近距离打听，我坚持直接去表村查问。

后来听闻表村的村委书记等领导也在旧州开会。于是就去会议厅找那村委书记，见了40来岁的书记，我们表明来意。他似乎对南侨机工历史不懂得，说回去查问查问。

最后我们决定直接去表村。

于是小张再载我们前去。据说表村没有巴士来往，旅店收费也贵。因此小张便先载我们去一个离表村20多公里的新开发市镇苗尾。

到苗尾已是夜幕低垂。我们就决定在那儿住下，待明天一早再去表村。

苗尾是一个才开发两年的新市镇。原来这里并没有苗尾镇。由于华能集团在旧州这一带有建立几个大型发电站的计划。一些地方如位于两个大峡谷下的表村，将会在两年后被淹没。因此拥有百年历史的表村将会被搬迁。计划中整个表村都会搬迁到新开发区苗尾。于是苗尾就被建设起来，全部是新街道、新店铺。

小张载我们找到一家刚开张两个月的旅店，房租80元。我们准备住两晚。据说我们是该旅店开张以来迎来的第一批外国客人，当然也是头两位马来西亚宾客。进旅店打听，见到老板李尹斌，白族人。聊天时，我们谈起南侨机工的历史，以及众多南侨机工留在云南没有复员，散落在各处默默生活的事迹。他知道我们不是来公干，也不是来旅游，而是受托与后代来寻找先辈。

不知因为我们是第一批外国客人，还是被我们千里迢迢来寻找老机工的行为所感动，老板特地宴请我们吃晚餐。这在我们意料之外。我们感到一阵温暖，心想：这儿的人那么热心，明天我们寻人应该会遇到好心人吧！

想到可能会骑马上山走4小时，我们4人都轻装上路，不带多余衣物，包括早晨盥洗用具。我们是立定决心，只要相当肯定高山上的那一姓蔡的人家是蔡秀全，我们就骑马上山。

大粟坪是一个开发没多少年的新居住点。当地政府将住在山顶的农民搬下来在近江边的半山坡居住，政府提供了统一样式的房子。

我们找到一部客货车，司机是30来岁的青年。他听我们说要找南侨机工蔡秀全，也很乐意载我们前去大粟坪。

车子沿着澜沧江走，路还算好跑。但是走了七八公里后，就右转下斜坡，是一座刚好两辆汽车可以擦肩而过的吊桥（越过澜沧江）。

过了桥再上路，就是一条惊险万分的栈道式泥石路。路面大约只有3公尺多，刚好可以允许一辆车通过。路的右边濒临澜沧江，没有围栏或石堤。如果车轮偏离路缘板，车就会翻下斜坡落到江底。而路的左边是开凿过的山壁。不少山壁上还有突出的岩石。我们真怕突出的岩石划到车子。

如此惊险的山道，司机竟然没有放慢车速，仍旧不断左右摆动驾驶盘。车子左闪右避地快速前进。我们屏住呼吸，心里捏一把汗。这段路大约有4公里，车子走了20分钟左右才到达一位名叫蔡张飞的村民家——表村乡茂盛村委会大栗坪组15号。

汤老师担任查问蔡秀全线索的任务。蔡张飞的父亲蔡绍军，大约50来岁，干活的劳动人民，皮肤难免粗糙黝黑，他说他父亲蔡明星还在山上住，名字不是蔡秀全。我们还是存有质疑：蔡秀全有没有改名呢？不少机工参加机工队，或者到了云南后，也改了名。娶了傈僳族姑娘的蔡秀全，改名的可能性是存在的。再问及其家族的来历，蔡绍军说，从明朝南京应天府来，白族人。

这个答案让我们寻找蔡秀全线索的希望破灭了。既然如此，那我们想做骑马上山四个小时的"英雄"也做不成了。

通过这段曲折的寻人经历，我对刘道南先生的人品和胆量佩服得五体投地，一个人，能对别人拜托的事情如此尽心尽力，甚至冒着生命危险去做，这样的精神，着实太难能可贵。

向至今仍在为南侨机工群体及其抗战史研究、挖掘而奔波、无私奉献的志士们致敬！

2012年8月12日，农历六月二十五，星期天，多云

今天，我们云南省侨联南侨机工暨眷属联谊会访问团一行35人，人人都怀着一颗无比激动的、对父辈怀念的心情来到了马来西亚。一下飞机，陈嘉庚长孙陈立人先生和槟城孙中山协会会长林秋雅女士就迎面向我们走来。我热泪盈眶，紧紧握住林会长的手，是她亲自点名

请我这次一定要到马来西亚来……

当时我一看见陈立人先生，立刻想到的是华侨领袖陈嘉庚，在陈嘉庚先生的感召下，千万爱国华侨捐钱出力，为中国的抗战献出了一片爱国之心，3200多名南侨机工扔下家业，奔赴滇缅，维系"抗日生命线"的壮举。

这次到马来西亚访问，我们将演唱《南侨机工之歌》：三千华侨机工队，百万海外赤子心，滇缅公路穿梭急，抗日战线运输兵，去家卫国好儿女，舍命击寇真精英，千曲悲歌千滴泪，青史勿忘嘉庚情。我为这首歌制作了歌曲伴奏，伴奏的配器完全模仿了黄埔军校军歌的配器手法，只听一阵军鼓由远而近传来，军号声声响起，歌声嘹亮整齐。

在抗日战争中，约19万黄埔军校毕业生献出了生命，军歌激励他们，军歌纪念他们。我们也要用《南侨机工之歌》来怀念父辈，用《南侨机工之歌》感召后人。

2012年8月13日，农历六月二十六，星期二，晴天转多云

今天我们在古来宽柔中学礼堂举行了到马来西亚的第一场演出。我相信小话剧《南侨机工·永恒的丰碑》将会给侨胞们留下深刻的印象。在古来，我高兴地进行了到马来西亚的第一次舞蹈讲座，并将我的舞蹈光盘赠送给学员，大家展开了互动、交流热烈，令人难忘。

因为是第一场演出、第一次讲座，大家都格外卖力，特别在小话剧"码头告别"一幕，儿子与父母的临别，丈夫与妻子的依依不舍，台上台下，齐声唱起了《再会吧南洋》。我也深情演唱了《父亲》这首歌，我们访问团就是来追寻父亲的第二故乡，来寻找当年的情怀。

马来西亚朋友对中国的民族舞蹈艺术非常执着和热爱，来听讲座的不但有学生，还有许多舞蹈爱好者，讲座获得了圆满成功。

2012 年 8 月 20 日，农历七月初四，星期一，多云

今天，我在槟城菩提学校举行了我在马来西亚的第二场舞蹈讲座，槟城菩提学校是一座百年老校，培养出了许多华人的优秀学生，林秋雅女士就是这所学校的毕业生，她还是菩提学校校友会的主席。

我怀着一颗对林主席敬慕的心，来到这所学校。在这样的百年老校讲课，我还是第一次，我下决心一定要讲好。中央电视台的两位记者也同行，他们此行去马来西亚是为准备六集电视纪录片《南侨机工》做前期拍摄。

来到学校，哇！差不多有 50 个学生吧，看着一张张俊秀的小脸，一双双求知好学的眼睛，眼神中流露出期盼的目光，我的心醉了。我赶快抖擞精神，全力以赴，开讲。

槟城菩提学校不愧为名校，学生的接受能力很强，我教的是傣族舞蹈，四个课时下来，三段组合他们已经基本学会，还提出了不少的问题。

临别时，学生们那种依依不舍的表情催我泪下。

汤耶碧就是这样，只要看见学生，教起舞蹈，她就会忘记自己的年纪，忘记了时间。不管这个学生的资质如何，她都会耐心地指导。

看见槟城菩提学校那么好学的学生，她喜欢得不得了，巴不得将自己掌握的舞蹈技艺全都教给他们。另外，在马来西亚教舞蹈，汤耶碧还多出一种特殊的感情，这是父亲的侨居地，她要为父亲多做一点事，要感谢帮助过她的人，以此来怀念她的母亲，纪念她的父亲。

2012 年 8 月 21 日，农历七月初五，星期二，多云

昨天的舞蹈讲座，让我一夜无眠，菩提学校的学生，提出了许多问题，他们说，人高兴的时候为什么会手舞足蹈，这是舞蹈的起源

吗？这个问题，我还真不好立刻回答。诗经《周南·关雎·序》曰：永（咏）歌之不足，不知手之舞之，足之蹈之也。也就是说，古人在高兴地大声歌唱时，觉得只是唱歌还不足以表达自己的感情，还要加上手的舞动，加上脚的顿地，才能尽兴。这就是手舞足蹈这个成语的来源。说明菩提学校的学生，读书是非常用功的，将书本的问题带到了现实的生活（舞蹈）当中来。

菩提学校的学生还提出这样一个问题，汤教授，您这么大年纪了还能跳出那么好看的傣族舞，您是怎么练出来的？类似这样的提问，国内的学生也曾经向我提过。对这个问题我做了以下解答，有一个根本哲理，人无论做什么事，一定要用心去做，一定要有贵在坚持的精神，一定要有满怀情感的理念，更要有强烈的责任心。总之，舞蹈艺术是人内在感情的表现，所以舞动起来才能习惯成自然，学生们的提问是很有深意的。

这让我想起飞虎将军陈纳德的夫人陈香梅说过的话："我自幼受中国文化熏陶，读了不少古书，这些搬到外国并非无用。外子（指陈纳德）去世后，我只身在异国，就是靠着中国传统的待人和处世的原则，在异乡结识了不少朋友，中华民族刻苦耐劳的天性，是我不退缩、不气馁的支撑力。"

对于我们中国人来讲，英语是一种对外交流的工具，而中文却是我们的母语，它流露的是感情，是传承，是孝道，是全世界华人团结的纽带。

我同意汤耶碧的观点，做有意义的事情需要克服困难，也要付出艰辛和代价。

就像当年南侨机工们在滇缅公路上闯过种种难关：

一是险路关。滇缅公路在横断山脉海拔 500—3000 米的起落下蜿蜒千里，沿途是悬崖峭壁旁的陡坡、急弯，扑面而来的深谷、激流，满载军火的重车，惯性极大，驾驶稍微不注意，就会车翻人亡。

二是雨季关。20 万民工，仅仅用一年就抢修出来的一千多公里滇缅公路，曲曲弯弯，路面坑洼、狭窄，坡度又大，雨季塌方险情经常发生，让人提心吊胆。

三是疾病关。滇缅公路一带瘴气（疟疾）横行，毒蚊猖獗，疾病令人惊魂。

四是空袭关。敌机经常轰炸扫射，牺牲惨重。

五是饥饿关。人在车上，遇到空袭、车堵，经常吃不上饭，机工们大多患有胃病。

2014 年 9 月 4 日，农历八月十一，星期四，晴

今天我们到锦华大酒店看望林秋雅主席，她明天就要回马来西亚。林主席语重心长地说："我们大家都应当积极行动起来，多为南

在马来西亚吉隆坡广东义山亭的雪兰莪华侨机工回国抗战殉难纪念碑前留影

侨机工做一点实事，把他们惊天动地的感人事迹写出来，你们机工二代年纪也都不小了，再不动笔写一写，三代、四代就更不知道了，要动员、鼓励更多的人行动起来啊……"

我想起云南档案馆的吴强老师说过，南侨机工，并不仅仅指这 3200 多人的事迹，它与滇缅公路的抢修、滇西当时的整个抗战息息相关。

是的，南侨机工与云南各族人民结下了千丝万缕的关系，演绎了许多可歌可泣的动人的故事，是可以大书特书的。

就像刘道南先生所说的："我们是带着感情来进行寻亲工作的，我们把它当作一项任务来完成，我们视之为对伟大南侨机工赤子功勋的一份敬礼。"

是啊，把南侨机工的精神传下去，这是我们应当做的。

2016 年 10 月 4 日，农历九月初四，星期二，晴

2016 年 10 月初，我有幸应海南省海口市广播电视台综合频道对外部主任邢葵阳女士的邀请。我将作为南侨机工后裔的一个代表，赴新加坡和马来西亚，参加"纪念孙中山诞辰 150 周年"和"南侨机工后裔寻根"纪录片的拍摄。

邢葵阳女士告诉我，这次的行程安排是：先到新加坡（拍摄孙中山故居晚晴园），然后到东马的砂拉越古晋，再是到西马的槟城、太平和怡保几个地方，采访的重点是马来西亚还健在的四位老机工。

自从 2012 年我和汤耶碧在马来西亚怡保寻找父亲成功后，汤耶碧已多次往返马来西亚，她每一次都能得到意想不到的收获，得到亲人的温暖和安慰，这次又能见到还健在的几位老机工前辈，使我想起了 2012 年 8 月在槟城海南会馆拜访李亚留、许海星、黄铁魂老机工的情景，想起了

2012 年 8 月在怡保黄铁魂老人专程来看我们的演出《赤子功勋·永恒的丰碑》时的一幕，想起了 2015 年 4 月我们夫妇再次拜访黄铁魂老人的那一刻……

2012 年 8 月，云南省侨联南侨机工暨眷属联谊会组织"亲情中华 寻踪南洋"访问团，到马来西亚演出和寻亲，在孙中山协会会长拿督林秋雅主席的特意安排下，在槟城海南会馆我们专门拜见了李亚留、许海星、黄铁魂三位老机工，他们三人都身着南侨机工的军装，头戴船形帽，胸前披挂着"南侨机工、抗日英雄"8 个大字的条幅，神采奕奕地接见了大家。

看着当年的父辈中还健在的三位老战友，我们访问团的全体成员都无比激动，把他们三人团团围住，有的握手问候，频频鞠躬；有的端茶倒水，嘘寒问暖；还有的咨询当年父辈的情况，关心他们当时复员回马来亚的往事。

对于汤耶碧来说，从小就一直渴望能见到父亲一面，看见他们三位，就如见到自己父亲那样倍感亲切，如果父亲汤仁文还活着，也肯定会像他们一样，不知有多么高兴和温暖啊！

汤耶碧又激动、又高兴，也禁不住热泪涌出，含着泪珠小声地对叶晓东说："我们给这几个父亲磕头吧。"访问团中来自德宏地区的除汤耶碧外其他四人也和她一样，父亲是南侨机工，母亲是傣族人，他们是叶晓东、沈伟鸾、欧云林、涂小哏。

汤耶碧和叶晓东同病相怜，都是出生几个月后再也没有见过父亲的模样，所以他们两个特别地动情，德宏的五个南侨机工后代按傣族的叩拜方式向三个父辈叩拜。后来，林秋雅主席满怀深情告诉我说："哎呀！我看到你们叩拜老机工的举动，现在还历历在目，让我非常地感动。当时我的眼泪都禁不住流出来了，他们三个老前辈也很感动，眼睛都红了。"磕完头后，大家都与三位老人合影留念，情意绵绵。

2016 年 10 月 6 日，农历九月初六，星期四，多云

这次，我又要去探望他们几位老人家了，正巧，当年（2012）从马来西亚回到昆明后，我把叩拜的相片洗印了多份，这次可以把相片带给他们了，希望他们高兴。

我拿着相片一张一张地看，当看到我和黄铁魂老前辈的合影时，2012 年、2015 年相见的情景又一幕一幕地浮现在眼前……

想起 2015 年 6 月 25 日，刘道南先生陪我们夫妇专程去拜访黄铁魂老人家，在他家我们停留了许久，交谈了很长时间。当时一进院子的大门，刘先生就大声地喊："黄老，你看是谁来了？"黄老已近百岁，耳朵已经快听不见了。在相隔三年后，我再次见到黄老前辈，刘老师话没说完，他已经迎出院子大门，我们走得快，抢上前去问候他："黄老前辈，还记得我们吗？"汤耶碧自我介绍说："我是跳孔雀舞那个。"她手捧鲜花，一边比画孔雀舞动作一边说，一下子把黄老逗乐了！三年不见，只见他一头白发，粗长的白眉毛，笑眼望着我们，汤耶碧把花献给了他，又走上前一步鞠了个躬，他似乎记起了我们。

黄老转身将花放到桌上，拉着汤耶碧的手走到客厅靠墙的柜台旁，只见桌上摆满了各种证书和红木镜框，他一口气拿了四五个荣誉证书，其中一本他特别习惯性地擦了擦（其实并没有灰尘），迫不及待地拿给我们看，那是 2014 年 8 月 15 日，时任中国驻马大使黄惠康特别颁发给他的光荣证书。他一边给我们看，还一直念着："这是驻马大使给的，这是驻马大使给的。"他虽然说话吐词已不太清楚，但我还能听明白。接着，他又从桌上拿出一小张白纸及圆珠笔，写给我们看他原来的名字——黄乐恒。他很激动，脸上露出骄傲的表情，我们点头称赞，并把他扶到座位上，在他身边坐下来陪同说话。老机工们都有这个特点，就是非常珍惜南侨机工的光荣历史，珍惜荣誉，这是他们的骄傲。

2016 年 10 月 7 日，农历九月初七，星期五，多云见晴

回想 2012 年我们"亲情中华 寻踪南洋"的寻亲活动中，我们最后一场访问演出是在怡保，黄铁魂老前辈在家人的护佑下，专门从太平的和丰赶到怡保来观看……

当时，报幕主持者特别介绍说："接下来即将上场的是傣族舞蹈《金孔雀》，表演者汤耶碧教授是太平、怡保南侨机工汤仁文的女儿，她带着对父亲和对父辈们崇敬与怀念之情，要用心展开金孔雀的双翅……"

当听到报幕词时，我已按捺不住激动的心情，默默哽咽，没想到我寻根的梦成真了。我压抑着情绪，我要用毕生的表演来向我的父亲及父亲家人、父辈的战友、向贵人、恩人致谢，感谢父亲给我这条生命，感谢我伟大母亲的养育之恩，感谢帮助我找到家人的贵人和恩人，感谢父亲的战友——百岁老人黄铁魂老前辈专程来看我们的演出。

我要用尽全部激情来展示我的内心，跳好这支金孔雀舞，它代表了我的心，代表了我的一切语言……

路过太平，刘道南先生还专程带我去了一趟"江勇堂"（PERSATUAN KANG HAR TONG），我父亲当年回国参加抗战，就是在这里做的登记，黄老说他也是在这里登记的。黄老告诉我，此楼是 1930 年盖的，保存得很好，现在是一家会馆。我告诉黄老，此楼就在我父亲的洋服店不远，我父亲回国抗战前曾经在"太平都摆街 33 号"开了一家洋服店，刘老师告诉我，"都摆伦"是马来语，因为马六甲的小松鼠，勇敢地排成一行穿过马路，让狗都甘拜下风而得名。

我还告诉黄老，我父亲小时候曾在太平的振华小学读书，所以他的华文基础很好，为他回国后报考中央军校打下了基础，黄老频频

点头。

黄老告诉我，父亲肯定和他一样，是从太平第八横街火车站出发直达新加坡，然后登船回国的。确实是这样，我新加坡的妹妹汤桂珍也是这样说的。

2016 年 10 月 9 日，农历九月初九，星期日，晴

2016 年 10 月 9 日我和邢葵阳导演、摄影师马营导演从海口直飞新加坡。刚到新加坡就接到刘道南老师的电话，他告诉我们黄铁魂老人家现在处在病危阶段，已昏卧不醒，家属拒绝探访。听到电话我愣了很久，缓不过神来。我们无法再亲眼看见他老人家一面了！很难再见到他了！既不能采访，也不能见面，我们只能遗憾地失去一个拜访黄老的机会。

我专为他们四个前辈缝制了带有特殊意义的唐装。有一件不能送到黄铁魂老人家手中，真是人算不如天算。哎！太遗憾了，太可惜了。

汤耶碧在这次临去马来西亚前专门用心订做了四件用金线绣制两条龙的唐装，并把纪念南侨机工的软徽章亲手印制在衣服上，唐装上还特别绣有"华侨机工回国服务团荣誉纪念章——保卫祖国"的文字。然而不久（2017 年 1 月），就听闻黄老已经过世，南侨老机工一个个离我们而去！

2016 年 10 月 11 日，农历九月十一，星期二，晴

2016 年 10 月 11 日中午，我们一行三人离开新加坡，飞到东马砂拉越—古晋，下了飞机，黄文明先生早已等候，我向黄先生介绍了邢葵阳女士和摄影师马营，大家寒暄一阵，立马乘着小车直奔古晋南侨机工李亚留前辈的家。当我们途经一个加油站时，黄先生车速放

慢，开始介绍此加油站的特殊性，此加油站为李亚留老前辈所创，现他年事已高，就交由他的女儿经营了。

汽车刚拐进加油站出入口，我们不约而同看到前面有一个高大而瘦弱的背影，头戴灰白小翻皮帽，双手扶推一辆旧自行车，看这举动，马上要抬脚蹬单车走了。黄先生立马告诉我们："那就是李老，他要骑车去喝咖啡了。"实际我早已看出来，他就是李亚留老前辈，因为我2012年在槟城、2014年在昆明都与他见过几次面。看着这熟悉的背影，我兴奋地向邢导和马导介绍我所知道的关于李老前辈的情况，并拿出与他合影的几张相片给他们看。他那么大年龄还能骑自行车，说明精神还好，只是比前几年背脊略微弯驼了一点。

随后，我将在中国做好的唐装送给了李老，看到唐装，李老双眼发亮，立刻把唐装披在胸前，直伸大拇指说："好！好！好！这才是我们中国人的衣服。"他拉着我的手久久不肯松开，似乎有许多话要说，我也一直说个不停，向他问候。寒暄一阵后李老慢慢和我们拉起了家常，邢导和马导急忙架起了摄影机，对李老进行了采访，李老滔滔不绝，有问有答，很是兴奋。

接着，我们要赶去探望另一个老前辈，南侨机工冯增标。他女儿驾车来接我们，当我们的车赶到他们家门口时，见到两位女士一左一右扶着轮椅，慢慢推着一位老者，微弯着背，低一点头，迎着我们走过来。

我虽然没有见过冯增标老人家，但看他一身洁白的条纹衬衣，干干净净，我就想起母亲曾经跟我说过的："父亲和他们的战友都很爱干净，要么穿西装，要么就是白衬衣。"这位坐轮椅的老者，一看衣着，不减当年机工风采。

冯老微微睁开双眼，和我们打招呼，慢慢地伸出手，我们纷纷与他握手并问候，摸着他那干枯无力的双手，一丝不祥感微微出现在我心中。我多希望他能理解我们的心意，我们是从中国，从他们曾经流血流汗、战斗过的滇缅公路那个地方来的。我们怀着崇敬的心，仰慕而来。我急忙将我制作的唐装放在他胸前，冯老用手慢慢摸着"华侨机工回国服务团荣誉纪念章——保卫祖国"那几个字若有所思。我不敢打乱他的思路，呆呆地站在他的身边。

采访完毕，冯老显得有些疲惫，我们再次表示对他的问候，他似乎听懂了一些，微微地点头，我们感到高兴和安慰！

我们离开冯老人家，大家言语不断。我也在想，我们来探望他们很不容易，两国之隔，万水千山，路途如此遥远，我们还能看到他们几次啊！岁月不饶人！结果不出几个月，便传来了冯老先生仙逝的消息，他去世的时间与黄铁魂老前辈去世的时间前后相差不了几天，真是时间不等人啊！我们又失去了一个老前辈、一位老机工。

黄文明，我是认识的，他是许海星老人的外甥，2012 年就是由他护送许海星、李亚留两位老人去槟城与我们大家相见。

李亚留老人相当怀念南侨机工战斗的岁月，把这些来来去去，穿梭不断的汽车想象成当年机工抢运军火的军车，把加油开车的人比喻成同甘共苦的战友，他的豪情不减当年！

听汤耶碧说，李老不想换新单车是因为他永远只想骑这辆车，这是他复员回来就一直骑的车。一辆车、一片情，车和他是相依为命的，可以看出李老对事业的责任心，是个有情有义的老人。

马来西亚的南侨老机工，从我 2012 年第一眼看到他们时就有这样的感觉，他们都十分怀念祖国，热爱中华文明，虽然他们侨居南洋，但常怀赤子之心。

汤耶碧对冯增标老人家的描述，说明当年许多南侨机工为了报效祖国，抛弃了舒适的生活，告别父母妻子，毅然走向艰苦的抗战之路，这是不争的事实。

我想象着冯老这位百岁老人，衰老的脸上仍然露着英气。他们经历了太多的艰辛和坎坷，当年的他，是英姿潇洒的热血青年；如今的他，已年迈苍老！我们拜访冯增标老人后没有几个月，老人就驾鹤西去。这虽然是自然规律，却也令人无奈。

10月12日，农历九月十二，星期三，晴

仍由黄文明先生驾车载我们去探望他舅舅许海星老前辈（98岁）。许老与我父亲除了是南侨机工外，还有更进一步的关系，他俩同是1939年第九批回国的亲密战友。我有一种由衷的亲切感，有一种对父亲战友的敬仰感！临离开中国前，知道能亲自到东马沙捞越古晋许老的家乡，我很高兴，也很盼望。另外我还带去2012年我们第一次拜见他们三个前辈时，我们五个机工二代给他们磕头叩拜的照片，还有我父亲的照片和我展翅飞翔的照片，一并面交到前辈手中，只愿父辈们见到这些微不足道的小礼物能感到宽慰！见到孔雀女儿的吉祥物，能有几分喜庆和开心！我在照片后面这样分头写道："父亲的战友：许海星干爸爸！——滇缅路孔雀舞干女儿汤耶碧"，这就是我唯一能做的小事。

每次得知友人要来探望，许老都很着急。特别当知道我们是从中国专程来拜访他，还有给他叩过头的傣族女儿，他更激动，天天追问，打电话给黄文明。

我的心随着路的颠簸也不平静，远远地就能看到许老坐在靠椅上，周围都栽满了花和各种绿油油的树木。这时天空格外晴朗，空气清新，再配上许老房子黄墙白瓦，绿荫环绕，画面优美而富有诗意。

没等我们下车，许老就已站了起来，挥着左手欢迎我们，他一直问吃饭没有？坐车累不累？天气很热还适应吗？快坐，坐。对他妹妹许兰香说，快给客人倒水、泡茶、开风扇。

我们先拍许老的相关资料和他的住宅环境，然后再采访他的平时生活，没等我们问，他非常积极，主动地忙里忙外，一会儿走到这间房间，一会儿走到那间房间。他家房间一楼四五间，都挺宽大，出进最多的是最里面那一套间，里面拐来拐去还有好几小间，这就是他的专用小套间。他动作敏捷，头脑清晰，眼睛明亮，记忆极好，一连串地搬出许多照片和各种奖状，当我们不忍心他劳累，想帮他拿时，他不许，说怕把东西弄乱。

他亲自找好了地方，才让我们抱出来，还不停地说："你们抓紧拍，有很多很多……"然后又拿出他回国前参加抗战时的年轻照片和近几年照的相片，有在槟城阿依坦南侨机工纪念牌前照的，有抗战胜利 70 周年之际在昆明金马碧鸡坊下照的，给我们每人发了两张。

我也赶快拿出我在中国准备好的唐装，和叩拜三老的照片，庄重地递到他手中，我父亲的相片上写："父亲汤仁文，第九批照片"。我的孔雀舞照片上写："滇缅路干女儿——汤耶碧"。在摄影机面前，我双手捧着这些小礼物，走到许老对面，两个记者叫他坐在靠背椅上，又指导我慢些，一样一样拿，许老也叫他妹妹到他旁边，他用马来语对他妹妹说了几句话，他妹妹快速走到他一旁。

我将唐装上衣递给许老，并用手指指那标志"华侨机工回国服务团荣誉纪念章——保卫祖国"，他看到后很激动，连说几个谢谢。我问他喜欢吗？他高兴地回答："好好！很好！过几天有活动，我每次都要穿上它，现在就穿上吧。"他急忙进屋换衣服，又急忙出来让我们看是否合身。

我赶忙对他说："我从出生几个月后，就再也没有见到我爸爸，也来不及当他面亲口叫他一声爸爸，他 1987 年已经在马来西亚怡保过世了，您是他的亲密战友，见不到他，见到您也一样，您就是我的干爸爸，也是所有机工二代的干爸爸。"

我边说边给他老人家深深地鞠躬，双手合十，拜了拜，他又高兴又着急地说："快拿相机来！"接着又问我："你的照相机呢？"他兴奋激动，虽然年近百岁，但他反应灵活，敏锐中不忘拍照，激动中不断踩着脚，心中有数啊！反倒显得我们几个手慌脚乱的，一个记者忙抬大机器拍摄，一个忙记录笔记，而我也激动高兴得忘了照相机就在旁边。

我接着对他说："这就是我一片小小的敬意！希望干爸爸喜欢、高兴！为表示诚意，干女儿跳段孔雀舞给你看看，愿您吉祥如意，健康开心！"我努力地含泪说完这话，他急忙招手把黄文明叫到一旁，原来他要叫黄先生拿笔来，帮他写字，因为他右手在战斗中受伤，没有了一只手，不能为我提笔写字，他俩互说了几句话，黄先生在许老送我的两张照片后面写道："给干女儿汤耶碧"。黄先生写完后交给许老，许老非常庄重地递到我手中。

我终于圆了叫声父亲（爸爸）的梦，实现了小时候的愿望！

跳完孔雀舞，以一个女儿的身份叩拜了许老，我们就要告别了，他很难过，没有笑容，拥抱我的肩说："乖乖的啊，乖啊！常回来看看啊！"我听到他颤抖的声音越来越小，我理解他老人家的心，他真的伤心难过，舍不得我们走，他天天盼、天天打电话问黄先生我们几时到，可到见了面又匆匆忙忙告别离开，我们更有说不出的心痛，在他健在的时间里，我们见一面少一面……

告别的时候许海星老人一直站在车旁，我们的车启动了，他也忙跟在车后一步一步地走过来，左手高高举起，左右摆来摆去，看着我们的车渐渐走远，许老一直久久伫立。此时我已满脸的泪珠，眼睛模糊！

汤耶碧对许老的拜访花的时间是最长的，许老是十分坚强的人，平时大多数时间他都是一个人独自生活。他虽然身有残疾（只有一只手），但面对生活，却从容自如。许老久经风霜，几经磨难，他顽强的精神永远激励我们前进。

这次来马来西亚探望四位老机工前辈，我们收获很大，对这批抗战后返回马来亚的老机工有了进一步的认识，他们不仅仅只是我们的父辈、一批非常特殊的群体，他们更是中华民族的优秀男子汉，是英雄的代表，他们自始至终保持着强烈的爱国心。

1947 年，怡保南侨复员机工互助会开幕纪念，职员及会员留影。

无论是当年告别南洋回国抗战，还是战后回归南洋继续生活，他们都忠心报国，不仅自己积极地参与马来西亚各地组织的各种纪念抗日胜利的活动，还教育自己的后代要铭记历史，不忘和平来之不易。

他们曾被暂时遗忘，但从未抱怨，仍然保持当年"国家有难，匹夫有责"的爱国情怀。当祖国肯定了他们的历史功绩，他们更加热心地参与宣传南侨机工爱国主义精神的公益活动。

近几年来，海内外逐渐修建了一些南侨机工的纪念碑、英雄墙，虽然尚有许多机工的名字没有被刻在丰碑上，但他们的事迹正在被更多的人记住和宣扬，南侨机工的在天之灵，得以宽慰。

一个特殊的傣族群体

林薇佳*

2018 年，中央电视台一套和九套节目，反复播放了 5 集纪录片《中国傣族》。当我看到第 3 集"共铸血脉"时，我父母熟悉的身影在影片中出现，紧紧地吸引住了我。当镜头对着我外婆的墓碑时，我早已是泪如雨下，浮想联翩。回想这些年来，我母亲为了寻找外公，不但跑遍中国的许多城市档案馆，而且到缅甸、泰国、新加坡，最后终于在马来西亚圆了她的寻根梦。

我从小就与外婆同住一个屋子，喜欢鹦鹉学舌，跟着外婆讲芒市话，也学会了一些傣族话，可是我总感觉外婆不喜欢讲话，总是郁郁寡欢的，特别是每当我问起我的外公时，她就会发愣，走神，或者摇摇头，用傣族话回答我"不知道去哪里了"。我很快发现，"外公"这个话题不能在外婆面前提及，否则她会伤心。自从 1986 年我 12 岁时从昆明到北京读书，与外婆生活在一起的时间就很少了，直到 1994 年外婆离我们而去，我再也没有办法与外婆讨论外公的事情。

后来，我明白了，千百年来，傣族与生活在这片土地上的各个民族，早已形成了水乳交融的关系，他们不是兄弟胜似兄弟，傣族善于接纳其他

---

* 林薇佳，南侨机工汤仁文之外孙女，汤耶碧和林兆武之女，毕业于中央民族大学舞蹈系，现任广东舞蹈戏剧职业学院副教授、民间舞教研室主任。

民族，傣族人的包容、忍让，让傣族成为一个容易团结他人的民族；傣族人还善于学习其他民族的先进技术，接受新事物；傣族更容易和其他民族融合成为新的特殊群体，比如在西双版纳，有一个特殊的傣族群体叫"回傣"，他们是古时候回族人在走茶马古道时，回族青年与傣族姑娘结合、被傣族同化而形成的。而在德宏地区，傣族中又有一个特殊的群体，他们的父辈是南洋的华侨，当年，抗日的烽火硝烟使得他们扎根傣乡，使他们与傣族人民打成一片，融为一体，我的外公就是这其中的一员。

1938 年，日本侵略者封锁了中国沿海的交通要道，使得国际上大批军用物资不能运往中国，云南各族人民用了不到一年的时间，硬是用手抠出了抗战生命线——滇缅公路。由于当时缺少司机和修理人员，在南洋侨领陈嘉庚的号召下，广大华侨青年在"国家有难，匹夫有责"的感召下，为救国救难，抛弃了优异的生活，告别了父母和妻儿，义无反顾地回国参战，3200 多名南侨机工分九批奔赴滇缅公路，参加了抢运军火物资的工作，为抗日战争作出了巨大的牺牲和贡献。

1942 年，滇缅公路被切断之后，许多南侨机工滞留在怒江西岸，是当地各民族人民保护和接济了他们。而当怒江东岸的南侨机工生活艰辛，甚至是失业之时，也是当地的各族人民接纳和包容了他们。

在西南边陲德宏地区和缅甸的腊戍、九谷一带，南侨机工与当地的傣族和睦相处，天长日久便与傣族姑娘互生爱恋，其中有 30 多位南侨机工和傣族姑娘结为夫妻，他们的后代已经完完全全被傣族同化，变成了真正的傣族。如今，这些南侨机工的后裔已经有 500 多人。

我，就是其中的一个。

抗战胜利后，南侨机工中已经有 1000 多人为国捐躯，有 1000 多人留在了国内，还有不到 1000 人复员回到南洋。由于历史的原因，局势的特殊，那些回到南洋的南侨机工要想再一次回国与妻儿团聚，已经是困难重重，有的甚至彼此失去了联系，我家就是其中的一个实例。

在我很小的时候，就看见我母亲漫无目的地找一些资料，还听到我父亲对我母亲说过一些反对她寻找外公的话：到哪里去找啊，徒劳无功啊，浪费时间啊，没有实际意义啊……到后来我看见母亲马不停蹄地四处奔波，不听我父亲的好言相劝，四处找资料；特别是在我外婆去世以后，我母亲更是一意孤行，一副坚决找到底，不撞南墙不回头的架势，还经常说万事"贵在坚持"。我们都为她担忧，怕她过于劳累，我感到心疼，我们都非常了解我母亲的心性，一旦她认定的事情，几头牛都拉不回来。渐渐地我发现，父亲的态度也发生了180度的大转弯，不但不阻止了，而且还积极加入到我母亲寻根的行列，还为她出谋划策，因为，过去的盲目找寻让他们总结了经验，在母亲朋友的帮助下，她找到了寻根的方向。

欣慰的是，我母亲60多年曲曲折折、途经几国寻根的努力没有白费。2012年，在云南省侨联的支持下，母亲和她的朋友们组成了"亲情中华 寻踪南洋"访问团，到马来西亚寻亲。在马来西亚华侨华人的大力协助下，我父母在马来西亚怡保市找到了外公的骨灰和我母亲同父异母的弟弟妹妹们。外公已于1987年过世，母亲和汤裕宾舅舅一起专程到安放外公骨灰的怡保三宝寺祭拜了外公。

祭拜后我母亲征得舅舅和姨妈的同意，将外公的骨灰带回一部分到中国，还带回了一包外公洋服店的泥土，与我外婆安葬在一起，母亲还重新为外公、外婆立了合葬的新碑。

中国中央电视台的纪录片《中国傣族》第3集"共铸血脉"拍摄到了那些镜头：母亲左手捧着外公的骨灰，右手拿着外婆的相片，跪在坟头含泪说道："敬爱的妈妈，我找到爸爸了，但他已不在人世了，女儿今天把爸爸的骨灰带回来，已把他的魂带在你的身边，你们的在天之灵可以再相遇了，生前不能相守，只有天堂相见吧！"

看到母亲悲痛的场景，想到母亲与她从未见过面的马来西亚弟弟妹妹团聚时那动人的一幕，我真是悲切交加，潸然泪下，我的心与母亲的心扣在一起。

我母亲了却了我外公、外婆的夙愿，也了却了她此生寻根的心愿。我尊敬外公辉煌过的青年时代，我将继承外公无私奉献的精神，我原谅和理解外公和我外婆她们失联的苦衷。历史无情人有情，万水千山寄哀思。

在傣族中，辛辛苦苦为南侨机工养育了后代的不止我外婆一人，善良的傣族妇女，她们看到的不只是自己的后代，她们看到了英雄的悲壮，看到了南侨机工这一群体的荣誉，想的是丈夫的嘱托，她们保住的、养育的是英雄的后代，是南侨机工的奉献精神。她们是一群特殊的傣族妇女。

近年来，德宏好几家南侨机工傣族二代，以及昆明的南侨机工二代都在南洋寻亲寻根，找到了失联多年的家人。这不仅仅是个人和家庭范围的情感话题，而且实际上提升了全社会对南侨机工的进一步认知，推动了对南侨机工事迹的宣扬，体现着中华传统文化"大孝"的崇高境界。傣族有一个最优良的传统，就是学习和接纳了汉文化的"忠、孝、仁、义"，特别在"孝"这一点上，傣族人尤其强调。南洋地区的华人也非常认同这一点。

通过我母亲寻根这一件事情，我深深地体会到了母亲的毅力来源于对外婆的孝道，对外公的认可和崇敬，她几十年如一日地寻根，给我们后人

林薇佳（右）和母亲汤耶碧（左）、林秋雅会长（中）

做出了一个表率，即做事做人一定要宽宏大量，如果当初她狭隘、幼稚地理解外公，就不会有今天寻亲的成功，就不会有情筑滇缅、魂铸南洋的境界。

我还深深地体会到海外华人中的互助友爱和坚持正义的精神，帮助我母亲寻根成功的林秋雅会长和刘道南夫妇，给我留下了极深的印象。

林会长就这样跟我说过："你们机工三代，也应当积极行动起来，拿起手中的笔来记叙祖辈的事迹，让南侨机工精神代代相传下去。"

我母亲告诉我，刘道南先生到傣族地区参加了一次"泼水节"后，曾经感慨地说，难怪当年许多南侨机工会爱上了傣族姑娘，她们真美呀！怪不得南侨机工的傣族后代，会成为一个特殊的群体！

云南省侨联南侨机工暨眷属联谊会德宏分会就是这一特殊群体的典型代表，在会中，大多数成员的母亲都是傣族人，她们的生活习俗、语言、服饰全部傣族化，唱傣族歌、跳傣族舞，她们把联谊会看作是继承父辈爱国主义奉献精神的大家庭。每当纪念南侨机工回国参战日和抗战胜利纪念日，他们都要到南侨机工纪念碑前举行公祭，向先辈献花致敬，每当清明、冬至，他们更是要去纪念碑前叩拜行礼，敬表孝道。

德宏南侨机工眷属联谊会的女性群体（南侨机工第二代、第三代、第四代）

他们团结互助，向弱者、病者、贫困者捐资慰劳。这些传统在联谊会中蔚然成风。

就是这一特殊的傣族群体，继承了南侨机工的光荣传统，在德宏地区得到政府和广大人民群众的高度评价。

继承南侨机工精神

赖文慧 *

南侨机工，对我而言是一个陌生的名字，从小到大只看过它出现在阿依淡小镇的抗日纪念碑上。

2012 年 8 月 19 日，我有幸被邀请担任一场文娱晚会的司仪。当时是云南省侨联南侨机工暨眷属联谊会拜访团赴马寻亲，在槟城华人大会堂展出历史图片，呈现诗歌朗诵、歌舞及话剧。晚会的节目内容尽显他们父辈对家乡马来亚的思念，思念这里的蕉风椰影、这里的亲人。虽然当时我已很认真地主持，但依然懵懵懂懂，似乎在上着某段历史的第一堂课，摸不着头脑：这到底是怎么一回事？为什么他们会来这里寻亲？寻亲，不是向来从马来西亚出发去中国的事吗？

第二天，主办方率领大众进行公祭仪式，来自云南的一位姐姐说："等一下请你报告，我们将把从昆明抗日纪念碑下带来的这一把黄土，撒在你们阿依淡这座纪念碑下；同时也会把你们这儿的黄土带回昆明，撒在我们纪念碑四周的土地上。"我顿感凄楚，原来我们这座纪念碑下的尸骨与他们有着血缘关系，他们到底是谁？

2015 年 2 月，菩提校友会前主席拿督林秋雅与时任菩提校友会主席张文僖，以菩提校友会的名义邀请南侨机工二代——汤耶碧教授到马来西

* 赖文慧，马来西亚槟城菩提校友会秘书长，马来西亚拉曼大学学院槟城分院讲师。

亚槟城进行三个月的舞蹈教学，让汤老师圆梦，把她毕生所学的舞蹈艺术传授、回馈给她父亲侨居地的人们，并将接待汤老师的任务交给了我们菩提校友会理事。这将是我们校友会第一次迎接外宾，对于这突如其来的安排，我感到意外，也对汤老师其人颇感好奇。

2015 年 4 月 3 日，汤老师与夫婿林兆武老师从昆明起飞，由于航班误点，抵达槟城国际机场时已是凌晨 12 时。署理主席郭淇彪与我前往接机，只见两位老师疲倦的脸上仍然挂着亲切的笑容，一见面便热情地问候。第二天一早用餐时，我如实告知两位老师关于校友会舞蹈组的近况，坦言已不如往昔，人才因年龄、学业、工作、家庭种种原因各奔东西，留下为艺术坚持的已寥寥无几。然而汤老师却热情洋溢地表示："没关系！我正好可以帮忙，让我来整顿它、重组它，注入新生命，让旧团员归队，新团员加入，我们可以进行一系列的宣传活动"，等等。早餐后，淇彪及时把两位老师送到青草巷的加油站与秋雅姐汇合。8 点整，秋雅姐便驱车护送汤老师及夫婿南下怡保祭祖。一切匆匆，从昨夜凌晨抵槟至今一顿早餐，只不过短短八小时，却已让我看到了这位南侨机工二代的行动力。

忙碌的日子很快就开始了，汤老师引领着我们迅速地投入策划工作。首先，校友会在槟城海南会馆举行了一场记者会，由汤老师一一道出此行的目的，她希望在接下来的三个月里与槟州热爱舞蹈的朋友、导师及舞蹈协会的会员见面、学习、切磋；把她毕生所学的精髓传授给本地知音，一心为其父侨居地尽点绵力。说罢，她立刻脱下高跟鞋，两个踏步便稳当地站到圆桌上，以优雅的姿势展现出她新缝制的孔雀舞蹈服装，漂亮无比。原来她沉重的行李箱里装着的不是普通的衣物，而是一套套傣族、彝族、蒙古族及佤族的民族舞蹈服装。此外，还有琳琅满目的服饰、头饰、鞋袜、道具等等。这其中有许多更是她一针一线亲手缝制的作品，让在座的记者和朋友们都为之感动。这一刻，我看到了这位南侨机工二代为实现梦想的诚意与努力。

槟城人慢热、忙碌，多篇新闻稿件刊登后只有少数来电询问，许多问清时间、地点后便无下文；舞蹈协会也因时间不允，无法参与课程。眼看时间一分一秒流逝，我们即刻安排汤老师与菩提幼儿园陆智贤园长、菩提小学郑宝甄校长、菩提国民型华文中学曾梅初校长及菩提独立中学赖文祥校长见面。四位校长欢喜接待，愿把校内舞蹈组的原有排练时间交由汤老师授课。

学生们在客卿教练的指导下大开眼界，原本仍未尽善的基本功，在汤老师的细雕下进步神速，纷纷舞出了自信与喜悦。接着汤老师又开始了第二项计划，即因材施教，传授民族舞蹈。同时，菩提国中舞蹈组负责人叶静玲老师也安排了马来西亚理科大学舞蹈组的师生们向汤老师学习，而理大教练 Nato 更是热心指导汤老师，让她如愿以偿，掌握了地道的马来舞。所谓舞艺无国界，热爱是根本，我看到了汤老师为父亲侨居地人们无私的付出与孜孜不倦的学习精神。

在张月宝的接送下，汤老师用六个白天马不停蹄地在四校穿梭，轮流教课，即使晚上她也不懈怠，有时候去理大教学，有时候留在会所指导校友会舞蹈组。在校友会舞蹈老师陈志贤与许美嫦的努力联系下，校友会舞蹈组组员皆归队学习。由于这些大孩子们在 2012 年曾经上过汤老师的课，这次更不容错过。10 点半，舞蹈课结束，大伙儿回家了，只剩下两位老师。这时候应该是汤老师正式休息的时间，然而汤老师仍不就寝，继续编舞。看她伏在床前专心构思，细细的笔尖蹦出许多小小人物，以各种姿势在舞谱中跳跃。我看到了汤老师的分秒必争、认真与投入。

有一晚，在理科大学回程的路上，汤老师说我们可以筹备第三项计划了，即一场汇报演出。仔细一听，原来这是她此行回馈马来西亚的终极目标，只是之前在上传下达中遗漏了这重要的一环。此刻，我慌了。但眼前的汤老师依然淡定，胸有成竹。

诚然，校友会遇到瓶颈了，槟州大会堂及槟州华人大会堂一年的排期已满，理科大学舞蹈表演厅也已无空档期。董瑞兰决定与林唐欣接洽，让他安排我们与慧音社社长，也是我们小学恩师拿督庄耿康见面。会议中，慧音社义不容辞，毅然答应。除了提供场地、舞台，还自费租借灯光音响，负责纠察、交通，等等。我们心中无限感激，商议至深夜时，我们、慧音社与汤老师似乎已融为一体，为其圆梦而坚持。

星期日本是休假日，但汤老师却一点也不清闲，总是忙着为下一周备课。所以，只有趁着学校假期，两位老师才肯放假，南下新加坡和怡保与亲人相聚。在某一个周末的晚上，汤老师与居槟的堂兄汤裕安一家聚餐，饭后到他家里做客。汤老师掏出一本满是皱褶的小簿子，小心翼翼地打开，向堂兄确认她这几年来根据所收集的资料整理出的所有分布在中国及东南亚各国的亲人。其堂兄与我们都看傻眼了，异口同声地称赞汤老师为寻亲坚定不移、珍惜家国情怀的精神。

当汇报演出日期、时间、地点敲定以后，林老师立刻设计舞美及音乐创作，我们则守候两侧，协助计划与安排。通过这两个月的相处、聆听、发问，我们逐渐明白了南侨机工的事迹与辛酸。

当年第二次世界大战，先贤陈嘉庚先生便招募热爱祖国与懂得驾驶及维修的华裔青年到中国参与抗战。那时候，许多热血青年，纷纷告别了马来亚、新加坡、印度尼西亚的家人，加入中国陆军，投入抗战前线驾驶货车与卡车，形成一支3200多人的南侨机工队伍。他们负责把金条拉去缅甸换购物资、军资，在缅甸与昆明之间的公路来回运输。后来被日军发现，3200余名机工一半命丧战场。活着的有一些成功回国，有的则逃入深山或傣族部落与当地少女成婚，乔装成傣族人。然而在日军抄袭时，不少机工仍当场被拖出去枪毙或活埋，留下的只是新娘与肚里一两个月大的胎儿，孩子出世后永远见不到父亲，也没有双亲的结婚照，只能依照当年母亲的口述、发音，大略写出父亲的中文名字，默默期盼有一天能与父亲的家人团聚。

当年汤老师的父亲因战后病重急需返回马来亚医治，想不到船开那一刻竟是永别的开始。汤老师出世后等于不曾见过父亲，后来因数次搬迁，父亲与母亲的书信也断了。自懂事后她便奔波于广州、昆明及凡有关的资料馆寻找父亲的名字，但皆不得要领。多年后她到缅甸拜访姨母，姨母便提供另一个线索。后来汤老师回到广州授课，她终于在史料馆翻查到父亲的回乡所在地，即是马来亚的怡保。然而，异国他乡，人海茫茫，要如何进行寻亲的下一步呢？直至2011年遇到秋雅姐。

2012年，秋雅姐为南侨机工二代安排了寻亲之旅，40位机工二代互相鼓励，怀着战战兢兢的心情参与巡回东马、西马的寻亲活动。当时汤老师的堂兄在槟城无意间看到了连续多天的寻人启事，即刻联系，安排汤老师与怡保的家人见面。她跪在父亲坟前的那一刻，老泪纵横，那一年，她已65岁，寻父60余载。

南侨机工的牺牲不是一代人，而是两代人的付出。听完汤老师的解说，我们才了解当年所谓"回不去，过不来"的政情，多少家人无法团聚，那是多么悲痛与无奈！

这一切促使我们菩提校友会与慧音社总动员，同时也接洽了槟城孙中山协会、槟城夜书报社、槟榔屿华侨抗战殉职机工暨罹难同胞纪念碑管理会，一起为即将到来的舞蹈晚会携手合作。汇报演出在黄剑威的协助下题名为"神游滇缅，魂归大马"，浓缩了南侨机工二代赞扬父辈、思念亲人的情怀。

2015年6月20日，舞蹈晚会在掌声中，在中国驻槟城总领事馆储开旻副总领事的鸣锣下掀开序幕。当晚菩提四校、校友会舞蹈组及理科大学共有126位同学参与演出，呈现了傣族、彝族、蒙古族、佤族及景颇族舞蹈。虽然只有短短两个半月的学习与排练，但表演者个个全力以赴，展现精湛的民族舞艺术，他们以行动向汤老师致谢。夫婿林老师也为太太高歌"我的老父亲"，由太太舞出思父情怀。将近70岁高龄的汤老师当晚汗流浃背，一人参与五支舞蹈，更以中国第二代孔雀舞传人的身份，呈现了多姿多彩的传统孔雀舞。我们由衷钦佩汤老师，岁月恰似不在她的体能上留下痕迹，相信冥冥中，机工精神正时时刻刻地支持着她。

谢幕时，马来西亚三大民族加上来自砂拉越的少数民族，在台上随着音乐舞出对老师的感激与不舍。那一个晚上，汤老师背负着南侨机工二代的宏愿，完成了回馈的使命。晚会在不间断的掌声与赞赏声中落幕，许多观众迟迟不肯离席，皆与晚会共荣，拍照留念。舞蹈艺术不仅让两国人民达成了文化的交流与共识，也让这不同形式的追忆，体现了南侨机工二代对父辈的尊孝。

伟大的情操，把思念化为行动，汤老师这几十年来坚韧不拔的寻父精神深深地感动了我们；她在寻获结果后更弥足珍惜，以舞蹈教学回馈父亲侨居地的后代，身为马来西亚子民的我们感同身受，感恩不尽！

因缘具足，使我们有机会与汤老师千里相会，近距离地了解了南侨机工的这一段历史。我们将会把这三个月的所学所见，与更多人分享，让更多人知道曾经发生的这一段历史，让这段被遗忘的篇章重新记录在马来西亚华裔史中，让南侨机工奋勇抗战的光辉，深深烙印在华裔的脑海中，永世流传！

坎坷的历程　光辉的历史

——追忆南侨机工归国抗战

陈铭英 *

　　1937 年 7 月 7 日卢沟桥事变，日本侵略者悍然发动了全面侵华战争，掠我资源，占我山河，杀我同胞，祖国大地战火纷飞、血雨腥风，国家、民族面临生死存亡的考验，中华民族到了最危险的时刻。

　　日本帝国主义的罪行，唤醒了中华民族，国仇家恨激起了各族人民和海外侨胞抗日救国的信心和决心。

　　"起来！不愿做奴隶的人们，把我们的血肉，筑成我们新的长城！"保家卫国、奋起抗战成为国人和华侨的共同信念。

　　南侨机工回国服务团，就是在入侵者与赶走入侵者的较量中形成的一个特殊群体，爱国须保国、报国，"国家兴亡，匹夫有责"是支撑这一群体的脊梁和精神支柱，他们由分散到聚集，结成抗战集体，成为历史的必然。

　　南侨机工是由责任担当凝聚而成的群体。1939 年，随着东北、华北等大片国土的沦陷，上海、天津、武汉等交通枢纽重要城市落入敌手，日本帝国主义占领了国内主要的码头、港口和交通枢纽，国家交通运输系统遭到重创，几近瘫痪，国际援华抗战物资运输极度困难。滇西 20 余万民

---

　　*　陈铭英，南侨机工陈亚楷之女，云南省侨联南侨机工暨眷属联谊会副会长。

众，以3万余人牺牲的代价，凿壁开山修通了滇缅公路，成为补充前方军需的唯一通道，急需大量驾驶员和修理工，唯有南侨机工在数量上、技能上、素质上能满足这一需求。信念、责任与担当使南侨机工回国服务团成为特定历史条件下无可替代的群体。

南侨机工自身的素质和海外谋生的经历，决定了他们能担此重任。在海外吃苦耐劳是他们谋生的根本，精于技术是他们谋生的本领，忍耐宽容是他们生存的品格，这些构成了南侨机工自身素质的内核。

1939年，爱国华侨领袖陈嘉庚先生发起了爱国抗战运动，号召侨胞有钱出钱、有力出力、有人出人。在信念、责任与需要的感召下，分散南洋各国的机工，奔走相告，相互邀约，自觉自愿地奔向报名点，经筛选的3200多名南侨机工组成了抗日回国服务团。

这些机工投身报国，没有丝毫的私心杂念，没有想过要什么，会得到什么。吃完了送别饭，喝干了壮行酒，身着中山装，肩背英国毛毯，脚穿侨胞赠送的球鞋，在当地侨民的锣鼓声中，在人们激昂亢奋的欢送声中，告别亲友，肩负800万侨胞的重托，高唱战歌，满怀豪情，义无反顾地踏上了新的征程，在滇缅公路这条抗日生死运输线上谱写人生的壮丽篇章。壮士一去兮，何时还！

南侨机工回国服务团，当时隶属国民党西南运输处，南侨机工到达昆明后，经培训编入各自的大队，不佩枪但身着军装，头戴船形帽，不与日军正面交战和对抗，却担当起了滇缅路上运送军需物资的特殊任务。

在滇缅公路征途中的日日夜夜，他们往返于昆明、畹町、缅甸，不分春夏秋冬，夏日头顶当空烈日，冬天不怕严寒霜冻，风餐露宿，双手紧握方向盘，在高差约2500米的崇山峻岭中奔驰，从山顶的云天外，到峡谷的江水边。连续翻越高黎贡山、怒山、云台山、雪盘山等山脉，过涵洞，穿越河谷，跨越漾濞江、澜沧江、怒江等无数激流险滩。经历并克服了长时间忍饥挨饿、瘴气疟疾、滑坡泥石流、日机轰炸等自身、自然和外敌的生死关口、重重考验。在同一条路、同一个目标、同一个任务、同一个征程中，众志成城、同心协力，构筑了源源不断运输军需物资和医疗生活物资的输血通道，南侨机工回国服务团的车队如蜿蜒盘旋的长龙，不辞辛苦地往返奔驰。在这条用血和汗水凝成的运输线上，千余名机工埋骨他乡至今也再难寻遗骸，他们和幸存的南侨机工们用血汗、智慧、毅力和不屈的奋斗，在 1000 多公里的运输线上，三年间共为前方运送物资 50 余万吨，终不辱使命，完成了国家和历史交付他们的特殊任务，为抗日战争的胜利作出了特殊的贡献。而在一段时期却被历史所遗忘，但这一切确是应该被永远牢记和彪炳史册的功绩和光辉。

1942 年 5 月，横架怒江的唯一桥梁——惠通桥被炸毁，滇缅公路失去了通行条件。路断了，车队不能再承担运输任务了，机工们无奈离开了这一抗日战争的特殊战场，加之日寇日益逼近、国内形势混乱，机工们失去了直接领导，开始过流离失所、颠沛奔波的生活，原有的一切生计来源都没有了，这个自觉自愿投身抗战的群体，又平静地淡出人们的视线，有的开小杂货店、小酒馆以谋生，有的在当地成家生子……但他们都没有忘记，他们是南侨机工回国服务团成员，他们还在期盼、等待那来自国家、民族的抗日救亡的召唤。

在华侨总会主席陈嘉庚先生及机工代表的努力奔走下，经与多方交涉，抗战胜利后，南侨机工们于 1946 年盼来了复员南返的消息。经登记，复员机工超过千人，分三批返回南洋。还有数千名机工由于有的在居住地成家，有的未能收到复员通知等种种原因，平静而淡然地退出了历史的选择。

那些死去的千余名机工，把受之于父母、养之于父母的身躯，与曾经挥洒的热血一同埋在了红土高原上曲折蜿蜒的滇缅路旁。他们没有后人，没有享受到人间烟火的温馨，留下的是海外父母盼儿不归的无限思念；复员南返的机工，又开始了游子生涯；留在国内的机工，普遍艰难生存，寻觅归宿，用劳动和汗水养家糊口。

在多地各级侨联与政府的关怀下，南侨机工回国抗战的爱国壮举被历史学者、作家通过传记文学、电视电影、媒体宣传等形式传播而渐被社会公众了解和关注。南侨机工的爱国精神、历史作用得到了政府和国人的承认和肯定，重现了属于他们用鲜血染成的历史光辉，填补了抗日战争史上不可忽略的缺页和空白，成为一部新的篇章。那些幸存的机工可以自豪地告慰逝去的同伴，相信早已人世两隔的兄弟们可以含笑九泉。

1986年，云南省南侨机工联谊会成立。分散于省内各地仅存的70余位机工以及机工的后裔重新汇聚在这个平台上，共话新生，讲述一个个鲜活动人的故事，一篇篇悲壮的史实，一幕幕历经风雨、感人至深的场景和画面，一段段血与火、生与死的艰难历程。联谊会成为联络机工的纽带和与侨眷、侨胞联系的桥梁。

1989年7月7日，云南省人民政府在西山公园建立了南洋华侨机工抗日纪念碑。

2005年8月，德宏州政府于畹町市建立了南洋华侨机工回国抗日纪念碑。

两座丰碑从滇缅公路国内段的起始到终点，记载了南侨机工的历史征程，追述了赤子归国的抗战功勋，镌刻记录了他们的名字，弘扬了南侨机工们的坚定信念，赴国难、保国、报国的爱国精神，无私无畏出生入死的奉献精神，不惧艰难险阻的奋斗精神，团结友爱、同甘共苦，共渡难关的集体主义精神，无怨无悔、自强不息、忠于信念的乐观主义精神。

南侨机工云南联谊会编写的《南侨风》《征程留踪》《赤子功勋》以及社会各界出版的文集，云南电视台《一个尘封的故事》、昆明电视台《南侨机工》及中央电视台六集电视纪录片《南侨机工——被遗忘的卫国者》的播出，用文字和画面记录和再现了机工的故事、奋斗史和永存不朽的精神。

为表彰南侨机工的历史业绩，云南省政府还为机工及其眷属、后裔颁发了荣誉证书和抗日战争纪念章。当年的壮士在云南仅剩罗开瑚、翁家贵两位百岁之人，但南侨机工的精神将永存后世，这些精神是民族之魂的组成部分，是国之宝贵财富，是强国复兴的不竭动力，是不忘国耻、永葆警醒的长鸣警钟。

为了缅怀南侨机工的伟大历史功绩，了解南侨机工父辈当年在马来亚生活工作的环境，同时也为了寻找部分南侨机工失散多年的海外亲属，2012 年 8 月，在马来西亚著名侨领林秋雅的大力倡导和总协调下，应马来西亚槟城孙中山协会、槟城海南会馆、马来亚二战历史研究会等多个团体的邀请，云南省侨联南侨机工暨眷属联谊会"亲情中华 寻踪南洋"访问团一行 39 人，于 2012 年 8 月 12 日至 26 日赴马来西亚访问，我有幸能够参与其中，受到深刻的教育，留下了终生难忘的美好记忆。

访问团以宣传和弘扬南侨机工爱国主义精神为主题，以传播中华文化艺术为纽带，以促进海内外文化教育交流为抓手，在马来西亚雪兰莪州、柔佛州、槟州、霹雳州的吉隆坡、槟城、古来、麻坡、怡保、太平等六个城市，举行反映南侨机工抗日爱国英雄事迹的文艺演出、图片展览、交流报告会。

访问团在马来西亚期间，海外华侨华人社团热心人士将许海星、李亚留、黄铁魂等三位健在南侨机工会聚于槟城，访问团的全体成员与他们近距离座谈交流、合影留念。

我们是南侨机工的后人，南侨机工的热血还在我们的身上流淌，面向未来，我们将振奋精神、奋发努力、继往开来。

阔别九十载终团圆

——云南德宏南侨机工后人寻亲记

沈伟鸾 *

"我想我的兄弟姐妹，很想见见他们……" 1993 年 4 月 8 日，我的父亲沈治平带着满满的遗憾与世长辞。那阔别 67 年的家乡，终究成了父亲魂牵梦绕、思而未归的故乡。

父亲沈治平的遗愿成了我们兄弟姐妹寻亲的动力。循着父亲的生平和经历，我和兄弟姐妹们开始了漫长的寻亲之旅。

1926 年，沈治平 15 岁，与二弟沈获利一同随父离开了家乡广东惠阳淡水，满怀着希望和梦想来到南洋，家乡留下母亲和三弟、小妹。

1939 年，中华民族生死存亡之际，3200 多名南侨机工组成的回国服务团，奔赴祖国支援抗日，在马来西亚一家巴士公司上班的沈治平就是其中的一员。

他们驾驶汽车战斗在中国与外部世界联系的唯一国际运输通道滇缅公路上，经受日机轰炸、险路车祸、瘴气疟疾的严峻考验，他们敢于担当、置生死于度外，夜以继日抢运物资。1939 年至 1942 年的三年时间，从缅甸等地抢运了 50 余万吨军需物资和 1.5 万多辆汽车，还有那些无法统计的其他货物与用品，并协助中国远征军，坚持敌后斗争，同各族人民共同

---

* 沈伟鸾，南侨机工沈治平之女，云南省侨联南侨机工暨眷属联谊会德宏分会会长。

战斗，为抗战胜利作出了不可磨灭的贡献。

父亲沈治平还是先锋第二大队五中队的司机班班长，驻扎在遮放。他驾驶技术精良，特别注意保护车辆，在滇缅公路行驶三年多从未出过事故，曾荣获"为国效劳"锦旗。

1942年5月，滇缅公路被切断，至1945年1月28日中国远征军和中国驻印军在芒友会师，部分南侨机工或在当地结婚生儿育女，或因其他原因，一部分复员回到了南洋或祖居地，有40多人留在了德宏。

父亲沈治平也留在了德宏并娶了遮放的一位傣族少女，生儿育女，照顾岳父岳母，从此扎根德宏。而后又经历各种动荡与内乱，彻底与家乡的母亲、三弟、小妹和远在南洋的父亲、二弟断了联系，这一断便是几十年。

新中国成立后的几十年来，英雄的南侨机工父辈们，一直怀念远在南洋的亲人，直到他们含泪谢世都在盼望与亲人见面，南侨机工二代三代也曾多次组成寻亲团赴南洋寻亲，告慰亲人。

2012年，我在父亲沈治平去世后九年，几经辗转，获马来西亚南侨机工史料搜研工作室暨缅怀机工之友刘道南和卢观英夫妇的帮助，通过华人报纸寻人。由于一直按照"沈治平"这个名字来寻找，多次与亲人失之交臂。后按"沈治平"的原名"沈获权"来寻亲，才有了消息。

2017年11月，在漫长的等待和寻找之后，通过广东热心机工后人杜康的帮助有了线索，我与三叔沈获名、姑姑沈秀莲在广东惠阳淡水的后代取得了联系，我非常激动，预感到一家人见面的日子不会太远了。

刘道南和卢观英夫妇也没有放弃，多次发布寻人启事，联系其他机工后人，几经打听和寻找，终于寻获我在马来西亚首都吉隆坡生活的堂兄弟姐妹们的消息。

2018年1月2日至13日，云南德宏南侨机工后裔组织了38人的第三次寻亲团，自费再次赴新加坡、马来西亚。这次到马来西亚，我与家人

2018年1月2日至13日，云南德宏南侨机工后裔寻亲团到马来西亚寻亲。

沈家在马来西亚吉隆坡大团圆的留影。

心情格外不同。父亲的亲人们，在失散了90多年后，这次是真的要相见了。寻亲团游览了南侨机工的第二故乡，参观了父辈们生活过的吉隆坡、马六甲和新加坡。在槟榔屿华侨抗战殉职机工暨罹难同胞纪念碑祭奠了南侨机工，访问了槟城南侨机工纪念馆，拜会了马来西亚两位华人拿督——著名侨领林秋雅女士和庄耿康先生，与刘道南、卢观英夫妇进行了亲切交谈，并向他们长期不懈的努力和真诚的帮助表达了谢意。

1月9日、12日，我们兄弟姐妹终于见到居住吉隆坡的堂兄弟姐妹、孙男孙女，是父亲沈治平的二弟沈获利的家人，他们三代人在那里已生活了90多年。

执手相看泪眼，竟无语凝噎。父辈们的团圆梦此刻终于圆满，我内心有激动、有伤感、有幸福，百感交集之下，我心里默默和父亲说了句："安心吧，我们一家人终于团圆了。"跨越半个多世纪的团圆寻亲之旅，美满地画上了句号。

短暂的团聚让思念变得更加深切。我与堂兄弟姐妹们约定，今年4月份要再见面，一起看一看父亲沈治平的另一个家乡——德宏。他们还决

沈氏兄妹在广东惠阳淡水沈氏大屋前合影留念。

定，之后一起回到广东惠阳淡水祭祖。

2018 年 4 月 7 日，居住在香港、深圳、惠阳、淡水的堂兄弟姐妹一行七人来到德宏州芒市遮放为大伯沈获权及伯母扫墓。他们还到畹町瞻仰了南侨机工回国抗日纪念园、纪念馆。

2018 年 11 月 7 日，芒市沈氏一行 14 人赴广东惠阳区淡水镇，在"沈氏大屋东泰堂"认祖归宗。沈氏家族是一个很团结的大家族。"沈氏大屋"已作为惠州市的文物保护起来。已有 200 多年历史的大屋已成危房，我们商量决定修缮大屋，海内外沈氏家族我几千元、他几万元，募集近 80 多万元，用三个多月时间将沈氏大屋修缮完工，2019 年 12 月 3 日，海内外亲人欢聚一堂，举办老祖宗登堂座庆典仪式。

2019 年 5 月 19 日，马来西亚吉隆坡二叔的二女儿沈玉琴及孙儿孙媳、三女儿沈玉芳来到德宏州芒市遮放为大伯扫墓。

我们兄妹将与马来西亚亲人们血脉相连、情谊常青。

圆 梦

徐永泰　徐永贤　段丽亚[*]

2012 年 8 月 13 日，随着飞机平稳降落在马来西亚吉隆坡国际机场，我和姐姐徐永贤、妻子段丽娅终于踏上了我们父亲生前最眷恋的第二故乡——马来西亚的土地，开始了我们为父亲的圆梦之旅。我们是应邀参加马来西亚槟城孙中山协会、马来亚二战历史研究会和云南省侨联南侨机工暨眷属联谊会联合组织的"亲情中华 寻踪南洋"访问团，到马来西亚寻亲圆梦的。

我们的父亲名叫徐长政，于 1916 年 10 月 16 日生于马来亚霹雳州曼绒县爱大华，祖籍福建省闽侯。父亲家有长兄、大姐，父亲排行老三，大姐两岁时因病夭折，就剩兄弟两人，大哥徐荣和比父亲大 7 岁。据母亲回忆，我们的祖父是个木匠，心灵手巧的他 10 多岁就和他人闯南洋，在南洋打拼几十年，30 多岁才成家立业、结婚生子。父亲在那个连生存都困难的年代，在祖父、祖母相继离世之前念完了高小。祖父在弥留之际，把兄弟俩过继给詹姓结拜好弟兄，大哥徐荣和就此改名詹邦顺（因詹姓无后），后来詹家把两栋五层小洋楼留给了兄弟俩，一人一栋。此后哥哥就在詹家的小胶园从事橡胶栽培管理工作，父亲想继续上学，就找到一所中

---

① ＊ 徐永泰、徐永贤、段丽亚，南侨机工徐长政之儿子、女儿、儿媳，徐永泰为云南省侨联南侨机工暨眷属联谊会副会长。

英华文中学以勤工俭学的形式读完初中，并且在学校做了两年的勤杂工，两年后才回到家与哥哥一同在橡胶园从事管理工作。1936 年 3 月，新加坡陈嘉庚橡胶制品公司招聘机修工，父亲前往应聘，从此就在陈嘉庚橡胶制品公司学习修汽车，并且学会了开汽车。

1937 年，中国的抗日战争全面爆发。1939 年，华侨领袖陈嘉庚先生发表"南侨总会第六号通告"，招募华侨机工回国参加抗日战争，以解燃眉之急，共拯危亡。看到招募通告后，时年 23 岁的父亲毫不犹豫响应号召，报名参战。先后报名两次，第一批、第二批都已经顺利出发了，父亲还没有接到出发的通知，究其原因，原来是因为家人不同意，所以没能获得批准。为了能挽留住父亲，当时家人还给父亲物色了一个美丽姑娘和父亲相亲，但父亲为了能回国抗战，用种种理由推辞。第三次报名时父亲瞒着家人把"徐荣平"改为"徐长政"，才得以顺利批准，成为 3200 多名"南洋华侨机工回国服务团"的其中一员，回国支援抗战。

回国后，父亲被分配在云南保山，成为中国国民革命军事委员会西南汽车运输处运输人员，编入华侨大队 11 中队 11 补充中队，任汽车司机，开着卡车日以继夜在滇缅路上抢运抗战物资，头上是日军飞机的疯狂轰炸，脚下是蜿蜒险峻的峡谷。满载抗战物资的卡车稍微不慎，便车毁人亡，令人惊心动魄。其中，1000 多人在抗战中牺牲，1000 多人战后复员南返，近千人留居国内。父亲为了完成对母亲的承诺，加上舍不下昆明的家人，复员后就留在了昆明生活，一生再也没有能回到他魂牵梦萦的马来亚，再也没能与他在马来亚的亲人相聚，这也成为了父亲人生最大的遗憾。

一晃 70 多年过去了，当我们姐弟跟随"亲情中华 寻踪南洋"访问团踏上马来西亚的土地时，激动的心情真是无以言表。在马来西亚我们的访问团受到了当地政府和 30 多个各地华人社团的热烈欢迎和高规格的接待。在马来西亚近半个月的"和平之旅"中，我们参观瞻仰了建在马来西亚各地的南侨机工纪念碑，与各地的各类民间文化研究组织进行了多场形式多样的文化交流活动，拜访和慰问了当地还健在的南侨机工老英雄许海星等三位老机工。最让我们姐弟终生难忘的还是我们找到了在马来西亚的亲人，圆了父亲 73 载的亲情梦。

我们是跟随着血脉不动声色的指引，朝着马来西亚方向进发的，但是第一次来到马来西亚，我们对那里是陌生的，对父亲的家族亲人的资料也是所知甚少，又经历了 70 多载的离散，寻亲一开始简直是无从下手，难于登天。回想起父亲在世时，通过各种渠道寻找自己在马来西亚的亲人，以及父亲过世后我们兄弟姐妹五人又继续寻亲，70 多年来，都没有任何进展和突破，我就感到了这一次我们肩负着沉重的责任。

我们在马来西亚得到当地政府机构和华人社团组织的帮助，特别是马来亚二战历史研究会研究专家刘道南老师，根据我们提供的线索，不辞辛劳地慢慢梳理，终于找到了和父亲同是第三批马来亚怡宝回国抗战的南侨机工老英雄钟金树的儿子钟良华，他回忆起老英雄钟金树生前曾对他提起过我们的父亲徐长政，并说过父亲和他是福建同乡，他们是第三批一起回国的，他还陪同我们到当地的福建会馆去查阅档案资料并寻求帮助，我们也把 70 多年来我们寻亲过程中所掌握的资料提供给了当地福建会馆。经过十天的等待，终于从当地的福建会馆传来了令人振奋的好消息，在马来西亚怡保的爱大华找到了一家詹姓人家，他们家里 70 多年前就曾经有一位亲人是开"罗立车"的，参加了"南洋华侨机工回国服务团"，一去就再也没有回来过，并且还有一个最重要的线索就是他们家的老人过去就是从徐姓改为詹姓，符合我们要寻亲的条件。得到这个消息后，我们一行人就马不停蹄地赶往目的地，一路上我们怀着既激动又忐忑的心情，并不断祈祷这一次一定要成功找到亲人。在此次寻亲之旅的最后一天，我们赶到了怡保爱大华那户詹姓人家的门前。我抬起了微微颤抖的手，轻轻敲开了面前的那扇大门，门开了，一位和蔼慈祥的老妇人出现在我们的面前：

"请问你们是谁、你们找谁？请进吧！"当听到这几句话时，我们已经泣不成声、泪流满面了。进屋稍稍平息心情后，我们和亲人开始了离散七十三年后的第一次面对面的交流："您好，我们是徐长政（徐荣平）的儿女，请问您认识他吗？"老妇人激动地说道："我当然认识了，他是我丈夫父亲的亲兄弟，就是我们的亲叔叔。对不起！我们也努力找过你们，就是找不到啊！对不起！对不起！房子卖了胶园也卖了。"我和姐姐异口同声地回答："卖了就卖了，只要你们过得好，比什么都重要。"我把准备好的红包一一递到了亲人的手中，并留影纪念。我们终于不负众望找到了血脉相连的亲人，我们的大伯和大哥都已过世了，老妇人是我们的大嫂（叫李淑娇），他们育有两女一子，生活安康、儿孙绕膝。临走前，我们在亲人的注视下，在马来西亚亲人家中的院子里取了一些泥土，带上了亲人满满的叮嘱和祝福踏上了回国的旅程。

回昆后，我们召集了五个兄弟姐妹和所有在昆的亲朋好友，一起来到了父母亲的坟前，我们全家人一起，亲手把从马来西亚带回的泥土撒在了父母亲的坟墓四周，并把来自马来西亚故乡亲人的叮嘱和祝福带给了父亲。父亲，您终于可以安心了，我们为您圆了73载的亲情梦。

心　愿

刁文华　李和媛*

　　我的父亲蔡长梨，是第 9 批回国抗战的南侨机工。父亲的侨居地是马来亚槟城。76 年前，当时只有 20 岁的父亲，积极响应华侨领袖陈嘉庚的号召，瞒住家人报名参加"南洋华侨机工回国服务团"，回国抗日。抗战胜利、新中国成立后，长期居住云南，从此再没有回过马来亚。

　　2012 年 8 月 12 日至 26 日，由云南省侨联南侨机工暨眷属联谊会和马来西亚有关华侨团体共同组织南侨机工后代共 30 多人，前往马来西亚探亲寻根。我有幸参加了这次十分有意义的活动。坐在飞往吉隆坡的飞机上，我不禁思绪万千，回忆起几十年前的往事。

　　新中国成立后，父亲在云南保山总站开车。在我 14 岁还在读书时，父亲利用学校假期带我跑车。开始时我很不习惯，路面不平，坑坑洼洼，山高坡陡，弯急路窄。车到山顶，只听见大风吹响树林的啸声一阵紧接一阵。下山时，连续数公里的长坡，坡陡弯急，只见父亲一直使劲踩着刹车，右脚累了换左脚踩，在特别陡的一段下坡，还叫我帮忙拉住手刹，顿时车下黑烟直冒，整个驾驶室里都是烟雾，呛得人直咳嗽。我心里十分害怕，可父亲却平静地说，这不算什么，每次出车都是这样的，抗战时由于车辆抛锚，经常要当"山大王"，在大山头上过夜，没有吃的，没有睡处，

---

　　* 刁文华、李和媛，南侨机工蔡长梨之儿子、儿媳。

他们都挺过来了。长大了才知道，那是由于当年汽车技术性能差，刹车转向都不带助力，驾驶员十分辛苦劳累，才知道父亲当年所走的公路就是滇缅公路。

我逐渐长大后，经过不断学习，对滇缅公路有了进一步认识。滇缅公路，是抗战期间由国民政府组织云南省 20 万民工突击修建的公路，自昆明开始，到缅甸腊戌结束，全长 1400 多公里。滇缅公路蜿蜒在横断山脉纵谷区，海拔 500 至 3000 多米，沿途悬崖、峭壁、陡坡、急弯、深谷、湍流，令人惊心动魄。当年南侨机工驾驶满载军火物资的卡车行驶在如此险峻的路上，稍微不慎便车毁人亡，有的甚至连尸体也找不到，南侨机工的无名英雄们付出了惨重的代价。由于滇缅公路突击建成，路基未稳，路面狭窄，坑洼坎坷，一到雨季，泥泞黏滑，行车犹如老牛拖犁，裹足难前，塌方险情，更是屡见不鲜。此外，还要躲避空袭，日寇为了封锁滇缅公路，时常派飞机空袭、轰炸，尤其是 1940 年 10 月，"滇缅路重开之后，敌机的轰炸，愈演愈烈。但华侨司机们并不因此而气馁，他们自动踊跃地参加华侨义勇抢运大队，在敌机机翼下拼命地为祖国抢运抗战物资，前仆后继，以加紧运输来为死难的同胞复仇！整个滇缅路的运输就依靠这些抗战英雄的壮烈牺牲来维持！"据《华侨先锋》第 2 卷第 9 期记载，南侨机工在滇缅公路上，平均每日的军事物资输入量保持在 300 吨以上的水平，被誉为抗战运输线上的"神行太保"。

多年以后，我参加了工作，也有幸成为一名驾驶员，继承父亲的事业，并且多次驾车行走在滇缅公路上。这时的滇缅公路，经政府不断修缮改进，在有些路段改线，还开辟了新的线路（即 320 国道），虽大大改善了行车条件，但并没有做到根本的改善。记得 90 年代有一次下暴雨，从下关到永平的跃进段完全被大水冲毁，汽车不能通行，只好改行老的滇缅公路。有一次我驾车返回昆明，行至铁丝窝坡山顶，突然下起小雨，道路湿滑。由于要下很长的坡，所有车辆都不敢贸然前行。山上气温很低，没有吃的，也没有住处，只有一个小店卖点面条，但面少人多，根本买不到，只好忍饥挨饿，在山上勉强过了一晚。第二天早上，小雨还在下，因为路太滑，很多驾驶员还是不敢下山。我因为要赶任务，凭着自己的经验和技术，自信可以试着闯一闯，就大着胆子开车下山。在这种又湿又滑的路上行车，不能开快，也不能急刹车，否则很容易发生车子打横，失去控制，酿成撞山或者翻下悬崖的事故，只能挂入低速挡，轻踩油门，缓缓前行。我全神贯注，认真操作，经过一个多小时，终于下到漾濞坡底，心才落了下来，长舒一口气。这时才发觉由于太紧张身上衣服全部湿透了。通过这次亲自行驶滇缅公路，我更加深刻体会到父辈们在抗战时期行驶滇缅公路的艰辛和危险，何况那时的路况比现在更差，他们要来回不断行驶，为了完成运输任务支援前方，却从不退缩，把个人安危置之度外，有1/3的南侨机工就长眠在滇缅公路上。前辈们不怕牺牲、勇于奉献的爱国精神，永远值得我们学习和继承。

从昆明到畹町，有很多大山河流、上坡下坡，最凶险的有这样几个地方。从昆明出发，首先到杨老哨坡，爬完这个坡到了楚雄，再到祥云，就有个吉山坡；从祥云到下关，要爬红岩坡；下关到永平要爬铁丝窝坡；永平到保山要爬功果坡；保山到龙陵要爬惠通坡、松山坡；再就是鹰嘴岩，这是一个十分危险的地段。当初修路时是从整块岩石中开凿而成，由于岩石坚硬，路面十分狭窄，汽车通过时必须十分小心，在过弯时，当前轮过去后，必须用木板搭住，后轮才能通过，可见地势之险峻。惠通坡也是比较危险的路段，左边是悬崖，右边是怒江，一旦出事，车子直接掉进波涛汹涌的怒江，车毁人亡，连尸体都找不到。当年有一位叫邱九良的机工就是在下惠通坡时翻车牺牲的，人和车都没有找到。从惠通桥到松山坡，全长40公里要走将近三个小时，比起贵州的24道拐，山更高，路更长。到了龙陵以后，要经过南天门，人称"鬼门关"，很多车辆都是在这里出事。所以，当年年老机工每次出车，都是与危险相伴，和困难同行，是不停地冒死闯关，闯过去，就是勇士；闯不过去，就成了烈士。

当飞机平稳地降落在吉隆坡，我们访问团一行受到热情隆重的欢迎，访问团此行以宣传和弘扬南侨机工爱国主义精神为主题，以传播中华文化艺术为纽带，在马来西亚雪兰莪州、柔佛州、槟州、霹雳州的吉隆坡、槟城、古来、麻坡、怡保、太平等六个城市，举行反映南侨机工抗日爱国英雄事迹的文艺演出、图片展览、交流报告会；还举办了中国少数民族舞蹈讲座，促成了昆明侨光小学与马来西亚怡保育才华文学校校际间的教育合作交流。

访问团在马来西亚期间，海外华侨华人社团热心人士将许海星、李亚留、黄铁魂等三位健在南侨机工会聚于槟城，访问团的全体成员能近距离与他们座谈交流、合影留念。

小话剧《南侨机工，永远的丰碑》、抗战歌曲联唱等节目，是访问团带来的重头戏，先后在古来、吉隆坡、槟城、太平、怡保等城市连演 5 场，产生了强烈的反响。虽然大家都是业余演员，但是凭借大家发自内心的感情，凭借对父辈的敬仰崇拜，表演十分投入，每场演出都受到观众热烈欢迎，掌声经久不息。通过这次寻亲活动，我深深感受到中马两国人民的深厚友情，尤其感受到马来西亚人民对南侨机工当年热血报国、回国抗战，不怕牺牲、不怕吃苦的崇高精神的钦佩和怀念，至今难忘。

访问团每到一地，都在演出地点附近支起展架，将 20 余幅反映南侨机工爱国主义精神的图片，呈现在观众面前，充分利用一切条件，广泛宣传南侨机工的光辉历史和英雄事迹。

访问团还利用交流报告会，推介昆明电视台摄制的电视纪录片《南侨机工》《我心中的生命线》等，开展了民间文化教育交流活动。

访问期间，部分成员参观了位于霹雳州怡保的一所具有 104 年办学历史的华文学校——怡保育才华文学校，并达成昆明侨光小学与该校之间建立校际合作交流。霹雳州华人文化协会会长马寅图先生和怡保中国精武体育会会长黄保生先生分别捐款赞助昆明侨光小学。

我们还出席了在古来富贵山庄举行的柔佛南侨二战抗日机工罹难同胞纪念碑动土奠基仪式；参加了在古来、吉隆坡、槟城举办的三场公祭二战南侨机工暨罹难同胞仪式，徐宏基会长代表访问团在公祭仪式上宣读了祭文。

访问团此行取得另一重要收获是，经马来西亚林秋雅女士、刘道南先生等人积极牵线联络，访问团团员中先后有徐宏基、汤耶碧、任秀华、欧云林、陈钟儒、徐永泰、张云鹏等人找到了在马来西亚的亲人，并与亲人相会。团员叶晓东赴麻坡为祖父祖母扫墓祭拜；在东道主的安排下，我们找到了父亲在马来西亚的住址——太平市第九道横街12号。蔡家会馆的会长带领我们仔细参观了父亲旧居，父亲70多年前的居所，如今已经物是人非。我们虔诚恭敬地行了礼，并收集了一捧旧居里的泥土带回国内，放在父亲的墓上，并深情地告诉父亲，您生前未能完成回故居看看的心愿，我们已经代您完成了，您安息吧。

距这次出访已经过去近三年，可是在马来西亚的日日夜夜，马来西亚华侨华人对南侨机工的热爱，以及对我们的热情友好接待，令我经久难忘。借此机会，我再次感谢东道主，感谢南侨机工联谊会为我们组织了一次十分有意义的寻亲访问活动，通过访问，南侨机工的事迹和精神得以弘扬，父亲生前的心愿也得以达成。

南侨机工赤子心　默默无闻总关情

——纪念我们的父亲陈亚清

陈丽兰　陈丽珠　陈丽花　陈丽华*

危亡之秋，回国效力

1939 年的新加坡码头，看着人山人海的送别场景，听着《再会吧南洋》的悲歌："你不见尸横着长白山，血流着黑龙江？这是中华民族的存亡！再会吧南洋！我们要去争取一线光明的希望。"青春年少的父亲陈亚清站在即将起锚的船头，心潮澎湃。

1933 年，在福建涵江三江口码头，祖父紧拉着年仅 15 岁父亲的手说："不要去南洋了，家里再穷，一家人在一起也有个照应。"但是心中颇有主见的父亲却坚定地告诉祖父："我要自己去闯一闯，一定要学个一技之长，为自己谋个光明的前景。"便独自一人漂洋过海远赴新加坡。

南侨机工陈亚清

---

* 陈丽兰等，南侨机工陈亚清的四位女儿。

一开始他投奔已成家的哥哥，但是遭到孩子多、家境拮据的阿嫂诸多白眼。有志气的父亲果断离开了哥哥家，几经周折，终于在一个车行当起学徒工。老板娘完全把他当佣人来使唤，每天要求他做许多家务活、杂活。但是，为了学得一技之长，年少的父亲硬是咬着牙坚持了下来。每天三四点，他就要起床，挑着两个 5 加仑大的铁桶穿过一个街区去挑水，直到把够一大家人一天用水的大水缸蓄满，然后做饭、洗衣、干杂活，尽管既累又苦，但他从来不吭一声，总是手脚麻利地忙着把家务做完，就悄悄站在师傅身边偷学手艺。时间一长，师傅喜欢上了这个好学有志气的孩子，在家务活都做完后就会耐心地教他。慢慢地，父亲学得一门娴熟的手艺，成了一名技术过硬的汽车修理工。

此时，父亲完全可以凭借自己的好手艺在新加坡过上丰衣足食的幸福生活。

1939 年 2 月，陈嘉庚先生应国民政府的请求，以南侨总会名义发出了"南侨总会第六号通告"，号召华侨中的年轻司机和技工回国抗战。想到祖国、亲人在日寇的铁蹄下被践踏、蹂躏，父亲果断决定放弃在新加坡的安逸生活，报名参加"南洋华侨机工回国服务团"，用自己的一技之长为国效力。

忘我奉献　可歌可泣

父亲乘上"丰祥轮"，历经三天三夜的海上航行，从越南西贡上岸，然后转乘火车经河内，一路辗转抵达昆明，被安排在昆明西南运输处潘家湾训练所，接受了短短两个月的军事训练后，被编入西南运输处汽车运输队华侨义勇队第四大队（后专门组建的"华侨运输先锋大队"）当司机，负责在滇缅路上运送军用物资。

年轻的父亲和其他南侨机工们朝气蓬勃、充满斗志，他们有充分吃苦的思想准备，但是那条云南有名的号称"搓板路"的滇缅公路还是让所有南侨机工们心有畏惧。

滇缅公路自云南昆明至缅甸腊戍，全长1146公里，有"死亡之路"之称。这是一条横跨高山大河的险路，迷雾重重，危机四伏，令人望而生畏。它在崇山峻岭中蜿蜒延伸，海拔500至3000多米，沿途高山峻岭，悬崖峭壁，江水急湍，路面狭窄泥泞，弯急坡陡，地势十分险恶。特别是西段长548公里，由下关至边陲重镇畹町，又从畹町至缅甸腊戍，全靠20万民工花了9个月时间用双手铺筑，路况很差。途中要越过三台山、南天坡、瓦窑坡等十大坡，坡坡陡峭；要渡过水流湍急的漾濞江、澜沧江和怒江，江江凶险。

但这是当时我国西南大后方唯一的"生命之路"，是被国际社会称为"中国抗战生命线"的战略通道，许多海外华侨捐赠的军需物品、药物和世界各国支援的军火武器均要从此路输入。

怎么办？"民族和国家的存亡高于一切！"父亲和他的南侨机工战友们抱着一腔爱国热忱，践行着自己的坚定信念，决心战胜一切困难。

在最陡处上不去时，后面车的司机，就要立即下来用垫木帮助垫住后轮，待引擎退热后再继续往上爬。上下陡坡又碰急转弯的窄路，他们就在急弯处架上渡板，前轮过后，后轮靠外边的轮子从渡板上滚过，避免后轮悬空翻车。桥面被炸断时，他们就把路边的废弃汽油桶排列，用铁链固定，做成临时浮筏，让汽车缓缓驶过。

那是怎样惊心动魄的日子啊！每次行程需要七八天时间，险峻的路上，稍有不慎便车毁人亡，加之雨季路滑，行车犹如老牛拖犁、裹足难前，其险已足以让人心惊肉跳；而且滇西至缅北一带，是世界上有名的"烟瘴之地"，毒蚊猖獗，恶疟流行，极易患上"打摆子"的疾病；头上又是敌机轰炸。可是，他们在翻车、疾病和空袭三道生死关面前，仍日夜不休，风雨兼程。这崎岖险峻的滇缅公路就是他们的战场，方向盘就是他们的武器。由于缺医少药、衣食无保障、完全暴露在敌机视线里的险恶环境之下工作，父亲身边的战友牺牲了很多。但是，南侨机工们没有埋怨，没有退缩，迂回于陡峭山坡之上，穿梭在狂轰滥炸之下，唱着铿锵的战歌："车在我们的手上，血在我们的胸膛"，"不怕山高，不怕路遥，快把运输任务完成"。

父亲和他的战友们，以血肉之身，成就了历史上堪称惊天地、泣鬼神的不凡壮举。用青春的鲜血、年轻的生命谱写了气壮山河的华侨抗日救国史诗，为中国抗日战争取得胜利作出了重要贡献。

矢志报国　无怨无悔

1942年5月，滇缅公路被彻底切断。南侨机工除一小部分被留用外，多数被遣散，突然间成为了无业游民，生活陷入困境，父亲也是其中的一个。他在昆明开始了另一段清苦的岁月。

1946年父亲在昆明成家后，起初在小西门摆了个小摊，卖点鸡蛋维持生计，后来在武成路连生巷旁的街面上租了间小铺面修自行车。随着孩子的增多，生计难以维持，加之思乡心切，1956年父亲带着一家老小9口回到了老家福建莆田。一时找不到合适的工作，靠母亲给人家做点针线活儿换取微薄的口粮。于是父亲就给当时中央负责华侨工作的谢富治写了一封信，讲述了自己回国抗日救国的经历，期待国家给安排一份合适的可以自食其力、养家糊口的工作。在等待中，由于水土不服，母亲不幸患了疾病，送到医院抢救，两个最小的双胞胎女儿患了严重的皮肤病。1957年，父亲又举家返回昆明，行至贵州接到中央安排他在福建涵江运输总站工作的通知，但此时父亲已决意返回昆明，那是他曾经出生入死的难忘之地。

回昆明后，在南侨机工同乡的帮助下，父亲在民权街租了一个8平方米左右的房子，自己搭了个暗楼，靠帮人修车，把一家人安置了下来。

平时，他从来不向别人提及回国抗日那段辉煌的经历，每天总是乐呵呵地忙着修车铺里的事，一口浓浓的闽南乡音亲切招呼着南来北往的客人。由于修车技术好，人又善良热情，生意越做越好，大家都亲切地叫他"老广广"。他终于在昆明开始了平静而平凡的生活。

1958年国家实行公私合营，父亲的小小修车铺被昆明工具厂自行车社合并，他成了一名正式工人，在南屏街门市部负责修自行车。他工作认真负责，任劳任怨，年年都被评为先进工作者。尽管家里孩子多，手头并不宽裕，家又窄小，但他总是把以前一起浴血奋战的南侨机工战友叫来家里吃住，大家聚在一起互相鼓劲。他谆谆教导孩子们"你们要争气，要给自己长脸"。在他的教育影响下，六女四男共十个孩子都秉承了他的性格：勇敢、乐观、坚强。其中，五个女儿都嫁给了军人。

1978年3月，父亲在工作时突然中风，左手左脚完全失去知觉，嘴巴歪斜，生活不能自理。当年11月18日去武汉就医时因脑溢血复发病逝，年仅61岁。

父亲像很多南侨机工一样，在国家有难时，奋勇尽责。他们不计功劳，不求回报，默默生活。我们为南侨机工的父亲而骄傲，为我们是南侨机工的后代而感到无比荣耀。2009年3月，我们主动把父亲的有关证件捐赠给陈嘉庚纪念馆，用平凡的行动延续着父亲的爱国情怀。

父亲虽然去世，但是他生前的音容笑貌、言谈举止在我们脑海中久久挥之不去。2012年8月，云南省侨联南侨机工暨眷属联谊会组织"亲情中华 寻踪南洋"访问团赴马来西亚访问，经过积极争取，我们家陈丽兰、陈丽珠有幸能够参加其中，到父亲早年生活工作过的马来西亚参观访问，见到了健在的许海星、李亚留、黄铁魂等三位南侨老机工，并与他们座谈交流，合影留念。同时，我们参加了小话剧《南侨机工，永远的丰碑》、抗战歌曲联唱等节目演出，有30多个华人社团代表前来观看演出，使访问团备受鼓舞。通过这次访问，我们对父亲早年的生活工作环境有了更深的了解，对父亲的怀念也更增添了一层。

安息吧，父亲！安息吧，逝去的南侨机工！一个悲壮的群体，一段曾被尘封的历史已被揭开。光辉的赤子功勋，定会在历史长河中闪耀光芒。

中华文明与"赤子功勋"

陈少明　马莉仙*

"南侨机工，赤子功勋"，这是党和政府、社会各界对南洋华侨机工回国抗战的肯定和褒奖。

1931 年，日本帝国主义悍然发动"九一八"事变，1937 年又发动"七七"卢沟桥事变。到 1939 年，祖国半壁河山沦陷，沿海港口被占领和封锁，中华民族处于生死存亡的危急关头，当时受国民政府委托，在南洋华侨筹赈祖国难民总会主席陈嘉庚先生号召下，3200 多名南洋华侨热血青年满怀"国家有难，匹夫有责"的民族责任感，积极响应，先后九批远涉重洋回到祖国烽火连天的"抗日生命线"——滇缅公路参加抗战。

滇缅公路是一条由 20 多万云南各族人民，以最原始的作业方式，用双手、鲜血以及 3000 多人的生命筑就的血肉之路。

滇缅公路蜿蜒纵横于云南的横断山脉，地形异常复杂特殊，还要穿过亘古荒凉、人烟稀少的"烟瘴之地"。那时当地流传着这样一句话："要过怒江坝，先把老婆嫁。"形容极其危险，自然条件极其严酷，而且这条公路严格地说，还是一条"毛路"。它的建成和使用在世界公路史上都是罕见的。20 世纪 60 年代中后期我和父亲在这条道上跑了半年，几次走过几

---

* 陈少明、马莉仙，南侨机工陈享的儿子、儿媳，陈少明为云南省侨联南侨机工暨眷属联谊会副会长。

段原路,父亲说这条路经过了几十年的修整才有今天的样子,可见当年是什么样的路况。像这样恶劣的环境和行车条件,非有熟练的机工而难以胜任。鉴于当时国内的情况,于是国民政府军事委员会西南运输处主任宋子良致电南洋筹赈总会主席陈嘉庚先生,企望代招华侨机工回国,以救燃眉之急。嘉庚先生急祖国之所急,于1939年2月7日发表"南侨总会第六号通告",号召机工回国服务、共拯危亡。

父亲是第二批回国的南侨机工,当时的招工条件很严格,但"国家兴亡,匹夫有责",嘉庚先生振臂一呼,立即得到800万南洋华侨的热烈响应。南侨机工赤诚报国的壮志豪情是十分动人的。他们有的瞒着父母家人,抛妻离子,有的更改年龄,甚至女扮男装,有个别的人现学驾驶技术,毅然放弃优越的生活,明知回国参战凶多吉少,是"死路"一条,但为了祖国,为了民族的存亡,仍大义凛然勇往直前。

从1939年1月10日到1942年5月5日惠通桥被炸毁,滇缅公路切断为止,三年多来,南侨机工在这条生命线上"闯四关"。一是瘴疟关,这是一种被称为"闷头摆子"的恶性疟疾,在当时的条件下是"十人得了九人死";二是雨水泥泞关,山雨到来,导致路烂泥滑,山高坡陡,塌方连连,极易车毁人亡;三是险路危情关,爬大坡,下深谷陡坡,不少路段有危崖悬石,随时有坠落事故;四是躲避沿途日军飞机轰炸扫射关。这种危险父亲曾遭遇过,炸弹落在他的躲避点附近,他被气浪冲飞,但幸运之神救了他,仅耳朵失聪一个多月,而离他远一点的战友则有伤亡。

三年多的时间内,南侨机工勇闯四关,抢运物资,付出了牺牲1000多人、损毁车辆700多台的沉重代价,抢运了约50余万吨军需物资,有力地支援了中国正面战场的部队,把相持阶段的战争坚持下来,为抗日战争的第三阶段——反攻阶段赢得了时间,积聚了物质力量,为抗战的最后胜利,起到了积极和重要的作用。

中华人民共和国成立后,在党和政府的关怀下,留在国内的南侨机工的工作和生活得到了妥善安排，过上了好日子。各地机工在不同的岗位上发挥技术专长，为祖国社会主义建设作出了新的贡献。1986年9月，云南的70多位老机工在昆明成立了全国第一个南侨机工团体——南侨机工联谊会。1989年"七七"南侨机工回国抗日50周年纪念之际，为了缅怀南侨机工的历史功绩，表彰和发扬华侨的爱国精神，云南省人民政府在滇缅公路的起点——昆明西山森林公园，树起了一座雄伟庄严的"南洋华侨机工抗日纪念碑"，碑上所题"赤子功勋"是对南侨机工和海外华侨为祖国抗日战争作出贡献的高度赞誉。南侨机工是一个英雄的群体，功勋不可磨灭。他们的经历和事迹，通过各种媒体广泛宣传，不断为更多世人知晓。我们为父辈感到光荣和自豪。

在参加南侨机工联谊会之前，我对南侨机工的了解也很肤浅，甚至可以说很不了解。2006年我退休后，参加了联谊会的活动，联谊会组织排演小话剧《南侨机工，永远的丰碑》，到2014年共到各地演出达数十场次，很多人在每次演出中都泪花闪闪，动了感情，演技虽然不高，但那是对父辈的真情流露。到马来西亚演出后，很多侨胞观后对我们说："我们是含着泪水看完演出的，很多高水平的演出都没这样感动过我们，你们是带着对父辈的敬重——用'心'在表演的，有真情！"就因为有真情，这台小话剧在昆明参加省市文艺调演时，先后获得过二等奖和一等奖。

这几年中，南侨机工联谊会受邀，先后到过芒市、畹町、保山、腾冲、瑞丽、厦门、马来西亚交流。所到之处都受到了高规格的礼仪接待，我们是在享受父辈的福荫。人们看在南侨机工这个英雄群体上，把对他们景仰的感情倾注在我们二代身上，让我们感慨不已。

"缅怀父辈报国志，嘉庚先生故乡行"，2009年4月清明节，我们受邀到厦门为嘉庚先生扫墓。我还是第一次到厦门，在隆重、庄严、肃穆的祭奠仪式中，再一次感受嘉庚先生伟大的人格，他为中华民族的崛起奋斗了一生、奉献了一切，被毛泽东主席誉为"华侨旗帜，民族光辉"，是他奠定了南侨机工的伟大。扫墓过程中,我们南侨机工第二代紧跟在嘉庚先生的亲属之后,在政府官员及其他队伍之前,这说明南侨机工在大家心目中的地位,南侨机工就是嘉庚先生的亲人。这期间我们有幸参观了嘉庚先生故居、华侨博物院、集美学区,参加了几次座谈会,见到了陈立人先生、丁均淳先生、陈呈先生、陈忠信先生、陈启建先生及受人尊敬的陈毅明老大姐,收到了精美的珍贵礼品——有他们签名的南侨机工画册。

2011年是辛亥革命100周年纪念,也是南侨机工回国抗战72周年纪念,由吉隆坡暨雪兰莪中华大会堂主办,马来亚二战历史研究会、柔佛州河婆同乡会青年团联办"重走南侨机工抗日滇缅路四驱万里行"的活动。我们有幸参加了由昆明—畹町这一段路程。给我印象最深的,是在西山公园"南洋华侨机工抗日纪念碑"的公祭活动。隆重、庄严、肃穆的祭奠仪式前后,大家踊跃地拍摄留影,这一活动又一次生动地向社会宣传了南侨机工群体。

7月8日,在滇缅公路新起点,2015年新建的昆明市五华区"滇缅公路纪念雕塑碑"前,举行了隆重的发车仪式,引起了过往车辆和行人的驻足观望。一直不间断的摄影留念签字仪式形成了一个个高潮,起到了很好的宣传效果。

沿着当年的滇缅公路一路行走,天公不负人意,有惊无险,虽不及当年的"风火路",但也稍微领略了一番景象,有凭吊、有感慨……

一路行来,有一个小插曲不得不说,我们南侨机工二代行至怒江边山头上,在"老鲁田",也是昔日南侨机工邱九良前辈翻车罹难的地方,举行了祭奠仪式,大家同声多次高呼"邱九良叔叔我们看您来了!"当时晴空无云,两座桥横于江面,一座是原来的吊桥,现只有空架,另一座为现在通车的水泥桥,这时奇观出现了,从江边的山坡上升起了小小的片片云朵,这是第二次出现这样的奇观。第一次是在2001年,当时南侨机工后代们重走滇缅路时也在此唤灵,那次的奇迹是那么强烈、明晰,使人惊叹感慨不可思议，这一次也足使我们震撼感动。回到驻地讲起，车队很多人都不相信，我就调出当时的照片给他们看，大家都称奇不已，都认为是南侨机工前辈英灵在守护着这片天地。

结束了"滇缅公路行"，我们在昆明举行了盛大的告别仪式。泪光闪闪，互道珍言。很多侨胞对我们说："想不到这一次'万里行'受到沿途各级政府隆重而热烈的接待，特别是边疆政府用最高规格来接待我们——这说明了南侨机工的英雄形象已深入人心，受到政府的重视，我们也受益匪浅。回去后一定要给亲人们详细讲述我们的感慨。"

2012年10月12日，30余位南侨机工第二代受邀飞往父辈的第二故乡——美丽的马来西亚。在这里我们享受到英雄般的待遇，享受到侨胞们无微不至的亲情。我们拜谒了所有健在的南侨机工、机工后代及二战纪念碑。每到一处都有各路媒体图文并茂的详尽报道，人潮涌动，心潮澎湃。

我们有幸参加了二战殉职华侨机工暨罹难同胞纪念碑仪式，深受感动。在隆重、盛大、庄严、肃穆的公祭仪式上，我们参访团全体成员双手捧着从祖国"南洋华侨机工回国抗日纪念碑"前带来的"净土"，洒土跪拜，父辈的爱国主义情怀再一次得到了升华。

在此，我们衷心感谢为这次"南洋故土寻根"创造一切条件和方便的陈共存先生、陈立人先生、翁清玉先生、黄福庭先生、陈松青先生、吴国文先生、蓝杰豪先生、蔡美莲女士、马寅图先生，还有为我们南侨机工寻找亲属不辞辛劳的刘道南先生和夫人卢冠英女士……感谢各有关社团和一切为这次寻根活动贡献力量的各界人士，也要感谢一直伴我们活动的导游李先生。

十几天的参观交流、深感我们华侨华人以"忠孝"为本，讲"仁义"，崇"善"重"传统"，精诚团结。他们既是拓荒者又是建设者，开辟了一片新天地，成就了一番事业，受到了广泛的尊重。联想到近年参加由南侨机工联谊会编纂的南洋华侨机工抗日回国史迹汇编《赤子功勋》的校对工作，看了许多回忆录，3200 多位南侨机工应有 3200 多个故事，故事的核心都离不了中华文化的传承。关于这一点，我们联谊会的顾问——华侨历史研究专家、资深记者何良泽老师在《试从中华文化品读南侨机工》中有深刻的阐述。

当年嘉庚先生组织南洋华侨机工抗日回国，他也深受中华文化熏陶下，胸中有国家民族，在祖国生死存亡之时，舍生取义，造就了 3200 多名热血青年构成的南侨机工这个英雄群体。

今天我们回忆家事、国事，忧喜掺杂，感慨万千。1989 年瞻仰"南洋华侨机工抗日纪念碑"落成揭幕时曾作小诗，以此为本文作结。

回首平生无憾事，青春热血献中华；
天涯何处无芳草，青山有幸埋忠骨。
历尽沧桑心不变，无怨无悔度余生；
赤子功勋感天地，丰碑矗立换人间。

回忆爷爷罗杰及战友的英雄事迹

罗长英*

我爷爷罗豫川，又名罗杰，是文昌甘村村委会石硅罗村人。我小时候随父亲在海口一直跟爷爷一起生活，爷爷为了鼓励我好好学习，经常向我讲述中国人在南洋创业和抗日的故事。直到 1995 年中央电视台专程到海口采访爷爷，我才第一次对南侨机工这个群体产生了好奇，于是 2008 年我飞往马来西亚，寻找当年曾祖父和爷爷在马来西亚创业的足迹。本次

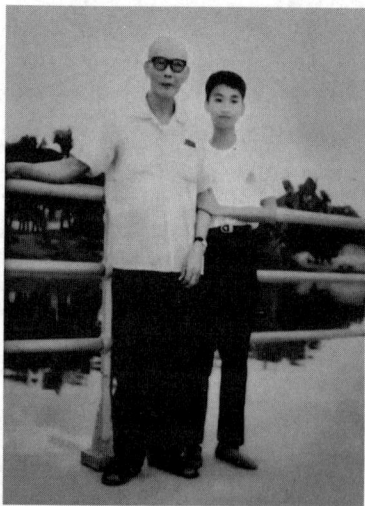

罗长英与爷爷罗杰

正值《再会南洋——南侨机工后人千里寻亲路》出版之际，承蒙林秋雅会长的厚爱，让我有幸将爷爷罗杰、伯公罗豫江、太叔公罗开瑚他们叔侄三人以及我伯母的父亲符气簪和姨妈的家公庄耿波等当年的南侨机工事迹写下来。

爷爷是一个低调谦虚的人，过去村里的长辈去南洋谋生，都会带同村的兄弟一起出去闯，爷爷和他姐姐在年幼时就随着他们的父亲一起去了马来亚的太

---

* 罗长英，第 8 批回国的南侨机工罗杰（罗豫川）之长孙，海口市南侨机工眷属联谊会会长。

平。据我大伯的回忆，我曾祖父还是个名厨，薪水很高，因此也让我爷爷有机会得到比较好的教育。

爷爷初中毕业后，1932年他父亲带他回海南文昌老家成亲，亲家是海南文昌烟墩新科村王家，这是曾祖父为他定的娃娃亲。爷爷在奶奶怀孕不久就和堂兄罗豫江等人返回了南洋。这里我需要特别提一下奶奶的家人，奶奶的堂哥是当时参加黄埔一期的王雄，曾在抗战时期任琼崖守备司令部少将参谋长、副司令，正因为这层关系，在抗战时期，琼崖抗日游击队某分队曾多次托我大伯罗保章传信向王雄少将借枪，准备偷袭日军的烟堆据点。曾外祖父将藏匿枪支地点的情报交由年仅八九岁的大伯，借机在烟堆市场上茅厕时传送给游击队。年幼的大伯也成了小小地下交通员。在抗战时期奶奶曾救下受伤的琼崖游击队员并帮助他隐藏，由于留下血迹，愤怒的日寇抓捕无果便放火烧毁了我们的祖屋。为了重修房子，奶奶写信给远在南洋的爷爷，希望能汇钱回来修缮房子，但此时奶奶并不知道爷爷已经在被称为"死亡公路"的滇缅公路上率领着他的战友一起抢运军用物资。在那个特殊年代，天各一方，父子以各自的方式为抗击日寇贡献自己的力量。而当时不了解真相的大伯一直以为爷爷不要他和奶奶了，年少气盛的他对爷爷有一种莫名的怀恨。直到海南解放之后爷爷才回来，并告诉大伯，国和家之间只能选择先救国，这句话终于化解了大伯的心结。大伯后来也娶了南侨机工符气簪先生的女儿符桂英为妻。

符气簪先生是甘村村委会银岭村人，距我们家只有一里路，曾就读于上海国立暨南大学（今复旦大学的前身），毕业后在上海警局任督察，后赴新加坡一所中学任教员，

南侨机工罗杰

他的父亲是新加坡南侨筹赈救济总会负责成员。当日寇的铁蹄践踏我国领土，残害国人之际，符气簪受到父亲的动员辞去教师职务，报名参加南洋华侨机工回国服务团，并决心舍身报效祖国，他回国时任第 8 批服务团第 5 队队长，回国后任西南运输处第 9 大队补充队少尉分队长。1939 年 11 月 17 日，从保山县率领车队抢运抗战物资，当运送军用物资返回保山、即将驶入永平县时，途经著名的"沧浪古道"这条"死亡公路"上，由于当时没有"挡墙"和警示标志，加上雾大路滑遮住了路面和视线，在下坡急转弯断头处，车冲出了公路，坠下几百米深的山崖，符气簪和同车的刘班长均遇难牺牲了，此时，距他踏上国土不到半年。据爷爷回忆，在滇缅公路上翻车牺牲的华侨机工人数不少。崇山峻岭之巅、山崖之下，"初一坠车、十五见底"。有一次谈起当年战友牺牲之事，爷爷黯然泪下。爷爷极少谈他自己在滇缅公路上发生的事，而更多的是讲战友，在他的心中，能从滇缅公路上活下来的人就是最幸运的，应该让更多人记住还有很多牺牲的无名英雄。

"出师未捷身先死，长使英雄泪满襟。"永平县百姓痛惜这位"出师身死"的年轻人，各侨团侨胞、云南各界和当地老百姓为符气簪烈士举行追悼会，英雄逝去，浩气长存。所幸的是符气簪先生在出征之前，已育有二女一儿，儿子定居在新加坡、已故的大女儿后人定居马来西亚，定居中国海南的女儿正是我的大伯母。

爷爷返回马来亚太平后就在一所华人学校当小学美术老师，据从南洋回乡的村里长辈说，爷爷的美术功底很好。爷爷有时见我在绘画，会很自豪地对我说以前他的写生和素描都很不错，但我从来没有见爷爷画过一幅画，唯一的一次就是见到爷爷颤抖着用炭笔修改我母亲的遗像。

爷爷平时白天在学校当教师，晚上会出入琼州公馆和同乡会，或是在武馆习武。小时候见爷爷枕头边总会放有《武林》《武术》杂志，偶尔还会在我面前比画两下，还教我如何扎马步。听父亲说以前爷爷的武功很厉害，在太平甘村社是有名的武打高手，有一次在我们住的海口市公共汽车公司集体宿舍楼走廊上表演武术给青年人看，一个跺脚、一个长拳，整个楼板都震动了。

据爷爷的回忆，当时在太平埠筹赈分会的亲戚告诉他，要求技术熟练的驾驶员回国，分会需要开始储备一些正在训练驾驶技术的人员，以便征募后马上可以把人员送回国。1939年夏天，年仅22岁的爷爷，看到南洋华侨筹赈总会发布的征募机工回国服务通告后，就组织了20多个乡亲，以成立武术团习武为名，租车一起学习开车技术。他们经过一个月左右的训练之后，就一起报名参加了机工回国服务团。大家也推选爷爷担任太平埠筹赈分会第五批征募开赴新加坡集中的领队，爷爷率领着他叔叔罗开瑚、堂兄罗豫江以及同村兄弟符昭勋等20多名海南籍乡亲为一个队，另外两位领队分别是胡凯军和沈茂山。从太平埠出发的三个队一共70多人开赴新加坡集中。我曾经试图去新加坡了解当时为他们做体检的同济医院，希望能从中找到南侨机工更多的蛛丝马迹，可惜当年的新加坡同济医院早已毁于日寇的炮火之中。

从新加坡回国前，爷爷和他的战友们在新加坡南侨筹赈总会怡和轩公馆集中，接受了爱国侨领陈嘉庚先生致辞和勉励青年机工回国服务的训示之后，庄严地举手向侨领宣誓"抗日不怕苦，不怕死"。而后，他们作为第8批的南侨机工回国服务团成员登上了"丰祥轮"出发，爷爷担任了第8批第5队队长，全队成员有40多人。我老家文昌甘村虽小，但从南洋参加机工回国服务团的就有6人，分别是符气簪、罗豫川、罗开瑚、罗豫江、符昭勋、杨善钦。

他们从新加坡上船后直达越南西贡，然后转火车一路北上至越南河内，而此时的日寇间谍已经大量渗透进了越南，并将山上的巨石推下山砸向铁路，试图要将载着南侨机工抵达河内的火车撞翻，以此阻止南侨机工北上支援抗日。所幸的是他们乘坐的车厢只是被撞坏了脚踏板。火车到达河内之后，受到当地侨胞的热情接待和欢送，火车行驶两天之后到达昆明站，西南运输处早已安排了几辆卡车接应，西南运输处的负责代表和总领队接头后，就集中队伍上卡车开往潘家湾西南运输处训练基地。很多早期回国的南侨机工已在基地场内列队等候迎接多时，而他们所住的是一间被日机轰炸过刚修复不久的大学楼宿舍，墙壁上还有同胞的斑斑血迹。

爷爷曾告诉过我滇缅公路的凶险，驾驶车辆稍有不慎，就会坠崖。受训刚结束，就被派去接新车，途中有部车在急转弯处坠下山崖，翻入数百米深的急流中，车上20多人无一生还。在这条"死亡公路"上，除了公路的险恶，南侨机工们还要面对日寇间谍的破坏和偷袭、疾病和缺药，还有土匪的打劫、日机的轰炸，尤其是日机在雨季来临之前疯狂轰炸山头，造成大雨冲刷滑坡阻止公路通行，等等。

爷爷在受训三个月经考试合格后被分配到第九大队，队部设在芒市，负责由腊戍至下关一段的军用物资运输，这一带时常有彪悍的匪徒袭扰车辆，有一次爷爷和他的兄长罗豫江一起运输军火，在途中遇上一伙匪徒，大约10多个人拦路抢劫，前不着村，后不着店。因为爷爷和伯公在马来亚习过武，面对10多个彪悍匪徒的围攻，依然能够联起手来暴打这伙匪徒，使之近身不得。其中一个匪徒见打不过，就掏出一个手雷拉了引信向爷爷两人抛来，幸运的是这个手雷质量有问题，刚抛离匪徒的手就炸裂两半，"轰"一声震耳巨响，把这个匪徒炸死了，也吓跑了其他的匪徒，爷爷和兄长才得以顺利将军用物资运到营地。爷爷认为这伙匪徒应该是被日寇间谍利用的。后来，为防止日寇间谍对滇缅公路的破坏和偷袭，爷爷就从黑市上买了一把手枪防身。

滇缅公路在1940年被封闭三个月后重新开通，同年10月的一天，爷爷和他的战友在腊戍装军用物资上车时，突然遭到几架日机疯狂的机枪扫射，爷爷向他的战友高喊"散开！卧倒!"日机一阵扫射之后，开始向车辆和人群投弹，有人被炸飞了，灰土散落在爷爷身上，耳朵都震聋了。就在这时，有一颗炸弹正好落在爷爷身前不远处，所幸那是个哑弹。爷爷每次说起他在滇缅公路的遭遇时，总会对我说，你爷爷是命大，才活着回来，以后你要好好读书，做个对社会有用的人。

2004年3月爷爷过世后，我在整理爷爷的一些书信中得知，爷爷在受训结束后被分配到第9大队，担任班长带战友一起抢运军资，因为技术水平出色、做事严谨、胆大心细，很快被提拔为分队长、中队副和中队长等职务，后来大队重新调整，爷爷又在第11大队担任队长率领队员抢运军用物资，并运送中国远征军第200师进入缅甸作战。小时候，时常听爷爷只要提起戴安澜将军，就总带着一丝伤感。

爷爷还曾说起，有一次他带着车队的几位海南同乡赶到保山参加一位南侨机工的婚礼，做这位同乡兄弟的婚礼见证人，因为运输任务重，参加完婚礼后即迅速离去，几天后再回来看望这对新人时，保山已在遭到日机轰炸，他们平时常聚的一个咖啡店被炸成了废墟，伴娘被炸死，熟悉的面孔也一个一个地逝去。在那个硝烟弥漫的年代，生命是如此的脆弱。多年之后，我从《再会吧南洋——海南南洋华侨机工回国抗战回忆》一书中找到了爷爷说起的这件事，原来他当时是去参加南侨机工翁家贵先生的婚礼。

1942年是中国大后方最危险的一年，5月5日上午，爷爷率领车队好不容易到达惠通桥西岸，由于中国远征军的失利，日寇已迅速向惠通桥追击，当时的怒江西岸全是逃难人群和远征军残余部队及等待过桥的车辆，有一辆民用车坏在桥上，堵住了桥的通道，急于过桥的人流相互推搡，后面的车辆驾驶员不断地按喇叭，整个怒江西岸充满了烦躁和不安，人们似乎已经感觉到了死神的降临。隐藏在人群中的日寇间谍不断地散布日寇已经到来的消息，爷爷挤过潮水般的人群，希望能帮助排除车辆故障。中午时分，桥上人车相挤，有人被踩踏，守桥的士兵对空鸣枪示警，不料，混在人群中的日寇间谍以为自己暴露，拔枪向中国守军射击准备夺桥。万分危急之时，当时守桥的宪兵队张祖武队长下达了炸桥命令，受到惊吓的人们拼命向桥东岸跑，在人群的推搡中，爷爷也迅速冲向东岸，随着"轰"一声震天动地的巨响，整个峡谷轰鸣，硝烟弥漫了整个峡谷，连接怒江两岸的惠通桥瞬间被炸成两段，桥上没有来得及过桥的人车也和断桥一同坠入江中，中国唯一的一条国际生命线彻底中断。

惠通桥被炸断之后，从某种意义上讲，昆明的大后方是化险为夷了，炸桥前已有数百名日寇乔装成难民混过桥进入东岸，在中国守军的奋力抵抗之下，所幸得到36师官兵先锋团及时增援，经过与日寇激战，凶煞的日寇在丢下百具尸体后泅水逃回了西岸，又开始搭建浮桥，被前来解围的陈纳德"飞虎队"猛烈空袭，日寇才止于西岸。惠通桥断了，也断了怒江西岸南侨机工们的归路，因为南侨机工戴着船形帽，在额头上留有明显的特征，很多没有来得及过桥的战友也惨遭日寇杀害。

爷爷在过桥之后，目睹了守桥士兵与日军的激烈战斗，他没有车辆和干粮，强忍饥饿干渴，徒步向昆明方向撤退，途经村落看到猪食抓来充饥，直到在路边发现有部被遗弃的车，才得以驾驶车辆捎带难民驶回昆明，当时龙陵至功果山的途中车辆损失不计其数。从滇缅公路上撤退回昆明的车队已不成队，无人管理，很多南侨机工生活困难。后来有不少南侨机工参加了远征军，而中缅公路中断后，中美开辟了从印度阿萨姆邦飞往中国昆明和重庆的"驼峰航线"，需要在南侨机工中选用60名精干人员去印度阿萨姆邦美空军基地运输军资，爷爷因为曾在滇缅公路战线上担任过队长、驾驶技术过硬、综合素质高而被选中，由当时在西南运输处运钞队的南侨机工李卫民带队飞赴印度参加美军空军基地转运作战物资。

日军为了阻击"驼峰航线"，时常会前来袭击，美军战机为了保护运输机的安全，随时升空迎战，击落了不少日机，爷爷还曾在运输作战物资的途中俘虏了一名被击落受伤的日机飞行员。1945年1月28日，中印公路与滇缅公路接通，通车典礼当天，中美各由120名驾驶员组成车队，爷爷和他的战友们驾着120部崭新的装满军用物资的卡车浩浩荡荡驶向昆明，日本投降后南侨机工们终于完成了他们回国抗战的使命。

同时赴印度美军空军基地的还有庄耿波先生，也是文昌同乡，他是我姨妈的家公，是第三批南侨机工回国服务团成员，曾在滇缅公路运钞车队押运。抗战胜利后，庄耿波先生就返回缅甸—泰国一带经商，经常接济很多当地华侨，深受当地华人尊重，于 2002 年在泰国逝世，他的儿

南侨机工罗杰（右二）与陈毅明教授（右一）

南侨机工罗杰全家福

子一家人均生活在海南文昌，女儿一家人定居泰国。

同村的南侨机工符昭勋先生在 1942 年滇缅公路中断后，躲过了日寇的抓捕返回了马来亚，抗战胜利后，1946 年在昆明办理复员登记，1948 年回乡与其他华侨筹建甘村小学，因积劳成疾于 1952 年病逝。

逝者如斯，2012 年的一天，我独自行走在马来西亚太平市的街头，空气中都能嗅到 80 多年前中华儿女在南洋谋生和奋斗的味道，时光飞逝，穿梭的车流如同那飞速的时盘，昔日的青年早已逝去，但南侨机工精神将永远传承下去。我们这代青年必将挑起中华民族伟大复兴的重担。

2022 年 12 月 11 日，海口市南侨机工眷属联谊会会长罗长英在"自贸港海归人才沙龙——历史讲堂"讲述南侨机工回国抗战史。

罗长英（左）与本书主编之一黄田园博士在海南自贸港侨海创新创业园。

寻找父亲在南洋的足迹

符传德*

我的父亲符修治是第 3 批回国的南侨机工。

2009 年，我们去畹町参加纪念南侨机工回国抗战 70 周年大会时路过保山，拜会了住在保山的海南籍南侨老机工翁家贵老人。翁老听说我是符修治的儿子，很激动，他说符修治和他同在 14 大队，同一个班开车。此时我才知道，父亲回国后在 14 大队服务，在滇缅公路上开车运送军用物资和中国方面作战的远征军。后来听说父亲又去当空降兵，因身体不适又重新回来开车。

惠通桥被炸断以后，父亲就去了印度参与运送抗日物资，抗战结束后回重庆当小车班班长。1946 年复员回海南老家，直到家乡解放。

海南刚解放时，国民党败退的军队丢下很多汽车，当时人民政府找到我父亲，叫他去把这些汽车修理后开回海口，并安排他在海南行署给首长开车，当时的中央首长叶剑英等人都坐过我父亲开的车。

随着社会主义建设的发展，父亲曾经被安排到轻工业局当司机。儋县长坡糖厂建厂时，又调他到长坡糖厂开车，后来当了车间主任。因为工作积极，曾被评为海南工业战线的劳动模范，当时的奖励是一辆自行车。

但是过去我们对于父亲以前在南洋的生活情况，一点也不知道，一直

---

* 符传德，南侨机工符修治之子，海口市南侨机工暨眷属联谊会副会长。

符传德在吉隆坡参观南侨机工图片展。

希望能有机会去南洋，寻找父亲当年生活和工作的足迹。

2010 年 8 月，我和几位海南的南侨机工后代到马来西亚、新加坡寻亲，在马来西亚，我们受到马来西亚海南会馆联合会林秋雅总会长的热情接待。她给我们安排了全部行程，并在我们到达吉隆坡的当天，林秋雅总会长就请我们到她家去做客，又安排我们到槟城等地参观访问。我们每到一处，都受到当地海南籍华侨华人

符传德和马来西亚纪念日据时期殉难同胞工委会翁清玉主席（中）、陈松青秘书长（右）亲切交谈。

热情的接待。我们还参加了吉隆坡每年 8 月 15 日举行的大型纪念活动，听有关方面介绍马来亚华侨支持祖国抗日和在日据时期日本军队大肆杀害华侨的情况，也感受到南洋华侨的满腔热情，以及他们几十年来一直怀念南侨机工回国抗日这段历史的情怀。这进一步激起了我对父亲作为南侨机工回国抗日的崇敬之情。

由于父亲生前没有对我们讲过他到南洋后的生活和工作情况，我们经

多方打听也无法得到父亲的有关信息。这次马来西亚、新加坡之行虽没有达成预期的目标。但是通过这一次寻亲之行，我更加深刻理解了父亲当年放弃南洋优越的生活回国抗日的初衷。作为南侨机工的后代，我要把父辈们这种精神永远地传承下去，发扬光大！

怡保寻亲

任秀华 *

　　父亲任作成，祖籍广东花县水口村人。在小时候随同哥哥到马来亚学艺。1939年，父亲响应陈嘉庚先生的号召回国抗日，怀着爱国的心和满腔热情辞别哥嫂和侄儿，回国参加抗战，在山高、路窄、坡陡、弯急的滇缅公路上运送抗日物资。抗战胜利后父亲被安排在西南运输处当驾驶员运输建国物资。

　　当时父亲开的是木炭车，每次出车都要装上到达目的地及返回需要的木炭。记得有一次父亲车况不好，在前不着村、后不靠店的路上车子坏了，当修好车后木炭已用尽，回不了昆明，父亲只好忍饥挨饿等了两天才有过往的马帮来，父亲恳求马帮把自己随车的行李换成木炭才把车开回昆明。他再次出车时，就把我的被子也带走了，我和妹妹只好并床睡。

　　新中国成立后，父亲于1952年加入中国共产党，成为一名光荣的党员。父亲当时要养活妈妈、妹妹和我，四口之家的生活重担全压在父亲一人身上。当年父亲已是一级驾驶员，工资待遇不低，可没有经济能力去马来亚探亲。到了老年时他本应退休在家颐养天年，可他对滇缅公路有着割舍不下的情结，要求到保山安家。

　　父亲年轻时忙于工作和操持家务，没有多余的时间和我们交谈。当时

---

　　* 任秀华，南侨机工任作成之女。

我在昆明教书，每逢寒暑假就带着两个孩子去保山看望年迈的父母。这时耄耋之年的父亲拄着拐杖，才慢慢地讲述他思念远方亲人的心情。他深情地对我说："在马来西亚金保毛边街有我的哥嫂、侄女任莲娣、侄儿任锦泽和任锦泉。"讲到动情之时，父亲的眼泪流了出来，这情景深深刺疼了我的心。

当他病魔缠身之际，他语重心长地对我说："你有机会一定要去马来西亚找你的伯伯和哥姐，任氏不能无后；我死后一定要把我埋在滇缅公路旁，要看着马来西亚的方向，也让我和滇缅公路上死去的战友叙叙旧情。"我能理解父亲的遗憾，他无儿子，只有两个女儿。当父亲断断续续地讲完话时，就驾鹤西去了。全家怀着沉痛的心情按照父亲的遗愿把他安葬在保山梨花坞，让老父在天国看到他同胞的哥嫂及侄儿，也和他的战友叙旧。

寻亲之路艰苦漫长。当我退休之后参加南侨机工云南联谊会，我向父亲的战友杨老、王老、翁老、罗老讲述了老父留下的遗愿，请父亲战友、我的父辈们帮我找一找父亲的亲人。老辈愉快地答应："等马来西亚有人来一定帮你打听，一有消息第一时间告诉你。"终于，2011 年 7 月，马来西亚四驱车队来滇重走滇缅公路之时，我把父亲的照片和寻找任锦泽、任锦泉、任莲娣的资料交给徐宏基会长，会长又把寻亲资料交到四驱车队负责人手中，并一再嘱托。马来西亚华人社团和《星洲日报》的有关人员多次登报寻亲，经过千辛万苦的努力，终于帮我找到了亲人。

2012 年 8 月，我有幸参加了联谊会组织的赴马来西亚"亲情中华 寻踪南洋"活动。当我告知孩子们这一消息时，孩子们激动万分，他们购买了云南文山的特产三七，还买了云南的普洱茶，要我带去送亲人。在飞往马来西亚的飞机上，我心潮澎湃、激动万分。在吉隆坡机场下飞机到开往古来的大巴旁，我听到一个亲切的声音在问："任秀华来了没有？"我赶忙答应"来了"。这时我才看清是拿督林秋雅拿着当地的报纸，上面有父亲的相片和寻亲的启事，她拉着我的手说："你的亲人找到了，会安排你们见面的。"我热泪盈眶，激动得一时说不出话来，只会不断地重复说："谢谢！谢谢！"。我打从内心深处感谢马来西亚的华人为南侨机工后人费尽心思寻找亲人的善举，他们是那样认真、那么尽力，使我感动得无法用语言来表达。

当天晚上我们受到古来华人十分热情的接待。第二天参观访问古来，因我的亲人不在古来而在怡保，于是刘道南先生和中央电视台的记者开车来接我认亲。我见到了两位哥哥，并去大哥家做了客。

第三天，两位哥哥和刘道南先生带我去看了当时父亲和伯伯们的修车厂旧址，也看了毛边街故居，看到父亲当年生活工作的地方。怡保是父亲的第二故乡，我很高兴看到这些。作为父亲的大女儿，完成父亲生前交给的任务是我义不容辞的责任。在怡保时我特地买了父亲爱喝的咖啡回昆。

2012 年，联谊会受保山侨联的邀请去演出，我也参加了演出团。在演出休整时，我到梨花坞父亲的坟前，泡好咖啡跪地向天国的父亲诉说："爸爸，我已经找到马来西亚的两位哥哥，伯伯已去世，哥哥们的生活很幸福。锦泽哥送了我一本影集，有他们的全家福。锦泉在离怡保不远的胶园工作和居住，他大学毕业的儿子很懂事，专门告假一天来见的我。今天我把从马来西亚怡保买来的咖啡泡好请父亲慢用……"

我依稀感受到父亲的身影仿佛就在我身边，父亲的眼中似乎也流露出欣慰和开心。我情不自禁地高声喊："爸爸，您在天国安息吧！"

永恒不变的中国心

——云南省侨联南侨机工暨眷属联谊会访马散记

李丽芳　吕万生*

为了传承南侨机工爱国精神，共同唱响维护世界和平、促进人类社会文明进步的正能量，在中国和马来西亚友好文化交流年的 2012 年，应马来西亚槟城孙中山协会等七家华人社团邀请，云南省侨联南侨机工暨眷属联谊会组成"亲情中华　寻踪南洋"访问团赴马来西亚寻亲访问。

行前，云南省侨联领导亲切看望了访问团全体团员，高度赞扬了南侨机工为了祖国民族独立解放，在抗日战争中作出的巨大贡献，殷切勉励南侨机工后代要继承和发扬南侨机工父辈同仇敌忾、浴血抗日、爱国爱乡的精神，和海外华侨华人一起为发展中马友谊，增进相互了解，为世界和平、人类的文明进步作出积极贡献。

南侨机工联谊会赴马来西亚访问团全体成员，决心不辱使命，不负重托，身体力行继承父辈爱国精神，和海外华侨华人共筑中华民族伟大复兴的中国梦。

＊　李丽芳、吕万生，南侨机工李志强之女儿、女婿，李丽芳曾任云南省侨联南侨机工暨眷属联谊会副会长。

互 动

2012 年 8 月 12 日，南侨机工后代一行 39 人刚一踏上异国他乡的马来西亚，进入吉隆坡和古来，那不改的乡音、浓浓的乡情就扑面而来，紧握的双手、亲情的目光、诚挚的问候，让人倍感亲切。马来西亚《星洲日报》《东方日报》《中国报》等多家报业媒体对访问团赴马活动安排，图文并茂进行及时的报道，在当地各界引起了强烈的震撼。

漂泊海外的侨胞，凭借诚信做人，实实在在做事，拼搏奋斗，与当地人民融会交流，结下深厚友谊，为建设他们的第二故乡作出了积极贡献。新加坡的陈嘉庚先生、印尼的庄西言先生、菲律宾的李清泉先生，成为海外侨胞的一代楷模和中华民族的优秀代表。

在出访马来西亚的日子里，无论是柔佛州河婆同乡会的华人互动交流会上，还是与麻坡中化中学、吉隆坡二战历史研究会、槟城孙中山协会、海南会馆、太平霹雳大马华人文化协会、怡保精武体育会华人互动交流，同一血脉、同一语言、同一亲情、同一精神，传播出渴望和平的正能量。马来西亚华人及社团介绍了海外华人创业的艰辛，不忘祖、不忘根的思恋，与当地社会融合的欣慰，对祖（籍）国强盛的渴望，反对战争、祈愿和平的追求。

在吉隆坡雪兰莪中华大会堂所属二战历史研究会举行的"南侨机工事迹"报告会上，出访团徐宏基团长用心、用情、用催人泪下的史实，再现了当祖国面临生死存亡的危难关头，3200 多名南侨机工，于 1939 年告别南洋，义无反顾，从海外侨居地回国参加抗战，在中国云南昆明至缅甸腊戍的滇缅公路上，出生入死，血线尽忠，抢运抗日军需物资感天动地的事迹，南侨机工可歌可泣，用生命和热血铸就的悲壮历史及南侨机工爱国精神，迸发出强大的冲击波，震撼了人们的心灵。

槟城海南嘉年华会"南侨机工事迹"展览，一幅幅图文并茂的图片、翔实的历史、厚重的文化，把人们带回到战火纷飞的年代。南侨机工浴血奋战在滇缅公路上，同仇敌忾，与日本侵略者血战到底的英雄气概跃然纸上，流连在展室中的人们从一幅幅真实的图文中，看到了南侨机工们一个个鲜活的身影，那一句句感人肺腑的文字，讲述了南侨机工鲜为人知的故事，让人们领悟了先辈们的崇高信念。

在育才国民型华文学校里，南侨机工后代们目睹了学校师生用汉语进行教学活动的感人场面，掌握汉语成为师生的必修课和校园语言，海外华侨华人在异国他乡不忘祖、不忘根的中国心展现在人们面前。这是炎黄子孙中华情的传承，这是海外华侨华人弘扬中华文化的真实写照。

在怡保精武体育会举行的"勿忘历史，珍爱和平"交流会上，访问团有幸拜会了马来西亚耄耋高龄的南侨机工黄铁魂、李亚留、许海星三位老英雄，从三位南侨老机工的身上，让我们仿佛又看到了父辈的身影，深深的祝福、深深的怀念油然而生。访问团还会见了马来西亚机工后代，同是南侨机工后代，同是南侨机工的子孙，共话当年父辈，在心灵深处找到了和谐与共鸣。

祭　奠

为了缅怀南侨机工和当地侨胞在抗日战争中作出的牺牲和贡献，为了激励后人不忘历史，反对战争，祈求和平，马来西亚华人社团和华侨华人慷慨解囊，出钱出力，在柔佛古来修建了南侨二战抗日机工罹难同胞纪念碑。

槟城孙中山协会会长拿督林秋雅女士，古来区国会议员丹斯里黄家定先生，士乃区州务大臣特别事务官郑振贤，陈嘉庚长孙陈立人先生，日本知名反战学家兼日本琉球大学名誉教授高嶋伸欣率领的日本学者，古来村长陈益升先生，霹雳州、柔佛州各地南侨机工后裔，南侨机工赴马访问团全体成员参加了纪念碑奠基仪式。访问团徐宏基团长宣读了祭文，焚烧了祭文，并把取自中国云南昆明西山南洋华侨机工抗日纪念碑的红土挥洒在纪念碑奠基坑内，寓意让中华大地和古来大地的炎黄子孙融为一体，共同捍卫来之不易的和平。

访问团拜谒了柔佛州南侨二战抗日机工罹难同胞纪念碑。1952 年 5 月中国国民政府嵌刻的碑文是二战时期日本侵略者罪行的又一见证。访问团还先后参加了广东义山会馆在雪兰莪"华侨机工回国抗战殉难纪念碑"公祭、二战历史研究会暨雪隆区华人社团联办的"纪念马来西亚抗战中殉难同胞"公祭，在槟榔屿参加了"槟榔屿华侨抗战殉职机工暨罹难同胞纪念碑"公祭。深深地怀念、告慰二战中长眠九泉的炎黄子孙，警示世人勿忘国耻，牢记历史，追求和平的共同心愿。

寻　亲

回家、团聚是南侨机工朝思暮想的夙愿。寻亲、拜祖是南侨机工后代多年的期盼。南侨机工后代海外寻亲，得到了马来西亚华人社团和槟州孙中山协会会长拿督林秋雅女士关心支持，南侨机工研究会刘道南先生更是不辞辛劳，积极多方奔走，不懈努力，出力出钱，终于让访问团南侨机工后代七个家庭在柔佛、太平、怡保等地寻找到失散多年的亲人，拜谒了祖先祠堂。

千里寻亲，血浓于水的亲情，声声问候，声声呼唤，催人泪下。与亲人团聚，回首父辈曾经生活与奋斗的异国他乡，思绪万千。南侨机工后代千里迢迢、不远万里来到南洋寻亲祭祖，带去了中国亲人的嘱托和牵挂，搭建起海内外华侨华人友好交流沟通的平台，来自马来西亚南侨机工的后代们把父辈对海外亲人的思恋带回了他们第二故乡，了却了父辈们朝思暮想的遗愿，南侨机工后代们撕人肺腑的一声声"爸爸，我们带您回家了！"

的呼唤，催人泪下。

是侵略者挑起了战争，是战争使天下幸福家庭妻离子散，家破人亡，造成这一悲剧的战争狂人是千古罪人，让天下爱好和平的人们永远唾弃战争，维护和平是每一个正直善良人的历史责任。

升 华

为了弘扬南侨机工保家卫国的精神，为了让海外华侨华人世代铭记历史，唤起人们对和平的向往，柔佛州古来 27 个华人社团联合举行"勿忘历史，珍爱和平——向南侨机工致敬"的访问交流艺术表演会，槟城大会堂拿督蓝武昌先生，孙中山协会会长拿督林秋雅女士，槟城政府行政议员黄汉伟先生，太平霹雳州大马华人文化协会马寅图会长，西马健在的南侨老机工黄铁魂、李亚留、许海星三位老英雄，以及马来西亚部分南侨机工后代和海外华人参加了这一历史盛会。内政部副部长拿督李志亮先生亲自主持了南侨机工访问团演出的《南侨机工，永远的丰碑》历史纪实五幕话剧，话剧翻开了尘封多年的历史，将时间定格到 1939 至 1942 年那段南侨机工勇赴国难、英勇抗日的年代。

在国难当头、民族生死存亡的危难时刻，3200 多名海外赤子响应祖国召唤，告别南洋，惜别亲人，义无反顾地从海外回国，奔赴抗日救亡的云南滇缅公路，在战火中出生入死抢运军用物资，1000 多名南侨机工先后壮烈殉国，南侨机工用青春和热血谱写了海外赤子为了国家利益和民族尊严感天动地的不朽篇章，为中国人民抗日战争和世界反法西斯战争的胜利矗立了永远的丰碑。

来自中国南侨机工的后代们虽然都不是专业演员，但他们在五幕话剧的演出中，用缅怀父辈爱国、爱和平的赤子丹心，用发自肺腑的真情，再现了南侨机工父辈们抗战的决心和血洒滇缅公路的动人事迹，一句句饱含深情的嘱托，一幕幕惊心动魄的浴血拼杀，南侨机工父辈的形象重新展示在人们眼前。寄托思念的序幕让人们一齐回到了南侨机工那一段悲壮惨烈的时代，赤子丹心、同仇敌忾拉开了中国人民抗日的序幕，四万万中国人民怒吼了，八百万海外华侨怒吼了。码头话别一幕，诉说华侨机工在新加坡太古码头登船回国抗日，妻子送郎，兄嫂送弟，慈母送儿；妻唤郎，兄唤弟，娘唤儿，儿呼娘，这一声声生死离别的呼唤，让人动情、流泪。出生入死，血线尽忠一幕，3200多名南侨机工奋战在滇缅公路，将生死置之度外，1000多名南侨机工为国捐躯，令人崇敬；赤子功勋，流芳千古一幕，让人怀念。五幕话剧的演出，让台上台下演员和观众一齐热泪盈眶、融为一体，这是历史的再现，这是真情的流露。

滇缅公路穿越过中国云南德宏傣族聚居的村村寨寨，那里是南侨机工们曾经战斗和生活过的地方，五幕话剧演出结束后，访问团又给当地华人带来了独具中国民族特色的云南傣族舞蹈，靓丽的傣族服饰，优美婀娜的舞姿，伴随着节奏轻快的芒锣、小钹和象角鼓，让台下观众情不自禁与演员同台共舞。久违的中华风把海内外华人融为一体，再现了华人同祖同根的中华情。

爱国主义是中华民族千百年凝聚起来对自己祖国最深沉的一种情怀，这是我们这个古老民族历尽劫难而生生不息的强大精神力量，振兴中华、实现中华民族伟大复兴，是海内外炎黄子孙共同的中国梦。铭记历史，缅怀先烈，珍视和平，唤起每一个善良、正直的人对和平的向往和坚守，避免历史悲剧重演，共同捍卫和平的果实，开创人类美好的未来是世界人民期盼的梦，为了实现国家强盛、人民幸福，让我们共同努力去筑梦、追梦、圆梦。

一个南侨老机工的人生历程

陈金莲*

在纪念中国抗日战争胜利 70 周年之际，我久久凝视着父亲生前的一张张照片，含着泪水写成这篇文章，向抗日战争这段悲壮的历史、向 70 年前为国献身的英雄、向我的父亲献上我深深的敬意！

晚清时我的曾祖父从广东宝安县新田乡吉坑村漂洋过海到马来亚怡保谋生。1905 年正月初七，父亲出生在怡保这座美丽的城市，取名陈恩求，两岁时祖父因锡矿塌方遇难，剩下父亲和奶奶相依为命。父亲从小聪明好学，成年后学得一手娴熟的汽车驾驶技术和修理技能，且收入不菲。1925 年，英俊潇洒的父亲和美丽、善良、贤惠的华侨少女相爱结婚，生儿育女，一家过着幸福温馨的生活。然而日本军国主义发动的侵略战争打破了他幸福宁静的生活。

记得父亲给我讲他年轻时目睹的一件事。抗日战争前夕，当时父亲帮新加坡一位著名的医生开车，往返于马来亚怡保、吉隆坡和新加坡之间，有一天在行车途中看见一个日本人与一名英国军官发生口角，继而大打出手，日本人打了英国人后扬长而去，马来亚是英属殖民地，英国人很霸道，为出这口气，又不敢找日本人算账，就拿中国人出气，见华人就打，只因当时中国政府太腐败，国家积弱，不能为华人撑腰，这件事给父亲

---

* 陈金莲，南侨机工陈介文之女。

留下深深的烙印。父亲对我说："要记住国家强盛，海外华人才不会受欺侮。"那时他心中就有一个梦，希望祖国早日强盛，让海外的炎黄子孙不受欺压，让华人能扬眉吐气。

1937年抗日战争爆发，战火很快燃遍了大半个中国，国家的兴衰牵动着海外八百万华侨的心，海外侨胞捐款捐物支援抗日，当时沿海地区港口被日军占领，抗日需要的大量物资只有从滇缅公路入口并运往抗日前线，国内急需技术熟练的汽车驾驶员和修理工，我父亲响应爱国侨领陈嘉庚先生的号召，瞒着家人改名陈介文报名参加南侨机工回国服务团，当时我大姐13岁、大哥10岁、三姐6岁、四姐2岁，离别前夕，父亲才告知家人，姐姐哥哥紧紧地抱着父亲的腿哭着说："爸爸不要走，不要离开我们……"大妈轻轻地拨开儿女稚嫩的小手，深情地对父亲说："你去吧，家里有我，你一定要平安回来。"父亲挥泪与家人告别，大妈带着儿女送父亲到码头。客船驶离码头，父亲的耳边还久久地回荡着儿女的呼喊："爸爸，爸爸，我们等你回来……"这一声声的呼喊，一行行热泪，他怎能不心痛。但是为了祖国，为了中华民族，父亲只能忍痛抛下爱妻和年幼的儿女，毅然回国参加抗战。当我得知这惨烈的往事时，我时时被一阵辛酸冲击得不能自已。

1939年3月27日，父亲参加第三批南侨机工服务团，搭乘"丰平轮"由新加坡启程，经越南转乘火车进入昆明。到达昆明经短期军训后，就开赴滇缅边境，父亲分在第12大队，大队部设在龙陵，主要任务是到缅甸腊戌、畹町、遮放等地抢运抗日军需物资。

当年的滇缅公路险象环生，父亲挨饿受冻、露宿荒野是常有的事，还有瘴气疾病的侵害，敌机的轰炸等常人难以想象的艰辛。父亲和他的战友们用汗水、鲜血和生命运送了大量军需物资，有力支援了抗日前线，捍卫了祖国的尊严，为祖国的民族独立和解放事业作出了贡献。

随着战争的扩展，日寇侵占了新加坡、马来亚、印尼等地，大肆屠杀那里的人民，我大妈被害，死后被抛尸荒野，后在亲友的帮助下才得以掩埋。生活的重担压在姐姐稚嫩的肩上，14岁的姐姐带着年幼的弟弟妹妹在卷烟厂打工，生活的艰难还能忍受，最痛苦的是妈妈死了，爸爸又在很远的地方生死未卜，对父亲的思念和牵挂才最难度过。

1941年东南亚沦陷后，日寇向云南境内逼进，畹町、腾冲相继失守，敌机狂轰滥炸，由于战局紧张，南侨机工日夜抢运军用物资，来不及抢运的物资，就地销毁。最后南侨机工被迫向昆明撤退，狭窄的公路上，车辆一辆接一辆地缓慢行驶，沿途拥挤着扶老携幼的逃难人群。我父亲的车刚开过惠通桥，中国军队就被迫炸毁惠通桥以阻断日军向昆明进犯。满山遍野的哭喊声悲鸣声不绝……场景十分凄惨。沿途我父亲又在滇缅边境收养了一个孤儿，由于几天没有吃的，这个孩子快饿死了，父亲看见一个机工在路边吃饭，跟他说明情况，这个机工把碗里的饭送给父亲，这半碗饭救了这个孩子的命。经过十几天饥寒交迫的艰难跋涉，才回到了昆明。这时西南运输处宣布解散，解散后的南侨机工就面临着失业。为了生存，父亲到处打工，做过苦力、小贩，在昆明巫家坝机场给美军开生活车，利用方便，途中给机工一些食品。再后来给老板开商车，失业的机工们在生死线上苦苦挣扎。

抗日战争胜利后，经陈嘉庚先生多方力争，这批幸存的南侨机工得以回到他们的第二故乡——马来亚、新加坡……因诸多原因，父亲错过了回去的机会。每次当马来亚、新加坡南侨机工返回的消息登载，他那三个年幼的儿女早早就到码头去接父亲，直到最后一个人走出码头都未见到爸爸的身影，每次都是带着失望而归。

新中国成立，摆脱了自鸦片战争以来国家受侵略、任人宰割的悲惨命运，海外华侨有强大的祖国做后盾，可以扬眉吐气了。父亲和留在国内的南侨机工们以主人翁的姿态投入到社会主义的建设事业中。他们为云南的建设运送物资，足迹遍布云南的山山水水，汗水洒在这片红土高原上。父亲不仅对技术精益求精，还爱护车辆，这在车队是有名的。1961 年高考后，我搭乘车队的车去曲靖看望父亲，驾驶员们都对我说："远远地就能认出你父亲的车，你看我们的车都旧，可他的车保养得如新车一样。"在我和父亲相处的几天里，看到父亲每天都是早早出车，很晚才收车，利用上下货的时间检查、保养车子。父亲还乐于助人，在路上碰到抛锚的车子，他都会停车帮助修理，有困难找到他，他一定会尽力相助，父亲常对我说："要帮助那些需要帮助的人，帮人不要图回报，这是做人的本分。"父亲工作勤勤恳恳、吃苦耐劳、待人诚恳，几十年无安全事故，年年超额完成任务，年年被评为先进生产者、节油能手、安全标兵等，为新中国的建设事业默默地作着奉献。

三年困难时期，父亲节衣缩食，把食物节省给我们，由于工作劳累、营养不良，父亲患了水肿病，国外的姐姐知道后寄了一些营养品来，父亲立即叫我写信告知他们："我们这里生活很好，不需要寄东西来。"事后，我不解地问父亲："我们生活有困难是事实，况且你又生病，为什么要拒绝亲人的帮助。"父亲语重心长地对我说："困难是暂时的，不能给国家脸上抹黑，随时都要维护祖国和民族的荣誉，一个人要自立自强，要靠自己去改变生活，告知亲人生活好，也减少亲人对我们的惦念和牵挂。"父亲经常爱说的一句话就是："做事要认真，做人要正直。"父亲的这些话影响了我的一生，这是父亲留给我的宝贵精神财富。

1966 年我加入学生到广州大串联的行列，得知串联的时间和车次后，我写信告诉在曲靖工作的父亲。出发那天，火车延误四个小时才发车，当火车进入曲靖站时，我看到父亲站在站台上，寒风吹着他的白发，瘦弱的他朝着列车行驶的方向眺望，我向父亲招手呼喊，父亲迈着沉重的脚步随着列车一路小跑，我眼里溢满了泪水。车子停稳后，父亲从口袋里拿出一包带有他体温的捞沙糖（当时这包糖是用侨汇券为我买的）和二十元钱给我，喘了一口气，嘱咐我出门在外要注意安全，照顾好自己。我一句话也说不出来，任凭泪水哗哗地往下流。停站时间很短，车子又开动了，父亲的身影越来越小，我感到父亲一直站在那里为我祈祷、送行。

团聚是父亲深藏在心中的一个梦，他日思夜盼，希望有一天儿女能翩然来到身旁。1984年终于盼到了一次机会，可以在香港与马来西亚的儿女相聚（当时中马没有建交），我和弟弟妹妹陪同父亲到香港姑姑家等待与姐姐哥哥们相聚。对于父亲朝思暮想盼了45年的团圆，我在脑海中想过无数种相会时的情景，但真到了那时大脑却一片空白。当时我们带着一丝紧张和激动直盯着出站口，看到姐姐哥哥一行五人缓缓地出站了。父亲努力搜索着他们的身影，当大姐看见父亲的身影，片刻地凝望后，快步向父亲走来，大家都眼含热泪久久凝视。"爸爸！"这一声等得太久的饱含深情的呼唤，让他们紧紧地拥抱在一起。父亲抚摸着爱女的脸和肩膀，禁不住老泪纵流，姐姐和哥哥也泪流满面，却说不出一句话，时间好像凝固了。真是分别时朝思暮想，相见时却无语凝噎。漫长的45年过去了，姐姐哥哥已步入中老年，且儿孙满堂；当年英俊的父亲已是两鬓斑白、饱经沧桑的老人。此情此景是多么地痛彻肺腑，它深深地铭刻在我的脑海中，定格成永恒的历史画面。

中马建交后，马来西亚的姐姐哥哥侄儿侄女也常来昆明探望、观光旅游，四世同堂的祥和温馨，使大家庭充满了欢乐和幸福。父亲在国外的孙子、孙女中有五人取得博士学位，在各自的工作中，事业有成。1988年外孙李昭强被马来西亚沙巴州首封赐B.S.K有功勋衔，受到各界人士的好评，父亲心里真是比蜜还甜。

随着岁月的流逝，父亲已到了耄耋之年，从1939年离开生养他的第二故乡——马来亚怡保已有50多个春秋，对那里的山水也有着很深的情感，父亲心中还深藏着一个梦，想回到生养他的地方去看看，随着时间的流逝，这个回乡的梦就越强烈。1995年在陈凯希先生及有关人士的帮助下，91岁的父亲同15名南侨机工得以实现他们的梦——回到阔别56年的第二故乡——马来西亚。在马来西亚期间，这些南侨机工受到了当地政府和华侨社团、华人的热烈欢迎和高度赞誉，各大报刊每天都报道他们的事迹及在访期间的情况。最高兴的应该是我父亲，飞机在新加坡短暂停留时得以与孙女一家相聚；在吉隆坡、怡保住在儿女家中，受到儿女及孙子、孙女和重孙无微不至的照顾，他重游了他生长的地方，游览了城市的风景，品尝到久远却熟悉的乡土食品，圆了他最后追求的心愿和幸福梦。

晚年的父亲常坐在客厅的沙发上向我讲述他的人生经历，讲述行走滇缅公路的艰辛和生活情趣。也讲述日寇的凶残，每当想起那些没来得及躲过日寇抓捕的南侨机工被日寇活埋、杀头的情景，父亲显得很激动，讲到身边的战友，父亲又显得很深沉，良久，父亲才缓慢地说："死在滇缅公路上的这些机工，他们都还年轻……"我看到父亲眼里含满了眼泪，这是一个耄耋老人对战友的缅怀。

1996年，父亲走完了他92年的人生，他有亲情、爱情，更有对祖国的赤子深情，他一生为人正直、朴实、善良，以诚待人，对工作兢兢业业、吃苦耐劳、认真负责。在保卫和建设祖国的事业中贡献了自己的一生，做了他应该做的事，他用平凡和朴实的一生谱写了对祖国、对民族的赤子之爱，作为炎黄子孙，他无怨无悔。

如今父亲虽已离我们而去，但父亲的音容笑貌常清晰地浮现在我的眼前，他仿佛依然用那双慈祥的双眼望着我，永远提醒我不要懈怠、要努力进取。我感谢父亲，我为有这样的慈父而自豪，"南侨机工"这个闪光的名字将为后人所传颂。

迟到的团圆

黎　燕[*]

2017 年 3 月 19 日凌晨 4 点 30 分，我们母女四人起床洗漱检查行李，虽然只睡了两三个小时，可我们一点困意也没有，再过几个小时，我们就将飞往吉隆坡与千里之外素未谋面的亲人团聚。从昆明到吉隆坡，以如今的交通工具来计算，半小时车程加四小时飞行就到，但我的母亲为了找寻自小就与她分别的外公，为这一刻足足等了 71 年……

一切要从 80 多年前说起。1937 年"七七事变"爆发，日本发动了侵华战争，国土沦丧，烽火四起，生灵涂炭，中华民族处于危急存亡之关头。东南沿海的通道被封锁，大量的战略物资无法及时运送到前线，就在国际物资运输随时面临中断的危急时刻，滇缅公路建成，3200 余名南侨机工响应侨领陈嘉庚先生号召，组成南洋华侨机工回国服务团，满怀"国家兴亡，匹夫有责"的民族责任感，毅然离别父母亲人，远涉重洋回到祖国，担负起了保障"抗战生命线"的畅通和抗战物资运输供应的重任。我的外公曾英隆（曾负重）也是其中一员，他们高唱着《再会吧南洋》于 1939 年分九批回到祖国，回国后在西南运输处训练所进行了两个月的军事训练，就按照军事编制分配到了各个大队服务，我的外公被分在了第 14 运输大队。

---

* 黎燕，南侨机工曾负重（原名曾英隆）之外孙女。

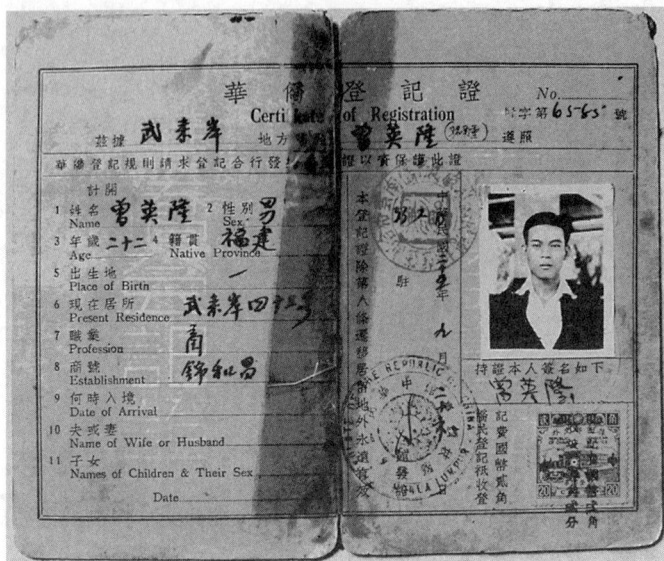

南侨机工曾英隆（曾负重）华侨登记证

战火纷飞的年代，南侨机工们每天都奔驰在"抗战生命线"上，据统计，抗战期间一共有1000多名南侨机工永远长眠在滇缅公路上，"山川不改仗英雄！"南侨机工创造了滇缅公路1450公里"七日一往返"，大轰炸下三年抢运不断绝的奇迹！

生活虽然艰难，可战争下的生活仍在继续。1941年，外公生病住院结识了身为红十字会护士的外婆，两人组成了家庭，第二年我的母亲出生，三年后又添了舅舅。1945年8月，抗战终于结束。1946年，南侨机工们开始登记复员回国，有一半选择留在国内，外公则做了登记，正准备一家人回马来亚。世事难料，临行前外曾祖父母却不舍外婆随行远走，生离从此注定，外公无奈只有独自先走，两人约定等一切安排妥当再来接外婆团聚，可是谁也没想到，这分别竟是整整的一生！这一年我的妈妈四岁。

战后的马来亚因为经济政治等原因，回到侨居地的南侨机工们日子并不好过，外公只有先和国内保持着书信来往，他们都在等待团圆的时机。

无奈生活的艰辛让人疲惫不堪，外公在写信征得外婆的同意后重组了家庭，这位与外公相互扶持守望一生的继外婆和我外婆同姓且也是护士。留在昆明的外婆则在娘家人的帮助下开始做些小生意，经常往返于昆明和仰光之间，1950 年由于特殊的原因外婆和舅舅也辗转去了台湾，那年我的妈妈八岁。

跟着外曾祖母长大的妈妈熬过了很多苦难的日子，那是一个父爱母爱缺乏的童年，仅有的几张黑白相片寄托着母亲的无限思念，孤单长大的母亲是多么渴望亲情啊！在我的记忆中，每每提到外公外婆，妈妈就会掉眼泪，那是她心中的痛，无法开解、不能释怀，这一切在改革开放后迎来了转机，1987 年两岸开放"三通"，外婆写信到台联和统战部才找到了我们，通信两年后外婆和舅舅终于回到昆明，在机场母女二人抱头痛哭，这一天妈妈等了 39 年。外婆同时还带来了外公去世的消息，也带来了妈妈七位弟弟妹妹的照片，令人遗憾的是外婆因数次搬家信封地址已遗失，要想再联系上马来西亚的亲人实在是太渺茫了，直到 2013 年舅舅去世，要寻找到同父异母的弟弟妹妹就成了母亲唯一的愿望，可是人海茫茫，谈何容易？

转眼到了 2016 年，凭着南侨机工档案中登记的复员地址和几张旧照片，在南侨机工暨眷属联谊会的帮助下，寻亲信息传递到了马来西亚。在南侨机工史料搜研工作室的刘道南先生和卢观英女士的帮助下，历经一年，登报数次，他们多次往返于吉隆坡、武来岸、士毛月寻访当地老人，其间老先生夫妇俩还亲自去台北外婆住所探望找寻线索，大概是外公在天有灵，我们终于在失联 70 余年后找到了他的儿女们，消息传来时我们相拥而泣，这是幸福的泪水。经过几个月的商议准备，团聚时间定在了 3 月 19 日，为了这一天，我们都等得太久太久了……

中午 1 点飞机缓缓降落在吉隆坡机场，怀着激动的心情我们一脚踏进了吉隆坡。外公再婚所生七个子女中大舅舅二舅舅已经过世，如今只有三

南侨机工曾负重后代大团圆

舅舅小舅舅和三个阿姨健在，虽然之前看过照片也和表弟电邮联系过，但临近见面还是让我们既兴奋又紧张。早已在等候的卢观英女士引领我们去到另一个出口与舅舅阿姨们会面。远远地看见一群人拉着横幅，是舅舅阿姨他们！妈妈加速跑了过去，抱住舅舅嚎啕大哭，70 年的思念化为决堤的泪水，在场的每一个人都流下了眼泪，我们大家握手拥抱，虽然从未见面，虽然语言不畅（舅舅阿姨们上学受的英文教育，外公是福建永春人，继外婆是客家人，他们懂一点点普通话），妈妈还是一再地诉说着思念，抓着舅舅阿姨的手不愿松开，亲情开始在我们之间弥漫，大家也不再拘谨了。

第二天是祭拜外公的日子。晨起天阴沉沉的，等我们找到店铺买了鲜花天竟下起了小雨，经过商量我们决定先去外公曾经生活过的地方去看一看。我们驱车来到外公华侨登记证上的地址：武来岸四十三号。武来岸是雪兰莪州的一个小镇，山清水秀，距离吉隆坡不到一小时车程。武来岸四十三号这家店铺还在，荒废破旧的屋子挂着"仁和"的招牌，从关着的铁闸门缝望进去，墙上挂着两张旧照片，屋内杂物满地，柜台上落满了灰尘，一看就是个药材铺，不知当年的锦和昌是否也同是药材铺？而我的外公参加抗战回国服务之前是不是就在这里工作生活？我们集体在店铺前留了合影，回程前往墓地祭拜外公。

墓地在吉隆坡边上的蕉赖天主教墓园。或许是生活太艰辛，因为有七个孩子要抚养，也或许是当年回国抗战落下的病根，外公 1964 年因肺部疾病去世，享年 50 岁。墓园很整洁也很宽敞，竖着十字架的墓碑上有外公的相片，相片下有"安息"的英文，墓碑上文字的颜色早已脱落，墓地上掉落了一些叶子。寂静的墓园让人悲从中来，71 年啊，母亲终于再见到了她的父亲，梦寐以求的这一天终于到来了。妈妈跪在墓前磕头，不断哭喊着："爸爸，我来看你了，爸爸，我好想你啊……"宣泄着 70 多年对父亲的思念，她抚摸墓碑和外公说着话。母亲仔细地拔除墓边的杂草，那情景就好像细心的女儿，为父亲整理皱褶的衣服，为父亲梳理散乱的白发一样，那情那景让做儿女的我们痛彻心扉！我们一一叩拜完毕也去给葬在同一个墓园的大舅舅献上了鲜花，以寄哀思。

第三天表弟和阿姨来接我们在市区游览。一路上妈妈和阿姨们手牵着手，虽然交流仍磕磕绊绊，但她们姐妹三人似乎都很享受这份亲情，其乐融融，血缘真是个奇妙东西。

再回吉隆坡是三天后了，这次是去三舅舅家做客，还见到了舅妈和弟弟、弟妹一家人。在舅舅家我们见到了可能是唯一一件外公的遗物——1936 年由当时的国民政府驻吉隆坡领事馆签发的华侨登记证，上写："姓名：曾英隆；性别：男；年龄：22 岁；籍贯：福建；现在居所：武来岸四十三号；职业：商；商号：锦和昌"。

刘道南先生根据登记证推断，外公原名曾英隆，为了回国参加抗战改名曾负重，取肩负重任之意，在南侨机工中有很多这样的例子。二战结束后的马来亚遇到紧急状态，施行紧急法令达 12 年之久，全国笼罩在白色恐怖里。机工们或藏或毁了与回国抗战有一切联系的东西，对这段经历闭口不提，所以机工后代们很少知道父辈们的经历。我的外公去世得早，当时还都是孩子的舅舅阿姨们就更是无从知晓了。外公的人生是一个人的故事，也是大多数回国参加抗战的南侨机工们的历史，当阿姨舅舅弟弟妹妹们了解过后也会和我们一样为外公自豪的。

相聚总是短暂的。昆明和吉隆坡，万水千山相隔万里，当年的分离，一别 70 年，也思念了 70 年，我们终究等来了团圆。从初见的陌生到今日机场送别的亲切关爱，从此昆明曾家和吉隆坡曾家血脉相连，都是外公的儿女，血浓于水，千里亲情正开始连着昆明和吉隆坡，惦念的心从此穿越两地。带着欣慰，母亲终于如愿以偿，70 多年的思念是结束也是开始。

跨国寻亲七十载

张光明* 口述　林郁文整理

契阔相思各一方，献身抗日美名扬。

连天烽火姻缘结，跨国寻亲情意长。

沧海桑田

母亲生前的一句郑重嘱咐，让张光明几十年来心心念念、难以释怀。

2016年，张光明（右四）和哥哥蔡明苟（左四）两家喜相逢。

---

* 张光明，原名蔡明金，南侨机工蔡罗之子（张光明随母姓）。

那是 1963 年，张光明刚进云南水电十四局工作不久，一天，母亲对他说，你有机会找一找你父亲和哥哥，摸摸那边的情况，他（指张光明在马来西亚的父亲蔡罗）是不是真的死了？

同样，旅居在马来西亚的蔡明苟，也因父亲蔡罗临终前的再三嘱咐"一定要找到你在中国的弟弟"。让他心有戚戚、耿耿于怀。

张光明感到为难。父亲那边的情况如何"摸"？向谁"摸"？母亲当年曾经有一个马来西亚来的华侨丈夫，和他育有一子，原名"蔡明金"。后儿子随她姓张，母亲带着儿子从保山改嫁到芒市。

七十年来，这对南侨机工的后人，一个姓张、一个姓蔡的同父异母兄弟因战乱阻隔，时局变迁，在相互寻寻觅觅中，屡次阴差阳错，与亲人失之交臂。

双溪古月

张光明家两代人悲欢离合的传奇感人故事，要从"双溪古月"——这个译名富有中国诗意的异国小村说起。

1939 年，出生于马来亚霹雳州金宝市双溪古月村的蔡罗，时年 31 岁，已成家立业，育有一子二女，拥有跑客和运输两部汽车，过着衣食无忧的小康生活。

当他闻知祖国正遭遇日寇侵略，国势危艰，此时正逢新加坡爱国侨领陈嘉庚先生号召南洋华侨机工青年参加回国抗战服务团时，热血沸腾的蔡罗不顾家人反对，响应号召，把家产托给叔叔后，便抛家舍业，毅然远赴云南，到当时的西南运输处汽车运输队第 14 大队服务。

他驾驶着汽车，在大西南崇山峻岭的滇缅公路上，冒着日寇战机的狂轰滥炸，日夜运输抗战物资。1942 年 5 月 4 日，日寇轰炸保山，保山被夷为平地，据说受害者超过 20 万，其惨状不亚于"南京大屠杀"，正在保山机场修理机械的蔡罗被炸成重伤，从此落下病根。第二天，守卫惠通桥的国民军队奉命炸桥，成功阻止日寇渡怒江。由于滇缅公路被切断，南侨机工流离失所。举目无亲的蔡罗流落在保山，因之前在西南运输队多次向在保山经营米店的张家买米相互熟悉，由此被收留在张家米粮店帮工。张家老人见他忠厚老实、勤劳能干，撮合将其芳龄 19 岁的独生女儿张华清嫁给他，他当时也以为从此回不去马来亚，便同意了，于是成就了这段"烽火中的姻缘"，并于 1945 年生下了一子，当时取名蔡明金。不久，蔡罗复工回到保山机场工作。白天在机场上班，晚上回到旅店给人修车。遇到南侨机工的战友，他一律免费给他们修车。他们都说，蔡罗太好了，技术好，为人好！在南侨机工服务团前后共七年，蔡罗三次荣获民国政府有关部门颁发的荣誉奖状。

结婚后，蔡罗全身心投入家庭和工作，日子倒也过得和和美美，但他挂念马来亚的妻儿老小，回乡心切。1946 年，他带着妻儿启程回马来亚，不料走到广西，听说前方战火纷飞，蔡罗在保山胸部被炸伤的病根此时复发，咳嗽咳血，一家人只好回到保山。蔡罗经和妻子商量，决定独自先行回去，并答应一定还会回来团聚。

回到双溪古月，蔡罗一直和保山家人保持联系，不时寄侨汇给家人。他如实告知马来亚的妻子刘氏，他在保山和张氏姑娘结婚的事。他说，张家于他有如恩同再造，而保山是他投身抗日救国的第二故乡，他无法割舍。他坦然向刘氏表示，想带他的长子蔡明苟回去保山生活，刘氏对此自然不能理解，极力反对；而保山的妻子则去信催促他早回保山。蔡罗内外交困、五内如焚之际，胸部旧伤复发，不幸病逝，临终前特地嘱咐蔡明苟一定要去保山寻找弟弟蔡明金一家。当年，蔡罗病逝的消息，是他的弟弟致函告知保山的妻子，她当然不相信，拒绝接受。

在后来的日子里，蔡明苟牢记父亲的遗言，曾经三次到云南保山寻访，但都因蔡明金已改名张光明而没有找到。改革开放后，张光明曾到马来西亚多方通过当地华人寻找大哥，终因叫"蔡罗"的同名同姓人多，无果而返。

苍天不负苦心人

苍天不负苦心人。兄弟间相互寻亲的事，在 2014 年至 2015 年间终于有了实质性的突破。先是做旅游业的女儿张琳从云南省侨联南侨机工暨眷属联谊会那里得到该会海外顾问、马来西亚南侨机工史料搜研工作室负责人刘道南先生的电话，便取得联系，刘道南先生说，蔡罗我认识啊，当年他在双溪古月，我每次路过都要去他那儿歇息。

2016 年清明节张光明与兄长两家在马来西亚亡父墓前祭拜。

南侨机工蔡罗的华侨登记证

这真是踏破铁鞋无觅处，得来全不费功夫。经过云南省侨联南侨机工暨眷属联谊会和刘道南先生的居中协调，2016 年清明节，张光明终于带着妻子李秀兰和女儿张琳从昆明飞抵马来西亚，赶往霹雳州金宝市双溪古月村，与 70 年相互苦苦寻找，又素未谋面的同父异母兄长蔡明苟一家团聚，畅叙兄弟情。两家一起到亡父蔡罗墓前祭拜。

张、蔡两家的喜相逢，了却了上一辈恩恩怨怨中的相互牵挂，告慰了两边父母的在天之灵。

一段激情燃烧的青春记忆

王凤莲*

激情的青春就像一曲澎湃的歌曲，荡气回肠，振奋人心。我的父亲王亚六，一名南侨机工，在那段激情澎湃的抗战岁月中，留下的不仅仅是一段青春无悔的记忆，更是一段可歌可泣的历史纪录。

从小我的父亲在我眼中就是一个内敛而稳重的人，他对朋友同事温和而有礼，对待我们总是循循善诱，严厉中带着慈爱。

在20世纪80年代，记得有一天，父亲带回来一位慈祥的老人，让我们叫他杨伯伯，说是父亲的战友。我很好奇，父亲没有参过军，哪来的战友？从那天后，父亲常常和杨伯伯回家吃中午饭。在饭桌上，他们常常讲到滇缅公路的话题。从他们的谈话中，不时能够看到他们为了某件事情很激动，并且执着。

直到有一天，父亲告诉我们和他一起到西山森林公园，参加一个十分隆重的活动。当时，我们兄妹几个纳闷，父亲已经退休多年，会有什么活动能够让他老人家这么激动？直到参加了那次活动后，我们才知道，原来在这里矗立着一座南洋华侨机工抗日纪念碑，父亲和他的战友是1939年回国参加抗日的南侨机工。从那以后，每年的7月7日，我们兄妹几个都带着自己的孩子，和父亲及他的战友们到西山参加纪念活动。看到老人们

---

* 王凤莲，南侨机工王亚六之女。

在纪念碑前那肃穆的表情，以及情不自禁流露出来的自豪感，让我们为之敬仰。

2003年我退休后，父亲让我去参加一个南侨机工联谊会的换届会议。就是从那次会议后，我开始参与南侨机工联谊会的具体工作，并且逐渐了解了父亲及南侨机工老前辈们那些不平凡的经历和感人泪下的故事。

我的父亲出生在中国东海岸边最靠近台湾海峡的一个小岛，在家中排行老六，取名王亚六。父亲的四个哥哥都在新加坡，国内唯一的兄长也到黄埔军校学习，家里的一切家务都由这个"老六"帮助老人打理。父亲13岁那年，爷爷让父亲去收账，父亲不愿做这种找人收钱逼债的活计，在一次出去收账时，他独自一人偷偷登上南下的轮船，远渡重洋去了南洋。到了新加坡，他没有去找在警察局当差的兄长，而是凭着自己的努力，到一家巴士公司当学徒，白天在车上卖票，晚上洗车。就在这种艰苦繁重的工作中，利用每天洗车后把车辆驶进车库的机会，他渐渐学会了驾驶汽车。过了很久，直到有一天在街上偶然遇到拉人力车的姐夫，才和在新加坡的亲人团聚，也才将自己的行踪和音信传回到失联多年的故乡家中。

父亲从小就是一个比较坚强和自信的人。1937年抗战爆发后，远在千里之外的父亲就下定决心要回国参加抗战，并积极投入到海外侨胞的募捐活动中，同广大侨胞一起捐钱，购买飞机、大炮、汽车捐献给祖国，父亲多次毫无保留地捐出了自己的工资。1939年1月，滇缅公路全线通车，急需大量司机技工，陈嘉庚先生应国民政府的请求，号召海外华侨机工回国参加抗战。年仅20岁的父亲积极报名，并于1939年3月27日，参加第三批南侨机工回国服务团，踏上了回国抗战的征途。当时对回国抗战的机工要求很高，年龄要在20岁至40岁之间，必须身体健康，具有驾驶技术，有爱国思想，还需要所在的华侨社团担保。这批机工由新加坡乘船到达越南西贡，再乘火车经由滇越铁路到昆明，随即在潘家湾进行短期集训。当时，生活环境极其恶劣，地上铺上草就是床，早上到农田里舀水漱口洗脸，晚上没有蚊帐，很多人被蚊虫叮咬后得了疟疾，又没有药品。直到陈嘉庚了解到这一情况，安排专人购买了十分需要的生活用品和药品并运到昆明发给机工，生活条件才略有改善。

滇缅公路全长 1000 多公里，沿途山高路窄，弯急坡陡，外国人形容是"用手抠出来的公路"。晴天扬灰路，雨天水泥路，还有塌方和滚石。听父亲说，日寇为了切断这条运输线，派出了大量飞机轰炸扫射，数百名南侨机工就是在日军的轰炸扫射中牺牲的。其中有个叫"鬼门关"的地方，每天都下雨，以"下关风、龙陵雨"出名，下雨时，车子陷下去就很难开出来。为此，每辆汽车都带着木板，随时准备自救，100 多公里的路程，有时要走三四天。

滇缅公路上最险恶的路段就是功果桥，由于敌机狂轰滥炸，守桥人以挂灯笼为信号，一盏灯笼表示敌机将至，两盏灯笼表示敌机在上空，三盏灯笼表示很危险。正是通过这种简陋直观的灯笼信号灯，使很多连夜行车的机工们能够及时躲过敌机的轰炸。有一次，父亲和战友们驾驶 15 辆满载军火的卡车，从保山返回下关，途经功果桥时，遭遇日机空袭，他驾驶的汽车刚到桥头，功果桥就被炸弹击中爆炸，桥身钢索被炸断，整个桥面轰然下坠，一辆汽车被炸坏，父亲的汽车也被弹片击中，情况十分危险。待敌机飞走后，父亲与战友们经过商议想出办法，他们将空汽油桶联排捆绑起来，铺上木板，架起一座临时浮桥。在当时情况下，江面水流湍急，浮桥未经用过，带头过桥是要冒很大风险的。但父亲不顾危险，带头第一个开车探路，虽然摇摇晃晃，但总算顺利开过浮桥到达对岸。于是，所有汽车也就依次冒着危险从浮桥上开过江去。我曾经问他："爸爸，你当时不怕浮桥耐不住车压沉没，你连人带车翻进江里去吗？"父亲笑着回答："我不怕，我是海边长大的孩子，我会游水。在滇缅路上遇到敌机轰炸，要及时躲避，只要车没炸坏，人还在，待敌机飞走，我们继续赶路。"

1942 年春天，日军攻入滇西，逼近滇中，为了阻止日军西进，中国守军被迫炸毁惠通桥，这条西南唯一的国际通道中断了。于是，盟军开辟了著名的"驼峰航线"，通过空运对抗战进行补给。父亲和许多南侨老机工积极投入到机场的修建工程中。有一次父亲的手受伤，到云南驿的美军医院去包扎，认识了当时 30 名医护人员中唯一的中国人，也是唯一的女性——"驼峰天使"黄欢笑，60 多年后，在南侨机工联谊会上，父亲再次和这位故人重逢，两人共同回忆当年的抗战岁月中那些相似又不相同的经历，感慨万千。

抗战胜利后，曾经在滇缅路上洒热血、拼过命的南侨机工们纷纷踏上返回南洋的归途。父亲在重庆与黄埔军校毕业的哥哥匆匆见了一面后，即赶往昆明，准备返回新加坡。可是不巧，到了昆明父亲染病，没有成行，以后就一直在昆明生活，他深深地爱恋着这片曾经为之抛洒过热血的土地。

新中国成立后，父亲在昆明汽车运输总站工作，也是单位的技术骨干，他驾驶着当时全省最大的一辆平板拖车，经常担负最重要的任务，先后参与运输发电厂的大型发电机、机械厂的大型设备、抚仙湖船舶研究所特殊设备的运输任务，只要是运输大型设备物资，多半都少不了他，经常十天半月才能回家一次，第二天清早又带着新的任务出发了。

父亲退休后，几乎把所有的时间都花在搜集整理南侨机工的资料上，每当有人问起他抗战往事，他很自豪，但是又很少说自己，他说："为了抗战，有那么多的战友把生命留在了滇缅路上，连名字都没有留下，比起他们来，我能有今天，已经很幸运了。"每当讲起南侨机工当年在滇缅公路上可歌可泣的英雄故事，父亲总是那样激动、那样自豪。当我问到当年的南侨机工为什么会放弃南洋那么好的生活条件，回国参加抗战，难道他们不知道会流血牺牲吗？父亲回答："生活在海外的华侨，只有自己的祖国强大了，才能挺直腰杆做人。"

　　如今父亲已经去世多年，但是他的音容笑貌、他的经历和故事，都令人难以忘怀。2012 年 8 月，云南省侨联南侨机工暨眷属联谊会组织"亲情中华 寻踪南洋"访问团赴马来西亚访问，我作为团员之一，参加了所有活动。在马来西亚期间，我同许海星、李亚留、黄铁魂等三位健在南侨机工座谈交流，合影留念，演出了小话剧《南侨机工，永远的丰碑》以及抗战歌曲联唱等节目，受到了马来西亚华侨华人的热烈欢迎和赞扬。吉隆坡暨雪兰莪中华大会堂主席陈友信先生说："我看过这部小话剧，当时就被剧情深深地打动，相信你们看了也会像我一样被打动。"

　　南侨机工的历史功绩和对于中国抗战的杰出贡献，南侨机工的爱国精神和献身精神，已经获得祖国内外的一致认同，并激励着我们在新的征途中为祖国作出更大贡献。

南洋同胞帮我寻亲

范侨云 *

2012 年，为替南侨机工寻找在南洋的家人，云南省侨联南侨机工暨眷属联谊会组织了"亲情中华 寻踪南洋"访问团出访马来西亚，我跟随访问团来到马来西亚。我们刚下飞机，吉隆坡机场外早已有拉着热烈欢迎横幅的华侨华人们等候。看到这盛情的欢迎场景，顿时便有一股暖流涌上

范侨云参加柔佛南侨机工抗战暨二战殉难同胞纪念碑破土礼。

---

* 范侨云，南侨机工范荣辉之女，云南省侨联南侨机工暨眷属联谊会副会长。

我的心头。在欢迎的人群里，我第一眼就看到了林秋雅女士。那时我还不认识她，只感觉这位女士仪表端庄，气质优雅。我急忙向旁人打听，才知道她原来就是联谊会会员常提到的，也是促成及协调我们这次赴马活动的林主席。华侨华人们热情的欢迎、诚挚的问候，使我们顿生宾至如归的亲切感。我们同前来迎接的同胞在机场门口合影后，坐上豪华大巴车，连夜直奔我们此行的第一站——古来。访问团出席了在古来富贵山庄举行的柔佛南侨机工抗战暨二战殉难同胞纪念碑动土奠基仪式。在主席台上挂着一张照片——"槟城机器行技艺工程队"全体队员的合影。看到这张照片，我的眼泪一下夺眶而出，止也止不住。因为，我最亲爱的父亲范荣辉就在这张照片上。当年，我父亲作为这个工程队的一员，与工程队的机工战友一起，奔赴祖国烽火连天的抗日前线。我不曾想到，在这里能看到这张珍贵的照片。曾经，父亲也有这张照片的。虽然，老旧的照片上已无法辨认

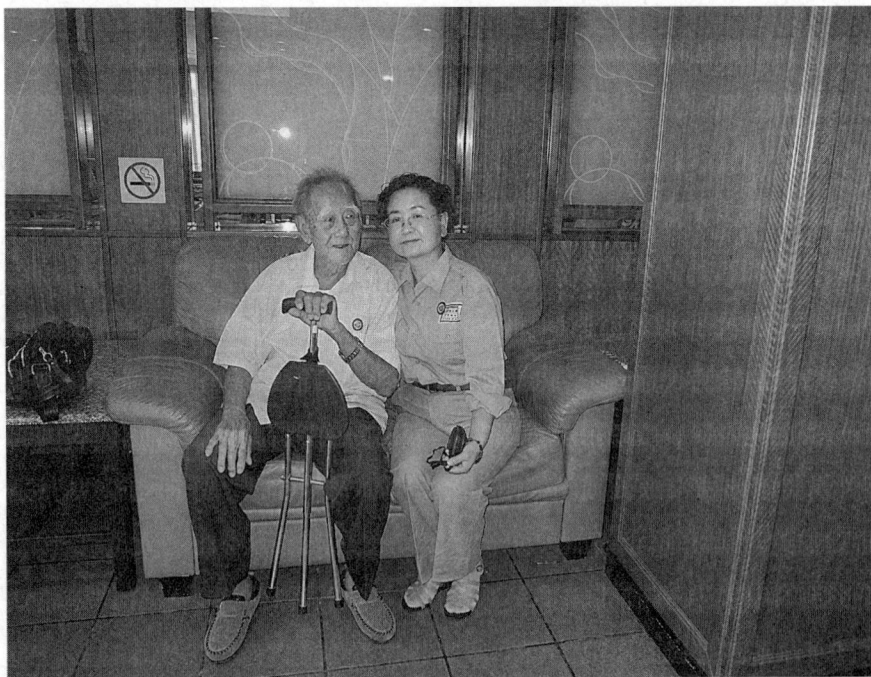

范侨云与南侨机工李亚留

出父亲的模样，但照片里的每一个人都是我的父亲，都是英雄，都值得我敬仰、让我怀念。这次我跟随"亲情中华 寻踪南洋"访问团来到马来西亚，是带着寻亲的愿望来的。那天在槟城，听说有古晋的老机工要来，我的血一下沸腾起来。古晋是父亲魂牵梦萦的地方，那里有他血脉相连的亲人——他的爸爸妈妈和兄弟姐妹，这就意味着他们有可能认识父亲或者认识父亲的亲人。我跟林主席说我要寻找的亲人就在古晋，林主席马上对我说明天老机工来后会安排我与他们单独交流。第二天一进会场，我看到坐在主席台上的南侨老机工，眼泪便喷涌而出，他们是父亲的战友，曾与父亲一道从古晋奔赴祖国奔向滇缅公路，出生入死，报效祖国。我的思绪沉浸在对父亲的思念之中，直到林主席叫我，我才神情恍惚地走上台去。活动结束后，我把父亲在古晋家人的姓名地址交给老机工的家属，请求他们回到古晋后帮我寻找。

通过很多热心人的努力，我终于在 2013 年找到了在古晋的亲人。那天，当林韶华博士将消息通知我的时候，我忍不住为这迟来了几十年的消息、也为父亲没等到这一天失声痛哭。我立刻起身前往古晋，来到父亲父母的坟墓前，我终于完成了父亲的心愿，替他找到了家，把他带到他日思夜想的父母面前。

我的寻亲路虽然漫长，但我是幸运的，因为我遇到了许多像林秋雅、林韶华那样的同胞，她们的古道热肠，她们对南侨机工的深情厚意让我感动！

感恩我亲爱的同胞，有你们真好！

生命的恩典

侯韦美*

　　小时候听父亲说起过爷爷奶奶的一些生平点滴，如爷爷从福建南安到南洋新加坡发展的事迹，爷爷是在 1944 年昆明空难中去世，安葬在昆明。那时我爸爸、叔伯都在星马，不能回国送终，这也是我爸爸、叔伯这一代的一大遗憾。多年后，有亲戚到昆明想找爷爷的墓地，因为昆明城市发展的缘故，一直都找不到爷爷的墓地。我对爷爷的印象，非常零碎，心

侯西反（左）与陈嘉庚

---

*　侯韦美，南洋爱国华侨领袖侯西反孙女。

358

中常存着好多的疑问：为何当年爷爷会回到中国，爷爷和抗战是怎样的关系……这些疑问随着父亲的离世变得更加无从探究，以为此生再也无望寻根。

2009年的某一天，突然接到新加坡亲戚的电邮，告知有国内人士找到爷爷的墓碑，就在昆明。由于这位亲戚不谙中文，所以由我代为负责和国内相关的前辈联系。爷爷的墓碑就好像在牵着我开启了寻亲之路，让我开始对南侨机工这段历史有所认识，也加深了我们侯氏一家对爷爷的了解。

每次到云南都有好多的感动和激动。2010年，第一次在昆明市博物馆看见爷爷的墓碑，我和家人都哭了，感到爷爷好孤独，我们身为子孙都没有祭拜过，好难受。爷爷离世后，父亲到吉隆坡发展，兄弟之间很少来往，我们身为晚辈更没有和其他堂兄弟姐妹联系。找到爷爷墓碑后，我们开始有了互动。每次我向他们讲述一些公祭活动，以及机工后裔寻亲的经过，大伙儿都很兴奋。我才发现原来自己有好多家人，好幸福！

自2010年起，我开始接触到更多南侨机工后裔。他们的父辈在抗日战争中，为了保卫祖国，放弃在南洋优渥的生活，毅然回国抗战。在这之前，我心目中的英雄是卫国卫民的士兵、警察，而如今，我心目中的英雄也包括手握方向盘保卫国家的南侨机工。

这几年，到云南参加很多缅怀先烈的公祭活动，和几位健在的机工爷爷接触，这些英雄虽然年龄过百，但是还记得我的爷爷。当他们提起爷爷的点点滴滴，我都会激动落泪，我为爷爷骄傲，因为他也是英雄！我的六叔也因为能亲耳聆听各个前辈细说当年爷爷的事迹，终于释怀，终于体谅爷爷当年的决定，道出一句"先有国、后有家"，说出了机工当年肩负的救国使命，两代人背后的辛酸和牺牲。

中央电视台在2013年拍摄《南侨机工——被遗忘的卫国者》，爷爷也成了纪录片中的一个人物。从中了解爷爷为抗战殚精竭虑，创办侨光小

2015年8月15日侯韦美（左一）、林秋雅（左三）、南侨机工许海星（左四）与许海星外甥黄文明（右二）等机工后代在吉隆坡福建义山参加马来西亚纪念日据时期殉难同胞公祭仪式。

学，对爷爷更加肃然起敬。也非常感谢制作单位的用心，让我们海外后辈及更多民众对这段历史有了更深刻的认识。

由于爷爷的墓碑是文物，我们不能领回。经过多方协助安排，2014年4月，我们在昆明金陵墓园为爷爷立了衣冠冢。爷爷墓碑上写着"公忠勤廉"，让我们侯家晚辈，时时提醒自己要像爷爷那样待人处世。由于我们住在星马，要去祭拜爷爷较不容易。令我感动和感恩的是在昆明的叔叔与姑姑（机工后裔）会常在微信上传来照片，告知我们他们在祭祖同时也会拜爷爷，叫我们别挂心。爷爷应该也很欣慰和他的英雄伙伴在一起吧！

爷爷注重教育，主张男女平等，男女都有受教育的机会，热衷推动华文教育。昆明的侨光小学是在战争中诞生的，与南侨机工、中华民族抗日历史息息相关。

　　虽然父亲在日侵时期受尽苦难，但是他从没有灌输我们憎恨。也因为这样，我很幸运可以和日本的一个民间组织和平团到马来西亚半岛各处大大小小的墓碑前祭拜。每年 8 月 15 日（二战日本投降日）前后，我都尽可能参与日本和平团在马来西亚各地的纪念碑前的公祭活动。看到碑上的文字记载，听幸存者口述历史，伤感涌上心头。战争、暴行绝对不可以再发生了。

　　2019 年 7 月 7 日，我到昆明参加在西山南洋华侨机工抗日纪念碑举行的公祭活动时，在林秋雅主席和陈毅明教授的帮助下，和远在福建爷爷家乡的人取得了联系。

　　2019 年 11 月 29 日，我和姐姐在侨联的陪同下，前往南安市码头镇刘林乡爷爷出生的古厝。乡亲们的热情欢迎，使我无比激动。之后我们又前往刘林宗祠祭祖。最幸运的是我们赶上继修族谱的"班车"。上次的纪录是 1929 年，错过这次就要再等 30 年了！

侯韦美（左一）与南侨机工翁家贵（中）、林秋雅（右一）

感谢林秋雅主席让我们机工后代有机会撰写寻亲的心路历程。每每回想起这几年的寻亲路，总令我感觉到的似乎是爷爷在多方贵人（侨联、历史学者、籍贯会馆、南侨机工后裔等）的协助下，亲自从遥远的昆明来到星马寻找他的子孙后代，爷爷虽在 1944 年昆明空难中牺牲，我却感觉他一直在冥冥中等待着这个寻亲的机缘。千里一线牵，侯家几代人在星马两地和在天的爷爷心心相连，传承精神，这一切令我们深深地感受到生命的恩典。此时我心中只有感恩、感激和感动，期望这份生命的恩典同时祝福更多机工家庭能够早日寻亲成功！

一场逆向的寻亲

晨　砚[*]

公路史上的奇迹——公路、血路、滇缅公路

2015年，晨砚及先生陶艺家陈义钊，经拿督林秋雅安排，赴昆明参加"中国抗日战争胜利70周年，南洋华侨机工回国抗日"纪念活动，并拜访一些机工后代，照片前排左起第八人是陈义钊，左起第十人是林秋雅会长，后排左起第六人是晨砚，前排左一是侯韦美。徐宏基主席（左九）安排大家与德宏侨联主席沈伟鸾（右九）等见面交流。

　　1937年卢沟桥事变后，日本大举侵华，当时中国与国际联系的陆海通道绝大多数被日军封锁。抗战期间，20万云南各族儿女，几乎没有任何施工机械，仅靠自己的双手，在云南西南部的崇山峻岭和原始森林、悬

---

*　晨砚，原名黎美容，祖籍广东新会，1949年生于马来亚霹雳太平，马来西亚华人作家。

363

崖、峭壁、险谷中，建造了一条长达一千多公里的简易公路——滇缅公路，起自昆明，终于缅甸腊戌。各族民工冒着酷暑瘟疫瘴疬，用大锤、火药、炮杆、十字镐等十分简陋的工具，"凿山坡，就坦途……哪管老弱与妇孺……"。

随着战事告急，滇缅公路上运量陡增，一时驾驶、维修人员奇缺。1939 年"南洋华侨筹赈祖国难民总会"主席、新加坡爱国侨领陈嘉庚先生振臂一呼，号召南洋各地华侨回国救亡。于是来自马来亚、新加坡、沙巴、砂拉越、泰国、缅甸、越南、菲律宾、印尼等地 3200 多名华侨青年机工，组成"南洋华侨机工回国服务团"，分 9 批回国。自此，南侨机工们便在这国际援华抗战物资的大动脉——滇缅公路上抢运，前仆后继，奋不顾身。

可歌可泣的历史

南侨机工，这段历史，可歌可泣，但它不是舞台上悲壮的歌剧。而是歌剧升华，过滤了人不能承担的粗糙与烦琐，让你的沉重与悲伤，滑进一个受控的次序里；南侨机工，可以为之哭泣，但当我们说得出那种感觉叫着痛苦、又为之流泪的时候，他们垂下的泪，早已渐渐风干在历史的记忆里……

如今，当我们在键盘上敲打出"当年机工们在硝烟里开着汽车，在滇缅公路上驰骋"，但对他们来说一切却是真枪实弹，不是沙盘推演；当我们为他们因报国而妻离子散无限哀叹，于他们却是不曾多提的英雄史——甚至连他们的家人或许也曾经不觉得是。

初到昆明

2015 年 8 月底，我和先生前往昆明。多年前从中国移居南洋，最后落脚吉隆坡的老画家黄尧曾对我说："如果要选一个定居的地方，我选昆明，那儿的茶花像个碗那样大。"于是那绽放的大茶花成为我梦中的牵盼。后来又听到了"遍地的油菜花"，他们说，你一定要去看。我甚少旅行，但东拼西凑，对昆明也有了点零碎的印象：那是个春城——在海拔近两千米的高原上，四季如春。

当然，去得了昆明市，云南省各处也得走走。旅游资料告诉我们必得一游的大理、丽江、中甸——那儿有个自小听闻的香格里拉，还有中国最大的热带植物园、孔雀繁殖基地、傣族村寨……当然，我也多少听闻了南侨机工和滇缅公路。

到昆明，当时正值纪念抗日战争胜利 70 周年，也是世界反法西斯战争胜利 70 周年。日本政府篡改教科书，以"日本二战史实田野调查历史"学者高嶋伸欣教授为首的日本和平团体，他们呼吁要居安思危，其中有人提示，附带有个在畹町举行的活动必须要参加，那就是"南洋华侨机工回国抗日纪念"。

回国抗日？对我们二战后出生，后在侨居地成为当地公民的人来说，"祖籍地"已是一个渐远的名词；只是偶有听闻长者"北上中国寻根"，才觉有了那仿佛一丝的牵连。

但后来，又听闻南侨机工的一批后人，热切要"南下逆向寻亲"。

寻踪南洋——南来寻亲的汤耶碧

昆明之行，是挚友拿督林秋雅的安排，她是马来西亚海南会馆联合会总会长。行程并没有特别周详的计划，她说，到昆明可以住在民族舞蹈家汤耶碧家里，再做安排。汤老师和她的夫婿林兆武都是云南民族大学的退休教师，她一生最大的愿望，就是把她的所学奉献给父亲生前的侨居地，就像父亲当年奉献自己给祖国一样。现在他们一起在马来西亚的槟城授课，并准备 6 月 20 日在当地举行"神游滇缅、魂归大马"的舞蹈晚会。汤老师是南侨机工二代。

汤老师的父亲当年跟随祖父从广东梅县下到南洋，来到马来亚的太平，后来抗战才到云南，母亲是云南的傣族人——这是我和她见面前所得到资料。在昆明机场一见面，我说："我也是太平出生的。"她一听，我们就抱了一下。太平，对她应只是一个地名。2011 年，她和夫婿风尘仆仆寻亲来到马来西亚，而她从小连父亲的样子、名字都模糊，一别经年，为什么半个多世纪还要苦苦追寻？

只因当年父亲的那一句话：我会再来！抗战胜利后，战友各奔东西，往昆明走的、回南洋的……父亲要回广东，但外婆极力反对女儿随行，父亲因此两次误车，最后只好一个人走了。临走前他把母亲拉到一边，说："小方，我走了，等以后情况好转，我再来接你母女。"又转过身来说："婆婆，再让我抱抱小碧吧。"

父母在一起其实只生活了三四年，但却在母亲方香玉心里盘旋不去。父亲一别，音信杳无。有时与同事、朋友只当是闲聊，说起父亲，一个在侨联工作的朋友说："听……情况，我感觉到很像是南侨机工。"她母亲临终前也交代："去广东找爸爸。"在他们的寨子里，有几家广东人，有几个老人家，想起其实就是当年的南侨机工。到可以打听的时候，他们却相继去世了……

寻亲之路漫漫

寻亲之路，像昆明一路的山。就在 2010 年，槟城孙中山协会林秋雅会长在马来西亚的槟城召集多个团体举办"孙中山庇能会议一百周年庆",2011年又举办了"纪念辛亥革命100周年回顾展",同时也包括南侨机工历史事迹讲座交流、图片展……这些活动同步在马来西亚多个州展开推广。

中国厦门陈嘉庚纪念馆馆长陈呈、南侨机工回国抗战历史研究会理事长汤晓梅受邀出席了这些活动,云南省侨联南侨机工暨眷属联谊会会长徐宏基及张云鹏还在会上朗诵。马来西亚学者詹缘端、陈金辉、王德荣和黄志鸿也在这一系列活动中发言。汤晓梅自此积极与东马古晋承继夫志的林韶华博士到中外各国采访,收集相关资料,持续研究工作。

会长林秋雅说:"100年前,孙中山先生说'华侨是革命之母'。如果说辛亥革命在中国近代史上谱写了光辉的一页,那么南洋华侨在其中也扮演了可歌可泣不可或缺的角色,而英雄的南侨机工惊天地、泣鬼神的义举是对辛亥革命、对家国大爱最好的诠释。"

她说,我们感恩本地华人社团及媒体做了不少工作,如建立纪念碑、文史工作者收集历史资料等。可是时间久了,历史会被遗忘。所以要一直推广,让历史重现。

2009年,陈勇和陈达娅两位海南籍的南侨机工子女,先后到马来西亚寻亲。其间,还在新马各地共参与了七场历史讲述,并在国内国外,到处走访健在的南侨机工老人及父辈生活过的地方,到当地报馆收集资料,盼为机工大爱留痕,为历史补遗,也完成父辈遗愿。而后结集成书《1939南洋》——一部档案研究与口述历史相结合的南侨机工实录。

后来,眷属联谊会会长徐宏基和会员张云鹏也因此在马来西亚找到了亲人。2011年7月7日,昆明西山举行抗日战争纪念活动,马来西亚团队受邀参加。徐宏基会长说,从2007年开始,南侨机工后代已十分期盼赴马来西亚寻亲。汤耶碧此时认识了会长林秋雅。见到汤女士期盼的眼神、迫切的语言、执着的个性,林会长说,找机会让她来马一趟,我们一定要帮助她。

回到马来西亚，林秋雅联络了吉隆坡暨雪兰莪中华大会堂二战历史研究会会长翁清玉、柔佛州河婆同乡会会长拿督黄福庭、霹雳州华人文化协会会长马寅图、怡保中国精武馆会长黄保生共商此事。

2012年，槟城孙中山协会、槟城海南会馆联合主办，连同多个协办组织，邀请云南省侨联南侨机工暨眷属联谊会访演团，以陈嘉庚先生长孙陈立人先生为顾问的"亲情中华 寻踪南洋"团队于8月访马，林秋雅会长点名邀请汤耶碧参加，并安排在访问期间举办"中国少数民族舞蹈讲座"，汤老师夫婿林兆武也参与其中，为演出活动，制作音乐伴奏带。一行人走遍全马五州。节目包括小话剧《南侨机工，永远的丰碑》及抗日歌曲联唱，此外也举行图片展、讲座等。

8月19日，在槟城海南会馆，35名南侨机工二代，云南德宏籍四位南侨机工后代汤耶碧、叶晓东、沈伟鸾、涂小哏，齐刷刷跪在三位健在南侨机工许海星、李亚留和黄铁魂面前（另一位健在机工冯增标因体弱不能来）他们有的是没见过父亲，也有父亲英年早逝。沈伟鸾父亲自从离家后就没回过，临终前回光返照，爬起身来，背上他的行包，要回南洋……现在他们还能见到三位父辈的老战友，恍如见到亲人。

南侨机工二代郑萍把他父亲的骨灰带了来，父亲生前老嚷着要回南洋老家，她告诉父亲说，你现在走不动了，回不了，他答应父亲总有一天，必定带他还乡。于是又遵父嘱，把骨灰撒落印度洋。

而汤耶碧老师终于在离太平两小时车程的怡保，见到了同父异母的妹妹汤翠萍及其他家人。刘道南老师通过刊登寻人新闻的方式，促成了这件事。她欣慰于了却了妈妈的遗愿。乱世让伦理模糊了轮廓，落幕之后，只有谅解和放下。转转折折，终也释然。

拿督林秋雅有感于许多社团及年轻一代都不太了解南侨机工这段历史，于是又于2015年初建议邀请云南滇西抗战历史文化研究会——南侨机工学会的 70 位代表于 9 月到马来西亚演出《南侨颂——纪念抗战胜利 70 周年交响组歌》。南侨机工学会会长兼《南侨颂》总撰稿人陈达娅为南侨机工二代。演出获得七大乡团协调委员会主办与赞助，在吉隆坡举办。协调委员会及演出大会主席丹斯里邱财加在各方面亦不遗余力地支持。

《南侨颂》交响组歌，如马来西亚资深报人谢诗坚博士所形容的"歌声照亮英雄回家的路"，也唱响、传开、留住了这一段历史，让更多的人勿忘历史，珍惜和平。时任中华人民共和国驻马来西亚大使黄惠康博士也为演出刊物写序，开幕致辞，并颁发《南侨颂》荣誉证书。第二场由槟城州政府赞助，同月在槟城举行，由槟城孙中山协会及槟州歌乐协会联办。中华人民共和国驻马来西亚槟城总领事馆吴骏总领事致开幕词，为特刊写序，并颁发证书。

当天筹委会主席拿督林秋雅致辞时，因想到一生爱国、正直善良的 103 岁南侨老机工翁家贵已于几天前去世，突然无以为继，全场转为默哀。

2016 年 9 月，她与刘道南、卢观英夫妇带领由马来西亚南侨机工后代等 28 人组成的"马来西亚南侨机工缅怀访问团"，重走父辈滇缅路。中国的南侨机工后人磕磕绊绊要南来寻亲，在马来西亚的南侨机工二代、三代后人要回去体会父辈所走过的艰辛之路，历史何其复杂难以言说。

林会长说，多年来许多历史工作者、中国北京及其他省份的电视台、新闻媒体，大量制作纪录片、报道，保留了这段历史，也当记一功。

通往畹町的路上

通往畹町的路上，巴士在风驰电掣，我们赶往当年滇缅的咽喉要地。路程很长，停停走走，先到滇缅公路起点，在昆明的"南洋华侨机工抗日纪念碑"献花致敬，接下来全程听说大概要十多小时。可是一路并不寂寞，南侨机工后代里颇多唱演人才，有位开口字正腔圆、收放自如，听说曾任过广播员。大家一路唱歌，又互相点唱，颇为热闹。

但我是忙着的，我以"自由撰稿人"报名参团，于是他们很热切地一个个轮流坐在我的位子旁，讲述他们上一代的至今说起还让人眼眶泛红的往事。

1986年9月3日，为弘扬嘉庚精神、传承南侨机工的爱国精神和赤子情怀，在滇的77名年过花甲的南侨机工集结于昆明，成立"南侨机工云南联谊会"，2013年更名为"云南省侨联南侨机工暨眷属联谊会"。

会长徐宏基的父亲徐新淮，1913年生于广东陆丰，18岁到当时的马来亚找叔叔学汽车修理，也开罗厘车（卡车）。27岁时与15人一同先到香港。当时由中共驻港代表廖承志，还有宋庆龄等亲自接待。他的任务是把医疗用品、美金、汽油、军器作战物资从越南启程，经越南北部、广西、贵州、四川、陕西，运送到延安。

徐新淮完成任务后留在延安，为中共领导人周恩来、董必武、毛泽东开车，并装配了10多辆汽车（华侨筹款集资购买的福特汽车）。南侨机工除了回国开车，也带回技术，并培训技工。

抗战结束后，徐新淮留在中国，在昆明市公共汽车公司开车。一开十几年，从未闲着。有人问他："你何不找当年熟悉的领导谋个差事？"父亲淡然一笑了之。叶剑英元帅还想出面介绍他加入中国共产党，他跟梅县人叶挺军长也有交情。徐新淮喜欢唱歌，跟广东番禺人、著名的抗战音乐家冼星海熟络，不时引吭高歌《太行山上》《黄河大合唱》，功成便身退，自得其乐过日子。

徐会长说，最难得的是，当年父辈一旦知国难，便宁可吃苦，懂得放弃优裕生活，甚至牺牲性命。我们后代定要承继这种精神遗产，否则活着便是行尸走肉而已。

联谊会秘书长徐庆华说，父亲徐元铠是1917年2月10日生——时隔百年，父亲的出生日还记得这么清楚；他又说，父亲是1939年2月第一批回国的，当时标准严格——专业、年轻、30岁以下、品格佳、无不良嗜好。

这就像《运输救国歌》里所唱的："同学们，别忘了我们的口号，运输救国，安全第一条。车辆与生命，同样的重要……同学们，别忘了我们的口号，生活要简朴，人格要高超，不许赌钱不许嫖，快把烟酒齐戒掉……"徐元镗，22岁的青年啊，有的机工是17、18岁，也有的超过了30岁的，还得虚报年龄才能回国参加抗战。

在《南侨机工在德宏》这本书里，如此描写这些正值青春年少的南侨机工们："在南洋，每天下了班都要洗个澡，然后西装革履地去参加丰富多样的文化娱乐活动……"而在这中国西南边陲，连洗澡也成了问题，十天半月洗不上一次澡，经常是遇到河流停车，解决一下。

当然也没有三五好友休闲地在咖啡厅一边闲聊，一边品着咖啡——"这里不存在上班下班的概念……感觉随时都在开着车装货，卸货，也总有修不完的车。机工们哪里天黑哪里睡……累得身子都要散架了。"

滇西多雨，路坍桥毁亦不时发生。有时公路塌方阻车，少则几小时，多则几天几夜，如果没有带干粮，会饿得头昏眼花浑身发软。而云南的蚊子奇大，有说十只蚊子可以炒一碟菜，许多机工染上疟疾，也时有病死、冻死、战死、翻车坠落……夺去几近两千人性命。

而他们又何止是开车及修车？畹町为滇缅公路的咽喉要地。日本侵略军为要破坏这条国际交通线，轰炸功果桥。机工们临危不乱，集中了堆放路边的空油桶制成一个大浮桥，汽车驶上浮筏，用钢丝绳拖动来回渡江，日夜不停。南侨机工王亚六面对油桶组成的浮桥，一声"我来！"将汽车驶过浮桥——壮哉机工，好一条炸不断的滇缅路！

一个共同体——其他南侨机工后代

我们继续上路，我知道我还需要听许多的故事。南侨机工后人，都各有震动人心的故事，但我想，浓缩起来只是一个，他们是一个共同体，串在同一条线上。

这次是李丽芳坐在我身边。他的父亲李志强，原籍广东梅县，1918年7月16日生于越南河内——李丽芳说起父亲的出生日期，清清楚楚，而李丽芳也60多岁了。

1939年，李志强21岁，是第一批报名回国抗战的南侨机工，滇缅运输任务结束后留在昆明。当时有民间团体组织华侨互助会，发互助证，于是有批机工回到了侨居地，但他没赶上。

1962年一次搬家，楼上住了个越南人，一天见到丽芳爸爸所藏爷爷奶奶照片，泪如泉涌，她指着照片里的奶奶说："这是我的姑母！我爸爸的姐姐！"她说出了奶奶的小名，于是爸爸见到那从未见过的表妹，听到姑姑和姑丈已在1945年被日军炸死了，丽芳爸爸听到蹲地大哭。

2012年她随团到马来西亚的吉隆坡、槟城、太平、怡保、古来，参加南侨机工纪念的展览及演出。她说，我们这些南侨机工第二代一路被人称为"英雄的后代"，百感交集。欣喜的是，父辈今天终于得到海内外的关注。

当提议能不能不同侨居地国家的机工后人各选一个代表家庭，说说当年的事，有人推荐陈铭英副会长，她于1952年二战后出生。她说，父亲陈亚楷，印尼勿里洞人，原籍广东肇庆，1939年第六批回国，时年22岁。

陈亚楷从小在父亲身边长大，16岁自费到香港学修车，跟老板开车。回国后在潘家湾集合训练，后转到大理下关14大队第八修理厂。新中国成立后在煤矿培训驾驶人员，后为矿长开车，极尽其职。1968年发病，山路崎岖，没能下山，病故山头。

情如兄弟的战友一一故去。2004 年，同是印尼回国的南侨机工王亚六及二代一行人重走滇缅路，王亚六在战友当年山崖翻车落入怒江的地方大喊："邱九良，我的老战友，我们来看你了！"邱九良也是印尼回国的。声音回旋山谷……据说当日天晴，突变阴沉，怒江自江底旋起一道云烟。

陈丽兰父亲陈亚清，1917 年出生，19 岁从新加坡回国，母亲是昆明人。父亲后来当修车员，车子哪里坏，一摸便知。有技术、有谋生技能，是个小个体户。1977 年，60 岁的父亲获评为先进工作者，又涨了工资，只觉从未如此光荣，他上台发言，激动中风送院抢救。1978 年二次中风，一病不起。但眼前的丽兰，未见沧桑，开口就唱，上台就舞，在芒市饯行宴上，汤耶碧老师带头舞起来，丽兰在台上扬起花裙子跳舞，十分抢镜。

当时也敬酒，云南彝族的敬酒歌，大家一桌一桌就唱起来，丽兰唱得起劲："啊表哥端酒喝，喜欢你也要喝，不喜欢也要喝，管你喜欢不喜欢也要喝；啊表妹端酒喝……"

韩广云，1943 年出生，现住广东珠海。他说爸爸是"海南加云南"，韩定华 1939 年回国，担任西南运输处第五大队队长。曾带领几十辆卡车队运物资。遇到滇缅公路炸坏，就带领抢救，合力推车腾出位让后面的车辆经过。一次因发现队友不见了，带领寻找，三人失联，家里多方寻找没有下落，母亲跳河自尽，幸得救回。

林晨曦、赵学梅夫妇，机工父亲林水根，新加坡人，1911 年生，1951 年去世，享年 40 岁。战后本要回新加坡，后终留下，在重庆及贵阳办了中南橡胶厂，又与几位机工合股开办上海中南橡胶厂。多年后，儿子晨曦走在街上，进到机工卖自行车的店，店老板说："是林少爷吗？一眼就认得你，你跟父亲长得像！"于是把自行车特价卖出，南侨机工凝聚力强，你的孩子几乎就是我的孩子。

张家顺，1954 年出生。父亲张传习，1921 年生，1939 年从当年的马来西亚太平回国抗日，1942 年结婚，母亲是昆明人。父亲堪称技术大王，开的是救急车，也会修内燃机、蒸汽机，更力大无穷，道奇车的轮胎，一只手就能举起来。他精通武术，用手倒立都能走路，张家顺说，你在琼海一带一问便知，我们祖辈都是学武的，家有渊源。这听起来颇像武侠小说，或《水浒传》里走出来的好汉，树上的鸟，父亲随手擒来；或待在水里几小时摸鱼，再或来个空手抓鼠，躺着都可抓到。父亲身手敏捷，猴子一般，就靠此养活一家人。他们从小吃的肉都是狼、九精狸、豹子的，父亲都没用枪，就只是用一根撬动轮胎的铁棍子。

许凯东，1946 年生，父亲许志光，1914 年生于新加坡，是豆腐匠的儿子。13 岁到陈嘉庚的橡胶厂当学徒；17 岁领到驾照考上了公交司机；20 岁用全部储蓄，买到一辆的士。为了支援抗日，将车出租，走上街头募捐，宣传抗日。他会说闽南话、客家话、广东话、海南话、马来话，还有家乡的莆田话，南侨机工里颇多语言天才。许凯东说，后来父亲患了严重胃病，其实当时 10 个驾驶员起码 8 个胃病，为了完成任务，常常饱一顿饿一顿。

坎坷曲折，但他对国家富强及和平的信念热忱并没有打折，大哥抗东，取"抗战"之意；他叫凯东，取"凯旋胜利"之意；弟弟和东，取"共和"之意。后来的日子里，他延续这种盼望和信念。

漫漫兮复和之路

会长林秋雅稍后从马来西亚出发，途经昆明转机，傍晚飞近畹町，却是滂沱大雨，飞机只得回飞昆明。半夜时分，她和侯西反的孙女侯韦美终于抵达。侯西反是当年新加坡爱国侨领，1943 年 12 月，侯西反在昆明福建旅滇同乡会上，向旅滇同胞呼吁共同关心散落各地的南侨机工处境，并决定成立华侨互助会。一次在为南侨机工去重庆办理筹款，回昆明途中飞机失事不幸罹难，闻者莫不哀哭。

我们到了德宏州，天下着雨，有点冷。我们要参加一场"纪念中国人民抗日战争暨反法西斯战争胜利 70 周年——南洋华侨机工回国抗日纪念活动"。有位叫翁家贵的南侨老机工，2013 年庆百年寿辰时，被人搀扶着上了台，他在台上轻声细语地说了几句话，这次，他不能像以往那样，上台就高歌他最爱唱的《大刀进行曲》了。

翁家贵生于 1914 年，出生在海南一个农民家庭。15 岁离乡去南洋，侨居马来亚吉隆坡，艰辛创业谋生。为拯救国难，25 岁的翁老以拳拳报国之心，毅然参加了南侨机工回国服务团，1939 年 5 月从新加坡随团回国。

他在滇缅公路上也得过疟疾，所幸陈嘉庚先生从新加坡寄来了奎宁丸，翁家贵活了下来。后来翁老在南洋机工云南联谊会任副会长，致力于海内外的联谊工作。

翁老于 2013 年庆百岁寿辰，林会长应约赴会，翁老依然硬朗，倚门而立等候。晚宴间翁老赠林会长一些寿碗。2013 年 12 月，林会长与马来亚二战幸存者、79 岁的郑来，以及翻译员杨佐智受邀出席"第 20 届亚洲论坛·横滨分会·日本"的证言集会。此活动自 23 年前开始，每年邀请一位东南亚国家二战的幸存者讲述史实。林会长趁此转送几个寿碗予高嶋教授、论坛主席吉池俊子老师、报人龙野瑶子等人。

漫漫兮复和之路，1975 年高嶋老师以高中社会科学教师身份，来马来西亚收集教材，惊觉有"日本侵略"这段历史。1982 年，日本教科书把"侵略"改为"进出"——自此，每年他都会自费率领日本和平访问团到马来西亚、新加坡，挖掘二战历史资料，以还原历史。2016 年，横滨亚洲论坛再邀请郑来老先生。郑老意欲赴梅县寻根，故未答应。行程在即，林会长与吉池俊子、龙野瑶子等人专程登门再次邀请。林会长提议陪他前往，郑老说："如果你陪我去，我怎能不去呢？"吉池、龙野两位喜极而泣，拥抱郑老。

来到边陲重镇

第二天，我们一大伙人去同走滇缅公路。滇缅公路，山路真的很险，听说我们走的还是一条修过的路。司机是个小伙子，技术不错，每当他成功拐弯，或与对面来的车辆闪避得当，双方安全越过时，车里都响起一阵掌声。

听说三台山是最艰险的地段，有人在车上大声讲述当时有位运输队司机，半夜在这儿突遇狂风暴雨的经历……这是一段不忍卒听的往事，我们不约而同地望向那"初一翻车，十五到底"的悬崖山谷。

畹町，当年的军事重镇，是中国人把日本侵略者赶出国土之处。我们来到了南侨机工二代叶晓东的家。

叶晓东和太太十分热情，又招呼又张罗，忙得停不下来。南侨机工二代见面就像见到亲人，吃喝、唱歌、拍照。我早上在纪念馆看过资料，心里沉重。叶晓东原不姓叶，他的生父陈团圆，在国民军队为阻止日军东进，果断炸毁惠通桥时来不及过江，被日军逮捕，因不肯供出同伴下落，惨被日军活埋。当时他的傣族妻子朗玉宝带着伙伴赶到行刑处，眼见丈夫已被埋到脖子，脸色铁青，嚎啕大哭要奔过去，却被伙伴死死拽住，以免日军再下毒手。后来朗玉宝带着两个孩子远走他乡，为生活改嫁一个叶姓老兵。为了表达感激，孩子改姓叶。

逃脱的刘南昌，则一直躲在芒究寨子，"从德宏沦陷到德宏和平解放，都未离开过傣族村子。几乎成了桃花源的老翁——不知秦汉，何论魏晋"。

第二天，我们来到了畹町"南洋华侨机工回国抗日纪念碑"，该碑2005年8月31日落成，由南侨机工后代林晓昌捐资兴建。纪念碑高耸云空，俯瞰滇缅公路，对面是邻邦缅甸。拾级而上至四方平台，是侨领陈嘉庚先生铜像。

这是当年振臂一呼，号召南洋众子弟回国投入抗战的陈嘉庚。而

在滇缅公路遗址留影，从右至左依次为徐宏基、黎凤珠、杨克屏、林秋雅、汤耶碧、晨砚、林亚茗、侯韦美。

3200多人里，约有100多人是印度、马来、越南、缅甸人。不论族群、肤色，只为伸张正义，维护生命。

要爬梳的时代中的盘根错节

临别时到了云南省西部德宏州的瑞丽，大家说，这里必得拍照，我们在缅甸边境了。

缅甸以产玉石闻名，为世界最大珠宝玉石资源国。这一边专卖店的玻璃橱里陈列了各色各样的玉饰雕刻，价钱不菲。到外面的档口走了走，我选了一把绿檀木梳，汤老师给我付了账，她说："当你梳头的时候，你一面梳，就一面想起'耶碧，耶碧'吧。"

从瑞丽返回昆明，林倩负责我和先生在云南最后一天的行程，她带我们去看了当年南侨机工的军训之地，也带我们去吃了到昆明必吃的过桥米粉。她是南侨机工第三代,她一面开车一面说:"我奶奶是昆明车站总站长,我大伯是中将,自豪!自己则在昆明公交公司开车。"林倩开车快而准,一面在车流间穿梭,一面谈当年南侨机工历史——颇有南侨机工身影。她说,路是走出来的,滇缅公路当年也没路,是边挖边走,遇坑就转道。

回程在即,想到云南,大理、丽江、西双版纳……好像该去的地方都没去。但我去了大家口中"必得去"的地方。时值初秋,更没见到挂念的山茶花,只有墨绿的叶子一片片挺着,听说油菜花开也要在春天……

我岂能用舞蹈一样的挥洒淋漓来梳理?南侨机工,那是要爬梳的一个时代里的盘根错节。

结 语

这一篇报道颇难张罗。首先是历史何其复杂,要找到一个立桩点,有些困难。不论历史创伤,还是寻亲,幅度都好像太小。其次是牵涉的人物众多,处理不好便是流水账。

这是一个三角形的结构——中国、南洋、日本。国家有难,当年的华侨子弟义无反顾,南侨机工的儿女也曾经觉得父辈当年因报国忽略了家人。

那条主线于是显现——为历史疗伤。三角形的三个锐角,要合力打造一个内角和,而漫漫复和之路,总要起步。小至家里的和解,有些机工父亲为什么在中国、南洋各有一头家?而两家俱不知情。多年后寻亲至南洋,自己或对方的接纳就是一种挣扎。然后,父亲在心里要被放在什么位置?

日本的和平团体 30 多年来在高压下仍然坚持维护和平,听说他们年轻的一代中亦有愿意承担这使命的人。

在南洋的马来西亚，有一群有心人，亦不辞劳苦，多年来在这和平、修复的道路上应声前进。

我想考量的是除了文学比重，新闻性质的翔实也是必需的。但谁又敢说，那些看来"新闻性"的名字，不也同样打造了文学里的丰厚感？《红楼梦》《水浒传》《三国演义》皆人物众多。我读《红楼梦》，至今没法搞清里面全部人物的来龙去脉。但《红楼梦》吸引我的除了情节，其实是人物的个性，所以我也在意对机工个体的描述，使他们更立体。毕竟，他们都曾可歌可泣地"立体"在一个时代中。

欧阳玉靖大使：政治互信合作共赢，
中马友谊必薪火相传①

中国驻马来西亚大使欧阳玉靖表示，中马友谊源远流长，政治高度互信，并成为合作共赢的真诚伙伴，在双边各领域交流与合作方面亮点纷呈、成果丰硕，双方携手抗疫也成效显著，"两国双园"项目取得的重大进展更为马来西亚经济社会发展发挥重要作用。

他也说，铭记历史方能在沧海横流中积蓄砥砺前行的力量，而可以告慰先烈的是，如今的中国已成为世界第二大经济体，倡导建立合作共赢的新型国际关系，以维护联合国宪章的宗旨和原则为核心开展对话和合作，而不是进行对抗，以实现双赢和共赢。

须牢记和平得来不易

他今日出席古来 30 个华团举办的第 10 届南侨二战抗日机工暨罹难同胞纪念碑公祭典礼，在致辞时表示，牢记历史不是要牢记仇恨，而是要牢记和平的来之不易，不能让历史重现。

"我们今天缅怀着，就是要继承他们顽强奋斗、无私奉献的精神，让

① 原载于 2022 年 8 月 13 日《星洲日报》。2022 年 8 月 12 日，马来西亚古来 30 个华团举办第 10 届南侨二战抗日机工暨罹难同胞纪念碑公祭典礼，中国驻马来西亚大使欧阳玉靖出席。

我们继续为深化中马友谊和各领域务实合作而努力，并以此告慰所有先烈。我深信在南侨机工精神的指引下，中马友谊必将薪火相传，谱写更加绚丽的历史篇章。"

祭奠抗日烈士及罹难者富意义

欧阳玉靖指出，祭奠马来亚抗日烈士暨罹难同胞意义深远而重大，当年南洋华侨不仅捐献巨资支持中国抗战，更在爱国华侨陈嘉庚号召下，有9批共3200名南洋华侨机工抛家舍业、回到祖国投身抗战。

"他们抱着随时为国牺牲的决心，带着当时先进的汽车驾驶和维修技术，在崎岖险阻的滇缅公路上，不顾个人性命安危，冒着枪林弹雨日夜驰骋，将国际援华物资源源不断输入中国，保障了这条长达逾1100公里抗战'生命线'的畅通和抗战物资的供应，为中国抗日战争赢得了重要转机。"

"抗战胜利之时，有逾1000人英勇牺牲在这条公路上，他们用短暂的年轻生命谱写了人生不朽的传奇。"

他说，南侨机工回国支援抗战的义行，不仅为中国抗日战争贡献力量，也以他们为民族存亡而献身的壮举，激励中国军民与侵略者血战到底的斗志和必胜信念。

纪念碑象征古来30个华团的团结

他很欣慰看到古来华团探缅南侨机工史实筹委会于2012年设立纪念碑，纪念南侨机工在抗战期间的付出和贡献，并提醒社会珍重和平。

他还说，纪念碑是古来30个华团齐心协力的象征，公祭是对遇难同胞的深切缅怀，和对那段灾难历史的深刻反思。

高嶋伸欣教授（左）将收集成册的二战资料赠送给欧阳玉靖大使。

在吉隆坡南侨机工纪念碑前的致辞①

唐　锐

　　75 年前的今天，中国开始了全面抗战。今天，我们相聚在吉隆坡广东义山，参加庄严的七七公祭典礼，深切地缅怀为中国抗战英勇献身的先驱，追思抗战英烈的贡献。我谨代表中国驻马来西亚使馆，对包括南侨机工在内的所有为中国抗战捐躯的海外华侨华人，致以崇高的敬意和深切的悼念。对隆雪华堂精心组织公祭典礼付出的辛劳，表示衷心的感谢。

　　70 多年前，在中华民族抵御外敌侵略的峥嵘岁月，海内外中华儿女同仇敌忾，共赴国难，无数人不顾生死浴血奋战，奏响反侵略的英雄壮歌。包括马来亚华侨在内的广大南洋华侨，不仅捐赠了巨资支持中国的抗战，更有 3000 多名南洋华侨机工在爱国华侨陈嘉庚的号召下，抛家舍业，不顾个人的安危，回到祖国，冒着枪林弹雨，在崎岖险峻的滇缅公路上，将国际援华物资不断地输入中国，保障了这条长达 1100 多公里的抗战生命线的畅通和抗战物资的供应，为中国抗日战争赢得了重要的转机，其中 1000 多人英勇地长眠在这条公路上，他们用年轻的生命谱写了人生不朽

---

① 为追思与缅怀南侨机工及海内外广大华侨华人英勇抗战事迹，由马来西亚隆雪华堂主办，14 个社团联办及 39 个团体协办，"南侨机工抗战殉难纪念碑七七公祭典礼"于 2022 年 7 月 7 日早上 9 点在吉隆坡广东义山南侨机工纪念碑（1947 年建成）前举行。中国驻马来西亚大使馆唐锐公使在典礼上致辞时哽咽，向英雄致敬。该活动在 2022 年 7 月 7 日马来西亚华语新闻"最热八点档"播出。

的传奇。

往事并不如烟，历史并不会被忘记。回首这段艰难光荣的岁月，中国人民和马来亚人民并肩作战，除了一批批奋勇向前、共赴国难的南侨机工，马来亚华侨也在当地投身抗日，以实际行动为中国人民抗日战争和世界反法西斯战争的胜利作出了不可磨灭的贡献。他们的付出，将得到中马两国人民永远的缅怀和纪念。

以史为鉴，面向未来。当前，世界百年变局叠加世界的疫情，国际局势中不稳定、不确定的因素陡然上升。面对国际之变、时代之变、世界之变，我们当前很高兴地看到中马两国作为好邻居、好朋友、好伙伴，建交48年来，我们始终秉持相互尊重、平等相待、合作共赢的宗旨，双边关系发展势头良好，务实合作成果丰硕，为两国人民带来实实在在的利益。

在缅怀先烈，为促进中马友好作出贡献的同时，我希望广大侨胞抓住当前的有利时机，继续携手努力，守望相助，建设和平、安宁、繁荣、美丽、友好的家园，让中马两国永享和平、发展和繁荣。我相信，这将是对先烈英魂的最好告慰。谢谢大家！

附录一

中国、马来西亚、新加坡各地的
南侨机工纪念碑

汤晓梅

纪念碑是论述历史的另一种形式，它给予人们更直观、更深刻的历史见证。肃立碑前慎终追远，战争离人类从来都不遥远。

每一座南洋华侨机工纪念碑的落成，无一不在传述着一段惊心动魄的历史。它牵引着我们回忆那摧残人性的战争带给人类的灾难，让我们对在战争中牺牲的英烈们肃然起敬！

每一座华侨机工纪念碑的筹建，同样有着一段感人肺腑催人泪下的曲折故事。

位于马来西亚吉隆坡广东义山亭的雪兰莪华侨机工回国抗战殉难纪念碑

位于马来西亚槟城乔治市的槟榔屿华侨抗战殉职机工暨罹难同胞纪念碑

雪兰莪华侨机工回国抗战殉难纪念碑，在战争结束的第二年就建成。刚经历战争浩劫的马来亚疮痍百孔，劫后余生的人们顾不上重振家园，他们想到的第一件事就是为在战争中罹难的同胞和英烈们树碑立传。

1946 年开始筹建槟榔屿华侨抗战殉职机工暨罹难同胞纪念碑的过程，可用凄切悲壮，动人心魄来形容。790 具死难者的骸骨被发掘出来时，日军妇孺皆刑的残暴再现光天之下，"嘉定三屠，扬州十日均不及此状也"。

1989 年 7 月 7 日，一座汉白玉石镶嵌而成的南洋华侨机工抗日纪念碑高高矗立在风景秀丽的昆明西山森林公园。沉寂了 50 年的历史终于大白于天下。健在的中国南侨机工人人奔走相告，个个热泪盈眶，50 年的风雨已过，50 年华发丛生，但一颗报效祖国的赤子之心永志不变。他们只有一句话"祖国没有忘记我们"。

2005 年，云南省德宏州人民政府，为纪念南侨机工回国抗战的赤子功勋，在国门畹町的森林公园，建立了南洋华侨机工回国抗日纪念碑。

2012 年，一场感动的旅程"重走滇缅四驱万里行"活动结束之后，又一座南侨机工历史丰碑于 2013 年 8 月 12 日竖立在马来西亚柔佛州。

2015 年，酝酿了 70 年为南侨机工建纪念碑的计划，终于在马来西亚砂拉越州古晋市实施落成。

而后，新加坡、中国海南省也相继树起了南侨机工雕塑。

实则，在抗战刚刚结束的时候，在中国云南保山、德宏的抗战胜利纪念碑上，就铭刻上了南侨机工参加抗战的英雄业绩。第一座南侨机工纪念碑，最早曾经建立在昆明东郊九门里福建馆冢山。

为前人树传，为后人楷模。就是树碑的意义所在！

位于中国云南省昆明市西山公园的南洋华侨机工抗日纪念碑

位于马来西亚砂拉越古晋祖师宫地段的砂拉越南洋华侨机工纪念碑

位于中国云南省德宏州瑞丽市畹町的南洋华侨南侨机工回国抗日纪念碑

位于马来西亚柔佛古来的南侨二战抗日机工罹难同胞纪念碑（时任中国侨联主席林军题字）

位于新加坡晚晴园内的南侨机工纪念雕塑

位于中国海南省海口市的南洋华侨机工回国服务团纪念雕像

附录二

祭 文

徐宏基

　　惟公元二〇一二年八月，岁次壬辰，相会马来西亚，中马华人社团偕各路宾朋，齐聚于二战殉职机工暨罹难同胞纪念碑前，沉痛悼念在二战中英勇捐躯的先烈，辞曰：

　　　　巍巍神州，人杰地灵。泱泱中华，英雄辈出。

　　　　一九三九，国难当头。烽烟四起，倭寇猖狂。

　　　　辱我姐妹，屠戮同胞。国土沦陷，殃及众生。

　　　　令人发指，疾首痛心。同仇敌忾，义愤填膺。

　　　　滇缅公路，战时运输。前线告急，招募机工。

　　　　忧心如焚，侨领嘉庚。南洋号召，华侨三千。

　　　　投身抗日，拯救危亡。码头车站，人海人山。

　　　　母亲送子，泪湿衣裳。娇妻送郎，寸断肝肠。

　　　　兄嫂送弟，哭泣相拥。幼时伙伴，感慨悲伤。

　　　　雄心烈胆，华夏儿郎。义无反顾，勇赴前方。

　　　　抛家别子，背井离乡。滇缅路上，昼夜奔忙。

　　　　沐风栉雨，深涧高山。死神相伴，淡定如常。

日机扫射，血洒怒江。路塌桥断，车毁人亡。

毒蛇猛兽，祸害伤生。疟疾瘴气，夺命阎王。

艰苦卓绝，赤子功勋。面无惧色，勇闯险关。

三千壮士，一千尽忠。铁血滇缅，勇士称雄。

倭寇不灭，誓不罢休。高山峻岭，痛悼忠魂。

全民抗战，凯歌高扬。金瓯一统，扫除豺狼。

缅怀先烈，江河哀鸣。风云变色，气贯长虹。

魂归故里，青山留伴。真金烈火，豪哉壮哉。

各界同仁，敬存馨香。魂兮鉴临，伏惟尚飨。

怀念我的父亲黄迎风

——纪念南侨机工回国抗日

黄良妹

（一）

心怀国耻执吴钩，永记当年血海仇。

黑水锁云悲不已，白山起火恨难休。

勇驱倭寇全民战，围剿豺狼一意求。

抗日英雄铭史册，兴邦业绩足长讴。

（二）

抗日呼声传海外，华侨赤子别南洋。

枪林运送车轮滚，瘴气欺侵疾病伤。

杀敌驱倭抛热血，断桥抢险铸贤郎。

忠心报国千年颂，伏虎英雄谱曲章。

（三）

肩挑重任别南洋，驱日图存卫国疆。

滇缅运输奔火线，广西战役搏沙场。

肩扛桥木泥轮疾，力注军车铁骨忙。

赤子精神昭日月，英雄事迹后人扬！

（四）

抗日硝烟漫过洋，保家卫国逐豺狼。

甘抛热血彰其志，常仰七星念圣邦。

戎马生涯经九曲，平凡岁月译千章。

浮云散尽澄清月，辗转年轮入故乡。

（五）

游子归来尽赤诚，经风沐雨铸人生。

忠心报国驱倭寇，励胆怀民战敌兵。

千古长存弘大爱，百年永世有亲情。

青山翠绿丰碑在，墨显柔肠月夜明。

（六）

一架云槎万里山，慈严此日把家还。

须眉应载驱夷苦，肝胆当存报国艰。

海岛已难寻旧貌，文昌更是换新颜。

于今我等殷勤望，手捧鲜花坐海湾。

（七）

时雨清明又念亲，痴情未语泪沾巾。

长吟致谢诗中友，万曲难酬天下人。

祭祀先贤斟酒满，悲思眷属择辞贫。

忠心可鉴昭天地，报国怀乡赤子身。

南侨机工颂

陈雪文[*]

青山依旧，魂归故乡，
从蜿蜒滇缅公路归来，
你们历尽沧桑！

在那战火纷飞的年代，
离开椰雨蕉风的南洋，
三千机工，响应号召，
投身抗日烽火，
奔赴北国救亡，
把热血洒在抗战生命线上！

世界和平，危在旦夕，
但见崇山峻岭，危崖峭壁，
穿梭着你们的身影，
冒着敌机的狂轰滥炸，
你们奋不顾身，一车车，

---

* 陈雪文，马来西亚槟城孙中山协会理事。

把紧急战略物资，
源源送往反法西斯的战线！

机工司机，出生入死，
突破侵略者的封锁，
打通西南对外的唯一通道，
把支援抗战大后方的运输重任，
都扛在自己身上！

眷属献金，送君上阵，
告别亲人，背井离乡，
南侨机工，义无反顾，
为扭转抗战劣势，
为故国民族兴亡，
付出了成千生命的代价！

深山野林，虐疾瘴气，
悬崖峡谷，夜雾行车，
车翻骨碎，伤病饥寒，
多少人颠沛流离，
多少人客死异乡，
胸怀有国才有家，
你们早已把个人生命，
与家国命运融合在一起！

远征战士，荣耀星马，

机工群体，后代之光，

魂归来兮，忠灵不朽，

青山依旧，浩气长存，

滇缅公路上的英勇壮士，

你们艰苦卓绝的奋斗，

挽救了民族与人类的命运，

你们以烈火青春和牺牲，

谱写了和平战歌的悲壮！

七律·南侨机工颂

李尧庆

投奔滇缅驱倭寇，

输送军资峻岭穿。

弹雨惊心难以避，

沙场浴血倍熬煎。

忠肝义胆诚为国，

壮志豪情可问天。

勇士三千存浩气，

英名不朽史留篇。

踏着父辈的足迹

胡永芬*

您从南洋走来，

您那英俊潇洒的身影，

同 3200 名南洋子弟一道，

毅然抛妻别子，

阔别了第二故乡——南洋，

踏上了回国服务的征程。

您从滇缅公路走来，

在那高黎贡山松山之巅，

怒江河畔，

惠通桥上，

都留下了您们的足迹，

您们冒着枪林弹雨，

曾在缅甸潜入水中，

躲过了日本人的追杀，

结下了兄弟情深，

---

　* 胡永芬，南侨机工叶检的儿媳。

日夜并肩风餐露宿，

奔驰在战火硝烟的滇缅公路上。

您们走过来了，

留在了云南这个美丽神奇的地方，

虽然与南洋远隔千山万水，

但是，

亲人们的彼此牵挂骨肉情长，

仅靠鸿雁传书，

倾诉那份彼此相思之苦，

仅靠那春节的一张张贺卡，

寄托那无尽的思念，

诉说衷肠。

您从云南走来，

时间匆忙从指尖溜走，

半个世纪仿佛就在昨天，

相隔五十二年后，

您带着我们踏上了阔别数十载的南洋，

这是让千千万万南侨机工及后人，

魂牵梦绕的地方，

当马航班机还在吉隆坡上空盘旋的一瞬间，

看得出您的心情万分激动，

还未等航班停稳，

您的心早已飞到了无数亲人身旁，

亲人的容貌一个个浮现在眼前，

仿佛还是出征前的模样。

可曾想世纪沧桑，

许多亲人早已辞世阴阳相隔，

在亲人的簇拥下，

您重登云顶重下马六甲，

又看到那熟悉的海滩椰林，

闻到了豆蔻香，

品尝到了昨日的咖啡和咖喱。

您从南洋走来，

第二次告别南洋，

这个特殊的群体，

用自己的言行和手中的方向盘，

书写了华侨史上辉煌的一页，

您如释重负完成了此生的夙愿，

永远安息在了云南昆明美丽的西山脚下。

我们向南洋走来，

南侨机工一代又一代后人，

将循着父辈的足迹，

追寻父辈当年的英雄事迹，

弘扬南侨机工爱国主义精神，

这宝贵的精神财富，

属于海内外华侨华人，

属于全人类。

久违了，南洋！

徐宏基

小时候，

听母亲说，

父亲从南洋归来。

南洋在哪里？

到底有多远？

我懵懵懂懂，

一头雾水，

一脸迷茫。

长大了，

听过《再会吧南洋》，

歌声撩我心扉，

叩我心房。

我从歌声中：

喝出椰汁的甘甜，

闻到豆蔻的清香。

勾起我对南洋无限的向往。

再以后，

我终于弄明白，

南洋，

包括马来西亚、新加坡等国家和地方。

时光在我的思绪中倒转，

七十多年前，

三千多名南侨机工远渡重洋，

投身抗日烽火，

奔赴祖国救亡。

滇缅公路，

父辈无数次与死神擦肩而过；

惠通桥上，

父亲的战友饮弹身亡；

高黎贡山，

不知多少叔叔、伯伯，

连人带车坠入深涧；

功果桥旁，

为誓死保住滇缅公路畅通，

年轻南侨机工的鲜血染红澜沧江。

亚热带丛林，

疟疾瘴气夺走多少南侨机工的生命，

烈士的忠骨掩埋在：

红土高原，

莽莽青山。

一千多公里的滇缅公路，

一千多名南侨机工的躯体铺就，

五十万吨军需物资，

在他们血与火的生死接力赛中，

传递到中国各抗日战场。

一位伟人说：

以革命的名义，

想想过去，

如果忘记过去，

就意味着背叛。

重温悲壮的历史，

我读懂了南侨机工，

我明白了父辈，

他们为何响应陈嘉庚先生的号召，

义无反顾、勇赴国难！

他们为何抛家离子，背井离乡！

光阴似箭，

日月如梭，

父辈啊！

如今你们与我们渐行渐远。

梦中，

我看到你们期待的双眸，

翘首以盼的面庞。

你们身游九天，

却期待魂归故里，

盼望在南洋与亲人相逢，

重新探望当年的娇妻，

看她嘴嚼鲜红的槟榔。

这一切，仿佛神话和梦幻。

苍天有眼，

友人相帮。

身为后辈，

我们对似曾相识、魂牵梦萦的南洋心驰神往，

我们实现了父辈期盼已久的愿望。

槟城孙中山协会，

还有隆雪华堂；

槟城海南会馆，

还有柔佛州河婆同乡；

霹雳州华人文化协会，

还有怡保中国精武馆；

麻坡中华公会，

还有众多海外华人社团。

热忱邀请，

盛举共襄。

深情厚谊，

没齿难忘。

好人啊，

我们祝你们一生平安！

人生难得逢知己，

相逢就是一首歌。

由此，

我们深刻地理解和认识到，

陈嘉庚、南侨机工，

无愧赤子功勋、华侨骄傲！

历史渊源，

一脉相承，

远可追溯到革命先行者：

孙中山。

沉思于柔佛古来二战纪念碑奠基仪式上，

肃立在雪兰莪二战机工暨罹难同胞纪念碑旁；

仰望槟城和平纪念柱和南侨机工群雕，

亲临槟州海南青年嘉年华联欢会现场，

我们油然而生对明天的憧憬，

对未来更充满信心和希望。

我们要继承、弘扬父辈的光荣传统，

为社会的和谐，

为国与国之间的友好，

为人类和平共愿，

加倍努力，

奉献力量！

天涯孤旅①

蔡志礼

别问我为何铁了心肠

忍心告别亲爱的妻小爹娘

眼看国破家亡

我无法按捺心中的哀伤

别问我为了什么理想

舍得抛下梦里甜甜的家乡

可怜哀鸿遍布河山

梦里怎能再装得下安详

山路崎岖

还有频频狂轰猛炸的敌机

地动山摇

还有处处猖獗疟疾的袭击

---

① 2012年，新加坡诗人、学者蔡志礼博士作此诗献给英勇抗战的南侨机工，新加坡音乐人黄宏墨为之谱曲并演唱。

一路崎岖
一路串成往返天涯的孤旅
一路摇晃
一路无怨无悔往前去

也许我最终黯然离去
荒凉成路边孤坟的野菊
但是我曾经壮怀激情
仰天长啸成日寇的心悸

也许我最终子散妻离
回不了南方老家的椰林
也许我们皆化为尘泥
洒尽十万里路的铁魂心

山路崎岖
还有频频狂轰猛炸的敌机
地动山摇
还有处处猖獗疟疾的袭击

一路崎岖
一路跨越怒江激荡的思绪
一路颠簸
一路祭奠滇缅公路的英灵

啊！一路北上

一路分离

一路摇晃

一路孤寂

附录三

槟城南侨机工名单收集记

汤晓梅

2011年，槟城各界人士及各华人社团，拟扩建槟榔屿华侨抗战殉职机工暨罹难同胞纪念碑。在此扩建项目中，曾计划将槟城南侨机工名字刻制到一面英名录墙体上。槟城孙中山协会会长林秋雅，委托我查找整理槟城南侨机工名单。

在查找整理名单的艰苦过程中，我发现一些从槟城参加南侨机工队伍的人员，当年来自外地。而居住在槟城的南侨机工，有些是到外地报名参加机工队伍的。诚借此书出版，将所查寻到的所有南侨机工名单附上，以供对这段历史研究有兴趣的朋友参考，也期于更多槟榔屿的南侨机工后人能从中找到前辈的足印。

南侨机工回国服务团，由新加坡经西贡、河内回到昆明的共计有9批；从新加坡经仰光、腊戌回到昆明的共计有7批。以下是我在其中所发现的槟城南侨机工名单。

槟城南侨机工名单

参与第1批1人

廖崇全

参与第 3 批 15 人

苏凤武、黄锡平、曾杰南、黄重水、方连烟、吴福吉、梁华照、蔡元兴、谢瑞鑫、许建明、张亚美、王永炳、廖英豪、刘少雄、黄万利

参与第 4 批 153 人

颜振德、苏水腾、许其章、饶友谅、傅祥发、邢汉清、林瑞傅、黄忠成、黄吓才、柯荣发、林荣顺、邱明通、陈创孙、杨峇棋、黄三伯、黄福喜、高起南、林德和、林鸿儒、洪文星、陈炎、施君辉、吴其生、林犹汉、郭吉良、王裕祥、胡培、曾庆发、刘亚九、陈普元、陈友添、叶承基、吴兆发、陈福生、王典、陈成美、周义彪、许万顺、陈添赐、余亚三、陈英凤、张顺源、黄享炳、陈中兴、林森裕、刘亚福、王炳煌、黄金成、陈伙祥、施进宝、林水银、曾金水、林进珠、梁于南、潘荣、蔡亚九、林宗木、杨森基、谢峇福、林来发、林宝顺、蔡达、罗玉才、陈来成、邱建和、黄有祥、邱亚妹、洪源贵、刘真端、洪金忏、罗祥、余成宗、林玉、林亚福、刘顺发、苏亚明、张协记、何金成、苏得时、林亚苏、陈业龙、李接祥、林鸿钧、骆金基、董天送、杨清德、陈丰顺、肖学在、李佩尧、杨成辉、骆炳金、林贞云、苏亚桐、肖耀汉、林亚九、龙道福、朱清、王福临、邱木山、包亚细、林清池、阮事成、吴亚扁、林棕穆、黄任大、苏泽时、王松益、严德松、陈兴宗、罗祥、李亚民、陈红虾、杨保华、符气文、王家才、徐德、陈赞成、林记亮、伍玉春、郑基、黄礼由、黄君谅、陈文世、林振成、许文银、叶成业、陈亚德、杨境南、杨美美、许文西、杨再兴、王运东、谢文荣、谢福荣、沈裴文、游九、陈三仟、顾生、洪金发、黎良、蕉谷、陈九俤、李天云、周隆厚、冼梦斌、李卫民、郭荣林、陈成添、梁安国、曾祥奉、林英侨、古权、林英保

参与第 5 批 154 人

饶成才、柯荣隆、李荣竹、林峇舌、陈亚刘、李福明、林清来、刘在旗、钟定古、许书传、谢清九、陈爵、林树容、黄荣发、林海松、郑秀发、符和则、王海南、陈清山、王亚狗、谢允和、陈乾发(陈绸发)、陈蚝鱼、叶原宝、陈金隆、陈容、郭炳丰、梁绢育、许天禄、李少如、袁亚泰、黄海秀、周鸿裕、林猷川、梁达豪、曾有庆、陈亚九、许福鸿、谢新美、柯天和、黄文达、游嵩开、陈焜存、李亚三、陈初得、詹金成、陈大华、陈亚九（陈亚久）、吴其来、陈振美、林水咸、纪兰花、张泽美、薛定祥、刘志明、叶富华、张永发、王天德、陈光远、陈秉林、方九才、李飒、潘德良、王宁鸭、李富生（李福星）、张源兴（张添兴）、温成开、陈英位、周春文、李添福、洪恭扁、林猷兴、邢绍鏊、朱亚泰、高满贵、黄汪、伍仕添、蔡长世、陈献江、伍任华、陈木枝、吴永光、蔡进昌、肖瑞兴、胡昌薪、阮润松、王有信、郑镇水、陈亚基、殷亚越、林亚起、林振元（林进源）、符鸿庆、刘有记、庄王清（庄玉清）、刘志仁、方明吉、林峇结、陈树森、胡昌新、林生财、蓝保源、陈朝发、萧瑞兴、邱卫爵、李锦荣、陈杰雄、郑逢时、陈文峰、陈永泉、罗伟焜、邝金源、方景云、陈金凤、潘正福、高金城、林宗方、刘焯睽、苏世成、陈亚凤、余纪荣、宋杨材、戴葵生、林新李、吴训、梁文叙、林清顺、陈忠明、刘攸齐、郑清德、吴进步、邓亚开、王亚平、戴炳川、温江河、郑天赐、郑锦来、何知才、林兆兴、陈桂河、张玉贵、陈来福、刘钜科、梁炳泉、林金成、陈亚礼、杨珠森、李璧林、岩福镇（严福镇）、彭子安、黄金宗、陈文火、吴振南、陈永泉

参与第 6 批 4 人

汤耀荣、吴梁栋、陈金、马如利

参与第7批3人

陈亚枝、胡荣礼、张奎明

参与第8批25人

徐锦庆、徐清海、陈友添、黄耀武、曾华清、章永年、潘春秀、李申民、江庆福、吴明、邓作宁、郑克丰、李文光、谢永富、陈正、吴家香、邢保和、谢来发、叶亚莲、张克昌、黄提明、曾颂尧、邓作宵、林亚包、吴珠

参与第9批26人

陆汝金、赵买兴、吴振林、巫石林、朱华、陈九、罗百基、颜耀彬、王日波、雷振光、林国民、陈潮海、王集贵、戴有吾、张连胜、彭荣基、孙相成、李玉锡、胡亚明、翁辉春、黄同丁、余德咨、罗锦云、冯亚书、张天习、林华九、伍亚伦

参与第13批1人

马祖庆

槟城机器行回国服务技艺工程队名单31人

队长：梁煜堂

队员：余国胜、邓炳祥、王莆兴、廖家祥、周文贵、伍添生、范荣辉、梁锦鸿、叶清全、罗伙桂、郭灿章、薛伟、伍瑞添、周瑞荣、吴福吉、黄任大、林文福、陈金有、许荣安、黄金国、曾庆舜、石颂尼、陈炳杰、管启朋、洪茂科、卢新保、刘新、邓文波、徐九、李宝林

以下批数不详：

张少山（回国日期为1939年1月12日）

互助会名单中有：

贡周灯

三位众所周知的女性：白雪娇、陈乔珍、李月美

总计：418人

以上名单根据云南省档案馆资料、中国台湾地区《战后遣返华侨史料汇编》、《南洋商报》及多年对南侨机工历史的研究寻找汇编（截止时间为2011年8月），仍难免有遗漏或错误，原因有二：一是当年由新加坡经西贡、河内回到昆明的九批（实者不止九批）机工名单中第八批名单不全，且其中有些名字无法辨认，而第九批甚至没有名单；二是有相当一部分机工在缅甸沦陷时牺牲，或是在滇缅公路上遇难，而没有留下姓名，抑或在复员人员名单中尚无法查证。所以，有待今后进一步查证补充完善。

马来西亚国情概述

马来西亚联邦（Federation of Malaysia，简称"大马"）的国土由马来半岛（Malay Peninsula）南部的西马和加里曼丹岛北部的东马组成（即被南海分隔成东、西两部分）。马来亚（Malaya），是马来西亚联邦西部土地（位于马来半岛的部分）的历史旧称，又称西马来西亚，简称"西马"。马来西亚华语规范理事会已经颁布译名标准，使用"马来西亚半岛"（Peninsular Malaysia）以取代历史旧称"马来亚"，并废止使用"西马"来称呼马来西亚半岛。"马来西亚半岛"一词已经比"西马"更频繁地被使用，而且由于英属马来亚的殖民时代已经结束，使用当年的用词"马来亚"来称呼马来西亚半岛已经逐渐成为历史，但旧术语"马来亚"仍然可以在许多机构名称中找到，例如马来亚高等法院、马来亚铁路、马来亚大学等，它们在 1963 年马来西亚联邦成立之后，还是沿用原来的名字。而旧称东马来西亚(简称"东马")的部分，与马来半岛以南海相隔，由沙巴、砂拉越两个州及纳闽直辖区共三大主体组成。

马来亚从 16 世纪初开始，相继遭到葡萄牙、荷兰和英国等国的侵略。英国在 1786 年占领槟榔屿。到 20 世纪初，马来亚全部沦为英国殖民地。英属马来亚（British Malaya），简称马来亚（Malaya），包含了海峡殖民地（Straits Settlements，1826—1946 年，最初由新加坡、槟城和马六甲三个港口组成）、马来联邦（Federated Malay States，1895—1946 年），以及五个马来属邦（Unfederated Malay States）。英国人于 19 世纪末引进橡胶种植，来自中国南部和印度南部的移民纷纷来到马来亚，在矿山和橡胶园工作。日本侵略者于 1941 年至 1945 年期间占领马来亚，并遇到主要来自华人的抵抗。第二次世界大战之后，英国在马来西亚半岛恢复殖民统治，英国殖民当局为整合英属马来亚，策划建立了马来亚联邦（Malayan Union，1946—1948 年），其中不含新加坡。后来在马来民族主义者的反对下，马来亚联邦于 1948 年 1 月 31 日终止，由马来亚联合邦（Federation of Malaya）所取代，其中仍不含新加坡。1948 年 2 月 1 日，马来亚联合邦正式成立，1957 年 8 月 31 日，英国承认马来亚联合邦在英联邦内独立。1963 年 9 月 16 日，马来亚联合邦同新加坡、沙巴（旧称北婆罗洲）、砂拉越（旧称沙捞越）合并，组成马来西亚联邦，为君主立宪联邦国家，英国的殖民统治才告结束。1965 年 8 月 9 日，马来西亚国会以 126∶0 票将新加坡驱逐出联邦，新加坡州成为独立国家即新加坡共和国。

马来西亚联邦包含 13 个州，即柔佛、吉打、吉兰丹、马六甲、森美兰、彭亨、槟城、霹雳、玻璃市、雪兰莪、登嘉楼，以及沙巴和砂拉越，另有三个联邦直辖区：首都吉隆坡、布城和纳闽。

马来西亚的封衔制度始于 1958 年，最为人熟悉的头衔有拿督（Datuk / Dato'）、丹斯里（Tan Sri）、拿督斯里（Datuk Seri / Dato'Seri / Dato'Sri）、敦（Tun）、太平局绅（Justice of the Peace）等。拿督是马来西亚一些有功人士得到的一种勋衔，是为了褒奖对社会发展贡献较大又乐善好施的杰出人士的荣誉称号。YB（Yang Berhormat: The Honorable，尊敬的）通常是对政要人物的尊称。

编后记

黄田园

本书由海南热带海洋学院、马来西亚海南联会、马来西亚槟城孙中山协会合作编著，主编是黄田园博士、拿督林秋雅、拿督斯里李尧庆博士。本书缘起于 2009 年成立的马来西亚槟城孙中山协会。在该会会长暨马来西亚海南会馆联合会总会长拿督林秋雅的积极推动下，该会先后主办，或与其他教育、文化机构及华人社团联办了一系列纪念孙中山革命事迹的活动。

南侨机工历史现象是当年中华民族空前觉醒和华侨华人自觉精神空前振奋的集中体现。基于对孙中山唤醒民众、振兴中华思想与陈嘉庚精神、南侨机工精神三者之内在一致性的深刻把握，林秋雅女士亦代表槟城孙中山协会积极参与推动各种有关南侨机工的项目，加强了社会对南侨机工回国抗战史以及南侨机工后人的了解，同时很好地发挥了"侨搭桥"的民间外交作用。鉴于南侨机工的无私奉献精神和英雄事迹有必要广为传扬，孙中山协会决议将南侨机工后人缅怀先辈、寻亲的故事加以文字采集，采集内容限于与孙中山协会的活动有关、曾经访马寻亲的南侨机工后人的亲笔记述。

海南热带海洋学院马来西亚研究中心负责修改完善有关稿件，完成书稿的学术编辑工作，将该书出版作为与马来西亚海南会馆联合会的一项学术合作项目，受到中国—东盟海洋人文合作与交流平台的资助，由人民出版社出版发行。《再会南洋——南侨机工后人千里寻亲路》一书详细叙述了南侨机工后人千里寻亲的历程。翻开华侨华人史，南侨机工回国支援抗战堪称人员最为集中、规模最为庞大、目标最为鲜明、组织最为有序、经历最为悲壮、影响最为深远的一次壮举，南侨机工的事迹至今仍在南洋地区乃至全世界华侨华人中传颂。南侨机工后人普遍为先辈的事迹感到自豪，他们积极为先辈挖掘历史资料和弥补缺漏，传承及弘扬先辈英烈的浩然正气、丰功伟绩，旨在使南侨机工的伟大精神代代相传，宣扬社会正能量。南侨机工后人的千里寻亲之旅，延续了南侨机工事迹对海内外中华儿女的积极影响，促进了各国、各地之间的民心相通。

在本书的编辑过程中，海口市南侨机工眷属联谊会名誉会长叶军同志为编辑工作提供了大力支持。在本书完稿之际，除了向本书全体编委表示敬谢之意以外，本人还要向时任海南省委统战部副部长、海南省侨务办公室主任，现任海南省妇联党组书记、主席陈健娇，海南省委宣传部副部长张振明，马来西亚海南籍乡贤王嵘荃，海南出版社编辑何晓玲等众多曾经关心过本书的朋友表示诚挚感谢。

这本《再会南洋——南侨机工后人千里寻亲路》有五大基本特点：

第一，成书规模大、历时长。这是一本汇集近50位南侨机工后人文笔，缅怀南侨机工英雄事迹和记述其后人千里寻亲的书，这在以往涉及南侨机工的书籍中鲜有出现，这首先得益于马来西亚海南会馆联合会、马来西亚槟城孙中山学会等著名华人社团的影响力、号召力。书中使用南侨机工后代们拍摄、收集的170多张珍贵照片来展现人物事迹、抗日史料和珍贵遗物等，以翔实的信息提示读者南侨机工回国抗战不仅是一件往事，而且是活的历史。南侨机工的英雄故事仍在延续，英雄的精神还在传承。寻亲历程穿越多个春秋，而本书的编著出版亦耗时四年多的时间，耗时之长出乎本人最初之预料。由于涉及人物、事件、时间、地点众多，因而需要查核大量资料，统一体例，添加注文，反复校对、订正、补充、修改，并尽可能取得相应授权，只为将这本书做扎实、做好，也得到了人民出版社的大力支持，特别要感谢人民出版社吴明静编辑的长期支持。

第二，国际化程度高，内容影响面广。主要编者黄田园博士、拿督林秋雅等人，皆在海外生活多年，且有丰富的学术、外事与侨务实践经验。此一选题涉及海峡两岸暨港澳地区，视接马来西亚和新加坡乃至全球华人，关联多个国家和地区，是促进广泛的"民心相通"的公益题材。本书得到外交部门和侨务部门的关注。感谢中国驻马来西亚大使馆，感谢时任中国驻马来西亚大使白天献辞，感谢中国驻马来西亚大使欧阳玉靖、大使馆公使唐锐、公使衔参赞马翠宏等使馆人员的支持。感谢中国侨联原主席林军题写书名，感谢中国侨联原副主席林明江作序。本书得到海外华侨华人的广泛支持，特别感谢丹斯里吴添泉局绅博士、丹斯里古润金太平绅士、丹斯里邱财加、拿督张润安、王敏教授推荐本书。感谢南侨机工后人们用翔实的资料、朴实的语言、真挚的情感展现先辈的故事和自己的寻亲之路，感谢参与支持纪念南侨机工以及机工后人寻亲活动的海内外各界热心人士。希望此书的出版能配合在各地举行的旨在"铭记历史、珍爱和平"的社会公益活动。

第三，坚定历史文化自信，向社会、向世界传递正能量。这是一本用心、用情、用功成就的书。南侨机工抗战救亡，是近百年来华侨华人史上一次影响颇为深远的伟大行动，凝聚着东南亚、南亚乃至世界其他地方广大华侨华人心向中华的亲情。1938年3月，毛泽东在延安会见马来亚华侨代表时，曾为《南国日报》题词，向海外侨胞发出热情洋溢的抗日号召："马来亚的侨胞用一切力量援助祖国，为中华民族的独立解放而斗争。"而今，本书的主旨应该可以由习近平主席的话来概括："博大精深的中华文化是海内外中华儿女共同的魂，实现中华民族伟大复兴是海内外中华儿女共同的梦。"

第四，传承海南精神，传播海南声音，讲好海南故事。在 3200 多名南侨机工中，就有海南籍 800 多名，牺牲或失踪 400 多名。陈嘉庚先生曾说过："海南地方不大嘛，但参加的人数多，这说明海南华侨是对祖国最关心的，是最爱国的，是最革命的。"这是当年海南籍 800 多名南侨机工用生命换来的最高荣誉和评价，意味着南侨机工历史文化不但是今日海南自由贸易港文化建设理应继承与传扬的珍贵精神遗产，而且也是联系海南与海外华侨华人的重要精神纽带，应该成为海南自由贸易港开展海外民间外交、文化外交的重要历史文化抓手。近年来，交响组歌《南侨颂》、现代琼剧《南侨情》、音乐剧《南洋赤子》等文艺作品相继问世，在海南和国际范围产生了积极影响，营造了关注南侨机工回国抗战历史以及南侨机工后人现状的良好社会氛围。

第五，挽救历史文化记忆，传递和平声音。2020 年 10 月 29 日，最后一位居住在中国海南的南侨机工张修隆走了，享年 102 岁。张老先生祖籍海南文昌，小时候随舅父到新加坡谋生，1939 年参加第 9 批南侨机工回国服务团。2020 年 11 月 12 日，最后一位居住在中国云南的南侨机工，也是最后一位海南籍南侨机工罗开瑚也离开了我们，享年 102 岁。罗老先生祖籍海南文昌，在 1939 年与两位侄儿罗豫江、罗豫川一起参加南侨机工回国服务团。继 2020 年琼籍最后两位南侨机工逝世之后，2022 年 10 月 29 日，最后一位南侨机工蒋印生在中国重庆与世长辞，享年 96 岁。蒋老先生祖籍广东，1927 年出生于印度加尔各答，父亲经商，家境优裕，13 岁的他已经学会驾驶汽车，瞒着家人与四名同学一起参加了第 9 批南侨机工回国服务团，他是南侨机工中年龄最小的一位，而一同回国的四位同学都牺牲在滇缅公路上，只有蒋印生看到了最后胜利。2015 年，他作为抗战老兵受邀赴北京参加中国人民抗日战争暨世界反法西斯战争胜利 70 周年纪念活动，荣获中国人民抗战胜利 70 周年纪念章，并在阅兵式上看到各类新型飞机、坦克、车辆皆为中国制造，感到十分骄傲。在全球最后三位南侨机工张修隆、罗开瑚、蒋印生相继逝世的当下，本书的出版宣告了有关南侨机工的历史记忆绝对不能，也不会曲终人散！

黄田园

2023 年 2 月 18 日

于马来西亚吉隆坡华社研究中心

责任编辑：吴明静

封面设计：汪　莹

版式设计：吴　桐

图书在版编目（CIP）数据

再会南洋：南侨机工后人千里寻亲路 / 黄田园，林秋雅，李尧庆 主编 . — 北京：
　人民出版社，2024.3

ISBN 978 - 7 - 01 - 025080 - 9

I. ①再… 　II. ①黄… ②林… ③李… 　III. ①华侨 - 抗日战争史 - 史料 - 中国

　IV. ① K265.06

中国版本图书馆 CIP 数据核字（2022）第 178395 号

再会南洋

ZAIHUI NANYANG

——南侨机工后人千里寻亲路

黄田园　林秋雅　李尧庆　主编

人民出版社 出版发行

（100706　北京市东城区隆福寺街 99 号）

环球东方（北京）印务有限公司印刷　新华书店经销

2024 年 3 月第 1 版　2024 年 3 月北京第 1 次印刷

开本：710 毫米 × 1000 毫米 1/16　印张：30　插页：3

字数：374 千字

ISBN 978 - 7 - 01 - 025080 - 9　定价：128.00 元

邮购地址 100706　北京市东城区隆福寺街 99 号

人民东方图书销售中心　电话（010）65250042　65289539